OStR MMag. Dr. Helmut Lichowski
Professor am International Business College Hetzendorf, Bundeshandelsakademie und Bundeshandelsschule Wien 12

HR Dr. Einar Sladeček
Präsident des Arbeits- und Sozialgerichts Wien, Lehrer an der Höheren gewerblichen Bundeslehranstalt Wien 9

Mag. DDr. Maria Humer
Lehrerin an der Höheren Lehranstalt für wirtschaftliche Berufe Theresianum Eisenstadt sowie an der Vienna Business School HAK Floridsdorf

HÖLDER • PICHLER • TEMPSKY

POLITISCHE BILDUNG UND RECHT

Ausgabe für BMHS und AHS

Verlag Hölder • Pichler • Tempsky, Wien
www.verlaghpt.at

Mit Bescheid des Bundesministeriums für Unterricht und Kunst bzw. des Bundesministeriums für Unterricht und kulturelle Angelegenheiten als zum Unterrichtsgebrauch geeignet erklärt für Allgemein bildende höhere Schulen in der 6. bis 8. Klasse – Zl. 25.879/36- V/2/95 vom 25. 8. 1995, Handelsschulen in der 3. Klasse – Zl. 25.879/34-V/2/94 vom 9. 8. 1995, Zweijährige Schulen für Sozialdienste in der 1. und 2. Klasse – Zl. 25.879/38-V/2/95 vom 8. 11. 1995, Fachschulen für Altendienste und Pflegehilfe – Zl. 25.879/38-V/2/95 vom 8. 11. 1995, Dreijährige Fachschulen für Sozialberufe in der 2. Klasse – Zl. 25.879/30-V/ 2/93 vom 15. 2. 1995, Fachschulen für Familienhilfe – Zl. 25.879/28-V/2/93 vom 18. 11. 1993, Fachschulen für Mode und Bekleidungstechnik in der 3. Klasse – Zl. 25.879/1-V/2/96 vom 22. 10. 1996, Hotelfachschulen in der 3. Klasse – Zl. 25.879/32-V/2/94 vom 9. 8. 1995, Tourismusfachschulen in der 2. und 3. Klasse – Zl. 25.879/1-V/2/96 vom 22. 10. 1996, Dreijährige Fachschulen für wirtschaftliche Berufe in der 3. Klasse – Zl. 25.879/32-V/2/94 vom 9. 8. 1995, Modeschule der Stadt Wien in der 5. Klasse – Zl. 25.879/7-14a/81 vom 24. 11. 1981, Höhere Lehranstalten für wirtschaftliche Berufe im 4. und 5. Jahrgang – Zl. 25.879/300-V/2/95 vom 8. 3. 1996, Höhere Lehranstalten für Mode- und Bekleidungstechnik/ Künstlerische Gestaltung im 5. Jahrgang – Zl. 25.879/1-III/D/13/98 vom 21. 1. 1999, Höhere Lehranstalten für Tourismus im 4. und 5. Jahrgang bzw. Kolleg vom 1. bis 4. Semester – Zl. 25.879/300-V/2/95 vom 8. 3. 1996 bzw. Zl. 25.879/23-I/9/91 vom 12. 6. 1991, Aufbaulehrgang für Tourismus im 3. Jahrgang – Zl. 25.879/300-V/2/95 vom 8. 3. 1996, Bildungsanstalten für Kindergartenpädagogik in der 5. Klasse – Zl. 25.879/32-V/2/94 vom 9. 8. 1995, Bildungsanstalten für Sozialpädagogik in der 5. Klasse – Zl. 25.879/32-V/2/94 vom 9. 8. 1995.

Dieses Schulbuch wurde auf der Grundlage eines Rahmenlehrplanes erstellt; die Auswahl und die Gewichtung der Inhalte erfolgen durch die Lehrerinnen und Lehrer.

Schulbuchnummer: 1434

Liebe Schülerin, lieber Schüler,
Sie bekommen dieses Schulbuch von der Republik Österreich für Ihre Ausbildung. Bücher helfen nicht nur beim Lernen, sondern sind auch Freunde fürs Leben.

Sehr geehrte Lehrerinnen und Lehrer!
Zu diesem Schulbuch gibt es im Internet unter der Adresse
www.verlaghpt.at/schulbuchplus
ein kostenloses Angebot an Zusatzmaterialien.

Plasmatic Solutions (www.plasmatic.at, office@plasmatic.at)*

Bildnachweis: Auer: 39, 47, 49, 50, 52, 56, 58, 59, 80, 93, 102 (oben); EU Journal: 36; www.eu2006.at: 53; HPT-Archiv: 76, 77, 78, 107, 167; Humer M.: 69, 94, 117; Humer St.: 20, 81, 87 (unten), 117; Österr. Volksgruppenzentrum und Kulturverein f. Roma u. Sinti: 25; *Plasmatic Solutions: 87, 102 (unten), 104, 127, 137. 150, 161, 175, 199, 205, 210, 243, 254, 260, 264; Sachartschenko: 83; Österr. Staatsdruckerei: 45, 92, 97, 130

Die Bearbeiter und der Verlag bitten, alle Anregungen und Vorschläge, die dieses Schulbuch betreffen, an folgende Adresse zu senden: Verlag Hölder-Pichler-Tempsky, Frankgasse 4, A-1090 Wien, E-Mail: office@verlaghpt.at

Zu diesem Lehrwerk gibt es für Lehrerinnen und Lehrer kostenlose Begleitmaterialien (zu beziehen über den Verlag bzw. im Internet abrufbar unter der Adresse www.verlaghpt.at/schulbuchplus).

Umschlaggestaltung: Atelier Udo Reisinger, Wien
Schulbuchvergütung/Bildrechte © VBK/Wien

10. Auflage, Nachdruck 2008 (10,01)

Satz: P. Sachartschenko & S. Spreitzer OEG, Wien
Druck und Bindung: Brüder Glöckler GmbH & Co KG, 2752 Wöllersdorf

ISBN 978-3-230-02023-9

Vorwort

„Wenn man alle Gesetze studieren sollte, hätte man gar keine Zeit, sie zu übertreten." (Johann Wolfgang von Goethe)

Unsere Aufgaben, in denen wir Rechtswissen benötigen, werden von Jahr zu Jahr zahlreicher. Denken wir dabei nur an die Rechtsfragen in Zusammenhang mit den neuen Informationstechnologien wie Internet, digitale Unterschriftsleistung usw. Dementsprechend werden wir alle jährlich von einer Flut an Gesetzen überschwemmt, und nicht einmal Fachleuten gelingt es heute, den Überblick zu bewahren.

Daneben gibt es jedoch ein gewisses **juristisches Basiswissen**, das zwar nicht auf alle Detailfragen eine Antwort geben kann, uns jedoch auf jeden Fall weiterhilft, wenn ein Rechtsproblem auftaucht. Und zwar auf eine Weise weiterhilft, durch die wir

- einen Überblick über die Zusammenhänge in Politik und Gesellschaft erlangen,
- ein Wissen über politische und rechtliche Grundstrukturen erwerben, mit dem wir ein Spezialwissen aufbauen und in die Fachliteratur einsteigen können,
- wissen, in welchen Gesetzen, bei welchen Behörden, Gerichten, Organisationen oder auf welchen Internetseiten wir weitere Informationen finden,
- uns bereits vorbeugend rechtlich richtig, d. h. vor allem „beweissichernd", verhalten,
- einen politischen oder rechtlichen Sachverhalt einem Spezialisten brauchbar schriftlich oder mündlich darlegen können.

Das Buch versucht – unter Einhaltung der jeweiligen Lehrpläne – die oben geschilderten Ziele zu erreichen. Dabei wurden jene Gebiete **ausführlich** behandelt, die in unserem Privat- bzw. Berufsleben besonders **häufig** vorkommen. Jene Sachgebiete, bei deren Befassung zumeist eine einschlägige Berufsausbildung vorangehen muss, wurden nur überblicksmäßig dargestellt.

Im Allgemeinen geht das Buch jedoch weit über die geschilderten Ziele hinaus, weil es den Absolventen und Absolventinnen auch nach dem Abschluss ihrer Ausbildung (und in vielen Fällen auch während einer Berufstätigkeit) als **Nachschlagewerk für Rechtswissen** dienen soll. Daher bleibt es den Lehrern, Instruktoren, Kursleitern – oder ganz einfach dem interessierten Leser – überlassen, hier die entsprechenden **Schwerpunkte** je nach Eingangsvoraussetzungen, Berufszielen, Lehrzielen oder nach der juristischen Fragestellung zu setzen.

Wir haben uns darüber hinaus auch bemüht, **jedes einzelne Kapitel** als eine geschlossene **Einheit** darzustellen, sodass man im Prinzip mit jedem Buchkapitel beginnen kann – eben dadurch hält sich auch die Zahl der Querverweise in Grenzen.

Zahlreiche **Arbeitsaufgaben** sowie Diskussionsanregungen am Schluss jedes Kapitels sollen das Weiterdenken über die gebotene Information hinaus erleichtern. Daneben wurden sowohl in die einzelnen Kapitel als auch in den Schluss des Buches zahlreiche praktische Tipps eingearbeitet (z. B. Internetadressen oder Anhang 1: Übersicht über die juristischen Berufe, Anhang 2: Die Zustellung von Schriftstücken). Ein Sachregister erleichtert das Auffinden von Begriffen. Die Symbole am Rand sowie die zweifarbige Darstellung sollen die Struktur des Lehrstoffes erleichtern.

Insgesamt wollten wir also eine Forderung verwirklichen, die man vereinfacht mit den Sätzen umschreiben könnte: *„Politisches Wissen ist Beteiligung an Demokratie"* und *„Rechtswissen ist gehobenes Allgemeinwissen"* .

Für die rechtliche Detailberatung im Bereich des Gewerberechts danken wir Herrn Mag. Ferdinand Wallner, Wirtschaftskammer Wien, im Bereich des Mietrechts Herrn Josef Rohr, Immobilientreuhänder in Wien, im Bereich des Straßenverkehrsrechts den Herren Toni und Christian Vereby, beide Fahrschulinhaber in Wien.

Zur genaueren rechtlichen Information verweisen wir auf die wesentlich umfangreichere BHS-Ausgabe im gleichen Verlag.

Wien, im Juli 2007 Die Autoren

Inhalt

Grundbegriffe der Rechtslehre

I. Die Rechtsordnung

Wer kennt sie nicht, Redewendungen wie: „Für Recht und Ordnung sorgen", „Andere Länder, andere Sitten". Menschen leben meistens in Gemeinschaften, die dadurch gekennzeichnet sind, dass sie für ihr Zusammenleben Regeln aufgestellt haben.

Aus der Geschichte der Menschheit können wir erkennen, dass eine funktionierende Rechtsordnung, die die Würde des Einzelnen und seine Grundrechte achtet sowie demokratisch orientiert ist, ein Zusammenleben vieler Menschen mit möglichst großer Freiheit des Einzelnen und politische Stabilität und Frieden ermöglicht.

Was ist nun eine Rechtsordnung? Was ist eigentlich das Recht? Gibt es auch andere Verhaltensregeln? Was passiert, wenn sich jemand nicht an das geltende Recht hält? Wer muss die Rechtsordnung beachten? Wo gilt eine Rechtsordnung? Gibt es eine Rangordnung innerhalb der Rechtsordnung?

Diese und damit im Zusammenhang stehende Fragen werden im folgenden Kapitel behandelt.

A. Allgemeines

„Wer sich den Gesetzen nicht fügen will, muss die Gegend verlassen, wo sie gelten." (Johann Wolfgang von Goethe)

Der **Staat schützt mit Hilfe der Rechtsordnung den Einzelnen** und **garantiert** ihm einen Bereich der **persönlichen Freiheit**. Wenn der Einzelne die ihm eingeräumte Freiheit missbraucht und dadurch in die ebenfalls geschützte Sphäre der persönlichen Freiheit des Anderen eingreift, indem er den Anderen schädigt, beraubt oder betrügt, muss die staatliche Autorität eingreifen und dem Beeinträchtigten helfen.

Die Rechtsordnung soll durch die möglichen Sanktionen jeden Einzelnen zu einem Beachten und Einhalten des geltenden Rechts animieren.

Neben dem von gesetzgebenden Organen (Nationalrat, Landtag) geschaffenen Recht wird menschliches Zusammenleben auch durch Gebote der Sitte, der Moral und der Religion gestaltet.

- **Sitte** ist eine **allgemein geübte Verhaltensweise einer bestimmten Gruppe**, wie z. B. die Bevölkerung einer Gemeinde, eines Landes oder Mitglieder einer Familie. Sie wird befolgt, weil es sich „so gehört". Das einzelne Mitglied der Gemeinschaft will die Wertschätzung der anderen Mitbürger nicht verlieren. Sitte hat mitunter eine gewaltige Macht.
- **Moral** wendet sich an **die persönliche Werteordnung, das Gewissen des Menschen**. Moralische Gebote sind Forderungen an das eigene Gewissen. Wer seinem Gewissen entsprechend handelt, macht dies nicht aufgrund der Achtung oder Missbilligung durch andere, sondern weil er eine Handlung persönlich für richtig hält.
- **Glaubensinhalte** einzelner Religionen **enthalten konkrete Anweisungen, Gebote und Verbote für die Mitglieder der jeweiligen Religionsgemeinschaft.** Die Gläubigen befolgen die jeweiligen Verhaltensvorgaben entsprechend der Intensität des persönlichen Glaubens.

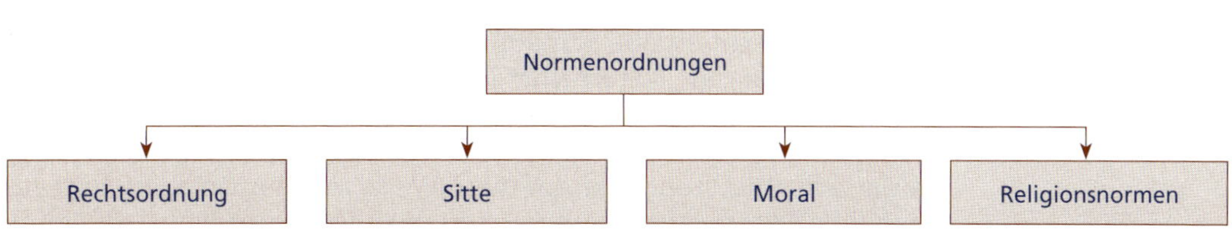

Sitte und Moral unterscheiden sich von der staatlich geschaffenen Rechtsordnung, haben mit dem Recht aber auch **Gemeinsamkeiten.**

Sitte und **Recht** sind Vorschriften, die von außen an den Menschen herangetragen werden. Es kommt auf die äußere Befolgung an. Äußere Druckmittel sorgen für die Einhaltung der Gebote.

Wer die **Moral** verletzt, hat dies nur vor seinem eigenen **Gewissen** zu verantworten.

Die Sanktionen sind verschieden. Wer die Sitte missachtet, erfährt die Missbilligung der Gesellschaft und wird gemieden. Wem das nichts ausmacht, über den hat die Sitte keine Macht. Das Recht ist dadurch ausgezeichnet, dass es notfalls auch mit **Zwangsgewalt** durchgesetzt werden kann.

Normen	Sanktionen bei Nichteinhaltung
Sitte	Missbilligung und Missfallensäußerungen durch andere Gruppenmitglieder
Moral	schlechtes Gewissen, Gewissensbisse
Recht	Ermahnung, Geldstrafe, Freiheitsstrafe, Zwangsvollstreckung
Religion	von der jeweiligen Religionsgemeinschaft vorgegebene Sanktionen

B. Das Recht

„Auge um Auge, und die ganze Welt wird blind sein". (Mahatma Gandhi)

Die einzelnen **Rechtsnormen enthalten Vorschriften** für menschliches Verhalten, die in Rechtsakten wie Gesetzen, Verordnungen, Bescheiden, Urteilen und Beschlüssen nachzulesen sind. Diese setzen fest:

- was Menschen tun oder unterlassen sollen (z. B. Straßenverkehrsordnung),
- mit welchen Rechtsfolgen sie bei Zuwiderhandeln zu rechnen haben (z. B. Strafrecht, Privatrecht),
- wozu Menschen ermächtigt sind (z. B. Verfassungsrecht, Strafvollzugsrecht, Exekutionsrecht).

Die **Rechtsordnung umfasst** sämtliche staatlich vorgegebene verbindliche Regeln (Normen), die für das menschliche Zusammenleben gelten.
Recht ist die **für eine Gemeinschaft verbindliche Ordnung des menschlichen Zusammenlebens, die gerecht sein soll und notfalls mit Zwang durchgesetzt wird**.

Wenn jemand das vorgegebene staatliche Recht nicht einhält, kann es zu folgenden Sanktionen kommen:

- Ermahnung
- Geldstrafe
- Vertragsstrafe
- Freiheitsstrafe
- Exekution (= Zwangsvollstreckung)

1. Arten des Rechts

„Das Recht des Stärkeren ist das stärkste Unrecht." (Marie von Ebner-Eschenbach)

a) Naturrecht – positives Recht

Früher meinte man, dass Recht vorgegeben sei und ohne menschliches Handeln vorhanden sei. Dieses Recht ergäbe sich aus der Natur des Menschen, insbesondere aus seiner Vernunft. Man müsse dieses **„Naturrecht"** nur erkennen.

Heute ist man der Auffassung, dass die Gemeinschaft die Regeln für das Zusammenleben selbst schafft. Früher geschah dies durch Gewohnheitsrecht, heute durch bewusste und organisierte Rechtsetzung. Die auf diese Weise in einer Gemeinschaft zustande gekommene und geltende Rechtsordnung nennt man **positives Recht.**

Gewohnheitsrecht ist das in einer Rechtsgemeinschaft durch lange Zeit mit Rechtsüberzeugung praktizierte Recht.

b) Objektives Recht – subjektives Recht

Das **objektive Recht ist die Gesamtheit aller staatlichen Rechtsnormen (= die geltende Rechtsordnung).** Auch wenn von einzelnen Rechtsbereichen wie dem Arbeitsrecht oder dem Familienrecht gesprochen wird, ist damit objektives Recht als Summe der Rechtsregeln für ein bestimmtes Sachgebiet gemeint.

Vom objektiven Recht zu unterscheiden ist das von ihm abhängige **subjektive Recht.** Das subjektive Recht ist jene **Befugnis**, die der Einzelne für sich aus dem objektiven Recht (also der allgemeinen Rechtsordnung) ableiten kann, die ihm die Rechtsordnung zuweist.

BEISPIELE:

- **Objektives Recht:** § 1295 ABGB: „Jedermann ist berechtigt, vom Beschädiger den Ersatz des Schadens, welcher dieser ihm aus Verschulden zugefügt hat, zu fordern."
- **Subjektives Recht:** Erfolgt eine schuldhafte Schadenszufügung, kann der Geschädigte Ersatz fordern.

c) Materielles und formelles Recht

♦ **Materielles Recht** ist jener Bereich des objektiven Rechts, der **direkt** und **unmittelbar** die verschiedenen **Lebensbereiche von Menschen** regelt. Materielles Recht enthält eine Menge an Verhaltensnormen.

BEISPIELE:

Das **Privatrecht (**Personen-, Ehe und Kindschaftsrecht, Erbrecht, Sachen- und Schuldrecht**,** gehört zum materiellen Recht.

♦ **Formelles Recht** ist das Recht der **Rechtsdurchsetzung** (Verfahrensrecht, Prozessrecht). Es regelt die Form und Vorgangsweise der Durchsetzung jener Rechte, die aus dem materiellen Recht für den Einzelnen ableitbar sind. Das formelle Recht gehört zum öffentlichen Recht.

BEISPIELE: Strafprozessordnung, Zivilprozessordnung

d) Zwingendes und nachgiebiges Recht

♦ **Zwingendes Recht** kann durch Vereinbarung der Parteien nicht abgeändert werden. Es handelt sich um „vereinbarungsfestes" Recht. Bei Rechtssätzen des zwingenden Rechts soll sichergestellt werden, dass entweder allgemeine Interessen oder die Interessen der am Rechtsverkehr teilnehmenden Personen gewahrt bleiben und nicht abgeändert werden können.

BEISPIELE:

- die Regeln über Eingehen und Auflösen der Ehe (öffentliches Interesse an der Institution Ehe)
- die Regeln über die Geschäftsfähigkeit (Schutz des schwächeren Geschäftspartners)

♦ Bei **relativ zwingendem** Recht können rechtliche Regelungen nicht zulasten, aber **zugunsten** einer Partei abgeändert werden.

BEISPIELE:

- Viele Bestimmungen im Arbeitsrecht oder im Mietrecht, die nur zugunsten des Arbeitnehmers bzw. Mieters durch Vereinbarung abgeändert werden können.

♦ **Nachgiebiges Recht** ist durch Parteienvereinbarung abänderbar. Diese Rechtssätze gelten nur, wenn keine Sondervereinbarungen getroffen wurden.

BEISPIELE:

- Regeln über den Erfüllungsort
- Regeln über die Fälligkeit von Forderungen

e) Völkerrecht – innerstaatliches Recht

Das **Völkerrecht regelt die Rechtsbeziehungen zwischen** verschiedenen **souveränen Staaten sowie internationalen Organisationen**, z. B. die Satzung der UNO.

Das **innerstaatliche Recht** regelt die **Rechtsbeziehungen innerhalb** eines bestimmten **Staates**.

2. Der Aufbau von Rechtsvorschriften – Normen

Die **Rechtsvorschriften (Normen)** bestehen aus **Tatbestand** und **Rechtsfolge** (Gesetzesbefehl). Schematisch: Wenn a, b, c vorliegen, soll die Folge x, y, z sein.

§ 727 ABGB: „Wenn der Verstorbene keine gültige Erklärung des letzten Willens hinterlassen … hat (Tatbestand), so findet die gesetzliche Erbfolge … statt (Rechtsfolge)."

Damit die Rechtsfolge eintreten kann, muss der **Sachverhalt** (der „Fall" = das tatsächliche Geschehen) dem Tatbestand, der im Gesetz beschrieben ist, entsprechen.

II. Rechtsquellen

Jede Rechtsordnung benötigt Rechtsquellen. Aber was ist damit gemeint? Welche Rechtsquellen gibt es? Sind die einzelnen Rechtsquellen gleichwertig, oder sind manche wichtiger? Wie entsteht eine Rechtsquelle? Wofür werden Rechtsquellen benötigt?

Die Inhalte dieser Fragen werden im folgenden Abschnitt behandelt.

Im vorangehenden Text wurden die Rechtsquellen Gewohnheitsrecht und staatlich geschaffenes Recht erwähnt.

A. Geschriebenes Recht

Rechtsquellen umfassen alle staatlichen Handlungen, mit denen Recht geschaffen wird, und sämtliche Schriftstücke, die Rechtsnormen enthalten, aber auch jene, in denen Recht konkret umgesetzt oder vereinbart wird.

Die weitaus wichtigste Rechtsquelle bildet das geschriebene Recht. Dieses wurde gemäß der Verfassung von den zuständigen Organen des Staates erlassen.

Zuständigkeit und Vorgangsweise sind detailliert im Verfassungsrecht geregelt. Das auf diese Art erzeugte Recht wird **„gesatztes"** oder **„geschriebenes"** Recht genannt.

Zu den Rechtsquellen des geschriebenen Rechts zählen: Bundesverfassung, Verfassungsgesetze, Bundesgesetze, Landesverfassungen, Landesverfassungsgesetze, Landesgesetze, Verordnungen, Bescheide und Urteile.

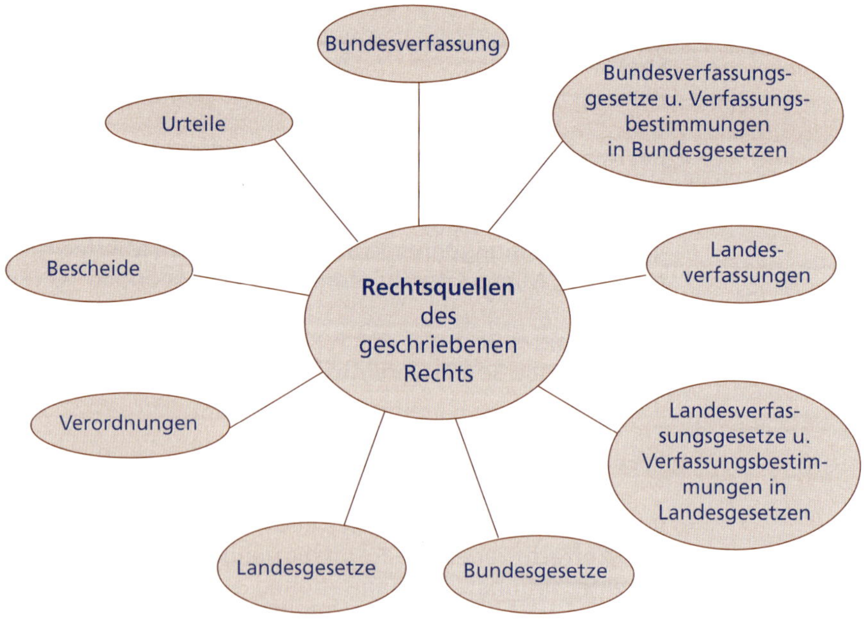

Stufenbau der Rechtsordnung

Die **Grundlage einer Rechtsordnung ist eine Verfassung.** Die anderen Rechtsnormen werden von ihr abgeleitet und müssen ihr entsprechen. Die einzelnen Rechtssätze (Normen, Vorschriften) haben einen unterschiedlichen Rang. Dies wird als Stufenbau der Rechtsordnung ausgedrückt.

Gemäß der Verfassung werden **Verfassungsgesetze** erlassen. Alle anderen Gesetze müssen der Verfassung und den Verfassungsgesetzen entsprechen und dürfen nicht gegen diese verstoßen.

Aufgrund der Gesetze erlassen die Verwaltungsbehörden allgemeine Vorschriften: **Verordnungen.** Verordnungen führen Gesetze näher aus, bzw. ergänzen diese. Z. B.: Das Schulunterrichtsgesetz legt die fünf Notengrade fest. Die Leistungsbeurteilungsverordnung schreibt vor, welche Leistung mit welcher Note zu beurteilen ist.

In der Straßenverkehrsordnung sind die Verkehrszeichen abgebildet. Es gibt dazu eine eigene Verordnung, wie diese genau gestaltet und montiert werden müssen.

Verwaltungsverordnungen sind Anordnungen (Weisungen) einer höheren Behörde an die nachgeordneten Dienststellen **(Erlässe).**

Innerstaatlicher Stufenbau der Rechtsordnung

Mit Ausnahme der Grundsätze der Bundesverfassung gilt nach herrschender Lehre der Anwendungsvorrang von EG-Recht im Kollisionsfall zwischen nationalem Recht und EG-Recht.

Aufgrund von Gesetzen und Verordnungen fällen die Behörden ihre **Entscheidungen für den Einzelfall – d. h. aufgrund und angepasst einer konkreten Lebenssituation der rechtsunterworfenen Bürger,** und zwar:

- **Verwaltungsbehörden** in Form von **Bescheiden**
- **Gerichte** in Form von **Urteilen** oder **Beschlüssen**

Erst auf der Basis einer nicht mehr anfechtbaren, d. h. einer rechtskräftigen Entscheidung dürfen **Vollstreckungshandlungen** vorgenommen werden.

B. Gewohnheitsrecht

Gewohnheitsrecht entsteht nicht durch einen Willensakt eines gesetzgebenden Staatsorgans, sondern durch tatsächliche, allgemeine und lang andauernde Übung einer bestimmten Verhaltensweise in einer Gemeinschaft mit der Überzeugung, dass verbindliches Recht praktiziert wird.

Das Recht entstand ursprünglich durch Gewohnheit. Die geschriebenen Gesetze entstanden erst, seitdem sich Gemeinschaften von Menschen zu einer staatlichen Ordnung zusammenschlossen. Die Bedeutung des Gewohnheitsrechts ist heute sehr gering.

Geschriebenes Recht und **Gewohnheitsrecht** bilden zusammen das **positive** oder **geltende Recht** (im Gegensatz zum **Naturrecht).**

III. Rechtsanwendung und Auslegung

Das Zusammenleben von Menschen und deren Verhalten wird durch die Fülle an Rechtsnormen gestaltet und geregelt. Nun stellt sich die Frage, wie die Anwendung des Rechts erfolgt.

Ist mit Rechtsanwendung ein bestimmtes Verfahren gemeint? Wen betrifft die Rechtsanwendung? Was ist mit Auslegung des Rechts gemeint? Wann ist eine Auslegung des Rechts erforderlich? Wie legt man Rechtsvorschriften aus? Wer darf eine Auslegung des Rechts vornehmen? Welchen Zweck verfolgt die Auslegung des Rechts?

Diese und ähnliche Fragen werden im folgenden Text behandelt.

A. Rechtsanwendung

Vor allem Richter, Staatsanwälte, Verwaltungsjuristen und Verwaltungsorgane haben als Rechtsanwender zu prüfen, ob sich ein konkreter Lebensvorgang **(= Sachverhalt)** einer Norm des objektiven Rechts, die einen Lebensvorgang abstrakt regelt **(= Tatbestand),** zuordnen lässt. Diesen Vorgang bezeichnet man als **Subsumtion.**

Die Technik der Rechtsanwendung besteht aus folgenden Schritten:
1. **Feststellen des Sachverhalts** durch den Rechtsanwender durch Beweisaufnahme usw.
2. **Herausfinden der** für die Entscheidung **maßgeblichen Regeln** (Rechtssätze des objektiven Rechts wie Gesetze und Verordnungen) und Ermittlung ihres Inhalts
3. **Prüfung, ob** der festgestellte **Sachverhalt dem Tatbestand untergeordnet** werden kann (Subsumtion)
4. **Feststellung** der sich daraus ergebenden **Rechtsfolge**

Die Rechtsanwendung ist keine rein mechanisch-logische Tätigkeit.
Unbestimmte Rechtsbegriffe, wie
- **gute Sitten,**
- **Treu** und **Glauben,**
- Übung des **redlichen Verkehrs,**
- **wichtige Gründe,**
- tiefe **Zerrüttung**

übertragen dem Rechtsanwender, z. B. Richter, eine genaue Zuordnung der konkreten Lebenssituationen zur rechtlichen Entscheidungsgrundlage in einem Ausmaß, dass der Anwendende mitunter gesetzgebende Funktion ausübt.

B. Auslegung – Analogie

1. Auslegung

Auslegung ist die **Ermittlung** des **Sinnes** eines bestimmten Rechtssatzes oder eines in einem Gesetz **verwendeten Begriffs.** Sie wird begrenzt durch den möglichen Wortsinn des auszulegenden Begriffs. Die in Gesetzen verwendeten Ausdrücke sind mitunter ungenau. Sie müssen für die juristische Anwendung präzisiert werden. Das ABGB enthält Regeln für die Auslegung.

2. Arten der Auslegung

Die **Auslegung** stellt den **tatsächlichen,** undeutlich ausgedrückten **Willen** des Gesetzgebers fest. Die Auslegung ersetzt den undeutlichen Ausdruck durch den vermutlich der Absicht entsprechenden.

- **Wortinterpretation:**
  Auslegung eines Gesetzes nach dem buchstäblichen Sinn der Worte
- **Grammatisch-logische Interpretation:**
  Auslegung unter Berücksichtigung der grammatikalischen Regeln und des Zusammenhanges

- **Historische Interpretation:**
  Auslegung durch Ermitteln des Willens und der Absicht des damaligen Gesetzgebers
- **Teleologische Interpretation:**
  Auslegung durch Herausfinden, welchen Sinn und Zweck eine Regelung haben kann

3. Analogie

Lässt sich ein juristischer Sachverhalt weder aus der Bedeutung der Worte noch aus dem erkennbaren Sinn eines Gesetzes entscheiden, orientiert man sich an **ähnlichen,** in den Gesetzen bestimmt entschiedenen Fällen. Diese Auslegung wird **Analogie** genannt.

Analogie bedeutet Anwenden eines Rechtssatzes, der für einen bestimmten Sachverhalt gilt, auf einen anderen Sachverhalt, der gesetzlich nicht geregelt ist.

IV. Rechtssubjekte

Wer oder was gilt als Rechtssubjekt oder als Rechtsobjekt gemäß unserer Rechtsordnung? Ist der Mensch ein Rechtssubjekt? Worin unterscheiden sich Rechtssubjekt und Rechtsobjekt? Wofür braucht man ein Rechtssubjekt? Welche Rechtssubjekte gibt es?

Diese und ähnliche Fragen werden im folgenden Text behandelt.

Die jeweilige Rechtsordnung bestimmt, was **Rechtssubjekt** und was **Rechtsobjekt** ist.

Nur **Rechtssubjekte** sind **rechtsfähig**, das bedeutet, dass sie Träger von Rechten und Pflichten sind. Gemäß der österreichischen Rechtsordnung sind Rechtssubjekte die **natürliche** Person (Mensch) und die **juristische Person.**

Als **Rechtsobjekte** werden Gegenstände (Sachen) bezeichnet, auf die sich subjektive Rechte (z. B. Eigentum) beziehen können. Im römischen Recht galten sogar Sklaven als Sache. Nach österreichischem Recht gilt als Sache „alles, was von der Person unterschieden ist und zum Gebrauch der Menschen dient …" (§ 285 ABGB).

Tiere sind keine Sachen. Sie werden durch besondere Gesetze geschützt. Einige für Sachen geltende Regelungen sind auch auf Tiere anzuwenden (z. B. Übertragung des Eigentums).

RECHTSORDNUNG
definiert
Rechtssubjekte und **Rechtsobjekte**

- **Rechtssubjekte**
  - haben Rechte und Pflichten
  - **Natürliche Personen**
    - Mensch
  - **Juristische Personen**
    - normierte Personengesamtheiten oder Vermögensmassen
    - **Privatrechts**
      - Vereine
      - Kapitalgesellschaften
      - Genossenschaften
    - **Öffentlichen Rechts**
      - Gebietskörperschaften: Bund, Länder, Gemeinden
      - Personenkörperschaften: Kammern
      - Anstalten: Sozialversicherungsanstalten
- **Rechtsobjekte**
  - sind Gegenstände des rechtlichen Verkehrs
  - auf sie beziehen sich Rechte und Pflichten

A. Die natürliche Person (der Mensch)

Der **Mensch** ist als natürliche Person **Rechtssubjekt** und hat Rechte und Pflichten, d. h. er ist rechtsfähig. Die natürliche Person ist kraft ihres Menschseins rechtsfähig.

Die Rechtsfähigkeit eines Menschen ist unabhängig von Alter und Geisteszustand. Der Mensch hat Forderungen und Schulden, ist Eigentümer beweglicher und unbeweglicher Sachen usw.

Die Rechtsfähigkeit des Menschen beginnt mit der Geburt und endet mit dem Tod.

B. Die juristische Person

Juristische Personen sind Gebilde, denen von der Rechtsordnung Rechtsfähigkeit zuerkannt wird.

Eine juristische Person kann eine **Personenmehrheit** oder auch eine **Vermögensmasse** sein.

Der **juristischen Person** wird die Rechtsfähigkeit erst vom **Gesetz** besonders **eingeräumt.** Diese Konstruktion der Juristen kommt dem Bedürfnis des Wirtschafts- und Vereinslebens entgegen.

Z. B.: Ein Verein baut ein Haus. Wer ist Eigentümer und steht im Grundbuch? Nicht der Obmann, nicht der Vorstand, auch nicht die Mitglieder. Die juristische Person ist Rechtssubjekt, hat eigenes Vermögen, getrennt von dem der Mitglieder. Die **Selbstständigkeit** des Vereins zeigt sich auch im **Handeln**. Es ist zu unterscheiden, ob der Obmann im eigenen oder im Namen des Vereins auftritt.

Man unterscheidet juristische Personen

♦ des **öffentlichen Rechts:**
Sie sind mit Hoheitsgewalt ausgestattet und können als Obrigkeit auftreten.

♦ des **Privatrechts:**
Sie treten wie natürliche Personen als gleichberechtigte Partner auf.

Beginn und **Untergang** der **juristischen Person:**
Juristische Personen werden durch ein **Gesetz** (z. B. Kammern) oder durch den **Gründungsvertrag** ihrer Mitglieder (Satzung, Statut) „geschaffen" und „gehen unter", wenn ein **Auflösungsgrund** (freiwilliger Beschluss, behördliche Verfügung, Wegfall des Zwecks oder Vermögens usw.) eintritt.

Näheres ist im Kapitel **Privatrecht** zu finden.

V. Zugang zum Recht

Im Berufsleben sowie im privaten Bereich können auch juristische Fragen auftreten. Etwa: Wie lange dürfen Minderjährige abends ohne Begleitung von Erziehungsberechtigten unterwegs sein? Wie kann ein Führerschein erworben werden? Bei welcher Behörde kann ein Reisepass beantragt werden? Welche Behörde ist für das Ausstellen eines Staatsbürgerschaftsnachweises zuständig? Darf ein 17-jähriger selbst ein Auto kaufen? Welche rechtlichen Informationen kann man im Internet finden? Erhält man bei Behörden Auskunft zu juristischen Fragen?

In der Folge werden die wichtigsten Informationsquellen angeführt.

A. Hilfsmittel

„Erfahrene Juristen bezeugen, dass es vor Gericht von Vorteil sein kann, wenn man im Recht ist." (Graham Chapman)

www.ris.bka.gv.at, www.help.gv.at

Den Rechtsanwendern stehen für die Prüfung und Beurteilung konkreter Sachverhalte folgende Hilfsmittel zur Verfügung. Es ist vom **Gesetzestext** und der zu seiner Erläuterung dienenden Literatur auszugehen:

1. Gesetzestext:
Im **Bundesgesetzblatt** (BGBl) bzw. in **Landesgesetzblättern** (LGBl) werden alle Gesetze, Verordnungen und Staatsverträge kundgemacht. Seit 1. Jänner 2004 werden die Bundesgesetzblätter rechtlich verbindlich (authentisch) über das Internet im Rahmen des Rechtsinformationssystems des Bundes kundgemacht.

Gesetzbücher und wichtige Gesetze erscheinen in **Handausgaben** (z. B. im Manz Verlag).

2. Literatur:
Der **Kommentar** behandelt die einzelnen Vorschriften in der Reihenfolge des Gesetzes.
Das **System** ordnet den Stoff nach methodischen Gesichtspunkten.
Das **Lehrbuch** beschränkt sich auf das Grundsätzliche. Es ist ein System nach pädagogischen Richtlinien.

Monografien behandeln Einzelfragen.

3. Judikatur:
Die Entscheidungen der **Höchstgerichte** erscheinen in Jahresbänden der verschiedensten Sammlungen (z. B. SZ – Zivilrechtssachen).

4. Zeitschriften:
Sie bringen Aufsätze, Entscheidungen, Berichte usw. Die Österreichische Juristenzeitung (ÖJZ) enthält etwa das Evidenzblatt (EvBl) der Rechtsmittelentscheidungen.

B. An- und Verwendung

Bei der Entscheidung von Rechtsfragen ist die gesetzliche Regelung maßgeblich.
Ein **Lehrbuch** verschafft einen ersten Überblick. Ergeben sich Zweifel, können die oben genannten **Gesetzesausgaben** eine weitere Orientierung über die **Praxis** bieten.
Die mit **Entscheidungen** belegten Aussagen sollten im Original nachgelesen werden.
Tiefer in das Thema führen **Kommentare** und **Systeme.**
Die genannten **Werke sind jeweils** auf dem **Stand ihres Erscheinens.** Deshalb sollten möglichst die neuesten Auflagen verwendet werden.

Die **Fachzeitschriften informieren** zu gegenwärtig aktuellen juristischen Themen. Bei neuen, noch nicht ausreichend literarisch behandelten Gesetzen (z. B. Umweltstrafrecht) sind die Motivberichte der Regierungsvorlagen informativ. Sie können in den stenografischen Protokollen des Nationalrats nachgelesen werden.

C. Beratung und Rechtsauskunft

Erste Informationen bietet das **Internet:**
www.austria.gv.at Republik Österreich; www.help.gv.at Behörden Amtshelfer; www.sozialversicherung.at Sozialversicherungen; www.rechtsanwaelte.at Rechtsanwälte; www.notar.at Österreichische Notariatskammer; www.ak.at Arbeiterkammer; www.wko.at Wirtschaftskammer; www.kwt.or.at Kammer der Wirtschaftstreuhänder; www.konsument.at Verein für Konsumenteninformation; www.polizei.at Polizei und Sicherheitsdirektionen; www.justiz.gv.at Justizministerium; www.volksanw.gv.at Volksanwaltschaft

Als **Beratungsstellen** kommen in Frage:
- berufsmäßige Parteienvertreter: Rechtsanwalt, Notar, Steuerberater etc.
- Gerichte: Bezirksgericht, Arbeits- und Sozialgericht im Rahmen des Amtstags (= Beratungstag)
- Sozialversicherungen
- Interessenvertretungen: Arbeiterkammer, Gewerkschaft, Wirtschaftskammer, Landwirtschaftskammer etc.
- freiwillige Vereinigungen Mietervereinigung, Verein für Konsumenteninformation u. v. a.

Die Beratungstätigkeiten der berufsmäßigen Parteienvertreter (Rechtsanwalt, Notar, Steuerberater etc.) sind mit (zum Teil beträchtlichen) Beratungskosten verbunden. Rechtsanwaltskammer und Notariatskammer geben kostenlose erste Auskünfte.

Die Beratungstätigkeiten der gesetzlichen Interessenvertretungen und freiwilligen Vereinigungen beschränken sich meistens auf ihre Mitglieder und sind für diese überwiegend kostenlos.

Bei Interessenvertretungen und im Internet kann man weitere Beratungsmöglichkeiten erfahren.

Hinweis: Die jeweiligen Interessenvertretungen haben gut ausgestattete Bibliotheken, die öffentlich zugänglich sind.

Wiederholungsfragen - Arbeitsaufgaben – Diskussionsanregungen

1. *Wodurch unterscheiden sich die Normen des Rechts von jenen der Sitte, der Moral und der Religion?*
2. *Welche Arten des Rechts gibt es?*
3. *Erklären Sie den Stufenbau der Rechtsordnung.*
4. *Welche Rechtssubjekte kennt unsere Rechtsordnung?*
5. *Welche Arten der juristischen Person unterscheidet man? Nennen Sie Beispiele.*
6. *Wo kann man Auskunft zu juristischen Fragen erhalten?*

Grundbegriffe der Staatslehre

„Der einzig und allein gerechte und einzig und allein zu rechtfertigende Endzweck des Staates ist: das größte Glück der größten Zahl." (Jeremy Bentham)

Die Staatslehre ist die Wissenschaft über die Merkmale eines Staates.

I. Der Staatsbegriff

Weltweit existieren gegenwärtig 195 völkerrechtlich anerkannte Staaten. Unter welchen Voraussetzungen spricht man von einem Staat? Wie kann man einen Staat definieren? Welche Personen bilden das Staatsvolk? Was gehört zum Staatsgebiet? Was ist mit Staatsgewalt gemeint? Wem steht Staatsgewalt zu? Wie kann die Staatsbürgerschaft erlangt werden? Haben Staatsbürger besondere Rechte oder Pflichten? Wie kann ein Staat organisiert sein? Wer steht an der Spitze eines Staates und repräsentiert diesen? Wer regiert einen Staat? Welche Aufgaben hat ein Staat?

Mit diesen Themen beschäftigt sich der folgende Abschnitt.

Der Staat ist ein mit einer unabhängiger **Herrschaftsgewalt** ausgestatteter **Verband sesshafter Menschen innerhalb eines bestimmten Gebiets.**

Von einem Staat spricht man nur dann, wenn **alle** Staatselemente vorhanden sind. Diese sind:

Fehlt ein Element, liegt kein Staat vor (z. B. ein Beduinenstamm).
Ein Staat besitzt **Souveränität**, wenn er sich vollständig selbst regiert und unabhängig ist von der Rechtsordnung irgendeines anderen Staates.

A. Das Staatsgebiet

Der Staat ist ein Territorialverband. Die staatliche Herrschaft wird über ein bestimmtes Gebiet (= Staatsgebiet) ausgeübt.

1. Staatsgebiet – Bestandteile

Das **Staatsgebiet** ist ein begrenzter geografischer Bereich, der der staatlichen Herrschaft unterliegt.

- Das **geografische Landgebiet** umfasst einen bestimmten Teil der Erdoberfläche.
- Innerhalb des Staatsgebietes kann der Staat seine Herrschaft bis in jede **erreichbare Tiefe** ausüben.
- Natürliche und künstliche **Wasserläufe** gehören dem Staatsgebiet ohne Beschränkung an. (Beachte: Donau = internationaler Strom, aber österreichisches Staatsgebiet!)
- Die territoriale Zugehörigkeit des **offenen Meeres** zu einem Staat wird durch das **Völkerrecht** geregelt. Die hohe See gehört allen Staaten, das **Küstenmeer** (3 bis12-Meilen-Zone) ist Gebiet des Küstenstaates.
- Der **Luftraum** über dem Gebiet des Staates gehört, soweit er beherrschbar ist, zu seinem Hoheitsbereich. Daher verletzen Satelliten nicht das Hoheitsgebiet eines Staates.

- **Der Rechtsordnung eines Staates unterliegen**:
  - Schiffe unter Landesflagge
  - Flugzeuge mit internationalen Kennbuchstaben eines Landes

2. Staatsgewalt als Gebietshoheit und Personalhoheit

Der **Staatsgewalt** unterliegen grundsätzlich alle Personen, die sich im Staatsgebiet aufhalten.

	Österreichische Staatsbürger unterliegen bei Aufenthalt in Österreich der Gebietshoheit und der Personalhoheit ihres Heimatlandes Österreichs		Schweizer Staatsbürger unterliegen bei Aufenthalt im Ausland Österreich der österreichischen Gebietshoheit, aber der Personalhoheit ihres Heimatlandes Schweiz
	Schweizer Staatsbürger unterliegen bei Aufenthalt in der Schweiz der Gebietshoheit und der Personalhoheit ihres Heimatlandes		Österreichische Staatsbürger unterliegen bei Aufenthalt im Ausland Schweiz der Schweizer Gebietshoheit, aber der Personalhoheit Österreichs

Gebietshoheit nennt man die Staatsgewalt in Beziehung zum Staatsgebiet.

Personalhoheit ist die Staatsgewalt in der persönlichen Beziehung auf den Staatsbürger, egal ob er sich im Inland oder Ausland aufhält.

Die Beziehungen der souveränen Staaten zueinander werden durch das **Völkerrecht** geregelt. Beispiele für völkerrechtliche Agenden (= Angelegenheiten): Freiheit der Benützung der hohen See, Nutzung des Weltraumes, Immunität der diplomatischen Vertreter (Botschafter, Gesandten), Pflichten und Rechte eines neutralen Staates, Staatsverträge usw.

3. Österreichisches Staatsgebiet

Das **Staatsgebiet Österreichs** wurde nach dem Ersten Weltkrieg 1919 im Staatsvertrag von St. Germain festgelegt. Die Abgrenzung Kärntens zu Jugoslawien (nunmehr Slowenien) erfolgte durch eine Abstimmung, die eine Mehrheit für Österreich ergab, womit der Großteil von Südkärnten bei Österreich verblieb. Die Abgrenzung gegenüber Ungarn im Gebiet von Ödenburg (Sopron) erfolgte durch eine Abstimmung, die zugunsten Ungarns ausging.

B. Das Staatsvolk

1. Staatsbürger – Staatsvolk

Das **Staatsvolk** umfasst im **weiteren Sinne** all jene Menschen, für die aufgrund der Gebietshoheit dieselbe Rechtsordnung gilt (Staatsbürger und Staatsfremde).
Das Staatsvolk im engeren Sinn umfasst **alle Staatsbürger**, unabhängig davon, ob sie die Staatsbürgerschaft von Geburt an oder erst später erworben haben.

In jedem Staat unterscheidet man zwischen:
- Staatsbürgern
- Staatsfremden

Staatsfremde können sein:
- **Ausländer – EU Bürger**:
  Staatsbürger eines EU-Mitgliedstaates, die sich nicht in ihrem Heimatland aber einem EU-Mitgliedsland aufhalten.
- **Ausländer – Drittstaatsangehörige**:
  Staatsbürger eines Nicht-EU-Mitgliedslandes, d. h. eines Drittstaates, werden als Drittstaatsbürger bezeichnet, wenn sie sich im Ausland aufhalten.
- **Staatenlose**:
  Haben zu keinem Staat die Nahebeziehung einer Staatsbürgerschaft, z. B.: Flüchtlinge
- **Exterritoriale Personen**:
  Staatsoberhäupter, Regierungschefs und Diplomaten besitzen die Staatsbürgerschaft ihres Heimatstaates.

Ausländer	Staatenlose
Das sind jene Personen, die in einem **anderen** Staat die Staatsangehörigkeit besitzen, z. B.: Touristen, Gastarbeiter.	Das sind jene Personen, die in **keinem** Staat die Staatsbürgerschaft besitzen, z. B.: politische Flüchtlinge, die ausgebürgert wurden.

2. Erwerb der Staatsbürgerschaft

Der **Erwerb** der Staatsbürgerschaft richtet sich nach den Vorschriften des jeweiligen Staates. International sind folgende Grundsätze möglich:
- **Abstammung:** Kinder von Inländern werden, gleichgültig, wo sie zur Welt kommen, Inländer. Dieses Prinzip gilt für die meisten europäischen Staaten.
- **Gebiets- und Bodenrecht:** Jeder im Staatsgebiet Geborene erhält die Staatsbürgerschaft dieses Staates (z. B. USA).

Prinzipien zum Erwerb der Staatsbürgerschaft

Abstammungsprinzip
Alle Personen, deren Elternteil die betreffende Staatsbürgerschaft hat, erwerben auch diese Staatsbürgerschaft z.B. **Österreich.**

Bodenrechtsprinzip
Alle Personen, die im Staatsgebiet geboren werden, erhalten die Staatsbürgerschaft.

3. Erwerb der österreichischen Staatsbürgerschaft

a) Abstammungsprinzip

Das **österreichische Staatsbürgerschaftsgesetz** hat das **Abstammungsprinzip** als Grundlage. Eheliche Kinder erhalten die Staatsbürgerschaft, wenn der Vater oder die Mutter österreichische Staatsbürger sind. Uneheliche erhalten die österreichische Staatsbürgerschaft, wenn die Mutter diese besitzt.

b) Verleihung

Zur Verleihung der Staatsbürgerschaft müssen **allgemeine Einbürgerungsvoraussetzungen** erfüllt werden:

- mindestens zehnjähriger rechtmäßiger Aufenthalt in Österreich
- Unbescholtenheit
- gesicherter Lebensunterhalt
- Deutschkenntnisse und Kenntnisse über die österreichische Geschichte
- bejahende Einstellung zur Republik Österreich
- kein Aufenthaltsverbot
- kein Naheverhältnis zu einer extremistischen oder terroristischen Gruppierung
- Aufgeben der bisherigen Staatsbürgerschaft
- Verleihung darf die Interessen der Republik Österreich nicht schädigen

Die verschiedenen Möglichkeiten der Verleihung sind:

- Unter bestimmten zusätzlichen Voraussetzungen besteht ein **Rechtsanspruch auf Verleihung**.
- Ohne Rechtsanspruch auf Verleihung kann die Staatsbürgerschaft **aufgrund freien Ermessens** verliehen werden.
- Unter bestimmten Voraussetzungen ist eine Verleihung auch bei **Wohnsitz im Ausland** möglich.
- Personen, die vor dem 9. Mai 1945 Österreich aus politischen Gründen verlassen mussten, haben die Möglichkeit zum **Wiedererwerb der österreichischen Staatsbürgerschaft durch Anzeige.**

Staatsbürgerschaftsnachweis

REPUBLIK ÖSTERREICH

Zahl: 08603

Verwaltungsabgabe entrichtet

Staatsbürgerschaftsnachweis

Michael Alexander Lichowski

geboren am 26. Februar 1985 in Wien

wohnhaft in Wien

besitzt die

österreichische Staatsbürgerschaft.

Evidenzgemeinde: Wien

Wien, am 26. März 1985

Magistrat der Stadt Wien

Magistratsabteilung 61

Für den Abteilungsleiter:

Brandner

VOK

DVR: 0000191

Die Verleihung der Staatsbürgerschaft ist Landessache und erfolgt grundsätzlich nur unter der Voraussetzung, dass auf die **bisherige Staatsbürgerschaft verzichtet wird**. Das Verfahren dauert etwa ein Jahr und kostet mindestens 900 Euro.

c) Annahme eines öffentlichen Amtes
Ein Fremder sowie sein Ehegatte und seine minderjährigen unverheirateten Kinder erwerben durch Dienstantritt als ordentlicher Universitäts- oder Hochschulprofessor die österreichische Staatsbürgerschaft (auch ohne auf die bisherige Staatsbürgerschaft zu verzichten).

Erwerb
der österreichischen
Staatsbürgerschaft

durch **Abstammung**	durch **Verleihung**	durch **Antritt des Amtes als ordentliche(r) Universitätsprofessor(in)**
Ein Elternteil von ehelich Geborenen oder die Mutter von unehelich Geborenen besitzt zum Zeitpunkt der Geburt die österreichische Staatsbürgerschaft.	Bei Vorliegen der allgemeinen Einbürgerungsvoraussetzungen: a. nach Rechtsanspruch b. ohne Rechtsanspruch nach freiem Ermessen c. bei bestimmten Voraussetzungen(= außerordentliche Leistungen) trotz Wohnsitz im Ausland d. Wiedererwerb durch Anzeige	

4. Verlust der Staatsbürgerschaft

Durch Erwerb einer **fremden Staatsbürgerschaft** verliert man die österreichische. Unter bestimmten Bedingungen kann die österreichische Staatsbürgerschaft behalten werden. Der Betreffende besitzt dann **zwei** Staatsbürgerschaften („Doppelbürgerschaft").

Eine Doppelstaatsbürgerschaft ist auch möglich, wenn jemand in einem Staat zur Welt kommt, wo das Bodenrecht gilt und ein Elternteil Bürger eines Landes ist, das die Staatsbürgerschaft an die Abstammung knüpft.

Das Staatsbürgerschaftsgesetz regelt auch die **Entziehung** der Staatsbürgerschaft sowie den **Verzicht.** Die Staatsbürgerschaft verliert, wer freiwillig in den **Militärdienst** eines fremden Staates tritt.

5. Rechte und Pflichten der Staatsbürger

Mit einer Staatsbürgerschaft sind Rechte und Pflichten verbunden, die für in Österreich lebende Ausländer oder Staatenlose nur in geringerem Maß oder nicht gelten. Z. B.:

Rechte	Pflichten
♦ Recht auf ungestörten Aufenthalt im Land ♦ Politische Rechte (Wahlrecht, Teilnahme an Volksabstimmungen, Ämterfähigkeit) ♦ Gleichheit vor dem Gesetz ♦ Diplomatisches Schutzrecht = Hilfe durch österreichische Vertretungsbehörden im Ausland	♦ Treuepflicht gegenüber dem Staat ♦ Rechtliche Bindung an den Heimatstaat = unterliegen der Personalhoheit ♦ Wehrpflicht für Männer ♦ Schöffenamt bzw. Geschworenenamt

6. Stellung der Ausländer, Staatenlosen und Exterritorialen

Ausländer (Fremde)	Der Aufenthaltsstaat hat die **erworbenen Privatrechte** (z. B. Eigentum) des Ausländers zu **achten**. Die Durchsetzung seiner Rechte muss dem Ausländer offen stehen (mit Hilfe der Behörden). Der Ausländer unterliegt nicht den Staatsbürgerpflichten, hat aber auch nicht die Rechte der Staatsbürger. **Menschenrechte** stehen ihnen zu (siehe Grundrechte).
Staatenlose	Diese Personen haben keine Pflichten der Staatsbürger. Sie haben **in keinem Staat ein Aufenthaltsrecht.** Da sie **keine Staatsangehörigkeit** haben, haben sie **keinen** Anspruch **auf diplomatischen Schu**tz. Es stehen ihnen die **Menschenrechte** zu.
Exterritoriale	**Staatsoberhäupter, diplomatische Vertreter** mit Angehörigen und Personal sowie in vielen Fällen die Vertreter der Staaten bei internationalen Organisationen genießen gegenüber der Hoheitsgewalt des Aufenthaltsstaates eine **Ausnahmestellung**, da sie nicht der Gebietshoheit des Aufenthaltsstaates unterstehen. Sie unterliegen zwar der Rechtsordnung des Empfangsstaates, bei einem Rechtsverstoß können sie von diesem Land aber nicht behördlich verfolgt werden. Sie können abberufen werden.

7. Unionsbürgerschaft

Die Unionsbürgerschaft der **Europäischen Union (EU)** gilt für alle Staatsbürger eines Mitgliedstaates der Europäischen Union und ist mit folgenden **Rechte**n verbunden:

- Freizügigkeit und Aufenthaltsrecht im Hoheitsgebiet aller Mitgliedstaaten
- Aktives und passives Wahlrecht bei Kommunalwahlen (in Ö: Gemeinderatswahlen) im Aufenthaltsstaat
- Aktives und passives Wahlrecht bei den Wahlen zum Europäischen Parlament im Aufenthaltsort
- Diplomatischer und konsularischer Schutz in Drittstaaten auch durch die Vertretungsbehörden anderer Mitgliedstaaten
- Petitionsrecht beim Europäischen Parlament
- Beschwerderecht bei dem vom Europäischen Parlament ernannten Bürgerbeauftragten
- Recht, sich in der eigenen Sprache an die europäischen Behörden zu wenden und Auskunft in dieser Sprache zu erhalten
- Recht auf Zugang zu den Dokumenten der Europäischen Kommission, des Parlaments und des Rates der EU
- Recht auf Zugang zum öffentlichen Dienst der EU-Institutionen
- Bei Aufenthalt in einem Mitgliedsstaat: gleichberechtigter Zugang zu Sozialleistungen wie Stipendien, Wohnbauförderung, Pflegegeld, etc.

8. Volksgruppen in Österreich

a) Allgemeines

Die **Volksgruppen (Minderheiten)** werden in Österreich durch verschiedene verfassungsrechtliche Bestimmungen geschützt.

Unter **Volksgruppe** wird eine Gruppe von Staatsbürgern verstanden, die sich von der Mehrheit entweder nach objektiven (Sprache, Religion) oder nach subjektiven Merkmalen (Bekenntnis zu einer bestimmten Kulturgruppe) unterscheidet.

Volksgruppengebiete in Österreich

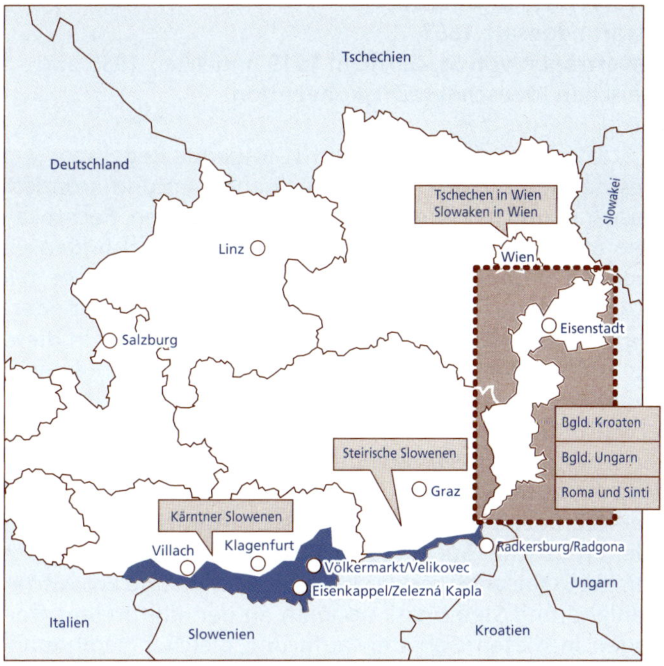

Volksgruppen im Burgenland

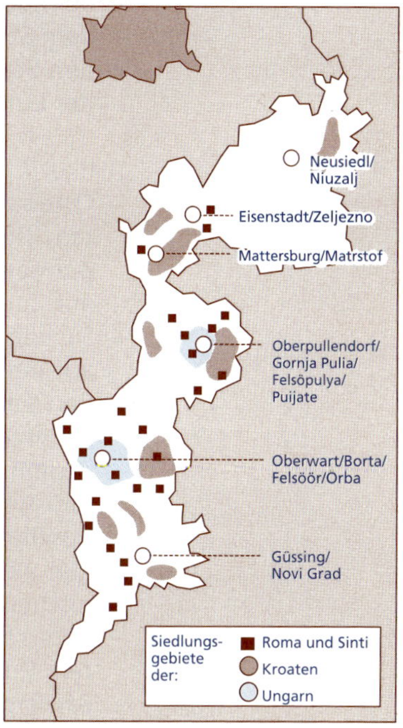

wb2

Quelle: Österreichisches Volksgruppenzentrum/Kulturverein Österreichischer Roma und Sinti

b) Volksgruppengesetz

Das **Volksgruppengesetz** aus dem Jahr 1976 erkennt nur autochthone (eingesessene) Volksgruppen an, die seit mindestens drei Generationen in Österreich leben und österreichische Staatsbürger sind.

Demnach sind in Österreich sechs Volksgruppen anerkannt: Kroaten, Roma und Sinti, Slowaken, Slowenen, Tschechen und Ungarn.

Im gesamten Burgenland mit Ausnahme des Bezirkes Jennersdorf siedeln die burgenländischen **Kroaten**. Starke kroatische Sprachinseln gibt es in der Umgebung von Oberwart, Oberpullendorf, Eisenstadt und Neusiedl am See. Wegen der Abwanderung leben viele der etwa auf 19.400 Personen geschätzten Kroaten auch in Wien.

Die Volksgruppen der (nach Schätzung etwa 2.000 bis 4.300) **Roma, Sinti** und **Lowara** leben überwiegend im Burgenland, teilweise durch Abwanderung auch in Wien. Aus sozialen Gründen liegen ihre Siedlungen mitunter außerhalb der Dörfer, etwa bei Oberwart, Oberpullendorf und Unterschützen.

Die (nach Schätzung rund 10.000 bis 26.000) **Ungarn** leben einerseits in vier burgenländischen Sprachinseln (Oberpullendorf, Oberwart, Siget in der Wart und Unterwart), andererseits lebt auch eine beträchtliche Zahl der Ungarn in Wien.

Die **Slowenen** (die auf 13.200 bis 18.000 Personen geschätzt werden) sind vor allem in den drei Südkärntner Tälern Gailtal, Rosental und Jauntal (Bleiburg, Eisenkappel und Völkermarkt) beheimatet. In der Südsteiermark leben Slowenen in Bad Radkersburg, Goritz und Dedenitz.

Die (geschätzen) rund 4.000 bis 11.000 **Tschechen** und etwa 1.000 bis 3.000 **Slowaken** leben vor allem in Wien und in Niederösterreich, insbesondere im Marchfeld und Tullnerfeld.

Die oben angeführten Zahlen basieren auf Daten, die bei der Volkszählung 2001 erhoben wurden.

c) Rechte der Volksgruppen
Die im Volksgruppengesetz festgelegten Rechte der Volksgruppen basieren auf
- dem **Bundes-Verfassungsgesetz,**
- dem **Staatsgrundgesetz 1867,**
- den **Staatsverträgen von St. Germain 1919** und **Wien 1955** und
- der **Europäischen Menschenrechtskonvention**.

Artikel 7 des Staatsvertrages von Wien trifft folgende Regelung:
- Österreichische Staatsangehörige der slowenischen und kroatischen Minderheit in Kärnten, Burgenland und Steiermark genießen dieselben **Rechte** aufgrund **gleicher Bedingungen** wie alle **anderen** österreichischen **Staatsangehörigen** einschließlich des Rechtes auf ihre **eigenen Organisationen, Versammlungen** und **Presse** in ihrer **eigenen Sprache.**
- Sie haben Anspruch auf **Elementarunterricht** in slowenischer oder kroatischer Sprache und auf eine **verhältnismäßige Anzahl** eigener **Mittelschulen.** In diesem Zusammenhang werden Schullehrpläne überprüft und eine Abteilung der Schulaufsichtsbehörde wird für slowenische und kroatische Schulen errichtet.
- In den Verwaltungs- und Gerichtsbezirken Kärntens, des Burgenlandes und der Steiermark mit slowenischer, kroatischer oder gemischter Bevölkerung wird die **slowenische** oder **kroatische Sprache zusätzlich** zum Deutschen als **Amtssprache** zugelassen. In solchen Bezirken werden die Bezeichnungen und **Aufschriften topografischer Natur** sowohl in slowenischer oder kroatischer Sprache wie in Deutsch verfasst.
- Österreichische Staatsangehörige der slowenischen und kroatischen Minderheiten in Kärnten, Burgenland und Steiermark nehmen an den kulturellen, Verwaltungs- und Gerichtseinrichtungen in diesen Gebieten aufgrund gleicher Bedingungen wie andere österreichische Staatsangehörige teil.
- Die Tätigkeit von **Organisationen,** die darauf abzielen, der kroatischen oder slowenischen Bevölkerung ihre Eigenschaft und ihre **Rechte als Minderheit zu nehmen,** ist zu **verbieten.**

Art. 6a BVG regelt den Minderheitenschutz als Staatszielbestimmung:
Die von den Volksgruppenbeiräten geforderte Verankerung des Minderheitenschutzes als **Staatszielbestimmung** in unserer Verfassung wurde 2000 im Art. 6a BVG umgesetzt.
Darin bekennt sich Österreich zu den autochthonen Volksgruppen, deren Sprache und Kultur zu achten, zu sichern und zu fördern.

C. Die Staatsgewalt

„Kein Abschied auf der Welt fällt schwerer als der Abschied von der Macht." (Charles Maurice de Talleyrand)

1. Allgemeines

Die Staatsgewalt ist eine von niemandem abgeleitete Befehls- und Zwangsgewalt.
Um ein geordnetes und rechtskonformes Zusammenleben der Menschen zu garantieren, hat der Staat seine Staatsgewalt auszuüben. Sie ermächtigt staatliche Organe (z. B. Parlament, Regierung, Gerichte), im Rahmen ihrer Zuständigkeit das Verhalten von Menschen verbindlich zu regeln und das vorgeschriebene Verhalten (notfalls) mit Zwang durchzusetzen.
Wer diese Staatsgewalt ausübt und wie dies geschieht, ist in den Verfassungen der einzelnen Länder unterschiedlich geregelt.
Die Staatsgewalt ist gewöhnlich souverän, d. h. sie ist gegenüber anderen Völkerrechtssubjekten wie Staaten und internationalen Organisationen unabhängig.
Staaten können Teile ihrer Hoheitsgewalt auf internationale Organisationen übertragen und damit auf die Ausübung von Teilen ihrer Souveränität verzichten (siehe EU).

2. Gliederung der staatlichen Funktionen

Die Staatsgewalt wird aufgeteilt in **drei Staatsfunktionen** (Teile der Staatsgewalt):
- Gesetzgebung
- Verwaltung
- Gerichtsbarkeit

Verwaltung und Gerichtsbarkeit werden oft gemeinsam als Vollziehung bezeichnet, da beide Staatsfunktionen das von der Gesetzgebung geschaffene Recht ausführen, also vollziehen.

a) Die **gesetzgebenden** Organe sind:
Nationalrat und Bundesrat sowie Landtage in Österreich, Houses of Parliament in Großbritannien, Repräsentantenhaus und Senat in den USA. Sie schaffen **Regeln** für menschliches Verhalten, die von der Vollziehung durchgesetzt werden.

b) Die **Vollziehung (= Durchführung):**
Die Gesetze werden durch die **vollziehenden** Organe angewandt und umgesetzt. Diese sind Behörden mit Befehls- und Zwangsgewalt. Die Vollziehung gliedert sich in

- die **weisungsgebundene Verwaltung:**
  Die Behörde ist an die Weisung der übergeordneten Behörden (Bundesminister) gebunden, z. B. Erlass der Finanzlandesdirektion an die Finanzämter.
- die **unabhängige Gerichtsbarkeit :**
  Die Richter sind bei ihren Entscheidungen nur an die Gesetze gebunden.

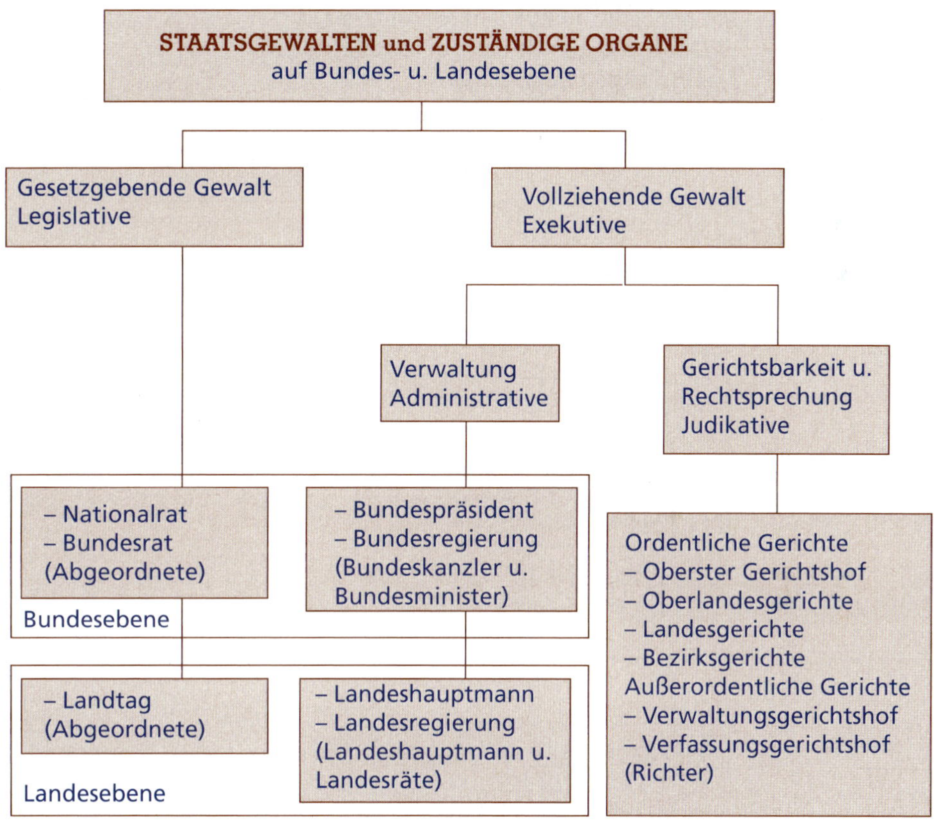

3. Gewaltentrennung und -verbindung

Unter **Gewaltentrennung** versteht man die organisatorische und personelle Aufteilung der Staatsgewalt auf verschiedene Organe mit unterschiedlichen Aufgabenbereichen. Diese Aufteilung und Trennung der Macht soll die Kontrolle der Tätigkeit der Staatsorgane gewährleisten und dadurch Machtmissbrauch verhindern.

Die Idee der Gewaltenteilung stammt von den Staatsphilosophen Locke, Rousseau und Montesquieu. Sie traten damals gegen die Machtfülle der absolut regierenden Monarchen auf und forderten zwecks Beschränkung und Kontrolle der Macht die **Teilung** der Staatsgewalt.

Die Organe der Staatsgewalten sind getrennt voneinander organisiert. Sie haben aber auch zusammenzuwirken und einander gegenseitig zu kontrollieren.

4. Staatsformen, Regierungsformen und Organisationsformen

a) Staatsformen

Die **Staatsform ergibt sich nach der rechtlichen Position des Staatsoberhauptes**.

Seit der Antike schlossen sich Menschen zu staatsähnlichen Gebilden oder Reichen zusammen. Auch diese frühen Staaten hatten Herrscher als Staatsoberhäupter, die auf unterschiedliche Weise zu diesem Amt gelangten. Demnach ist zwischen Monarchie und Republik als Staatsform zu unterscheiden:

Republik	Monarchie
– Staat, in dem mehrere nicht durch Erbfolge bestimmte Personen zu den rechtlich festgelegten Bedingungen die Staatsgewalt ausüben – Staatsoberhaupt wird aus einem unbegrenzten Personenkreis gewählt – mit zeitlich beschränkter Amtszeit **BEISPIEL:** Österreich, Schweiz, Italien, Frankreich, Deutschland, Ungarn	– Staatsoberhaupt durch Erbfolge oder aus einem begrenzten Personenkreis gewählt – mit zeitlich unbeschränkter Amtszeit **BEISPIEL:** Liechtenstein, Schweden, Spanien, Großbritannien, Dänemark, Belgien, Niederlande, Norwegen

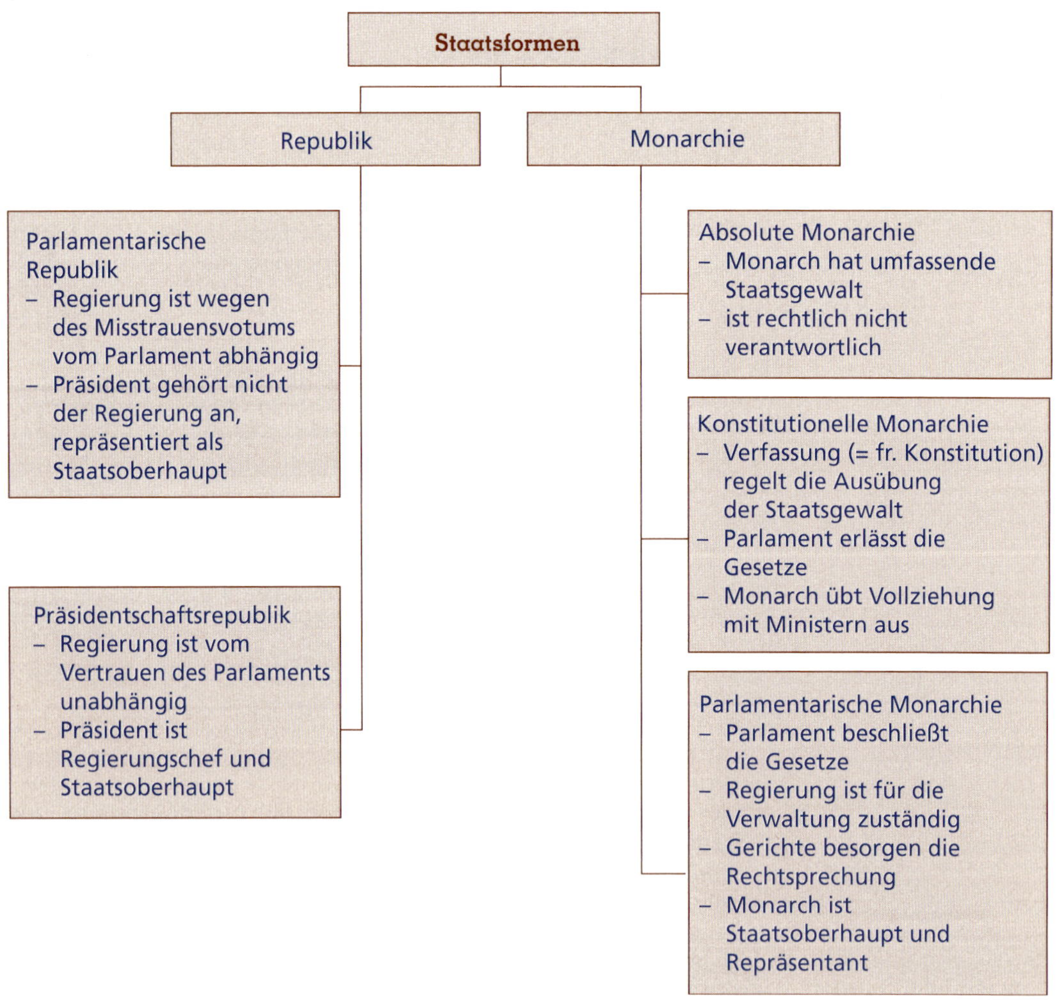

b) Regierungsformen

Unter der **Regierungsform** versteht man die **Art** und **Weise des Regierens**.

Bei der Ermittlung der Regierungsform wird geprüft, ob es der Bevölkerung möglich ist, an staatlichen Entscheidungen mitzuwirken. Dabei ist insbesondere maßgeblich, ob die **Bevölkerung durch freie Wahlen ihre Vertreter für gesetzgebende Gremien bestimmen** kann, die dann das Recht erzeugen, **oder** ob nach **autoritär erlassenen Vorschriften** regiert wird.

Demokratie	Diktatur
das Volk herrscht – **unmittelbar** durch Abstimmungen oder – **mittelbar** durch gewählte Vertreter **BEISPIEL:** Österreich, Frankreich, Deutschland, Schweden, Spanien, Großbritannien	ein Einzelner oder eine Gruppe herrscht – ohne Legitimation durch freie Wahlen – ohne sonstige Beteiligung oder Mitentscheidung der Bevölkerung **BEISPIEL:** ehemalige DDR, Nordkorea, Österreich zur Zeit des Absolutismus,

♦ **Demokratie**
„Demokratie ist die Regierung des Volkes durch das Volk für das Volk." (Abraham Lincoln)

Die Merkmale der Demokratie sind:

a) Rechtserzeugung durch die Bürger
Direkte Demokratie – Indirekte Demokratie
Das Wesen der Demokratie ist, dass die Bürger ihr Recht selbst erzeugen.

In einer Demokratie erzeugen die Bürger die geltende Rechtsordnung:
- ♦ **indirekt** durch Wahl ihrer Vertreter in gesetzgebende Körperschaften und andere staatliche Organe oder
- ♦ **direkt** durch Volksabstimmungen

Dieser unterliegt dann die gesamte Bevölkerung. Auf diese Art ist die Bevölkerung „Herrscher und Beherrschter" zugleich.

Arten und **Mittel** der Demokratie

Indirekte Demokratie	Direkte Demokratie
Bevölkerung wählt Vertreter (v. a. in gesetzgebende Organe: Nationalrat, Landtag), die Gesetze beschließen und politische Entscheidungen treffen Mittel = **Wahlen**	Bevölkerung entscheidet direkt bzw. beeinflusst die Entscheidung über eine Sachfrage Mittel = **Volksabstimmung** **Volksbefragung** **Volksbegehren**

In Österreich herrscht die indirekte Demokratie vor, wobei auch Mittel der direkten Demokratie vorgesehen sind.

In der **indirekten (mittelbaren oder repräsentativen)** Demokratie bestellt das Volk durch **Wahlen** Vertreter (= Abgeordnete), die an seiner Stelle Gesetze erlassen.

Eine direkt gewählte Versammlung (Nationalrat, Landtage etc.), die mit einer bestimmten Regierung verbunden ist, ist für die Entscheidungen **„im Namen des Volkes"** zuständig.

Im Parlamentarismus haben die **politischen Parteien** und **wirtschaftliche Verbände** (z. B. Kammern) große Bedeutung.

Die indirekte Demokratie ist notwendig, da aus praktischen Gründen nicht zu jeder politischen Frage Volksabstimmungen stattfinden können.

Eine Demokratie gestattet auch direkte Beteiligung der vom Recht Betroffenen.

In der **direkten (unmittelbaren)** Demokratie wird das Recht durch unmittelbare Entscheidungen des Volkes erzeugt oder bestimmt. In Österreich sind dies: **Volksabstimmung, Volksbegehren, Volksbefragung**

Das unmittelbarste Mittel der **direkten Demokratie** ist die **Volksabstimmung.** Darin können die direkt Betroffenen eine „Sachfrage" selbst entscheiden. Sie können dabei ohne und unabhängig von den bei der indirekten Demokratie zwischengeschalteten Institutionen wie Parteien, Bürokratie, Parlament und Regierung entscheiden und bestimmen.

Weitere Mittel der direkten Demokratie sind das **Volksbegehren** und die **Volksbefragung.** (Näheres siehe Kapitel: Österreichische Bundesverfassung, Demokratischer Grundsatz).

b) Existenz und Einhalten von Grundrechten
Grundrechte sichern den Bürgern persönliche Freiheit gegenüber staatlichen Organen, aber auch gegenüber anderen Bürgern. Für eine Demokratie sind vor allem folgende Grundrechte wichtig:
- Meinungs- und Pressefreiheit
- Versammlungs- und Vereinsfreiheit
- aktives und passives Wahlrecht
- Recht auf den/einen gesetzlichen Richter
- Recht auf ein faires Verfahren

c) Entscheidung durch die Mehrheit – Mehrheitsprinzip
Entscheidungen kommen durch Mehrheitsbeschluss zustande und müssen von allen Bürgern eingehalten werden.

d) Oppositionsparteien
Auch Parteien, die nicht an der Regierung beteiligt sind, sind zugelassen und können auch ihre Meinung sowie ihre Lösungsvorschläge veröffentlichen.

e) Rechtsstaat
Ein demokratischer Rechtsstaat zeichnet sich durch weitgehende Rechtssicherheit aus.

♦ Diktatur

„Eine Diktatur ist ein Staat, in dem sich alle vor einem fürchten und einer vor allen." (Alberto Moravia)

! Eine **Diktatur** ist eine grundsätzlich **auf Dauer gerichtete, unbeschränkte Herrschaft eines Einzelnen oder einer Gruppe (Partei) ohne Legitimierung durch demokratische Wahl. Die Herrschenden beanspruchen alleinige Macht und Kenntnis des Richtigen.**

Die Politik eines diktatorischen Staates ist darauf ausgerichtet, das Leben des Volkes in allen seinen Bereichen zu durchdringen und zu beherrschen.

Entscheidungen staatlicher Organe werden nicht öffentlich diskutiert oder durch Zusammenwirken verschiedener Interessenvertretungen, Volksvertreter und Staatsorgane im gleichberechtigten Meinungsaustausch entwickelt. Sie dürfen nicht öffentlich kritisiert werden und können auch nicht auf dem Rechtsweg angefochten oder objektiv überprüft werden.

Merkmale einer Diktatur:
- **Rechtserzeugung ohne Bürgerbeteiligung**
  Die rechtsunterworfenen Bürger sind weder an der Erzeugung der Rechtsordnung noch an anderen für das Staatswesen wichtigen Entscheidungen mit demokratischen Mitteln beteiligt.
- **Keine Grund- und Freiheitsrechte**
  Den Bürgern stehen keine Grundrechte zu, sodass die persönliche Freiheit und Sicherheit extrem eingeschränkt wird und politische Gegner unterdrückt werden.
  Mitunter gibt es keine Wahlen oder nur Scheinwahlen.
  Demonstrationen, Versammlungen und Vereine außerhalb der Partei sind nicht gestattet.
- **Kein Rechtsstaat**
  Staatliche Organe können willkürliche Entscheidungen treffen. Ihre Handlungen unterliegen keiner rechtstaatlichen politischen oder rechtlichen Kontrolle.
  Einzelne Bürger können gegen staatliche Organe keine Klagen einbringen.
  Es gibt keine funktionierende Gewaltentrennung.
- **Alleinregentschaft des Herrschenden und seiner Partei**
  Die Bevölkerung ist an der Staatsmacht nicht beteiligt. Abgeordnete und Minister sind langjährige Parteimitglieder und befolgen Anweisungen der Partei.
  Die Partei kontrolliert sämtliche Staatsorgane, die Armee und die Gesellschaft.
  Mittels Propaganda in den Massenmedien und Massenkundgebungen soll die Bevölkerung beeindruckt und geprägt werden.
- **Opposition verboten**
  Der offiziellen Ansicht entgegengesetzte Meinungen sind unerwünscht oder verboten. Oppositionelle werden besonders bewacht, schikaniert, verfolgt oder verbannt.

- **Polizeistaat**
  Die Polizei kann willkürlich in Eigentum, Freiheit und Leben des Einzelnen eingreifen. Diese Eingriffe sind vielfach weder vorhersehbar noch kontrollierbar.
  Mitunter gibt es auch eine Geheimpolizei.
  Durch permanente Drohung mit nicht berechenbarer Anwendung von physischer Gewalt wird bei der beherrschten Bevölkerung ständige Angst erzeugt, sodass die Herrschenden ihre Macht erhalten können.
- **Kontrolle der Gesellschaft**
  Die herrschende Partei kontrolliert mit Polizei und Verwaltung die Bevölkerung, Parteimitglieder und Funktionäre.
  Die Gemeinschaft hat Vorrang. Die Menschen sollen einander misstrauen und einander fürchten, damit private Gruppenbildungen vermieden werden, die durch Meinungsaustausch den Herrschenden gefährlich werden könnten.
  Der Staat versucht früh in die Erziehung der Kinder einzugreifen.
  Religionsgemeinschaften erscheinen dem Staat als verdächtig und gefährlich.

Regierungsformen

Demokratie Bevölkerung ist an der Herrschaft im Staat beteiligt	**Diktatur** Bevölkerung ist an der Herrschaft im Staat nicht beteiligt
– Rechtserzeugung unter Bürgerbeteiligung – Grundrechte – Mehrheitsentscheidungen – Opposition zugelassen – Rechtsstaat – Vielfalt an Meinungen und politischen Parteien	- Rechtserzeugung ohne Bürgerbeteiligung - keine Grundrechte - Alleinregentschaft des Herrschenden und seiner Partei - Opposition verboten - kein Rechtsstaat - Polizeistaat - Kontrolle der Gesellschaft

c) Organisationsformen

Jeder Staat hat außer einer Staats- und Regierungsform auch eine Organisationsform.

Je nachdem, ob die Funktionen der Staatsgewalt (Gesetzgebung und Vollziehung) zwischen einem Oberstaat und Gliedstaaten (Bundesländer) aufgeteilt sind oder nicht, handelt es sich um einen Bundesstaat (föderalen Staat) oder einen Zentralstaat (Einheitsstaat).

♦ **Organisationsform – innerstaatlich**

Bundesstaat	**Zentralstaat**
– Gesetzgebung und Vollziehung sind zwischen dem Oberstaat (Bund) und den Gliedstaaten (Land) aufgeteilt. – Oberstaat und Gliedstaaten verfügen über eigene, unabhängig voneinander agierende Staatsorgane	– Für den gesamten Staat existiert nur eine einzige Gesetzgebung und Verwaltung. – Die nicht in der Hauptstadt befindlichen Behörden sind nur lokale Ausgliederungen der Zentralstellen.
BEISPIEL: Österreich, USA, Deutschland, Schweiz, Kanada	**BEISPIEL:** Frankreich, Ungarn

♦ **Organisationsform – zwischenstaatlich**

Im Völkerrecht wird der Begriff des Bundesstaates als Gegensatz zum Staatenbund verwendet.

Bundesstaat	**Staatenbund**
– besteht aus einem Gesamtstaat und mehreren völkerrechtlich unselbständigen Gliedstaaten – Die Unabhängigkeit nach außen (Souveränität) kommt nur dem Gesamtstaat zu.	– besteht aus mehreren völkerrechtlich selbstständigen Staaten – Die Unabhängigkeit nach außen (Souveränität) kommt jedem einzelnen Mitgliedstaat zu. Die Aufgaben des Staatenbundes werden durch den Vertragszweck begrenzt.
BEISPIEL: Österreich, USA, Deutschland, Schweiz, Kanada, Brasilien	**BEISPIEL:** UNO, OSZE, OPEC

d) Aufgaben des Staates

„Die Menschen werden ungleich geboren. Der große Segen der Gesellschaft besteht darin, dieses Ungleichgewicht soweit wie möglich durch die Beschaffung von Sicherheit, des erforderlichen Eigentums, der Ausbildung und des Beistandes für einen jeden zu mindern." (Joseph Joubert)

Seit der Urgeschichte leben Menschen als größere Verbände in Staatswesen. Mit dem Fortschreiten der Zivilisation stellte sich heraus, dass es Lebensbereiche gibt, in denen es erforderlich ist, dass viele Menschen zusammenwirken.

Bei den frühen Hochkulturen ging es dabei um den Aufbau einer einfachen Infrastruktur (z. B. Wege und Bewässerungssysteme, die gewartet werden mussten), Anlegen und Verwalten von Vorräten sowie um den Schutz nach außen gegen Angriffe fremder Völker.

Historisch wandelten sich die Aufgaben des Staates, indem sie fortwährend erweitert wurden. Zunächst und lange Zeit erfüllte der Staat **Ordnungs- und Schutzaufgaben**. Erst im 19. Jahrhundert übernahm der Staat auch **Leistungsaufgaben** und heute erfüllen zahlreiche Staaten, vor allem die Mitgliedstaaten der EU, auch **Sozial- und Wohlfahrtsaufgaben**.

Ordnungs- und Schutzaufgaben

- **Ordnung**
  Der Staat soll erhalten bleiben. Im Staat sollen Ordnung und Ruhe durch Exekutive und Gerichtsbarkeit gewährleistet werden.
- **Schutz**
  Der Staat soll Sicherheit gewähren:
  im Inneren: vor Kriminalität
  nach außen: gegen militärische Angriffe fremder Staaten

Leistungsaufgaben

Der Staat soll funktionieren und die Bevölkerung soll mit notwendigsten Gütern versorgt werden. Dies geschieht durch gesetzliche Regelungen, um auch schwächeren Bevölkerungsmitgliedern die Existenz zu sichern, sowie durch direkte staatliche Leistungen.

- **Bildung**
  Der Staat errichtet und führt zahlreiche Schulen und Ausbildungseinrichtungen sämtlicher Schul- und Ausbildungsstufen, um den Bürgern eine vielfältige und umfassende Ausbildung zu ermöglichen.
- **Wirtschaft**
  Der Staat gibt Rahmenbedingungen für die Wirtschaftstätigkeit vor.
- **Umweltschutz**
  Der Staat soll durch gesetzliche Vorgaben und konkrete Maßnahmen einen ökologisch intakten Lebensraum für Menschen, Tiere und Pflanzen erhalten bzw. wiederherstellen.
- **Kultur**
  Der Staat soll durch Schulen, Universitäten, Bibliotheken, Theater etc. die Bildung der Bevölkerung und das Schaffen sowie Weitergeben von Kunst und Kultur gewährleisten.

Sozial- und Wohlfahrtsaufgaben

In diesem Bereich geht es um die Absicherung der Existenz jedes einzelnen Bürgers.

- **Soziales**
  Der Staat übernimmt in beträchtlichem Ausmaß die materielle Absicherung, falls Bürger nicht in der Lage sind, ihren Lebensunterhalt selbst zu bestreiten und damit ihre lebenswichtigen Bedürfnisse zu decken.
  In Österreich existiert zu diesem Zweck die Sozialversicherung. Mittels Kranken-, Unfall-, Arbeitslosen- und Pensionsversicherung soll im Fall des Eintritts einer dieser Risiken die medizinische Versorgung und Befriedigung ihrer Lebensbedürfnisse sichergestellt werden.

Weitere materielle Bedürftigkeit wird durch staatliche Fürsorgeleistungen und Sozialhilfe so weit wie möglich abgedeckt.

- **Wohlfahrt**
  Der Staat soll durch verschiedene Einrichtungen und Institutionen (Spitäler, Kindergärten, Wohnhäuser, Freizeiteinrichtungen, Sportstätten und Altersheime) die materiellen Daseinsvoraussetzungen für seine Bürger sichern.

Finanzierung
Seit den staatsähnlichen Verbänden der ersten Hochkulturen musste die Bevölkerung durch Abgaben, Frondienste, Geld- oder Naturalleistungen zur Erhaltung des Staatswesens beitragen. Auch in modernen Staaten haben die Bürger durch Abgaben und Steuern die staatlich erbrachten Leistungen zu finanzieren.

Sämtliche Leistungen, die der Staat erbringt, und alle Aufgaben, die der Staat erfüllt, müssen durch Abgaben und Steuern seiner Bürger finanziert werden. Wenn der Staat zunehmend mehr Aufgaben übertragen bekommt und erfüllt, benötigt er auch mehr finanzielle Mittel, die die Bevölkerung aufzubringen hat.

Aufgaben des Staates

Ordnung und Schutz	Leistungen	Soziales und Wohlfahrt
– Erhalt des Staates – Ordnung im Inneren – Schutz nach außen	– Bildung – Wirtschaft – Umweltschutz – Kultur	– Kranken-, Unfall-, Arbeitslosen-, Pensionsversicherung – Wohlfahrtseinrichtungen

Wiederholungsfragen - Arbeitsaufgaben - Diskussionsanregungen

1. *Über welche Elemente muss ein Staat verfügen, um als solcher anerkannt zu werden?*
2. *Worin liegt der Unterschied zwischen einem Staat und einem Beduinenstamm?*
3. *Wie nennt man die Staatsgewalt in Beziehung zum Staatsgebiet?*
4. *Nach welchen Prinzipien kann grundsätzlich eine Staatsbürgerschaft erworben werden?*
5. *Welche Möglichkeiten sieht das Gesetz für den Erwerb der österreichischen Staatsbürgerschaft vor?*
6. *Nennen Sie Rechte und Pflichten, die an die Staatsbürgerschaft anknüpfen.*
7. *Mit welchen Rechten ist die Unionsbürgerschaft verbunden?*
8. *Gliedern Sie die Staatsgewalt in ihre Funktionen.*
9. *Was versteht man unter Vollziehung?*
10. *Nennen Sie Organe, die mit der Vollziehung betraut sind.*
11. *Diskutieren Sie die Bedeutung der Gewaltentrennung.*
12. *Welche Staats- und Regierungsformen kennen Sie?*
13. *Durch welche Merkmale werden die verschiedenen Staats- und Regierungsformen voneinander unterschieden?*
14. *Erläutern Sie das Wesen einer (direkten – indirekten) Demokratie.*
15. *Welche Organisationsformen eines Staates kennen Sie und wodurch unterscheiden sich diese?*
16. *Geben Sie die Staatsform, die Regierungsform sowie Organisationsform Österreichs an und begründen Sie ihre Zuordnung mit einer kurzen Erklärung.*
17. *Erläutern Sie die Aufgaben moderner Staaten.*
18. *Diskutieren Sie den Umfang der staatlich erbrachten Leistungen und deren Finanzierung. Argumentieren Sie für eine Ausweitung oder eine Reduktion staatlicher Aufgaben.*

II. Staatenverbindungen

Nach den immensen Verlusten an Menschenleben, dem großen Leid und der gewaltigen materiellen Wertvernichtung durch die massiven Zerstörungen im Zuge des Ersten Weltkriegs setzte sich die Ansicht durch, dass künftig eine Zusammenarbeit zwischen den Staaten zum Wohle der Menschen sinnvoller sei. Seither wurden etliche Staatenverbindungen gegründet.

Nun stellen sich folgende Fragen:

Welche Arten von Staatenverbindungen gibt es? Welche Ziele und Aufgaben haben Staatenverbindungen? Wie funktionieren Staatenverbindungen? Welche Bedeutung haben Staatenverbindungen? Was ist der Unterschied zwischen internationalen und supranationalen Organisationen? Gehört Österreich auch einer oder mehreren Staatenverbindungen an?

Diese und damit im Zusammenhang stehende Fragen werden nachfolgend erörtert.

Staatenverbindungen existieren als:

a) staatsrechtliche Staatenverbindung (= Bundesstaat):
Mehrere unselbstständige Gliedstaaten bilden einen selbstständigen, souveränen Gesamtstaat.

b) völkerrechtliche Staatenverbindung (= Staatenbund) (= Internationale Organisationen):
Mehrere souverän bleibende Staaten schließen sich zusammen, um in verschiedenen Bereichen zusammenzuarbeiten.

c) Supranationale Staatenverbindungen (EU):
Sind völkerrechtliche übernationale Staatenverbindungen, bei denen die souveränen Mitgliedstaaten Teile ihrer Souveränität an die gemeinschaftlichen Organe dieser Staatengemeinschaft übertragen. Diese Organe der Gemeinschaft sind befugt, Entscheidungen zu treffen, die für die Mitgliedstaaten verbindlich und daher auszuführen sind.

Völkerrechtliche Staatenverbindungen

Internationale Organisationen
– Souveräne Staaten behalten zur Gänze ihre Herrschaftsrechte/Souveränität.

Politische Staatenverbindungen:
NATO, UNO

Unpolitische Staatenverbindungen:
Weltpostverein, Internationales Komitee vom Roten Kreuz

Supranationale Organisationen
– Souveräne Staaten geben einen Teil ihrer Souveränität an die Gemeinschaftsorgane ab: EU.

A. Die Europäische Union (EU)

www.europa.eu.int
www.europainfo.at

„Die Einheit Europas war ein Traum weniger. Sie wurde eine Hoffnung für viele. Sie ist heute eine Notwendigkeit für alle.“ (Konrad Adenauer)

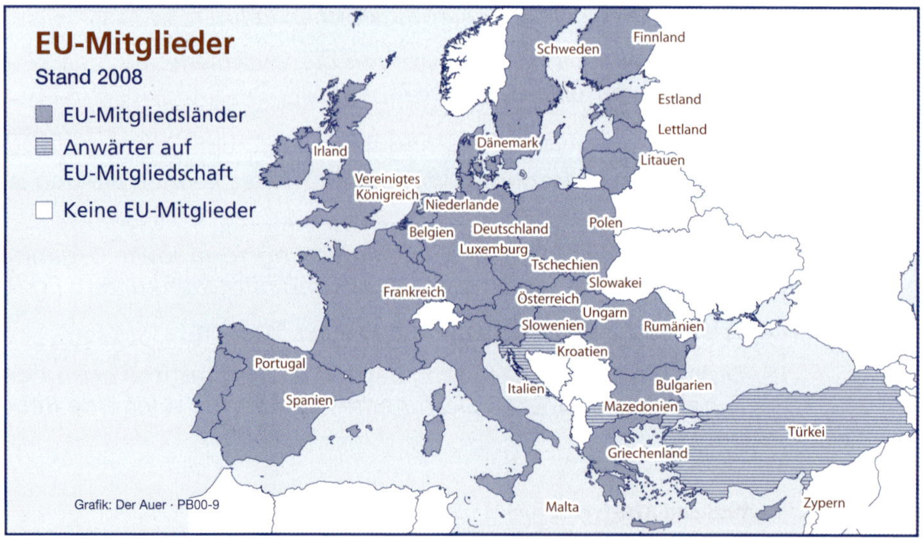

Die Europäische Union als supranationale Staatenverbindung von derzeit 27 Staaten hat eine jahrzehntelange Entwicklung hinter sich und eine weitere vor sich.

Nach den Erfahrungen der beiden schrecklichen Weltkriege setzte sich das Bestreben durch, künftig Kriege unbedingt vermeiden zu wollen. Deshalb sollten Staaten zusammenarbeiten und sich zusammenschließen. Das Wort **Integration** kommt aus dem Lateinischen. Es bedeutet Wiederherstellung einer Einheit, Eingliederung in ein größeres Ganzes.

1. Entstehung und Ziele der Europäischen Union

♦ Geschichte

1951 Europäische Gemeinschaft für Kohle und Stahl = EGKS = Montanunion

Sechs Länder (Bundesrepublik Deutschland, Frankreich, Italien, Luxemburg, Niederlande, Belgien) einigten sich auf die Gründung der Europäischen Gemeinschaft für Kohle und Stahl. Die Gründungsstaaten übertrugen hoheitliche Kontrollrechte in den Bereichen Kohle und Stahl auf Organe dieser neuen Gemeinschaft.

1957 Europäische Wirtschaftsgemeinschaft = EWG

Dieselben Länder weiteten mit der Gründung der Europäischen Wirtschaftsgemeinschaft die politische Zusammenarbeit aus. Dabei wurde eine weitere politische Einigung in Aussicht genommen und die Errichtung eines Binnenmarktes beschlossen.

1957 Europäische Atomgemeinschaft = EAG = EURATOM

Die Gründungsstaaten vereinbarten mit dieser Gemeinschaft die gemeinsame Entwicklung und Kontrolle der friedlichen Nutzung der Kernenergie.

1967 wurden diese drei Gemeinschaften als **Europäische Gemeinschaft EG** zusammengefasst. Diese Gemeinschaften wurden mehrmals novelliert und bilden die Grundlage der Europäischen Union.

1986 Die Einheitliche Europäische Akte

Mit diesem Vertrag wurde die völkerrechtliche Grundlage für die weitere Integration bereitet und der Zeitplan für die Einführung des Binnenmarkts festgelegt.

Ein **Binnenmarkt** ist ein Gebiet, in dem das gesamte wirtschaftliche Geschehen nach weitgehend einheitlichen Regeln und gleichen Bedingungen abläuft. In ihm wurden die schon im EWG-Vertrag von 1957 genannten **vier Freiheiten** verwirklicht:

Die Vier Freiheiten

♦ Freier Warenverkehr

bedeutet:
- Keine Zölle
- Keine Kontingentierungen = mengenmäßige Handelsbeschränkungen
- Mehr Güteraustausch

♦ Freier Kapitalverkehr

bedeutet:
- Keine Devisenbeschränkungen
- Freie Finanzmärkte
- Freie Kapitalveranlagungsmöglichkeiten

♦ Freier Dienstleistungsverkehr

bedeutet:
- Aufträge in und aus allen Staaten der Union
- Größere Wahlmöglichkeit bei Bankgeschäften und Versicherungsverträgen
- Ausbau von Verkehrs- und Nachrichtendiensten

♦ Freier Personenverkehr

bedeutet:
- Kein Visum bzw. keine Aufenthalts- und Arbeitserlaubnis erforderlich
- Freie Wahl des Wohnsitzes
- Freie Wahl des Arbeitsplatzes

Vertrag von Maastricht

Mit dem Vertrag von Maastricht, der 1993 in Kraft trat, wurde die **Europäische Union** gegründet. Die Regierungen erweiterten damit ihre politische und wirtschaftliche Zusammenarbeit.

Seit dem Vertrag von Maastricht beruht der **Wirkungsbereich der EU auf drei Säulen:**

♦ **Erste Säule:**
Umfasst die Arbeitsbereiche der schon davor in den **EG** zusammengeschlossenen drei Gemeinschaften **EWG, EGKS und EURATOM**. Der Vertrag sieht eine vollständige **Wirtschafts- und Währungsunion (WWU)** und neue Bereiche wie Asylpolitik, Außengrenzen, Einwanderungspolitik etc. vor.

♦ **Zweite Säule:**
Umfasst die vertraglich vereinbarte **Zusammenarbeit** der Regierungen der EU-Staaten in der **gemeinsamen Außen- und Sicherheitspolitik (GASP).**

♦ **Dritte Säule:**
Umfasst die vertraglich vereinbarte **Zusammenarbeit** der EU-Staaten in der **Justiz- und Innenpolitik:** besonderer Schutz und besondere Kontrolle der EU Außengrenzen, keine Kontrollen an den Binnengrenzen und grenzüberschreitende Amtshandlungen durch Europol in den Mitgliedstaaten des Schengen Abkommens.

In den Zuständigkeitsbereichen der Ersten Säule haben die Mitgliedstaaten Hoheitsrechte und damit Entscheidungsbefugnisse an Organe der EU übertragen.
Die Organe der EU sind nur in diesen Bereichen befugt, durch Verordnung, Richtlinie oder Entscheidung EG-Recht zu schaffen
In den Themenbereichen der Zweiten und Dritten Säule gilt weiterhin die Souveränität der Mitgliedstaaten. Hier wurden keine hoheitlichen Befugnisse abgegeben, sondern eine zwischenstaatliche Zusammenarbeit vereinbart.

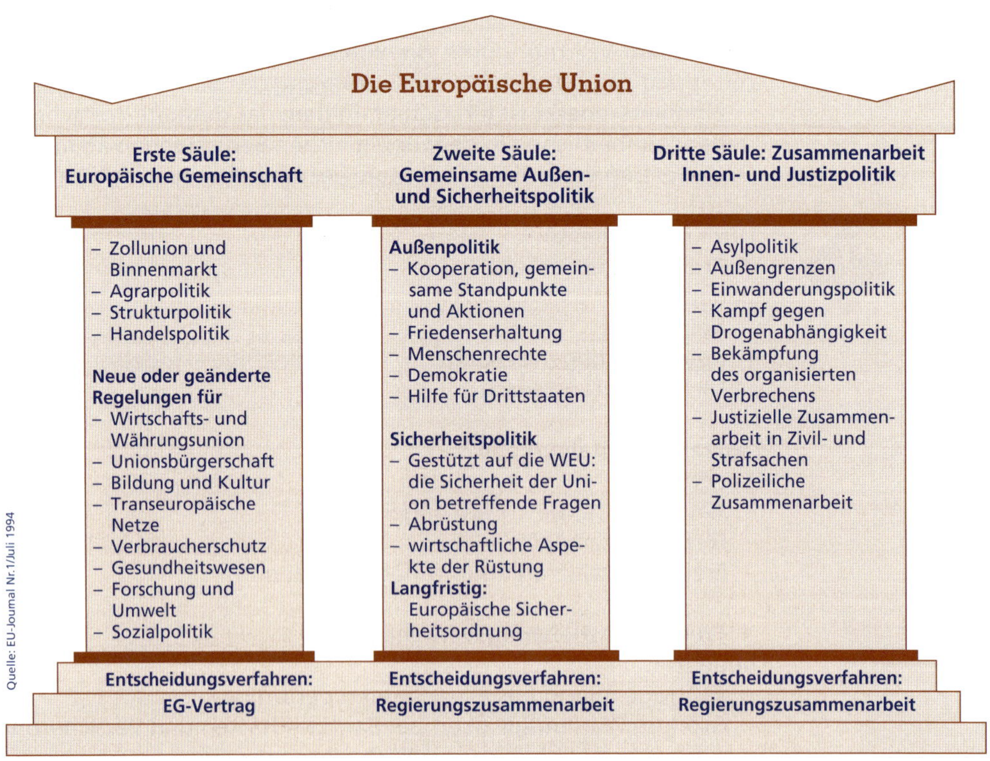

Vertrag von Amsterdam

Dieser Vertrag sollte die Europäische Union durch folgende Maßnahmen auf die geplanten Erweiterungen vorbereiten:

- Stärkung des Europäischen Parlaments und Vereinfachung der Beschlussfassung
- Wahl des Kommissionspräsidenten durch das Europäische Parlament
- der Verzicht derjenigen Staaten, die zwei Kommissare entsenden, auf ein Mitglied der Kommission bei möglicher Erweiterung

- Koordination und Durchführung der gemeinsamen Außen- und Sicherheitspolitik unter Leitung eines Generalsekretärs („Mr.-GASP") – seit 1999 Javier Solana
- Stärkung der Europol
- Einführung eines Beschäftigungskapitels

Vertrag von Nizza

Dieser Vertrag sollte das Funktionieren der europäischen Organe und Einrichtungen auch nach den Erweiterungen von 2004 und 2007 sicherstellen.

Die bisherigen Mitgliedstaaten reduzierten die Zahl ihrer jeweils entsandten Vertreter in die Organe der EU. Zusätzlich wurden die Organe durch Vertreter der neuen Mitgliedstaaten personell aufgestockt. Dies war notwendig, damit auch die neuen Mitgliedsländer in allen Organen und Institutionen repräsentiert sind und nach den erfolgten Beitritten effizient gearbeitet werden kann.

Weiters wurden jene Bereiche vermindert, in denen bisher einstimmige Beschlüsse im Rat notwendig waren.

EU-Verfassung = Grundlagenvertrag – Reform

Da die Organisation, Kompetenzen und Funktionsweise der EU im Laufe der Zeit mittels verschiedener Verträge entwickelt, geändert und erweitert wurde, beschlossen die Mitgliedstaaten die Ausarbeitung einer Europäischen Verfassung. **Diese wurde am 29. Oktober 2004 in Rom unterzeichnet.**

Die Mitgliedstaaten müssen diesen Grundlagenvertrag ratifizieren. Das heißt, die jeweils zuständigen Staatsorgane müssen nach Zustimmung der gesetzgebenden Körperschaften einen/diesen völkerrechtlichen Vertrag bestätigen.

In einzelnen Mitgliedstaaten ist dafür auch eine Volksabstimmung vorgesehen.

Nach den ablehnenden Volksabstimmungen in Frankreich und den Niederlanden 2005 wurde am 23. Juni 2007 ein Reformvertrag ausgearbeitet, der von einer nachfolgenden Regierungskonferenz detailliert formuliert wird.

!

Die **geplante EU-Verfassung sieht folgendes vor:**

- Die EU-Verfassung fasst die Inhalte aller bisherigen Verträge zusammen und beinhaltet die Europäische Charta für Grundrechte (Das Vereinigte Königreich und Polen müssen diese nicht anwenden).
- Die EU wird nach außen von den drei Organen Kommissionspräsident, Hoher Vertreter und EU-Ratspräsident repräsentiert. Die Amtszeit dieses Ratspräsidenten beträgt zweieinhalb Jahre und kann einmal verlängert werden. Der Hohe Vertreter ist für die Außen- und Sicherheitspolitik der EU zuständig.
- Der Europäische Rat besteht aus den Staats- und Regierungschefs der Mitgliedsländer, dem EU-Ratspräsidenten und dem Kommissionspräsidenten. Der Europäische Rat kann in bestimmten Fällen „Europäische Beschlüsse" erlassen, die verbindlich sind. Der Europäische Rat kann einstimmig beschließen, dass für einige Bereiche, die der Rat der EU einstimmig entscheiden muss, doch eine Mehrheitsentscheidung möglich ist.
- Das Europäische Parlament erhält weitere Befugnisse. Im Gesetzgebungsverfahren wird sein Mitentscheidungsrecht erweitert.
- Es wird ein europäisches Volksbegehren ermöglicht. Nach Unterschrift von mindestens 1 Million UnionsbürgerInnen muss die Europäische Kommission über die Gesetzesinitiative beraten.
- Die Abstimmungsverfahren im Rat werden ab 2014 (auf Wunsch eines Landes spätestens 2017) geändert. Der Bereich der Mehrheitsentscheidungen wird ausgeweitet auf Inneres und Justiz.
  Damit ein Gesetzesbeschluss zustande kommt, sind mindestens 55% der Stimmen der Mitgliedstaaten erforderlich, die mindestens 65% der Bevölkerung repräsentieren und mindestens 15 Mitgliedsländer vertreten müssen. Mindestens fünf Staaten sind erforderlich, um eine Entscheidung zu blockieren.
- Energie und Klimaschutz werden als Zuständigkeitsbereiche eingeführt und EU-Energiesolidarität wird vorgesehen.
- Gegenseitiger Beistand der EU-Länder bei Terrorangriffen und Katastrophen wird vereinbart.

- Nationale Parlamente können Gesetzesinitiativen der EU-Kommission zurückweisen, falls in Kompetenzen der Mitgliedsländer eingegriffen wird.
- Bis 2014 wird jedes Land einen Kommissar entsenden, dann wird die Zahl auf zwei Drittel der Mitgliedsländer reduziert. Es wird ein Rotationsmechanismus eingeführt, wonach jedes Mitgliedsland nach zwei Amtsperioden keinen Kommissionsposten besetzt.
- Die Zahl der Sitze im EU-Parlament soll maximal 750 betragen. Die kleinsten Länder sollen sechs, die größten 96 Sitze erhalten.
- Jedes Mitgliedsland kann aus der Union austreten. Der betreffende Staat muss darüber mit dem Europäischen Rat ein Abkommen aushandeln, dem das Europäische Parlament zustimmen muss. Der Rat der EU muss diesen Austrittsvertrag mit qualifizierter Mehrheit beschließen.

Überblick über die Etappen der Entwicklung der europäischen Integration	
1951	Einigung über die Europäische Gemeinschaft für Kohle und Stahl (EGKS). Der Vertrag wurde am 23. Juli 1952 in Paris unterzeichnet. Da seine Geltungsdauer mit 50 Jahren befristet war, lief dieser Vertrag am 23. Juli 2002 aus. Seither gelten für diesen Bereich die Bestimmungen des EG-Vertrags.
1957	Die 6 EGKS-Mitgliedstaaten gründen die Europäische Wirtschaftsgemeinschaft (EWG) und die Europäische Atomgemeinschaft (Euratom).
1967	Verschmelzung von EGKS, EWG und Euratom zu Europäischen Gemeinschaften (EG)
1973	Beitritt: Großbritannien, Irland, Dänemark
1979	Inkrafttreten des Europäischen Währungssystems (EWS) Erste Direktwahlen zum Europäischen Parlament
1981	Beitritt: Griechenland
1986	1. Jänner: Beitritt: Spanien, Portugal Februar: Unterzeichnung der Einheitlichen Europäischen Akte (1. Reform der Römischen Verträge), in Kraft getreten am 1. Juli 1987
3.10.1990	Beitritt der Ex-DDR durch die deutsche Einigung
7.2.1992	Unterzeichnung des Vertrags von Maastricht über Europäische Union (EU), in Kraft seit dem 1.November 1993. Grundstein für Europäische Wirtschafts- und Währungsunion, gemeinsame Außen- und Sicherheitspolitik, Zusammenarbeit bei Innerem und Justiz (2. Reform). Die EGKS und die EAG werden Teil der EG, der früheren EWG. Namensänderung in EU
1.1.1993	Binnenmarkt (4 Freiheiten) verwirklicht
1.1.1994	Europäischer Wirtschaftsraum EWR in Kraft getreten; Mitglieder: EU und EFTA-Staaten (Island, Norwegen, Liechtenstein)
1.1.1995	Beitritt: Österreich, Schweden, Finnland
2.10.1997	Unterzeichnung des Vertrags von Amsterdam (3. Reform) In Kraft getreten am 1. Mai 1999.
1.1.1999	Wirtschafts- und Währungsunion tritt in Kraft – Einführung des EURO als Buchgeld
26.2.2001	Unterzeichnung des Vertrags von Nizza (4. Reform) In Kraft getreten am 1. Februar 2003.
1.1.2002	Einführung des Euro-Bargelds als gesetzliches Zahlungsmittel in 12 EU-Ländern: Belgien, Deutschland, Finnland, Frankreich, Griechenland, Irland, Italien, Luxemburg, Niederlande, Österreich, Portugal, Spanien
1.5.2004	Beitritt: Estland, Lettland, Litauen, Polen, Tschechien, Slowakei, Ungarn, Slowenien, Malta, Zypern
1.1.2007	Beitritt: Rumänien, Bulgarien, Slowenien übernimmt Euro als gesetzliche Währung
1.1.2008	Malta und Zypern übernehmen den Euro als gesetzliche Währung

Die EU als supranationale Staatenverbindung

Die Staaten der **Europäischen Union** verzichten zwar auf einen Teil ihrer Souveränität, sie bilden aber keinen „Staat Europa". Sie sind ein **Verband von 27 selbstständigen Staaten**, die vertraglich vereinbart haben:

- in einigen Bereichen der Politik nur noch **gemeinschaftlich** zu handeln und gemeinsam Beschlüsse zu fassen, die für alle Mitglieder verbindlich sind (z. B. Agrarpolitik)
- in anderen Bereichen der Politik eng **zusammenzuarbeiten** und ihr Handeln weitgehend aufeinander abzustimmen (z. B. Umweltpolitik)
- in allen übrigen Bereichen der Politik weiterhin **allein zu entscheiden**, dabei jedoch aufeinander Rücksicht zu nehmen (z. B. Familienpolitik)

2. Mitglieder

Seit der Gründung 1951 wurde die Europäische Union ständig erweitert. Die sechs Gründungsmitglieder Frankreich, Deutschland, Italien, Belgien, Niederlande und Luxemburg initiierten am 18. April 1951 als Gründungsstaaten der EGKS die europäische Integration. Nunmehr umfasst die Europäische Union 27 Mitglieder.

Die Mitgliedstaaten und Beitrittsländer der Europäischen Union 2007

Die Mitgliedstaaten und Beitrittskanditaten der Europäischen Union 2007

	Fläche in 1.000 km²	Bevölkerung in Mio.		Fläche in 1.000 km²	Bevölkerung in Mio.
Belgien	31	10,4	Tschechische Republik	79	10,1
Dänemark	43	5,4	Estland	45	1,6
Deutschland	357	82,6	Zypern	9	0,7
Griechenland	132	11,2	Lettland	65	2,3
Spanien	506	40,7	Litauen	65	3,5
Frankreich	544	59,6	Ungarn	93	10,1
Irland	70	3,9	Malta	0,3	0,4
Italien	301	56,5	Polen	313	38,6
Luxemburg	3	0,5	Slowenien	20	2,0
Niederlande	42	16,2	Slowakei	49	5,4
Österreich	84	8,2	Bulgarien	111	7,8
Portugal	92	10,4	Rumänien	238	22,3
Finnland	338	5,2	Gesamt	4.124	483,6
Schweden	450	8,9			
Großbritannien	244	59,1			

Betrittskandidaten: Kroatien, Ehemalige jugoslawische Republik Mazedonien, Türkei

3. Organe der EU

Wie in einem Staat haben auch die Organe der supranationalen Europäischen Union die von den Mitgliedstaaten der EU übertragenen gesetzgebenden, verwaltenden und richterlichen Aufgaben zu erfüllen.

Die Gesetzgebungs- und Verwaltungsfunktionen üben Rat der EU, Kommission und das Europäische Parlament aus. Die Rechtsprechung und Kontrolle der Einhaltung des EG-Rechts obliegt dem Europäischen Gerichtshof.

EU-Organe, Institutionen & Hilfseinrichtungen

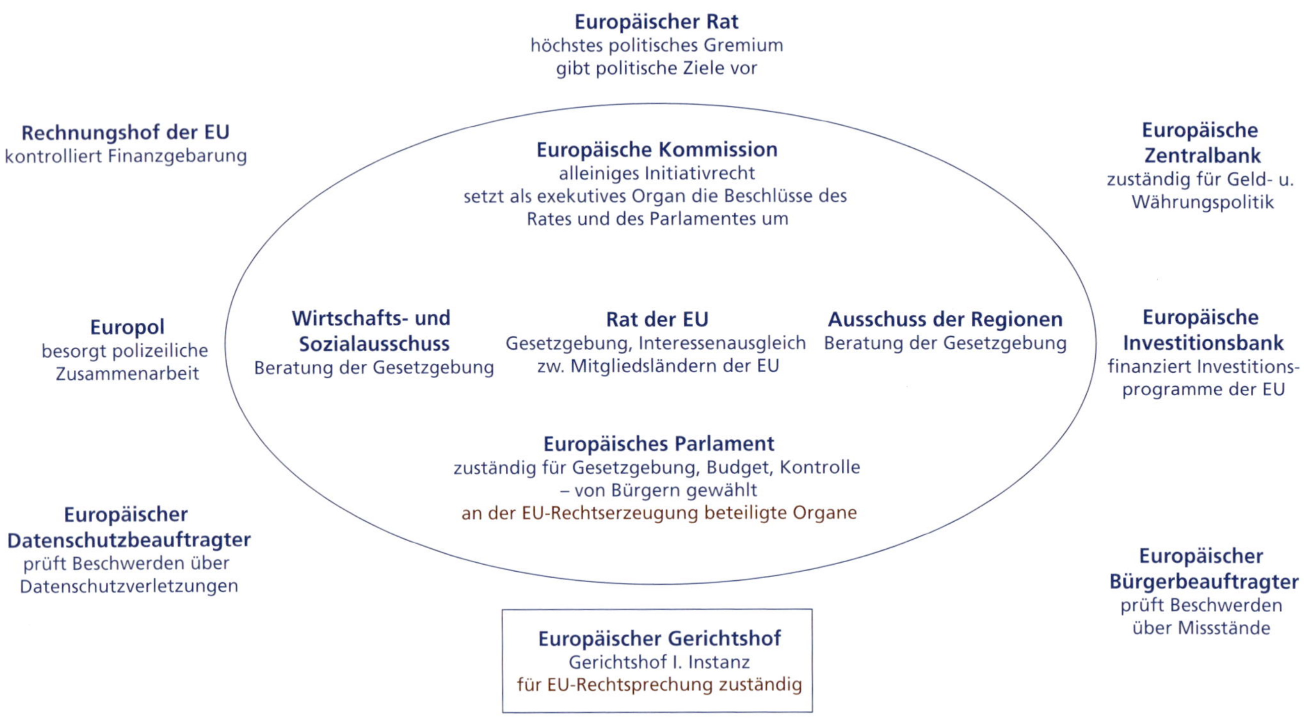

Organe der EU

Organe	Europäischer Rat	Rat der EU	Europäische Kommission	Europäisches Parlament	Europäischer Gerichtshof	Europäischer Rechnungshof
Mitglieder	(27+1) Staats-/Regierungschefs aller Mitgliedstaaten und der Kommissionspräsident	(27) Fachminister aller Mitgliedstaaten	(27) ein Kommissar je Mitgliedstaat	785 Abgeordnete von den Bürgern der Mitgliedsländer gewählt	1 Richter je Mitgliedstaat und 8 Generalanwälte	1 Mitglied je Mitgliedstaat
Aufgaben	♦ bestimmt maßgeblich die Grundsätze der Politik der EU	♦ beschließt Politik und Rechtsakte der EU ♦ koordiniert Wirtschaftspolitik der Mitgliedstaaten	♦ legt Gesetzentwürfe vor ♦ führt die EU-Politik durch ♦ setzt Verträge um	♦ beschließt und kontrolliert das EU-Budget ♦ kontrolliert die EU-Organe ♦ wirkt an der Gesetzgebung mit ♦ Misstrauensvotum gegen die Europäische Kommission	♦ Rechtsprechung bezüglich EU-Recht ♦ wahrt Einheitlichkeit des EU-Rechts	♦ prüft Einnahmen und Ausgaben der EU auf finanzielle Richtigkeit, Rechtmäßigkeit und Wirtschaftlichkeit

Bedeutende Institutionen

Organe	**Wirtschafts- und Sozialausschuss**	**Ausschuss der Regionen**	**Europäische Zentralbank**	**Europäische Investitionsbank**	**Europäischer Bürgerbeauftragter**	**Europäischer Datenschutzbeauftragter**
Mitglieder	344 Mitglieder aus allen Mitgliedstaaten	344 Mitglieder aus allen Mitgliedstaaten	Direktorium: 6 Mitglieder	Rat der Gouverneure 1 Minister je EU Staat	wird vom Europäischen Parlament ernannt	wird vom Europäischen Parlament ernannt
Aufgaben	♦ Beratung und Mitwirkung an der Rechtsetzung	♦ Beratung und Mitwirkung bei Rechtsetzung	♦ zuständig für Geld- und Zinspolitik in Wirtschafts- und Währungsunion und Stabilität des Euro	♦ finanziert EU-Investitionsprogramme	♦ prüft Beschwerden über die Missstände in der EU	♦ schützt persönliche Daten von EU-Bürgern

http://europa.eu/european_council/index_de.htm

♦ Der Europäische Rat
Der Europäische Rat hat sich aus dem Rat der EU entwickelt und ist als das **„höchste" politische Gremium** diesem übergeordnet.

Der Europäische Rat besteht aus den Staats- und Regierungschefs der Mitgliedstaaten sowie dem Präsidenten der Kommission.

Dieses Gremium tagt mindestens einmal im Halbjahr bei einem „Gipfeltreffen".

Er legt die allgemeinen politischen Zielvorstellungen fest, an die sich der Rat der EU halten muss. Er hat die Kompetenz, Verträge, auf denen die EU beruht, einvernehmlich zu ändern.

Er fällt politische Grundsatzentscheidungen, behandelt besonders wichtige Fragen und löst Aufgaben, die der Rat der EU nicht lösen konnte.

www.consillium.europa.eu

♦ Der Rat der Europäischen Union
Der Rat der Europäischen Union hat wegen seiner zentralen Aufgaben, vor allem bei der Gesetzgebung, eine herausragende Position. Der Rat der EU übt die Gesetzgebung in Zusammenarbeit mit dem Europäischen Parlament, der Kommission und den Hilfsorganen aus.

Mitglieder
Der Rat setzt sich aus je einem Minister der nationalen Regierungen jedes Mitgliedstaates zusammen. Die Minister vertreten die Interessen ihrer Heimatländer und koordinieren diese auf Ebene der Europäischen Union. Sie sind befugt, für die Regierung ihres Staates verbindlich zu handeln, und sind dafür politisch verantwortlich.

Der Rat der Europäischen Union erledigt seine Aufgaben in neun Zusammensetzungen:
- Allgemeine Angelegenheiten und Außenbeziehungen: Außen- oder Europaminister
- Wirtschaft und Finanzen – „ECOFIN"
- Justiz und Inneres
- Beschäftigung, Sozialpolitik, Gesundheit und Verbraucherschutz
- Wettbewerbsfähigkeit
- Verkehr, Telekommunikation und Energie
- Landwirtschaft und Fischerei
- Umwelt
- Bildung, Jugend und Kultur

Zu allgemeinen Fragen tagen die Außen- bzw. Europaminister. Zu speziellen Fragen tagen die jeweiligen Fachminister.

Präsidentschaft
Die Mitgliedstaaten übernehmen nach einer langfristig vom Rat der EU vorgegebenen Reihenfolge für jeweils sechs Monate den Vorsitz des Rates der EU.

Das Vorsitz führende Land hat:
- die Sitzungen des Rates vorzubereiten und einzuberufen
- die Tagesordnung festzulegen
- die Sitzungen zu leiten
- gesetzgebende und politische Initiativen vorzubereiten
- Kompromisse zu finden

Österreich hatte bisher den Vorsitz im zweiten Halbjahr 1998 und im ersten Halbjahr 2006.

Die geplante Reihenfolge der Präsidentschaften lautet:
- Portugal: Juli bis Dezember 2007
- Slowenien: Jänner bis Juni 2008
- Frankreich: Juli bis Dezember 2008
- Tschechische Republik: Jänner bis Juni 2009
- Schweden: Juli bis Dezember 2009
- Spanien: Jänner bis Juni 2010
- Österreich: Jänner bis Juni 2019

Die Präsidentschaft bildet mit ihrer Vorgängerin und der Nachfolgerin die **„Troika"**, sodass eine gewisse Kontinuität in der Arbeit gewährleistet werden kann.

Sitz: Der Rat der EU hat seinen Sitz in Brüssel.

Funktion
Die Gründungsverträge von 1957 übertrugen dem Rat die **„gesetzgebende Gewalt"**. Seither beschließt er die allgemeinen und verbindlichen Rechtsvorschriften der EU, muss aber in vielen Bereichen der Politik eng mit dem Europäischen Parlament zusammenarbeiten.

Der **Rat kann nur Beschlüsse fassen, wenn ihm ein Vorschlag der Kommission vorliegt,** die er auch anfordern darf.

Der Rat fasst seine Beschlüsse **einstimmig** oder mit **qualifizierter oder einfacher** (selten) **Mehrheit.**

Bei Beschlüssen mit qualifizierter Mehrheit haben die Staaten unterschiedliches, ihrer Größe entsprechendes Stimmengewicht, wobei bevölkerungsschwache Länder bei der Stimmenzuteilung bevorzugt werden.

STIMMGEWICHTUNG IM RAT DER EUROPÄISCHEN UNION
bei Beschlüssen mit qualifizierter Mehrheit

Seit 1. Jänner 2007 verfügen die einzelnen Länder im Rat über folgende Anzahl an Stimmen:

Land	Stimmen
Deutschland, Frankreich, Italien, Vereinigtes Königreich	29
Spanien, Polen	27
Rumänien	14
Niederlande	13
Belgien, Tschechische Republik, Griechenland, Ungarn, Portugal	12
Österreich, Schweden, Bulgarien	10
Dänemark, Irland, Litauen, Slowakei, Finnland	7
Zypern, Estland, Lettland, Luxemburg, Slowenien	4
Malta	3
Qualifizierte Mehrheit	258
Insgesamt	345

Während das Europäische Parlament, die Kommission, der Gerichtshof und der Rechnungshof nur die Interessen der EU verfolgen sollen, ist der Rat ein Organ, in dem die Mitgliedsländer ihre nationalen Interessen vertreten. Dabei muss der **Ausgleich zwischen den europäischen Zielen und den nationalen Interessen** gefunden werden.

Beschlussfassung im Rat
Beschlüsse kann der Rat auf dreierlei Weise fassen
- mit einfacher Mehrheit (selten)
- mit qualifizierter Mehrheit
- einstimmig

Einstimmige Beschlüsse:
Bei einstimmigen Beschlüssen oder einfachen Mehrheitsbeschlüssen hat jedes Land eine Stimme. Einstimmige Beschlüsse müssen etwa in der Gemeinsamen Außen- und Sicherheitspolitik, Steuerpolitik, Asyl- und Einwanderungspolitik erfolgen.

Mehrheitsbeschlüsse:
Bei Beschlüssen mit qualifizierter Mehrheit haben die Länder ein unterschiedliches, ihrer Größe entsprechendes Gewicht. Die meisten Beschlüsse werden mit qualifizierter Mehrheit gefasst.

!

Ab 1. Jänner 2007 gilt eine qualifizierte Mehrheit als erreicht, wenn:
- mindestens 258 befürwortende Stimmen abgegeben werden, d. h. 72,3 % der Gesamtzahl *und*
- die Mehrheit der Mitgliedstaaten (in einigen Fällen eine Zweidrittelmehrheit) zustimmt.
- Zusätzlich kann jedes Mitgliedsland verlangen, dass geprüft wird, ob die befürwortenden Stimmen mindestens 62 % der Gesamtbevölkerung der Europäischen Union repräsentieren.

Übersicht über **die wichtigsten Aufgaben des Rates**:
- **Beschließt** (vielfach gemeinsam mit dem Europäischen Parlament) **europäische Rechtsgrundlagen/-akte**
- **Stimmt die Wirtschaftspolitik der Mitgliedstaaten untereinander ab**
- **Vereinbart internationale Verträge** zwischen der EU mit anderen Staaten oder internationalen Organisationen
- **Beschließt gemeinsam mit dem Europäischen Parlament das Budget der EU**
- **Entwickelt die Gemeinsame Außen- und Sicherheitspolitik der EU**
- **Koordiniert die Zusammenarbeit zwischen nationalen Justiz- und Polizeibehörden in Strafsachen**

http://ec.europa.eu

♦ Europäische Kommission
Die Europäische Kommission erfüllt vor allem Aufgaben der exekutiven Staatsgewalt und wird daher auch als **Regierung** der EU bezeichnet.
Sie setzt Beschlüsse des Europäischen Parlaments und des Rates der EU um und ist das einzige Organ, dem das Initiativrecht für Gesetzesvorschläge zusteht.
Die Europäische Kommission ist von den Regierungen der Mitgliedstaaten unabhängig und hat ausschließlich die Interessen der Europäischen Union und deren Bürger zu wahren.

Mitglieder
Die Kommission hat 27 Mitglieder, jedes Mitgliedsland entsendet eines. Ihre Amtszeit beträgt 5 Jahre.
Der Präsident der Kommission wird von den Regierungen der EU-Länder bestimmt und benötigt die Zustimmung des Europäischen Parlaments. Dieser designierte (vorgesehene, aber noch nicht ernannte) Präsident wählt „im Einvernehmen" mit den Regierungen die übrigen Kommissionsmitglieder aus.
Nach Anhörung und Befragung aller Kandidaten muss das gesamte Kollegium vom Parlament bestätigt werden. Der Rat der EU muss diesem Vorschlag mit qualifizierter Mehrheit zustimmen.
Der **Präsident** der Kommission ist neben dem Ratspräsidenten, der höchste Vertreter der EU. Die Kommission handelt im Interesse der EU und darf von **keinem** EU-Land **Weisungen** erhalten. Sie unterliegen der Kontrolle des Europäischen Parlaments.

Aufgaben:
- hat Gesetzesanträge in den Rat einzubringen
- wacht über die Einhaltung und Anwendung des EU-Rechts und der EU-Verträge
- kann notfalls, wenn ein Mitglied gegen EU-Recht verstößt, vor dem Europäischen Gerichtshof Klage erheben

Kommission der Europaischen Union
Präsident
Vizepräsidenten
27 Mitglieder – Kommissare

Aufgaben

Gesetzesanträge	Vorschläge	Kontrolle	Verwaltung	Vertretung
alleiniges Antragsrecht für Gesetzesanträge an den Rat zur EU Gesetzgebung	zur Weiterentwicklung der Unionspolitik	über Einhaltung und richtige Anwendung des EU-Rechts	und Durchführung der EU-Vorschriften	der EU in Internationalen Organisationen

www.europarl.europa.eu
www.europarl.at,
http://europa.eu/institutions/inst./parliament

♦ Das Europäische Parlament

Das Europäische Parlament ist das einzig direkt gewählte Organ der EU. Es ist an der Gesetzgebung und Budgeterstellung beteiligt und kontrolliert die Exekutive. Es hält öffentlich Plenartagungen ab.

Mitglieder

Die derzeit **785 Europaabgeordneten** können seit 1979 alle fünf Jahre von allen BürgerInnen der EU direkt gewählt werden. Die nächste Wahl soll turnusmäßig im Juni 2009 stattfinden.

Die Anzahl der Abgeordneten eines Landes richtet sich nach dessen Einwohnerzahl, wobei die kleineren Länder verhältnismäßig mehr Abgeordnete entsenden. Das Parlament wählt einen Präsidenten für jeweils eine halbe Wahlperiode von zweieinhalb Jahren.

Sitz: Die Kommission hat ihren Sitz in Straßburg.

Sitzverteilung

Die Sitzverteilung wurde im Vertrag von Nizza so geregelt, dass die Zahl der Abgeordneten auch in einer Union mit 27 Mitgliedstaaten nicht mehr als 736 beträgt.

Die für Bugarien und Rumänien vorgesehenen Abgeordnetensitze wurden bis zu den Europawahlen 2009 aliquot (anteilig) auf die Mitgliedsländer aufgeteilt. Österreich ist deshalb bis zu den Europawahlen 2009 nicht mit 17, sondern mit 18 Abgeordneten im Europäischen Parlament vertreten.

Die Höchstzahl von 736 Abgeordneten wird in der Legislaturperiode 2004–2009 vorübergehend überschritten, weil die Abgeordneten Bulgariens und Rumäniens dazukamen. Ab den Europawahlen 2009 gilt dann die im Vertrag von Nizza vereinbarte Abgeordnetenzahl pro Mitgliedsland.

Fraktionen

Die Abgeordneten schließen sich zu übernationalen Fraktionen zusammen. Die Abgeordneten sitzen deshalb nicht nach Herkunftsländern, sondern nach Fraktionen zusammengefasst im Plenarsaal. Die größten, somit einflussreichsten Fraktionen sind die der Europäischen Volkspartei (EVP-CD) und der Sozialdemokratischen Parteien Europas (SPE).

Aufgaben

Das Europäische Parlament ist an der Gesetzgebung entscheidend beteiligt, entscheidet mit dem Rat über das Budget der EU und kontrolliert die Kommission.
Die Befugnisse des Europäischen Parlaments sind Rechte zur Mitgestaltung bei:
- Gesetzgebung
- Budget
- Kontrolle
- Außenpolitik

a. Gesetzgebungsrechte

Das Europäische Parlament hat in wichtigen Bereichen der Politik gleichberechtigt mit dem Rat der EU ein **Mitentscheidungsrecht** in der Gesetzgebung, z. B. bei Rechtsakten in den Bereichen Kultur, Bildung, Gesundheit und Umweltschutz.

In einigen Bereichen wie Landwirtschaft, Wirtschaftspolitik, Visa- und Einwanderungspolitik stehen ihm **Anhörungsrechte** zu.

Seine **Zustimmung** ist bei maßgeblichen Entscheidungen, wie Assoziierungsabkommen und Beitrittsverträgen neuer Mitgliedstaaten **erforderlich.**

Es hat aber **kein Initiativrecht**, d. h. es kann keine Gesetzesvorschläge einbringen, aber die Kommission dazu auffordern.

b. Budgetrechte

Das Europäische Parlament berät und beschließt gemeinsam mit dem Rat der EU den Budgetplan. Es kontrolliert die Verwendung der Budgetmittel und erteilt „die Entlastung der Kommission".

c. Kontrollrechte

Am weitesten reichen die Kontrollrechte des Parlaments gegenüber der Kommission. Ein neuer **Kommissionspräsident** und (mit dessen Einvernehmen) auch die übrigen Kommissionsmitglieder werden von den Regierungen der EU-Staaten vorgeschlagen, dann vom Europäischen Parlament angehört und befragt. Daraufhin muss das Europäische Parlament allen Mitgliedern der Kommission zustimmen.

Die Abgeordneten können **schriftliche und mündliche Anfragen** an die Kommissionsmitglieder und den Rat der EU stellen oder ein Misstrauensvotum einbringen. Wird ein **Misstrauensantrag** mit Zweidrittelmehrheit angenommen, muss die Kommission geschlossen zurücktreten

Das Parlament ist befugt, Untersuchungsausschüsse einzurichten, um behauptete Verstöße bei der Anwendung des EU-Rechts zu überprüfen.

d. Rechte im außenpolitischen Bereich

Völkerrechtliche Verträge der EU bzw. der EG, wie Beitrittsbeschlüsse, können nur in Kraft treten, wenn das Europäische Parlament zustimmt.

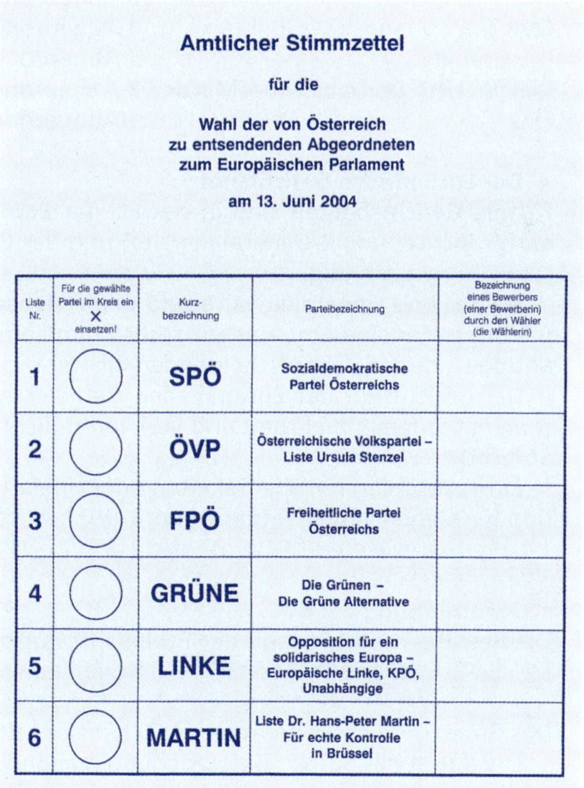

Amtlicher Stimmzettel

für die

Wahl der von Österreich zu entsendenden Abgeordneten zum Europäischen Parlament

am 13. Juni 2004

Liste Nr.	Für die gewählte Partei im Kreis ein X einsetzen!	Kurzbezeichnung	Parteibezeichnung	Bezeichnung eines Bewerbers (einer Bewerberin) durch den Wähler (die Wählerin)
1	○	SPÖ	Sozialdemokratische Partei Österreichs	
2	○	ÖVP	Österreichische Volkspartei – Liste Ursula Stenzel	
3	○	FPÖ	Freiheitliche Partei Österreichs	
4	○	GRÜNE	Die Grünen – Die Grüne Alternative	
5	○	LINKE	Opposition für ein solidarisches Europa – Europäische Linke, KPÖ, Unabhängige	
6	○	MARTIN	Liste Dr. Hans-Peter Martin – Für echte Kontrolle in Brüssel	

Amtlicher Stimmzettel der EU-Wahl für Österreich vom 13. Juni 2004

♦ **Europawahlordnung**

Jeder Staat erlässt für sein Gebiet eine eigene Europawahlordnung. Diese orientiert sich in Österreich an der Nationalratswahlordnung, der folgende Prinzipien zugrunde liegen:

- **Verhältniswahlrecht:**
  Die auf die einzelnen Fraktionen entfallenden Mandate werden durch das d'Hondt'sche Verfahren ermittelt.
  - Ermittlungsverfahren:
    Es gibt nur ein Ermittlungsverfahren.

- 4% Mindeststimmen:
  Eine Wahlpartei muss österreichweit mindestens 4% der der gültigen Stimmen erreicht haben, um ein Mandat erhalten zu können.
- Vorzugstimmen:
  Durch Eintragung in die betreffende Spalte des Stimmzettels kann auch eine Vorzugsstimme vergeben werden. Um eine Vorreihung auf der Kandidatenliste zu erreichen, müssen mindestens 7% der für die betreffende Partei abgegebenen gültigen Stimmen eine Vorzugsstimme für eine(n) bestimmte(n) Kandidatin(en) ausweisen.
- Wahlvorschlag:
  Für einen gültigen Wahlvorschlag ist die Unterschrift von mindestens drei Nationalratsabgeordneten oder einem Abgeordneten des Europäischen Parlaments oder die Vorlage von 2600 Unterstützungserklärungen erforderlich.
- Wahltag:
  Wahltag ist ein Sonntag oder öffentlicher Ruhetag.
- Wahlberechtigung:
  Wahlberechtigt sind nach der österreichischen Nationalratswahlordnung wahlberechtigte Österreicher und die in der Europawahlevidenz eingetragenen Auslandsösterreicher sowie Unionsbürger mit einem Hauptwohnsitz in Österreich, die dann nur in Österreich wahlberechtigt sind.

Die Abgeordneten werden alle **fünf Jahre** direkt **gewählt.** Die Anzahl der Abgeordneten eines Landes richtet sich ungefähr nach dessen Einwohnerzahl. Die 18 österreichischen Abgeordneten verteilen sich seit der EU-Wahl 2004 auf folgende Fraktionen:

SPÖ:	7 Abgeordnete
ÖVP:	6 Abgeordnete
Die Grünen:	2 Abgeordnete
Martin, Liste Dr. Hans Peter Martin:	2 Abgeordnete
FPÖ:	1 Abgeordneter

http://curia.europa.eu

♦ **Der Europäische Gerichtshof**

Für die **Gerichtsbarkeit** sind in der EU **der Europäische Gerichtshof der Europäischen Union** (27 Richter und 8 Generalanwälte) und das **Gericht erster Instanz** (27 Richter) mit Sitz in Luxemburg zuständig.

Richter und Generalanwälte sind unabsetzbar und unabhängig. Sie werden von den Regierungen für eine Amtszeit von sechs Jahren ernannt Die Generalanwälte erstellen „Schlussanträge", denen die entscheidenden Richter nicht folgen müssen.

Der Gerichtshof der Europäischen Gemeinschaft beschließt Urteile nach geheimer Beratung mit Stimmenmehrheit und verkündet diese in öffentlicher Sitzung. Die Urteile sind unanfechtbar.

Er ist zuständig für Streitigkeiten oder Unklarheiten in der Auslegung von EU-Rechtsakten und für Klagen von Privatpersonen.

4. Gesetzgebung der EU

Die Rechtsetzungsbefugnis der EU betrifft nur die Bereiche der Ersten Säule der EU, die die EG, EWG, EAG und frühere EGKS Materien einschließt.

Das Gesetzgebungsverfahren der EU hat sich seit ihrer Gründung geändert.

Der **Rat** ist das bei der Gesetzgebung maßgebliche Organ und das **Europäisches Parlament** verfügt über Mitwirkungsmöglichkeiten.

Dem Parlament steht in vielen Bereichen ein **Mitentscheidungsrecht** zu und in einigen Bereichen ist seine **Zustimmung** erforderlich (z. B. bei der Aufnahme neuer Mitglieder).

Das Verfahren der **Zusammenarbeit** des Rates mit dem europäischen Parlament ist seit dem Vertrag von Amsterdam nur mehr im Bereich der Wirtschafts- und Währungsunion vorgesehen.

In allen Fällen ist der Beginn des Gesetzgebungsverfahrens gleich. Es ist immer ein **Vorschlag der Kommission** notwendig. Rat und Europäisches Parlament können solche Vorschläge anfordern.

Stimmgewichtung in der EU (Legislaturperiode 2004 – 2009)

Stimmstärke nach Ländern

Bevölkerung in Mio.		Rat 345	Parlament 785
Deutschland	82,6	29	99
Frankreich	59,6	29	78
Großbritannien	59,1	29	78
Italien	56,5	29	78
Spanien	40,7	27	54
Niederlande	16,2	13	27
Griechenland	11,2	12	24
Belgien	10,4	12	24
Portugal	10,4	12	24
Schweden	8,9	10	19
Österreich	8,2	10	18
Dänemark	5,4	7	14
Finnland	5,2	7	14
Irland	3,9	7	13
Luxemburg	0,5	4	6

Bevölkerung in Mio.		Rat	Parlament
Polen	38,6	27	54
Tschechische Rep.	10,1	12	24
Ungarn	10,1	12	24
Slowakei	5,4	7	14
Litauen	3,5	7	13
Lettland	2,3	4	9
Slowenien	2,0	4	7
Estland	1,6	4	6
Zypern	0,7	4	6
Malta	0,4	3	5
Rumänien	22,3	14	36
Bulgarien	7,8	10	18
Gesamt	489		

Vereinfachte Darstellung der Rechtserzeugung in der EU für das Anhörungsverfahren

Vorschlag = Gesetzesinitiative der Europäischen Kommission

↓

an den **Rat der Europäischen Union** (Generalsekretariat)

↓ Vorschlag wird übermittelt an

Ratsarbeitsgruppen = Beamtendelegationen und
COREPER = Ausschuss der Ständigen Vertreter

Europäisches Parlament
Wirtschafts- und Sozialausschuss
} zur Stellungnahme und zu Zusatzanträgen berechtigt

↓

Verhandlung über Vorschlag im Ausschuss der Ständigen Vertreter

↓

Beschluss des Rates der EU als Verordnung, Richtlinie, Empfehlung oder Entscheidung

↓

Anwendung in den Mitgliedstaaten

5. Rechtsquellen der EU

Die QUELLEN DES EU-RECHTS sind:
Völkerrechtliches Vertragsrecht
Primäres EU-Recht: (Gründungsverträge mit Anhängen und Protokollen, Änderungen der Verträge, Beitrittsverträge)
Allgemeine Rechtsgrundsätze, Gewohnheitsrecht
Völkerrechtsabkommen der EU
Sekundäres EU-Recht:
- Verordnungen und Durchführungsverordnungen
- Richtlinien
- EGKS-Empfehlungen
- allgemeine und individuelle Entscheidungen

Übereinkommen zwischen den Mitgliedstaaten:
- Beschlüsse der im Rat vereinigten Vertreter der Regierungen der Mitgliedstaaten
- Übereinkommen der Mitgliedstaaten

Die EU ist eine supranationale Organisation mit eigenen Rechtsetzungsmöglichkeiten und exekutiven Befugnissen.

Es gibt **vier Arten** von **Rechtsakten** in der EU:

- **Verordnungen** sind allgemein verbindlich, gelten generell und unmittelbar in allen Mitgliedstaaten, ohne Mitwirkung nationaler Organe.
- **Richtlinien** setzen allgemeine/generelle verbindliche Ziele fest, die innerhalb der vorgegebenen Frist von den Mitgliedstaaten in nationales Recht umgesetzt werden müssen.
- **Entscheidungen** sind verbindlich und richten sich an einzelne Regierungen, Unternehmungen oder Privatpersonen.
- **Empfehlungen oder Stellungnahmen** sind nicht verbindlich. Sie ergehen, wenn im Gesetzgebungsprozess die für einen verbindlichen Rechtsakt erforderliche Mehrheit nicht erreicht werden kann. Ihre Einhaltung bleibt den befürwortenden Mitgliedsländern überlassen.

6. Die Einordnung des EU-Rechts

♦ Eigenständigkeit des EU-Rechts

Die Mitgliedstaaten haben durch Gründung der Gemeinschaften ihre Befugnis zur Gesetzgebung beschränkt und das Entwickeln eines zusätzlichen eigenständigen Rechts ermöglicht, das für ihre Bürger und sie selbst verbindlich ist.

♦ Zusammentreffen von EU-Recht und nationalem Recht

Der potenziell gleiche Adressatenkreis von Gemeinschaftsrecht und staatlichen Rechtsnormen bringt es gelegentlich mit sich, dass sich die Regelungen durch die Rechtsordnung der EU und die nationalen Rechtsordnungen widersprechen.

Für diese Fälle hat der EUGH in seiner Rechtsprechung festgestellt, dass das gesamte **EU-Recht** bei der Anwendung **Vorrang vor dem staatlichen Recht** hat.

Dem Gemeinschaftsrecht widersprechendes nationales Recht wird nicht aufgehoben und tritt nicht automatisch außer Kraft, es darf aber im Konfliktfall nicht angewandt werden (= **Anwendungsvorrang**).

Der Anwendungsvorrang des EU-Rechtes gilt auch bei Verfassungsrecht. Bezüglich der Grundprinzipien der Verfassung ist dies in den Mitgliedstaaten, auch in Österreich, nicht allgemein anerkannt.

www.efta.int

B. Die Europäische Freihandelszone (EFTA, European Free Trade Association)

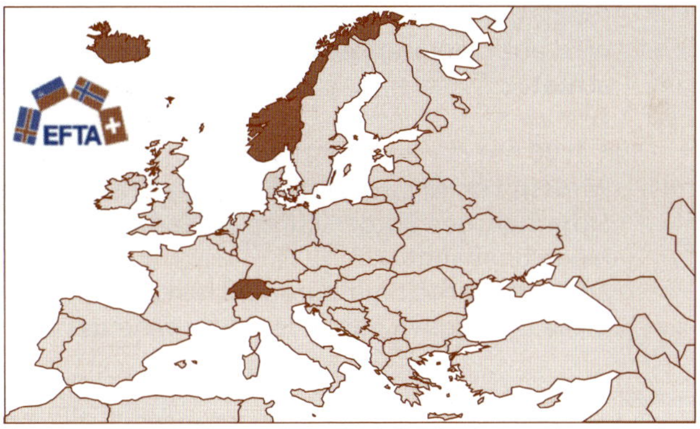

♦ **Entwicklung**:
Die EFTA ist ein Wirtschaftsbündnis, das 1960 von Dänemark, Großbritannien, Liechtenstein, Norwegen, Österreich, Portugal, Schweden und der Schweiz gegründet wurde. Diese Länder beteiligten sich aus verschiedenen politischen oder wirtschaftlichen Gründen nicht an der EWG. Mit dem EU-Beitritt traten die meisten Mitglieder aus der EFTA aus.

♦ **Mitglieder:**
Nunmehr gehören Island, Liechtenstein, Norwegen und die Schweiz der EFTA an.

♦ **Ziele** der EFTA sind:
- der gänzliche Abbau der Zollschranken und sonstiger Beschränkungen des Freihandels zwischen den Mitgliedern
- Förderung des Welthandels
- Gewährleistung gerechter Wettbewerbsbedingungen
- Verbesserung der Produktivität
- Erhaltung der finanziellen Stabilität

Die EFTA sieht nur eine beschränkte wirtschaftliche Zusammenarbeit ihrer Mitglieder vor, da die Souveränität der Mitgliedstaaten laut EFTA-Vertrag nicht beeinträchtigt werden darf.
Deshalb verlangt das gemeinsame Organ, der Rat, bei allen seinen Beschlüssen „Einstimmigkeit". Diese „Einstimmigkeit" verhinderte entscheidende wirtschaftliche Änderungen.

www.coe.int

C. Der Europarat

♦ **Entwicklung:**
Der Europarat wurde am 5. 5. 1949 in London gegründet. Gründungsmitglieder waren Belgien, Niederlande, Luxemburg, Dänemark, Schweden, Norwegen, Irland, Italien, Frankreich und Großbritannien. Österreich ist seit 16. April 1956 Mitglied.

♦ **Mitglieder:**
Derzeit gehören dem Europarat 47 Staaten als Mitglieder an. Die Mitglieder müssen folgende Voraussetzungen akzeptieren:
- Jedes Mitglied des Europarates erkennt Rechtsstaatlichkeit an,
- sichert das Gewähren der Menschenrechte zu, soweit seine Hoheitsgewalt reicht.
- Alle Mitglieder des Europarates erklären, demokratische Rechtsstaaten zu sein, und
- akzeptieren die Geltung der Europäischen Menschenrechtskonvention.

Der Europarat ist das größte politische Forum Europas, sein Aufgabenbereich der weiteste aller europäischen Organisationen. Er umfasst alle Gebiete mit Ausnahme der Verteidigung.

♦ **Ziele:**
- Schutz der Menschenrechte, der pluralistischen Demokratie und des Rechtsstaates
- Förderung des Bewusstseins für eine gemeinsame kulturelle Identität der Europäer, die auf gemeinsamen Werten beruht

- Suche nach Lösungen für gesellschaftspolitische Probleme (Minderheiten, Fremdenhass, Intoleranz, Umweltschutz, AIDS, Drogen usw.)
- Seit 1989 enge politische Partnerschaft mit den postkommunistischen Demokratien Europas, um Demokratie, Rechtsstaatlichkeit und Wirtschaftsreformen zu etablieren. Dabei wird auf die Verankerung von Menschenrechten in den nationalen Rechtsordnungen geachtet.

Seit 2006 hat der Europarat vor allem folgende Aufgaben:
- Fördern von Menschenrechten, Rechtsstaatlichkeit und Demokratie
- Sicherheit der Bürger Europas: Kampf gegen Terrorismus, organisierte Kriminalität und Menschenhandel
- Zusammenarbeit mit europäischen und internationalen Organisationen
  Diese Ziele sollen mit Hilfe der Organe des Europarates erreicht werden.

Mitglieder im Europarat

Mitglieder

- Seit 1949
  Belgien, Dänemark, Frankreich, Griechenland, Großbritannien, Irland, Italien, Luxemburg, Niederlande, Norwegen, Schweden, Türkei
- Seit 1951
  Deutschland
- **Seit 1956**
  Österreich
- **Seit 1959**
  Island
- **Seit 1961**
  Zypern
- **Seit 1963**
  Schweiz
- **Seit 1965**
  Malta
- **Seit 1976**
  Portugal
- **Seit 1977**
  Spanien
- **Seit 1978**
  Liechtenstein
- **Seit 1988**
  San Marino
- **Seit 1989**
  Finnland
- **Seit 1990**
  Ungarn
- **Seit 1991**
  Polen
- **Seit 1992**
  Bulgarien
- **Seit 1993**
  Estland, Litauen, Rumänien, Slowakei, Slowenien, Tschechien
- **Seit 1994**
  Andorra
- **Seit 1995**
  Albanien, Lettland, Mazedonien, Moldawien, Ukraine
- **Seit 1996**
  Russland, Kroatien
- **Seit 1999**
  Georgien
- **Seit 2001**
  Armenien, Aserbaidschan
- **Seit 2002**
  Bosnien-Herzegowina
- **Seit 2003**
  Serbien und Montenegro
- **Seit 2004**
  Monaco
- **Seit 2007**
  Montenegro

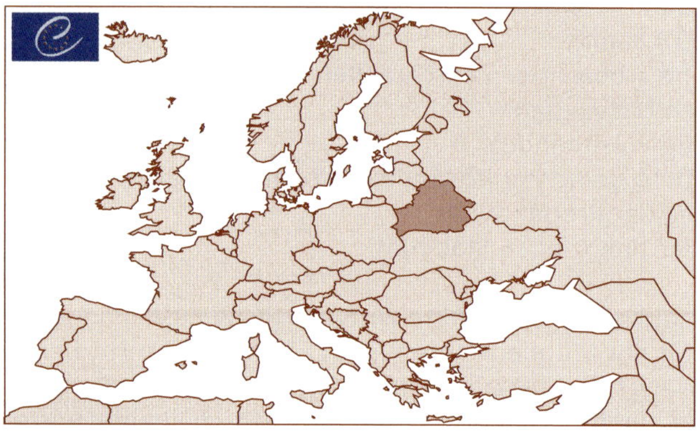

Sondergaststatus
Weißrussland

Beobachterstatus für außereuropäische Länder: Israel, USA, Japan, Kanada

wb21

♦ Organe

Der Europarat handelt durch folgende Organe:
- Das **Ministerkomitee** besteht aus den Außenministern der 46 Mitgliedstaaten bzw. Ihrer Stellvertreter, den Ständigen Vertretern in Straßburg. Das Ministerkomitee ist das Entscheidungsorgan.
- Die **Parlamentarische Versammlung** hat 315 Mitglieder und 315 Stellvertreter, die den 46 nationalen Parlamenten angehören.
- Der **Kongress der Gemeinden und Regionen** besteht aus einer Kammer der Gemeinden und einer Kammer der Regionen.
- Der **Generalsekretär** leitet den Europarat.

♦ Arbeitsweise

Der Europarat verabschiedet neben **Entschließungen** (Empfehlungen) an die Mitgliedstaaten, die nicht bindend sind, auch **Konventionen** oder **Abkommen**. Diese erlangen Gesetzeskraft in den Ländern, die sie ratifizieren.

Eine der wichtigsten ist die **Europäische Konvention zum Schutz der Menschenrechte und Grundfreiheiten (EMRK) vom** 4. November **1950.** Zur Durchsetzung der in der EMRK verbürgten Rechte ist ein **internationales Rechtsschutzsystem** errichtet worden. Dessen Organe sind:
- die Europäische Menschenrechtskommission
- der Europäische Gerichtshof für Menschenrechte in Straßburg
- das Ministerkomitee des Europarates

Die **Europäische Menschenrechtskommission** prüft die Zulässigkeit von Beschwerden, versucht eine gütliche Einigung zu erreichen und leitet Beschwerden an den Gerichtshof weiter.

Der Europäische Gerichtshof für Menschenrechte in Straßburg ist ein von den Regierungen unabhängiges Organ und entscheidet einen Fall endgültig. Seine Urteile sind für die betroffenen Staaten bindend.

Das **Ministerkomitee** des Europarates hat die Durchführung der Entscheidungen des Gerichtshofes zu überwachen

An den Europäischen Gerichtshof für Menschenrechte als internationale richterliche Instanz können erstmals in der Geschichte der internationalen Beziehungen unter bestimmten Voraussetzungen Einzelpersonen und Gruppen eine Beschwerde gegen einen Staat, auch gegen den eigenen richten.

Sitz: Der Europarat hat seinen Sitz in **Straßburg.**

Die Bedeutung und die Leistungen des Europarates

1951 arbeitete der Europarat Vorschläge für eine engere Zusammenarbeit der europäischen Staaten aus und empfahl die Bildung einer politischen Gemeinschaft. Die Regierungen der Mitgliedstaaten waren jedoch nicht bereit, dem Europarat Souveränitätsrechte zu übertragen.

Eine große Leistung des Europarates sind seine zahlreichen Konventionen.

www.nato.int

D. Die Nordatlantische Verteidigungsgemeinschaft

(North Atlantic Treaty Organization: NATO)

◆ **Gründung**

Die Nordatlantische Verteidigungsgemeinschaft wurde am 4. April 1949 in Washington von den USA, Kanada und zehn europäischen Staaten (Belgien, Dänemark, Frankreich, Großbritannien, Island, Italien, Luxemburg, Niederlande, Norwegen und Portugal) gegründet.

◆ **Mitglieder**

Die NATO hat 26 Mitgliedstaaten.

Neben den 12 Gründungsstaaten traten der NATO Griechenland (1952), die Türkei (1952), Deutschland (1955), Spanien (1982), Polen, Ungarn und die Tschechische Republik (1999) sowie Bulgarien, Estland, Lettland, Litauen, Rumänien, Slowakei und Slowenien (2004) bei.

Durch die Zunahme an Mitgliedern soll die Sicherheit erhöht werden.

◆ **Sitz**: Die NATO hat ihren Sitz in Brüssel.

◆ **Wesen** und **Zweck**

Die NATO ist eine zwischenstaatliche Organisation, in der die Mitgliedsländer ihre Souveränität behalten.

Ihr Zweck ist die Freiheit, Stärkung der Sicherheit und dauerhafter Friede durch Zusammenarbeit auf politischem, wirtschaftlichem und militärischem Gebiet.

◆ **Ziele**

Bei und nach der Gründung stand der Schutz vor einem sowjetischen Angriff im Vordergrund. Dieses Ziel verlor durch die umwälzenden Veränderungen in der Sowjetunion und den übrigen Staaten Osteuropas an Bedeutung.

Nun soll das Bündnis sowohl die Freiheit und Sicherheit aller Mitgliedstaaten als auch den Frieden im europäisch-atlantischen Bereich auf Dauer absichern.

Diese **Friedenssicherungspolitik** wird durch Konsultationen, Zusammenarbeit und Solidarität umgesetzt.

Zur Abschreckung wird die Fähigkeit zur kollektiven Verteidigung aufrechterhalten.

Nach Art. 5 des NATO-Vertrages bedeutet ein bewaffneter Angriff auf ein Mitgliedsland einen Angriff gegen alle Mitgliedsländer.

Allerdings folgt daraus **keine automatische militärische Beistandsverpflichtung.** Den Regierungen der einzelnen Mitgliedsländer ist es überlassen, zusammen mit den Partnern jene Maßnahmen zu treffen (so erforderlich auch Anwendung von Waffengewalt), die sie für notwendig halten.

Besondere Bedeutung bekam die NATO im Zusammenhang mit den Ereignissen im Bürgerkrieg im ehemaligen Jugoslawien. Hier kam es 1994 zum ersten Kampfeinsatz der Allianz. Der bisher größte militärische Einsatz fand 1998 in den Kämpfen um den Kosovo statt.

♦ Die NATO und Österreich

Ein NATO-Beitritt Österreichs wurde seit der Beendigung des Kalten Krieges und der Auflösung des Warschauer Paktes wiederholt diskutiert. Wegen der unterschiedlichen Meinungen der im Parlament vertretenen Parteien zur Neutralität Österreichs und zur Teilnahme an militärischen Bündnissen wurde diese Frage bisher nicht entschieden.

Österreich beteiligt sich am **Kooperationsprogramm** der NATO **„Partnerschaft für den Frieden".**

♦ Partnerschaft für den Frieden

Seit der Gründung der „Partnership for Peace" im Jänner 1994 nehmen bereits 26 Länder, auch Russland, an diversen, von jedem Staat individuell mit der NATO zu vereinbarenden Programmen teil.

Neben einem allgemeinen Bekenntnis zur Einhaltung der UN-Charta, den Bestimmungen der OSZE-Schlussakte und einer Verpflichtung, keine Drohungen oder Gewalt gegen die „territoriale Integrität oder die politische Unabhängigkeit jedweden Staates" anzuwenden, akzeptiert Österreich, gemeinsam mit der NATO folgende Ziele anzustreben:

- Transparenz in der Verteidigungsplanung,
- Sicherung der demokratischen Kontrolle der Streitkräfte,
- einen von der jeweiligen Verfassung abhängigen Beitrag zu friedenserhaltenden „Operationen" unter UN- oder OSZE-Leitung zu leisten und für solche Einsätze „kooperative militärische Beziehungen mit der NATO zu entwickeln". Dazu gehört „auf längere Sicht auch die Entwicklung von Streitkräften, mit denen die Mitgliedstaaten der NATO besser gemeinsam operieren können".

NATO-Erweiterung 1. April 2004

Nordatlantische Vertragsorganisation (North Atlantic Treaty Organization)

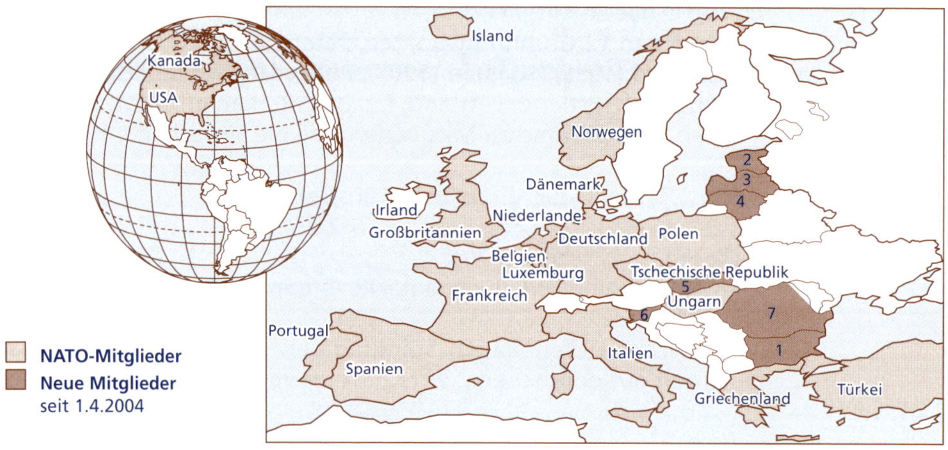

Seit Gründung 1949
Belgien, Dänemark, Frankreich, Großbritannien, Island, Italien, Kanada, Luxemburg, Niederlande, Norwegen, Portugal, USA

Seit 1952
Griechenland, Türkei

Seit 1955
Deutschland

Seit 1982
Spanien

Seit 1999
Polen, Tschechien, Ungarn

Seit 2004
Bulgarien (1), Estland (2), Lettland (3), Litauen (4), Slowakei (5), Slowenien (6), Rumänien (7)

PB00-9

www.osce.org

E. Die Organisation für Sicherheit und Zusammenarbeit in Europa (OSZE)

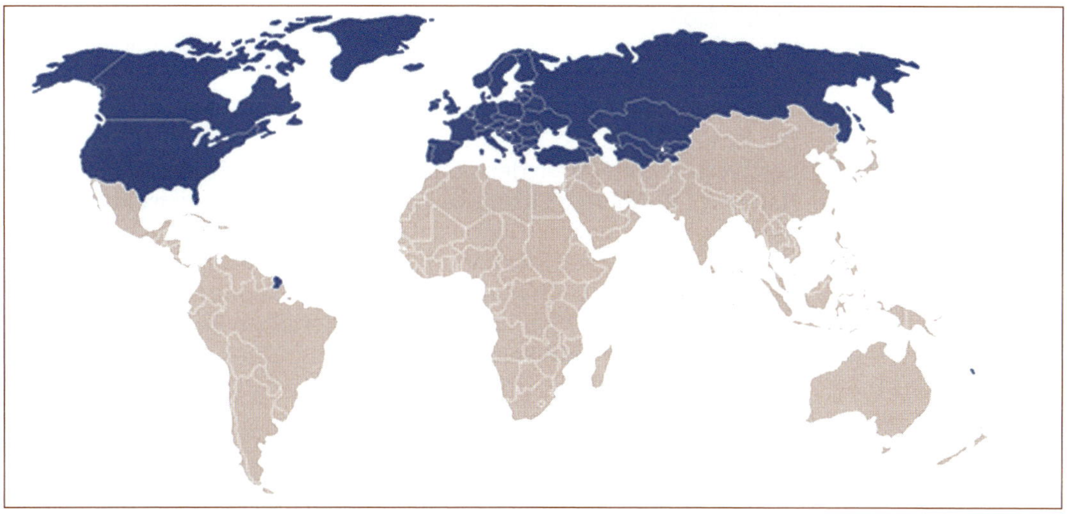

Quelle: www.eu2006.at

◆ **Gründung**

Die OSZE existiert seit 1.1.1995 als Nachfolgeorganisation der KSZE (Konferenz für Sicherheit und Europa), die 1975 mit der Schlussakte von Helsinki als Konferenz über Sicherheit in Europa entstand.

Damals ging es um die Anerkennung der geopolitischen Gegebenheiten in Europa, Menschenrechte und Kontakte zwischen den westlich und östlich orientierten europäischen Staaten.

◆ **Mitglieder**

Die OSZE verfügt über 55 Mitgliedsländer: alle europäischen Staaten, die zentralasiatischen Länder sowie Kanada und die USA.

Sitz: Die OSZE hat ihren Sitz in **Wien.**

◆ **Ziele**

Die OSZE hat folgende Aufgaben:

- Politische Krisen, Konflikte oder militärische Auseinandersetzungen durch Vermittlung und Kontrolle von Abrüstungsvereinbarungen zu beenden
- Den (Wieder)aufbau von demokratischen und rechtsstaatlichen Staatswesen zu unterstützen
- Einhalten von Menschenrechten und Schutz von Minderheiten
- Aufbau einer europäischen Friedensordnung

Die **OSZE hat** die **primäre Handlungszuständigkeit bei Krisen, Konflikten oder militärischen Auseinandersetzungen, die ihre Mitglieder betreffen!**

Um diese Aufgaben zu bewältigen, ist die Tätigkeit in Sparten gegliedert:

a) militärische Komponente
b) wirtschaftliche Entwicklung
c) Entwickeln von Demokratie und Menschenrechten

Zur Durchsetzung dieser Ziele führt die OSZE Friedensmissionen durch.

www.un.org

F. Die Vereinten Nationen

„Die Menschheit muss dem Krieg ein Ende setzen, oder der Krieg setzt der Menschheit ein Ende." (John F. Kennedy)

1. Geschichte

Der Zweite Weltkrieg brachte großes Leid für Millionen Menschen. Gegen Kriegsende 1945 beschlossen die Führer der gegen Deutschland und Japan „Vereinten Nationen" („United Nations"), **Roosevelt, Churchill** und **Stalin,** eine **Konferenz in San Franzisco** einzuberufen, um die Satzung der neuen friedenserhaltenden Organisation auzuarbeiten.

Die Vertreter von 51 Nationen unterzeichneten am 26. Juni die Satzung der neuen Weltorganisation, die **UNO-Charta** (UNO = United Nations Organization).

Am 24. Oktober 1945 lagen die erforderlichen Ratifikation vor, und die Vereinten Nationen konnten ihre Tätigkeit beginnen.

2. Ziele der Vereinten Nationen sind:

- Erhaltung des **Weltfriedens** und der **internationalen Sicherheit**
- Entwicklung **freundschaftlicher Beziehungen** zwischen den Nationen
- **internationale Zusammenarbeit** zur Lösung von wirtschaftlichen, sozialen, kulturellen und humanitären Problemen
- Achtung und Förderung der **Menschenrechte**
- internationale **Abrüstung**

3. Organisation

a) Mitgliedschaft

Die Mitgliedschaft zu den Vereinten Nationen steht allen **friedliebenden Staaten** offen, welche die Charta angenommen haben und **gewillt** sind, deren **Verpflichtungen** nachzukommen. 2007 hat die UNO 192 Mitglieder.

Die Organisation der UNO

Gegründet: 26. 6. 1945 in San Francisco
Mitglieder: 192 (Alle Staaten bis auf West-Sahara, Taiwan, Vatikanstadt)
Sitze: New York, Genf, Wien

UNSG/Generalsekretariat
Generalsekretär: seit 2007
Ban Ki Moon Südkorea
(wird von der Generalversammlung gewählt)

HAUPTORGANE

UNSC/Sicherheitsrat
betraut mit „Hauptverantwortung für die Wahrung des Weltfriedens"
5 ständige Mitglieder: China, Frankreich, Großbritannien, Russland, USA
10 nicht ständige Mitglieder (für 2 Jahre gewählt):

kann Nebenorgane einsetzen z. B.
↓
Ständiger Militärausschuss
Friedenstruppen

UNGA/Generalversammlung
Zentrales politisches Beratungsorgan
Je eine Stimme für jeden Mitgliedstaat
7 Hauptausschüsse: Politik und Sicherheit, Politischer und Sonderausschuss, Wirtschaft/Finanzen, Soziales/Humanitäres/Kultur, Treuhandschaft, Verwaltung/Haushalt, Recht

2 Sachverständigenausschüsse und sonstige Nebenorgane

ECOSOC/Wirtschafts- und Sozialrat
54 Mitglieder (gewählt von Generalversammlung für 3 Jahre
5 Regionale Wirtschaftskommissionen

CEPALC	Lateinamerika und Karibik
ECA	Afrika
ECE	Europa
ESCAP	Asien und Pazifik-Region
ESCWA	West-Asien

Wichtigste Sonderorgane und Programme der UNO

UNCTAD	Welthandel und Entwicklung
UNDP	Entwicklungsprogramme
UNEP	Umweltprogramm
UNODCCP	Drogenbekämpfung
UNFDAC	Hochkommissar für Menschenrechte
UNHCR	Hoher Flüchtlingskommissar
UNICEF	Kinderhilfswerk
UNWRA	Hilfswerk für Palästinaflüchtlinge

Wichtigste Sonderorganisationen im UN-Verband

FAO	Ernährung u. Landwirtschaft
IBRD	Bank für Wiederaufbau und Entwicklung
IWF	Internat. Währungsfonds
UNESCO	Org. für Erziehung, Wissenschaft u. Kultur
UNIDO	Org. für industrielle Entwicklung
WHO	Weltgesundheitsorganisation

ICJ/Internationaler Gerichtshof
Sitz in Den Haag
15 Richter
(von Generalversammlung und Sicherheitsrat gewählt)

Autonome Organisationen

IAEA	Internationale Atomenergie Agentur. Sitz in Wien
WTO	Welthandelsorganisation

Hauptorgane der Vereinten Nationen

Vereinte Nationen – Organisationsschema

b) Generalversammlung

Die Generalversammlung ist das **wichtigste** Beratungsorgan der Vereinten Nationen. Sie kann **alles** erörtern, was in den **Aufgabenbereich** der UNO fällt. Alle anderen Organe legen der Generalversammlung jedes Jahr Berichte über ihre Tätigkeit zur Überprüfung vor.

Die Generalversammlung beschließt das Budget der Vereinten Nationen.

Alle Mitglieder der Vereinten Nationen haben **Sitz und Stimme** in der Generalversammlung. Jedes Mitglied hat nur **eine** Stimme. Beschlüsse werden mit **einfacher** Mehrheit gefasst. In bestimmten Angelegenheiten ist eine **Zweidrittelmehrheit** erforderlich.

Die Generalversammlung tagt **einmal im Jahr** von September bis Dezember. Wenn es die Umstände erfordern, kann sie auch sonst zusammentreten.

Beschlüsse der Generalversammlung haben **keine „Gesetzeskraft",** sondern stellen **Empfehlungen** an die Staaten dar, die aber bedeutendes politisches Gewicht haben.

Die größte Staatengruppe in der UN-Generalversammlung bilden die Entwicklungsländer. Auf sie entfallen 77 % aller UN-Sitze. Das ist mehr, als ihrem Anteil an der Weltbevölkerung (71 %) entsprechen würde, und resultiert aus der großen Zahl der Länder der Dritten Welt.

Da sich die Höhe der Mitgliedsbeiträge nach der Wirtschaftskraft der Länder bemisst, sind die westlichen Industriestaaten die Hauptfinanziers der Vereinten Nationen. Österreich finanziert im Jahr 2008 0,887% des UN-Budgets.

c) Sicherheitsrat

Der Sicherheitsrat ist für die Wahrung des Weltfriedens und der internationalen Sicherheit zuständig.

Er hat 15 Mitglieder. Davon sind 5 – China, Frankreich, Großbritannien, Russland und die Vereinigten Staaten – **ständige** Mitglieder, die ein **absolutes Vetorecht** besitzen, womit sie einen Beschluss boykottieren können.

Die anderen 10 werden von der Generalversammlung der UNO für jeweils 2 Jahre gewählt.

Der Sicherheitsrat kann **jederzeit** zusammentreten, wenn eine**Bedrohung des Friedens** der Welt vorliegt, die ein Mitglied der Vereinten Nationen erörtern möchte.

Er entscheidet **nicht** nach **internationalem** Recht, sondern nach den **politischen Interessen** der Mitglieder.

Bei einer Gefährdung oder Verletzung des Friedens kann der Sicherheitsrat **wirtschaftliche Sanktionen anordnen und auch eine Internationale Streitmacht einsetzen,** um einen militärischen Angriff zu beenden.

d) Wirtschafts- und Sozialrat

Der Wirtschafts- und Sozialrat befasst sich mit vielen **Problemen**, wie:
- der Bevölkerungsexplosion,
- der Kinder,
- des Wohnungswesens,
- der Rechte der Frau,
- der Rassendiskriminierung,
- des Rauschgifts,
- des Verbrechens,
- der sozialen Wohlfahrt und
- mit den verschiedenen Wirtschaftsfragen, wie internationaler Handel und Industrialisierung.

Der Wirtschafts- und Sozialrat arbeitet gemeinsam mit den Spezial- und Regionalkommissionen Empfehlungen zur **Verbesserung der Lebensbedingungen** und über die Möglichkeiten der **finanziellen** und **technischen Hilfe** aus.

Jedes der 54 Mitglieder hat **eine** Stimme. Beschlüsse werden mit **einfacher** Mehrheit der Mitglieder gefasst.

e) Treuhandschaftsrat

Der Treuhandschaftsrat hat **derzeit keine Aufgaben.**

f) Internationaler Gerichtshof

Der Internationale Gerichtshof ist das **Rechtsprechungsorgan** der Vereinten Nationen.

Es hat seinen Sitz in Den Haag, Niederlande.

Er besteht aus **unabhängigen Richtern** verschiedener Nationalität, die vom Sicherheitsrat und der Generalversammlung für die Dauer von neun Jahren gewählt werden.

Es können sich **nur Staaten** und internationale Organisationen an den Internationalen Gerichtshof wenden, die vorab erklären müssen, sein Urteil zu respektieren. Er entscheidet nach den Regeln des **Völkerrechts.**

g) Sekretariat

Das Sekretariat und die Vereinten Nationen leitet der **Generalsekretär,** der von der Generalversammlung auf Empfehlung des Sicherheitsrates bestellt wird. Im Sekretariat arbeitet ein Stab **internationaler Beamten.** Bisher gab es acht Generalsekretäre der Vereinten Nationen.

– Trygve Lie (Norwegen)	1946–1952
– Dag Hammarskjöld (Schweden)	1953–1961
– U Thant (Burma)	1961–1971
– **Kurt Waldheim** (Österreich)	1972–1981
– Javier Perez de Cuellar (Peru)	1982–1991
– Boutros Boutros-Ghali (Ägypten)	1992–1996
– Kofi Annan (Ghana)	1997- 2006
– Ban Ki Moon (Südkorea)	seit 1.1 2007

Das Sekretariat unterstützt die anderen Organe und die Durchführung der Programme. Zu den Mitarbeitern zählen Dolmetscher, Sekretäre, Journalisten, Juristen usw.

h) Wie und wo arbeiten die Vereinten Nationen?

Die Vereinten Nationen sind **keine Weltregierung.** Sie können auch **keine** Gesetze beschließen, die mit Zwangsgewalt durchgesetzt werden.

Die Vereinten Nationen bieten einen Treffpunkt, bei dem die Vertreter der Mitgliedsländer aus aller Welt **zusammenkommen können,** um ihre **Probleme zu erörtern** und vielleicht zu lösen. Die Vereinten Nationen sind und können nur so stark sein wie die Völker und Regierungen, die sie unterstützen.

Sitze:

Das Hauptquartier der Vereinten Nationen befindet sich in **New York.** Ein weiterer Sitz ist das **Genfer Palais der Nationen, der dritte Amtssitz ist in Wien in der UNO-City.**

Die Sonderorganisationen und Behörden der Vereinten Nationen haben Büros in der ganzen Welt. In Genf befindet sich die Internationale Arbeitsorganisation (ILO).

4. Österreich und die Vereinten Nationen

Nach dem Wiedererlangen seiner **vollen Unabhängigkeit** durch den Staatsvertrag vom 15. Mai 1955 wurde das neutrale Österreich im Dezember 1955 in die Vereinten Nationen **aufgenommen.** Seither hat es sich **aktiv** an den Programmen der Weltorganisation beteiligt, insbesondere an friedenserhaltenden Operationen der UNO.

1960 wurde erstmals ein österreichisches Sanitätskontingent in den **Kongo (Zaire)** entsandt, 1964 wurde ein Feldlazarett nach **Zypern** errichtet, dem bald darauf das erste österreichische UNO-Kontingent des Bundesheeres folgte.

Am 22. Dezember 1971 wurde **Dr. Kurt Waldheim** einstimmig zum Generalsekretär der Vereinten Nationen bestellt und nach Ablauf der fünfjährigen Amtszeit **wieder gewählt.**

Für 1973/74 und 1990/91 wurde **Österreich** als **nicht ständiges Mitglied** in den Sicherheitsrat gewählt.

Im Jahr 2008 zahlt Österreich 16,2 Mio. US Dollar als Mitgliedsbeitrag.

UNO-Organisationen mit Sitz in Wien

IAEA:	International Atomic Energy Agency
UNIDO:	United Nations Industrial Development Organization
UN OFFICES:	United Nations Scientific Committee on Effects of Atomic Radiation – UNSCEAR
	Office of the UN-High Commissioner for Refugees – UNHCR
	Center for Social Development and Humanitarian Affairs – CSDHA
	International Trade Law-Branch (UNCITRAL-Sekretariat)
	Division of Narcotic Drugs
	International Narcotic Control Board – INCB UN Fund for Drug Abuse Control – UNFDAC
	UN-Postal Administration (UNPA Office in Vienna)
	UN Office in Vienna
UNRWA:	United Nations Relief and Works Agency for Palestine Refugees in the Near East

UNO-City in Wien

UN-Organisationen mit Hauptsitz in Wien

ODCCP
Büro für Drogenbekämpfung und Verbrechensverhütung
Ziel: Kampf gegen Drogenhandel und organisierte Kriminalität

OOSA
Büro für Weltraum-Angelegenheiten
Ziel: Internationale Zusammenarbeit bei friedlicher Nutzung des Weltraums

UNHCR (Regionalbüro)
Amt des Flüchtlingshochkommissärs
Weltweite Bewältigung des Flüchtlingsproblems

UNIDO
Organisation der UNO für industrielle Entwicklung
Ziel: Industrie und Wirtschaft in den Entwicklungsländern fördern

CTBTO*
Atomteststopp-Organisation
Ziel: Überwachung des Atomtestverbots

IAEO
Internationale Atomenergiebehörde
Ziel: Atomenergie nutzen, nukleare Aufrüstung stoppen

*) Vorbereitende Kommission

PB00-11 Grafik: Der Auer

www.oecd.org

G. Organisation für wirtschaftliche Zusammenarbeit und Entwicklung
(Organization for Economic Cooperation and Development: OECD)

♦ **Gründung und Mitglieder:**
Diese Organisation wurde am 14. Dezember 1961 als Nachfolgeorganisation der Organisation für europäische wirtschaftliche Zusammenarbeit (OEEC) in Paris von den bisherigen 18 europäischen Vertragsstaaten sowie USA und Kanada gegründet.

Später traten Finnland, Neuseeland, Japan, Korea, Polen, Slowakei, Ungarn, Mexiko, Türkei und Australien als Vollmitglieder bei.

Restjugoslawien (Serbien und Montenegro) arbeitet eingeschränkt mit.

Die OECD ist mit 30 Mitgliedstaaten (darunter alle westlichen Industrieländer) eine bedeutende wirtschaftliche Organisation.

♦ **Ziele:**
- Wirtschaftswachstum bei hohem Beschäftigungsstand und steigendem Lebensstandard
- Abstimmung der Wirtschafts- und Konjunkturpolitik zwischen den Mitgliedstaaten
- wirtschaftliche Zusammenarbeit und Hilfe für alle Entwicklungsländer
- Ausweiten des Welthandels

♦ **Sitz:** Die OECD hat ihren Sitz in **Paris.**

H. Die österreichischen Vertretungsbehörden im Ausland

1. Einteilung

Diplomatische Missionen	**Vertretungen bei internationalen Organisationen**
♦ Botschaften ♦ Gesandtschaften	♦ Österreichische Vertretung bei den Vereinten Nationen
Konsularische Vertretungen	**Vertretungen besonderer Art**
♦ Berufskonsulate ♦ Honorarkonsulate	♦ Vertretungen bei Teilorganisationen der UN, wie z. B. bei der UNESCO

Die Republik Österreich besitzt in über **80 Staaten** der Erde Vertretungsbehörden, deren Aufgabe die Wahrung der Interessen Österreichs und seiner Staatsbürger im Empfangsstaat ist.

2. Aufgaben der Vertretungsbehörden
- Vertretung Österreichs im **Empfangsstaat**
- **Schutz** der Interessen der Republik Österreich und ihrer Staatsbürger im Empfangsstaat innerhalb der völkerrechtlichen Grenzen
- Förderung freundschaftlicher Beziehungen zwischen Österreich und dem Empfangsstaat Ausbau der wirtschaftlichen, kulturellen und wissenschaftlichen Beziehungen und Vermittlung eines den tatsächlichen Verhältnissen Österreichs entsprechenden Bildes
- **Berichterstattung** (mit allen rechtmäßigen Mitteln) über die Verhältnisse und Entwicklungen im Empfangsstaat

Wiederholungsfragen – Arbeitsaufgaben – Diskussionsanregungen

1. *Aus welchen drei Gemeinschaften hat sich die heutige EU entwickelt?*
2. *Mit welchem Vertrag wurde die EU gegründet?*
3. *Seit wann ist Österreich Mitglied der EU?*
4. *Was ist das höchste Gremium der EU und welche Aufgaben hat dieses?*
5. *Welche Aufgabe hat der Rat der EU und wer ist in ihm vertreten?*
6. *Welche Funktion übt die Europäische Kommission aus und wie viele Mitglieder hat sie?*
7. *Wodurch unterscheidet sich das österreichische Parlament vom Europäischen Parlament?*
8. *Wer schlichtet Rechtsstreitigkeiten innerhalb der EU?*
9. *Wie funktioniert die EU-Gesetzgebung?*
10. *Welche Arten von Rechtsakten gibt es in der EU?*
11. *Wie ist Österreich in den einzelnen Organen der EU vertreten?*
12. *Welche Ziele verfolgt der Europarat?*
13. *Was ist die bedeutendste Leistung des Europarates?*
14. *Kreuzen Sie die Ziele der Vereinten Nationen an!*

	Ja	Nein
Erhaltung des Weltfriedens	○	○
Förderung der Menschenrechte	○	○
Regierung der Welt	○	○
Militärische Maßnahmen gegen Staaten, die den Frieden stören	○	○
Internationale Zusammenarbeit	○	○
Lösung von wirtschaftlichen Problemen	○	○
Erlassen von allgemein verbindlichen Normen	○	○

15. *Nennen Sie die wichtigsten Organe der Vereinten Nationen.*
16. *In welchem Zeitraum übte Dr. Kurt Waldheim das Amt eines Generalsekretärs der Vereinten Nationen aus? Kreuzen Sie an!*

    ○ *1961–1970* ○ *1972–1981* ○ *1976–1982*

17. *An welchen friedenserhaltenden Operationen der UNO hat sich Österreich beteiligt?*
18. *Setzen Sie das fehlende Wort ein.*

    Die fünf ständigen Mitglieder des Sicherheitsrates haben ein ___________ Vetorecht.

19. *Kreuzen Sie die richtige Antwort an.*

	Ja	Nein
Der Internationale Gerichtshof entscheidet in Streitfällen von Bürgern mit unterschiedlicher Staatsbürgerschaft.	○	○
Der Generalsekretär ist das oberste Organ der Vereinten Nationen. Österreich ist seit 1955 Mitglied der Vereinten Nationen.	○	○
Die Generalversammlung beschließt allgemein verbindliche Normen.	○	○
Die Mitglieder des Sicherheitsrates werden für die Dauer von 4 Jahren gewählt.	○	○
Alle Staaten der Welt sind automatisch Mitglieder der Vereinten Nationen.	○	○
Die Vereinten Nationen sind eine Art Weltregierung.	○	○
Ein ehemaliger Generalsekretär der Vereinten Nationen ist ein Österreicher.	○	○
Der Sicherheitsrat kann jederzeit zusammentreten, wenn eine Bedrohung des Weltfriedens vorliegt.	○	○

20. *Bringt die UNO-City in Wien für Österreich Vorteile oder stellt sie nur eine wirtschaftliche Belastung dar?*
21. *Ist die Mitgliedschaft bei den Vereinten Nationen mit dem Status eines „dauernd" neutralen Staates vereinbar? Diskutieren Sie diese Frage!*
22. *Welchen militärischen, politischen und wirtschaftlichen Organisationen gehören die Nachbarstaaten Österreichs an?*
23. *An welchen internationalen Organisationen wirkt Österreich mit?*
24. *Welche Aufgaben haben die diplomatischen Vertretungen im Ausland?*

III. Die Grundrechte

In demokratischen Staaten stehen den Menschen zahlreiche Grundrechte zu. Was sind Grundrechte? Welchen Zweck haben Grundrechte? Seit wann gibt es Grundrechte? Was versteht man unter Bürgerrechten, Freiheitsrechten und Menschenrechten? Wen berechtigen und wen verpflichten Grundrechte? In welchen Rechtsquellen findet man Grundrechte? Wie entstanden Grundrechte? In welchen Fällen kann sich der Einzelne aufgrundrechte berufen? Wie lauten die Inhalte der Grundrechte?

Diese Fragen werden im folgenden Text behandelt.

A. Geschichte

Im Zeitalter der Aufklärung tauchte die Forderung nach Grundrechten auf. Ausgehend von den naturrechtlichen Vorstellungen der **angeborenen** Freiheit und den Rechten jedes Einzelnen, unabhängig von seiner gesellschaftlichen Position, ging es um die Abwehr staatlicher Eingriffe in die persönliche Freiheitssphäre und das staatliche Akzeptieren von persönlichen Rechten für jeden einzelnen Bürger.

Die Bevölkerung erkämpfte sich allmählich das Zugeständnis von Grund- bzw. **Menschenrechten** und deren Aufnahme in die ersten Verfassungsurkunden.

1689 beschloss das englische Parlament die Bill of Rights, die als erste **Erklärung der Grundrechte** betrachtet werden, da gewisse Freiheiten der Untertanen aufgezählt wurden, über die die Krone nicht ohne Zustimmung des Parlaments verfügen durfte.

Die **Menschenrechtserklärung von Virginia** von 1776 enthielt erstmals Rechte des Einzelnen. Diese wurden mit der amerikanischen **Unabhängigkeitserklärung 1776** beschlossen.

Nach diesem Vorbild wurde in Europa von der revolutionären französischen Nationalversammlung am 23. April 1789 die Erklärung der **Menschen- und Bürgerrechte** verkündet. Die Parole lautete „Liberté, Egalité, Fraternité" und ist nunmehr auch auf den 1- und 2-Euro-Münzen Frankreichs geprägt.

Diese Ideen wurden in anderen europäischen Staaten aufgenommen und von deren Bevölkerungen eingefordert.

In Österreich wurden die Grundrechte durch das **Staatsgrundgesetz über die allgemeinen Rechte der Staatsbürger 1867** in die **Dezemberverfassung** aufgenommen.

B. Wesen und Grenzen

Der ursprüngliche Gedanke der Grundrechte war, die Staatsbürger vor staatlichen Eingriffen zu schützen, wodurch ein **persönlicher Freiheitsraum** ermöglicht wurde und garantiert werden sollte.

Danach wurden demokratische Grundrechte gefordert und durchgesetzt.

In demokratischen Rechtsordnungen gewähren die Grundrechte dem Einzelnen sowohl einen gerichtlich durchsetzbaren Rechtsanspruch auf ein **Unterlassen** als auch auf ein **Handeln** staatlicher Organe.

Sie binden die Staatsgewalt in allen Bereichen, also in Gesetzgebung und Vollziehung.

Nunmehr enthalten demokratische Rechtsordnungen auch soziale Grundrechte.

Beschränkungen:
Jedes Grundrecht endet an der Grenze zu den Rechten anderer und an der öffentlichen Ordnung.

Die grundlegenden Freiheiten stehen allen Menschen zu. Eine Benachteiligung wegen des Geschlechtes, der Rasse, Hautfarbe, Sprache, Religion oder sonstiger Anschauungen, der nationalen oder sozialen Herkunft, der Zugehörigkeit zu einer nationalen Minderheit, des Vermögens oder der Geburt ist ausgeschlossen.

Bei der Gewährung einzelner Grundrechte ist eine Unterscheidung zwischen Staatsbürgern und Ausländern sowie Staatenlosen zulässig. Daher unterscheidet man zwischen Menschenrechten und Bürgerrechten:

Menschenrechte	Bürgerrechte
gelten für **alle Personen** (Staatsbürger, Ausländer, Staatenlose), die sich in einem Staatsgebiet aufhalten Recht auf: – Leben – persönliche Freiheit – Freizügigkeit und freien Aufenthalt – Briefgeheimnis – Fernmeldegeheimnis – Unverletzlichkeit des Eigentums – ein Verfahren vor dem gesetzlichen Richter – Glaubens- und Gewissensfreiheit – freie Berufswahl – Freiheit der Wissenschaft und des Unterrichts – freie Meinungsäußerung – Datenschutz – Freiheit des künstlerischen Schaffens, der Vermittlung von Kunst und deren Lehre das Hausrecht das Petitionsrecht	stehen den **österreichischen und EU Bürgern** zu Recht auf: – Gleichheit aller Bürger vor dem Gesetz – freie Einreise – Freiheit der Erwerbstätigkeit – Unterrichtserteilung – freien Liegenschaftserwerb **Staatsbürgerrechte** stehen nur österreichischen Staatsbürgern in Österreich zu Recht auf: – Schutz vor Auslieferung und Ausweisung – gleiche Zugänglichkeit öffentlicher Ämter – Befreiung von der Wehrpflicht – Schutz der Volksgruppen – politische Rechte – Wahlrecht

C. Grundrechte in Österreich

„Die Freiheit besteht darin, dass man alles tun kann, was einem anderen nicht schadet." (Arthur Schopenhauer)

1. Allgemeines

Wie in jedem demokratischen Rechtsstaat gibt es auch in Österreich einen umfangreichen Katalog von Grund- und Freiheitsrechten.
Ihr **Schutz** obliegt:

- dem **Verfassungsgerichtshof** (bei Verletzung der Grundrechte durch Verwaltungsakte oder unmittelbarer Verletzung durch Gesetze) und
- dem **Obersten Gerichtshof** (bei Verletzung der Grundrechte durch Gerichtsentscheidungen**).**

An diese Gerichte kann sich jeder mittels Beschwerde wenden, der sich durch ein verfassungswidriges Gesetz oder durch einen rechtswidrigen Akt einer Behörde unmittelbar in seinen Grundrechten verletzt sieht.

Bei vermeintlicher Verletzung von Rechten, die durch die Europäische Menschenrechtskonvention gewährleistet sind, besteht die Möglichkeit einer Beschwerde an den **Europäischen Gerichtshof für Menschenrechte** in Straßburg.

2. Rechtsquellen

Die österreichische Bevölkerung erkämpfte sich die Zusicherung von Grundrechten im **Staatsgrundgesetz über die allgemeinen Rechte der Staatsbürger** im Jahr 1867.

Dieser Grundrechtskatalog wurde 1920 der Bundes-Verfassung angeschlossen und gilt noch heute.

Die **Staatsverträge von St. Germain** aus 1919 und **von Wien** aus 1955 enthalten Grundrechte der Minderheiten.

Mit der Ratifizierung der **Europäischen Menschenrechtskonvention** inklusive ihrer Zusatzprotokolle 1964 wurden in Österreich weitere Grundrechte in Geltung gesetzt.

Die von der Generalversammlung der Vereinten Nationen am 10. Dezember 1948 in Paris beschlossene **„Allgemeine Erklärung der Menschenrechte"** ist eine Empfehlung an alle Völker und Staaten. Sie ist kein für die Mitgliedstaaten verbindliches und ihre Bürger berechtigendes Dokument.

Die gewährten Grundrechte werden laufend adaptiert und erweitert. Z. B.: Grundrecht auf Fernmeldegeheimnis, Grundrecht auf Ableistung des Zivildienstes oder Grundrecht auf Schutz personenbezogener Daten (Datenschutz).

Die geplante Verfassung der EU enthält die im Jahr 2000 verabschiedete Charta der Grundrechte der EU.

Der Entwurf für eine neue österreichische Verfassung enthält ebenfalls einen Grundrechtskatalog.

3. Österreichische Grundrechte (Auszug)

Unsere Verfassung kennt etwa zwei Dutzend Grundrechte, von denen hier die wichtigsten dargestellt werden.

♦ Menschenwürde

Die **Menschenwürde** ist unantastbar.

Dieser Satz wird aus den verschiedenen anderen Grundrechten sowie aus dem nicht im Verfassungsrang stehenden ABGB abgeleitet.

Der schon seit 1812 geltende § 16 ABGB lautet zu Beginn: **Jeder Mensch hat angeborene, schon durch die Vernunft einleuchtende Rechte und ist daher als Person zu betrachten.**

♦ Gleichheitsgrundsatz

Vor dem Gesetz sind alle **Staatsbürger** gleich. Vorrechte der Geburt, des Geschlechtes, des Standes, der Klasse und des Bekenntnisses sind ausgeschlossen.

Der Gleichheitsgrundsatz richtet sich in erster Linie an den Gesetzgeber: Gleiches muss gleich, Ungleiches muss ungleich geregelt werden.

BEISPIEL: Gleiche Entlohnung für gleiche Leistung, gleiche Ausbildungsmöglichkeiten, gleiches Pensionsalter, Förderung der Chancengleichheit und faktischen Gleichstellung von Frauen und Männern sowie behinderter Personen, hingegen Wehrpflicht nur für Männer, Mutterschutz nur für Frauen, Begünstigungen für Behinderte als Ausgleich für die Behinderung

♦ Recht auf Leben

Dieses Recht umfasst sowohl das Recht auf Leben als auch auf körperliche Integrität. Der Staat ist verpflichtet, das Recht auf Leben jedes einzelnen Menschen durch entsprechende gesetzliche Maßnahmen zu schützen.

Z. B. im Strafgesetzbuch werden Mord, Totschlag und fahrlässige Körperverletzung verboten und unter Strafe gestellt.

Ausnahme:

Notwehr, Festnahme, Verhinderung der Flucht Festgenommener

♦ Recht auf Freiheit

Dieses schützt jeden **Menschen** vor willkürlicher Verhaftung und vor willkürlicher Freiheitsbeschränkung jeder Art. Eine Verhaftung darf nur über richterlichen Haftbefehl erfolgen, eine Zwangseinweisung in ein Krankenhaus nur in den ausdrücklich vom Gesetz vorgesehenen Fällen vorgenommen werden, Behandlungen gegen den Willen des Betroffenen gar nicht.

BEISPIEL: Strafprozessordnung regelt die Verhängung der Haft, Unterbringungsgesetz, Krankenanstaltengesetz enthält Regeln über die Zustimmung zu besonderen Behandlungen und Operationen sowie die vorzeitige Entlassung.

Ausnahme:

Freiheitsentzug nach rechtskräftigem Urteil zu einer Freiheitsstrafe oder wegen des Straferkenntnisses einer Verwaltungsbehörde, Freiheitsentzug bei Verdacht einer gerichtlich oder finanzbehördlich strafbaren Handlung zur Beendigung der Tat oder sofortigen Sachverhaltsfeststellung sowie bei Flucht-, Verdunkelungs- oder Wiederholungsgefahr für bis zu 48 Stunden (spätestens vor Ablauf dieser Frist muss der Festgenommene von einem Richter einvernommen werden oder bei Wegfall des Haftgrundes freigelassen werden), Freiheitsentzug wegen einer ansteckenden gefährlichen Krankheit oder wegen Erziehungsmaßnahmen oder zwecks Ausweisung oder Auslieferung

♦ Hausrecht

Als Haus gilt jede abschließbare Wohnstätte. Fremde Personen dürfen diese nur mit Zustimmung des Nutzungsberechtigten betreten. Das Hausrecht ist unverletzlich.

Ausnahme:

Eine Hausdurchsuchung darf grundsätzlich nur mit einem richterlichen Hausdurchsuchungsbefehl vorgenommen werden. Bei Gefahr in Verzug (= drohender Gefährdung der Erreichung des Zwecks der Amtshandlung) kann von Sicherheitsbehörden, Gerichtsbeamten oder Gemeindevorstehern auch ohne richterlichen Befehl eine Hausdurchsuchung angeordnet werden bzw. von Sicherheitsorganen „aus eigener Macht" vorgenommen werden.

Ein richterlicher Hausdurchsuchungsbefehl muss aber im Nachhinein erteilt werden.

♦ Recht auf Freizügigkeit

Jeder Bürger kann den Ort seines Aufenthalts und seines Wohnsitzes innerhalb des Staatsgebietes frei wählen.

Dieses nur den Staatsbürgern und EWR-Bürgern zustehende Recht beinhaltet sowohl die Niederlassungsfreiheit als auch die Auswanderungsfreiheit.

Ausnahme:

- Für männliche Staatsbürger ist es beschränkt im Falle der Wehrpflicht, ab Zustellung des Einberufungsbefehls bis zur Beendigung des Präsenzdienstes oder Zivildienstes.
- Ausländer aus Staaten außerhalb des EWR benötigen eine Aufenthaltsbewilligung.

♦ Recht auf Eigentum

Dieses Recht garantiert dem Einzelnen, Eigentum zu erwerben und darüber verfügen zu dürfen.

Ausnahme:

Eine Enteignung darf nur erfolgen, wenn das öffentliche Interesse sonst nicht umgesetzt werden kann und umgehend eine angemessene finanzielle Entschädigung geleistet wird.

Eigentumsbeschränkungen: Denkmalschutz, Bauverbote

♦ Briefgeheimnis

„Briefe" sind persönlich adressierte und verschlossene Schriftstücke. Dieses Grundrecht stellt ein staatliches Zensurverbot dar.

Zwischen Privatpersonen ist dieses Recht als Privatrecht gerichtlich durchsetzbar. Das Öffnen der Privatpost durch Untergebene kann einen Entlassungsgrund darstellen.

Das Recht des gesetzlichen Vertreters, die Post von Minderjährigen oder Personen unter Sachwalterschaft zu lesen, bleibt davon unberührt.
Ausnahme: Staatliche Beschlagnahme ist nur auf richterlichen Befehl im Zusammenhang mit der Verfolgung strafbarer Handlungen gestattet.

♦ Vereins- und Versammlungsfreiheit

Dieses Recht ermöglicht allen **Menschen,** sich in Vereinen zu organisieren und sich öffentlich zu versammeln. Dieses Recht berechtigt auch zur Gründung von Gewerkschaften und diesen anzugehören.

Eingeschränkt wird dieses Grundrecht durch das Vereinsgesetz und das Versammlungsgesetz. Alle Vereine müssen angemeldet werden. Versammlungen müssen spätestens 24 Stunden zuvor schriftlich angezeigt werden.
Ausnahmen:
Versammlungen können unter bestimmten Voraussetzungen, z. B. Gefährdung der öffentlichen Sicherheit, untersagt werden. Vereine können bei gesetzwidriger Tätigkeit behördlich aufgelöst werden.

♦ Meinungsfreiheit und die Pressefreiheit

Diese Grundrechte ermöglichen es jedem **Menschen,** seine Meinung in Wort, Schrift und Bild frei zu äußern, allerdings ohne jemanden zu beleidigen oder zu einer strafbaren Handlung aufzufordern.

Pressefreiheit sowie Rundfunk- und Medienfreiheit garantieren das Recht, zu informieren und Informationen empfangen zu dürfen.

Bei der Ausübung dieser Rechte ist auf den Persönlichkeitsschutz zu achten.

♦ Freiheit der Wissenschaft

Die Forschung und die wissenschaftliche Lehre sind frei.
Ausnahme:

- Forschungen am lebenden Menschen (z. B. klinischer Test von Medikamenten) sind nur an freiwilligen Versuchspersonen nach Aufklärung über alle Risiken und mit der Auflage zulässig, dass die Testperson jederzeit ohne finanzielle Verpflichtungen aus dem Versuch aussteigen kann, auch wenn dies einen Schaden für die Wissenschaft bedeutet.
  Das Strafgesetz und viele Sondergesetze schränken mögliche, allerdings aus ethischen, moralischen, religiösen oder rechtlichen Gründen unerwünschte Forschungstätigkeit ein.
- Tierschutzgesetze
- Gentechnikgesetz und Fortpflanzungsmedizingesetz verbieten alle nicht ausdrücklich erlaubten Methoden; klinische Tests sind nur nach Beurteilung durch die Ethikkommission erlaubt.
- Die nicht medizinisch indizierte Amputation von Gliedmaßen stellt auch mit Zustimmung des Amputierten das Verbrechen der schweren Körperverletzung dar.

♦ Glaubens- und Gewissensfreiheit

Jeder **Mensch** hat das Recht, einem Glaubensbekenntnis anzugehören und sich auch öffentlich dazu zu bekennen, sein Glaubensbekenntnis zu wechseln oder auch weder einem Glaubensbekenntnis anzugehören, noch etwas zu glauben und sich auch dazu öffentlich zu bekennen.

Bis zum vollendeten 10. Lebensjahr bestimmen die Eltern das Glaubensbekenntnis, zwischen dem 10. und 12. Lebensjahr ist das Kind in religiösen Fragen vom Pflegschaftsgericht zu hören, zwischen dem 12. und 14. Lebensjahr kann das Religionsbekenntnis gegen den Willen des Kindes nicht gewechselt werden und ab dem vollendeten 14. Lebensjahr kann das Kind sein Glaubensbekenntnis selbst bestimmen **(Religionsfreiheit).**

♦ Datenschutz

Jeder **Mensch** hat Anspruch auf Geheimhaltung der ihn betreffenden personenbezogenen Daten, soweit er daran ein schutzwürdiges Interesse hat, insbesondere im Hinblick auf die Achtung seines Familien- und Privatlebens. Dies gilt sowohl für automatisationsunterstützt registrierte Daten als auch für herkömmlich erfasste Daten.

BEISPIEL: Verschwiegenheitspflicht in allen Beratungsberufen (Ärztegeheimnis, Anwaltsgeheimnis etc.), Amtsverschwiegenheit der Behörden, Einsichtnahme in die Krankengeschichten durch nicht mit der Betreuung eines Patienten befasste Personen nur mit Zustimmung des Patienten

Jeder Einzelne ist berechtigt zu erfahren, welche Daten von wem über ihn erhoben wurden, woher diese Daten stammen und wozu sie verwendet werden.

Ausnahme:

Nicht geschützt sind Daten, die allgemein zugänglich sind oder so weit anonymisiert sind, dass sie auf die betreffende Person nicht mehr rückführbar sind.

♦ **Petitionsrecht**

Jeder ist berechtigt, Anträge allgemeiner Art an Organe der Gesetzgebung und Vollziehung zu richten. Die Behörden sind verpflichtet, diese entgegenzunehmen und zu bearbeiten, müssen aber gegenüber dem Antragsteller nicht Stellung nehmen.

Das Petitionsrecht ist die verfassungsrechtliche Grundlage für alle **Bürgerinitiativen**.

Im Nationalrat beschäftigt sich ein eigener Ausschuss mit der Beratung von Bürgerinitiativen und Petitionen. Dieser Ausschuss hat die Möglichkeit, die Anliegen von Bürgerinitiativen in Gesetzesvorschläge einzuarbeiten.

Aus dem Petitionsrecht und den Bürgerinitiativen hat sich das Volksbegehren entwickelt.

♦ **Verbot der Folter**

Es sind sowohl die Anwendung von Folter als auch andere grausame, unmenschliche, erniedrigende Behandlung oder Strafe untersagt.

Als Folter gelten jene Handlungen, durch die einer Person vorsätzlich große körperliche oder seelische Schmerzen oder Leiden zugefügt werden, um dadurch eine Aussage oder ein Geständnis zu erlangen.

Außergewöhnliche Umstände, gleich welcher Art (z. B. Krieg oder Kriegsgefahr, innenpolitische Instabilität, öffentlicher Notstand), dürfen nicht als Rechtfertigung für Folter geltend gemacht werden. Dahingehend erteilte Weisungen eines Vorgesetzten dürfen nicht befolgt werden und sind keine Rechtfertigung.

Jeder Staat hat einen Ausschuss gegen Folter mit zehn Sachverständigen zu bilden.

Wiederholungsfragen – Arbeitsaufgaben – Diskussionsanregungen

1. *Richtiges ankreuzen:*

   Grund- und Freiheitsrechte regeln hauptsächlich:

   ○ *die Beziehung zwischen Staat und Staatsbürger*
   ○ *die Beziehung zwischen den einzelnen Staatsorganen*
   ○ *die Beziehung zwischen den einzelnen Bürgern*

2. *Wodurch ist der inhaltliche Geltungsbereich der Grund- und Freiheitsrechte beschränkt?*
3. *Welche historischen Wurzeln haben die heute geltenden Grund- und Freiheitsrechte?*
4. *Was ist der Unterschied zwischen Menschenrechten und Bürgerrechten? Führen Sie Beispiele an.*
5. *Welche Einrichtungen gewährleisten einem Österreicher die Durchsetzung der Grundrechte?*
6. *Stellt die „Allgemeine Erklärung der Menschenrechte" der UNO einen durchsetzbaren Anspruch auf Einhaltung dieser Rechte für den Einzelnen dar?*
7. *Wo finden Sie die in Österreich geltenden Grund- und Freiheitsrechte aufgezeichnet?*
8. *Welche Grundrechte sind Ihrer Meinung nach besonders wichtig für eine Demokratie?*

9. *Nennen Sie Einschränkungen folgender Grundrechte:*
   Recht auf Freizügigkeit ______________________________
   Recht auf Eigentum ______________________________
   Recht auf Freiheit ______________________________
10. *Diskutieren Sie die Einführung sozialer Grundrechte. Besprechen Sie auch den finanziellen Aspekt.*
11. *Sammeln Sie Zeitungsberichte über Staaten, in denen die Grundrechte nicht in dem Ausmaß gewährt werden, wie dies in Österreich der Fall ist.*
12. *Diskutieren Sie in der Klasse über die gegenwärtige Bedeutung der Grundrechte für die österreichische Bevölkerung.*

IV. Die politischen Parteien

„Die Menschen waren in der Politik stets die einfältigen Opfer von Betrug und Selbstbetrug, und sie werden es immer sein, solange sie nicht lernen, hinter allen möglichen moralischen, religiösen, politischen und sozialen Phrasen, Erklärungen und Versprechungen die Interessen dieser oder jener Klasse zu suchen." (Wladimir Iljitsch Lenin)

In demokratischen Staaten sind viele verschiedene politische Meinungen zugelassen und auch erwünscht. Diese vielfältigen politischen Meinungen werden vor allem von politischen Parteien in der Öffentlichkeit geäußert und von den Medien verbreitet.

Was ist eine politische Partei? Wie entsteht eine politische Partei? Welche Aufgaben hat sie? Wie sind politische Parteien organisiert? Wie werden sie finanziert und welche Bedeutung haben sie? Sind politische Parteien notwendig? Welche gibt es?

Diese und weitere damit im Zusammenhang stehende Fragen werden nun behandelt.

A. Die politischen Parteien

1. Begriff und Funktion der Partei

Seit jeher haben sich Menschen zusammengeschlossen, um als Gruppe ihre Interessen durchzusetzen.

Parteien sind Gruppen von Gleichgesinnten mit ähnlichen politischen Vorstellungen, die im Staat Einfluss und Macht anstreben, um das politische Geschehen zu bestimmen und ihre politischen Vorstellungen zu verwirklichen.

Parteien sind Teil einer Gesellschaft. Sie deklarieren ihre Interessen als allgemeine Ziele für das Gemeinwohl.

Während Bürgerinitiativen vor allem auf Anliegen der Bevölkerung aufmerksam machen, die staatliche Organe unzureichend wahrnehmen, versuchen Parteien und Interessenverbände die Anliegen durchzusetzen.

Politische Parteien entstanden mit dem Parlamentarismus im 19. Jahrhundert.

Merkmale politischer Parteien: Sie sind
- **Vereinigungen** von **Menschen mit bestimmten Zielen,**
- die im Rahmen einer **dauernden Organisation**
- auf die **staatliche** Willensbildung **Einfluss nehmen** wollen.

Politische Parteien sollen:
- die demokratische Organisation des Staates achten,
- innerparteilich demokratisch organisiert sein und handeln und insbesondere
- in Führungspositionen verantwortungsbewusste Persönlichkeiten haben.

Die Existenz und Vielfalt politischer Parteien sind absolut notwendige Bestandteile jedes demokratischen Staates. Eine Demokratie kann nur existieren und funktionieren, wenn es den Bürgern möglich ist, sich zu Parteien zusammenzuschließen. Sie benötigt auch das Interesse und die Bereitschaft möglichst vieler Menschen zum Engagement in politischen Belangen und Parteien.

Aufgaben von politischen Parteien

- Interessenvertretung
- Meinungsbildung
- Kandidatur bei Wahlen
- Regierungstätigkeit
- Opposition

Politische Parteien haben in einem demokratischen Staat folgende Aufgaben:
- **Kandidatur bei Wahlen** – damit alternative Gestaltungsweisen anbieten
- **Regieren** und Übernehmen von politischen Ämtern
- **Meinungsbildung**
- **Interessen** der Bevölkerung vertreten
- **als Opposition die Regierenden kontrollieren**

Die **rechtlichen Grundlagen** für **politische Parteien** bilden Vereinsgesetz und **Parteiengesetz**.

Eine **Kandidatur bei Wahlen** setzt keine Partei nach dem Parteiengesetz voraus, sie ist auch **für** eine **Wahlpartei möglich**.

Bei einer Wahlpartei handelt es sich um eine Wählergruppe ohne dauernde Organisation, die sich an einer Wahl beteiligt

2. Begriff des Parteiensystems

In jeder Demokratie existieren zumindest zwei politische Parteien.

Ob sich ein **Zwei-** oder **Mehrparteiensystem** herausbildet, hängt von den spezifischen (= besonderen eigenen) historischen und gesellschaftlichen Gegebenheiten ab.

Ein **Verhältniswahlrecht** (siehe Wahlrecht Seite 77) und eine uneinheitliche soziale Schichtung der Bevölkerung begünstigen das Entstehen eines Mehrparteiensystems.

Viel- /Mehrparteiensystem:
In diesem Parteiensystem sind mehrere politische Parteien verschiedener Richtungen in den gesetzgebenden Körperschaften vertreten und in der öffentlichen Meinung präsent.

Wegen der größeren Zahl an Parteien ist es in diesem System für eine Partei bei Wahlen schwieriger, eine absolute Mehrheit an Stimmen zu erreichen. Deshalb müssen die Parteien nach Wahlen häufig Koalitionen bilden, um regieren zu können

Vielparteiensysteme bildeten sich in vielen Staaten Kontinentaleuropas.

Das **Mehrheitswahlrecht** (siehe Wahlrecht Seite 76) begünstigt das Zweiparteiensystem.

Zweiparteiensystem:
Bei einem **Zweiparteiensystem** stehen zwei Großparteien einander gegenüber, wobei die nach einer Wahl jeweils stärkere Partei alleine eine Regierung bilden kann.

Ein Zweiparteiensystem entstand in Großbritannien und den USA.

In Diktaturen dominiert das **Einparteiensystem**, da der herrschenden Meinung widersprechende Ansichten unerwünscht und meistens verboten sind. (z. B. KPdSU in der Sowjetunion 1917 – 1991, NSDAP im nationalsozialistischen Deutschland 1933 – 45)

3. Ziele politischer Parteien

Die meisten politischen Parteien versuchen den Eindruck zu vermitteln, ihr Ziel sei das Wohl des Gesamtstaates und die größtmögliche Wohlfahrt der Staatsbürger.

Im Laufe der Geschichte entstanden Parteien mit unterschiedlichen Ideologien und Zielen.

Liberale Parteien betonen die **Freiheitsrechte des Individuums,** den Rechtsstaat sowie den freien Markt und lehnen eine Verstaatlichung der Produktionsmittel ab.

Konservative Parteien streben danach, das **„bewährte Überkommene"** zu erhalten bzw. wiederherzustellen. Deshalb stehen sie Neuerungen und Veränderungen abwartend gegenüber, lassen aber maßvolle Reformen basierend auf ihren grundsätzlichen Positionen zu.

Sozialistische Parteien entstanden mit der Arbeiterbewegung, die sich mit der sozialen Situation der Arbeitnehmer beschäftigte.
Die **sozialdemokratischen Parteien** streben eine auf **Gleichheit** der Menschen beruhende demokratische Gesellschaftsordnung an und **engagieren** sich besonders für die wirtschaftlich **Schwächeren.** Grundlage des Systems ist die **Demokratie**.

Kommunistische Parteien gingen nach dem Ersten Weltkrieg aus der sozialistischen Bewegung hervor. Sie beharren auf der **führenden Rolle der Partei.** Sie ordnen die Verstaatlichungen von Unternehmen an und führen eine zentrale **Planwirtschaft (= zentral gelenkte Staatsverwaltungswirtschaft)** als Gesellschafts- und Wirtschaftssystem ein. Notfalls streben sie die Machtübernahme durch eine Revolution an.

Christlichsoziale Parteien entstanden aus dem Gegensatz zwischen Staat und Kirche und vor allem wegen der Bewegung gegen den kirchlichen Einfluss auf das öffentliche Leben. Diese Parteien bekennen sich zum **Christentum**. Sie können eher **soziale** oder eher **konservative Ziele** anstreben.

Grüne Parteien entstanden wegen der durch Wirtschaftswachstum und fortschreitende Mobilität hervorgerufenen Umweltbelastungen und Umweltschäden während den 1970er Jahren. Neben ökologischen Zielen verfolgen sie besonders frauen- und friedenspolitische Ziele.

Linke und rechte Parteien
Diese Bezeichnungen wurden vom französischen Parlament Anfang des 19. Jahrhunderts übernommen. Sie entsprachen der Sitzordnung der politischen Parteien im Parlament. Die konservativen Abgeordneten saßen, vom Präsidenten aus gesehen, auf der rechten Seite des Parlaments, die liberalen Abgeordneten auf der linken Seite.

Sitzungssaal des Nationalrates

4. Politische Parteien in Österreich

Geschichte
Die österreichische Bundesverfassung von 1920 setzt politische Parteien voraus. Das Parteiengesetz aus 1975 regelt die rechtliche Stellung der Parteien, ihre Funktion und ihre Finanzierung.

Bis 1980 dominierten die beiden Großparteien, die damalige **Sozialistische Partei Österreichs** (heute Sozialdemokratische Partei Österreichs, SPÖ) und die **Österreichische Volkspartei** (ÖVP) die österreichische Politik.

Seit 1945 bemühten sich über 20 Parteien um den Einzug in den Nationalrat. Bisher erreichten die folgenden dieses Ziel:

SPÖ und **ÖVP**, die **Freiheitliche Partei Österreichs** (FPÖ, mit Vorläufer WdU und VdU seit 1949), das **Bündnis Zukunft Österreich** (BZÖ, durch Abspaltung von der FPÖ 2005 entstanden), die **Kommunistische Partei Österreichs** (KPÖ 1945 bis 1959), die **Grünen** (seit 1986) und das **Liberale Forum** (LIF 1993 durch den Austritt von fünf Abgeordneten aus der FPÖ gegründet und 1994 als Partei gewählt, 1999 wieder ausgeschieden).

Rechtsgrundlage
Das **Parteiengesetz** aus **1975** bildet die rechtliche Grundlage der politischen Parteien in Österreich. Es legt die Existenz und Vielfalt politischer Parteien als wesentliche Bestandteile der demokratischen Ordnung der Republik Österreich fest. Es garantiert die freie Bildung von Parteien. Parteien, die sich nicht zur demokratischen Struktur Österreichs bekennen oder deren Zwecke gegen das Strafgesetz verstoßen, sind zu verbieten.
Für die **Gründung** einer Partei sieht das Parteiengesetz nur wenige Voraussetzungen vor:

Die Partei muss eine **Satzung** mit folgenden Informationen beschließen:
- ihre **Organe** und welche Organe nach außen **vertretungsbefugt** sind
- die **Rechte und Pflichten ihrer Mitglieder**
- das **Ziel**, an der politischen **Willensbildung mitzuwirken**

Diese Satzung muss in einer **periodischen Druckschrift veröffentlicht** und **beim Bundesministerium für Inneres** hinterlegten werden. Mit der Hinterlegung erlangt die Partei Rechtspersönlichkeit. Bis 2007 wurden im Innenministerium die Satzungen von ca. 700 Parteien hinterlegt.

Finanzierung
Parteien werden durch Mitgliedsbeiträge, Spenden und staatliche Zuschüsse finanziert:
- Mitglieder zahlen **Mitgliedsbeiträge**, wobei die Funktionsträger für die Dauer ihrer Amtsperiode einen Teil der durch ihre Funktion erzielten Einnahmen als Parteisteuern an die Partei leisten. Die Partei übernimmt dafür die Finanzierung und Organisation der Wahlwerbung und der Öffentlichkeitsarbeit für den einzelnen Funktionsträger.
- **Spenden** erfolgen durch Privatpersonen oder Interessenvertretungen, die am Erfolg ihrer Partei besonders interessiert sind.
- Die **Zuschüsse** aus Budgetmitteln des Bundes werden gewährt, um die für eine Demokratie notwendige Vielfalt von politischen Parteien zu ermöglichen. Die Höhe dieser Zuwendungen orientiert sich an den jeweils bei Nationalratswahlen erzielten Stimmen.

Bereits in den 1970er Jahren erhielten die Parteien für ihre parlamentarische Tätigkeit und ihre politische Bildungsarbeit Zuschüsse aus dem Budget. Das Parteiengesetz sieht Zuwendungen für die Öffentlichkeitsarbeit und im Besonderen für die Wahlwerbung vor.

Jede im Nationalrat vertretene Partei erhält einen Sockelbetrag, der Rest der im Budget zu diesem Zweck bereitgestellten Mittel wird auf die Parteien im Verhältnis zur Anzahl der Stimmen verteilt, die sie bei den letzten Nationalratswahlen erhalten haben. Alle Parteien, die bei einer Nationalratswahl mindestens 1 % der gültigen Stimmen erreicht haben, erhalten öffentliche Mittel als Beitrag zu den Wahlkampfkosten.

Außerdem werden die (siehe Seite 72) Politischen Akademien der Parteien gefördert.

Die im Nationalrat vertretenen Parteien

Sozialdemokratische Partei Österreichs – SPÖ

www.spoe.at

Zentralsekretariat, 1014 Wien, Löwelstraße 18, dzt. Parteivorsitzender: Dr. Alfred Gusenbauer

Organisation:
Die SPÖ ist hierarchisch gegliedert. Die unterste Ebene ist die Ortsorganisation, die aus mehreren Sektionen bestehen kann. Ortsorganisation und Sektionen sind zu Bezirksorganisationen zusammengefasst, die in jedem Bundesland Landesorganisationen bilden.

Teilorganisationen bzw. nahe stehende Organisationen:
Freier Wirtschaftsverband
Kinderfreunde
Rote Falken, Sozialistische Jugend, Naturfreunde
Junge Generation
SPÖ-Frauen
Österreichischer Arbeitsbauernbund, Sozialdemokratischer Lehrerverein, Pensionistenverband Österreichs u. a.
Die erste Sozialdemokratische Arbeiterpartei wurde in Österreich 1874 im burgenländischen Ort Neudörfl gegründet.

Victor Adler vereinigte am Parteitag in Hainfeld zu Jahreswechsel 1888/89 alle wichtigen ideologischen Strömungen der Arbeiterbewegung zur Sozialdemokratischen Arbeiterpartei (SDAP). Diese wurde bei den ersten Wahlen zum Abgeordnetenhaus des Reichsrates im Jahr 1907 stimmenstärkste Partei.

1934 kam es zur Annullierung der sozialdemokratischen Mandate und Beschlagnahme der Vermögenswerte der Partei durch die österreichische Bundesregierung unter Dollfuß. Die Partei wurde 1945 bei der Gründung der 2. Republik als Sozialistische Partei Österreichs wieder konstituiert.

Bedeutende sozialdemokratische Politiker
1. Republik:
Dr. Karl Renner, Ferdinand Hanusch, Karl Seitz, Otto Bauer, Julius Deutsch
2. Republik:
Bundespräsidenten: Theodor Körner, Dr. Adolf Schärf, Franz Jonas, Dr. Rudolf Kirchschläger, Dr. Heinz Fischer
Bundeskanzler: Dr. Bruno Kreisky, Dr. Fred Sinowatz, Dr. Franz Vranitzky, Mag. Viktor Klima

Österreichische Volkspartei – ÖVP

www.oevp.at

Bundespartei, 1010 Wien, Lichtenfelsgasse 7, dzt. Parteiobmann: Mag. Wilhelm Molterer

Organisation:
Die ÖVP ist nach zwei Strukturen organisiert, territorial-hierarchisch und bündisch.

Territorial ist sie nach Gemeinden, politischen Bezirken und nach Bundesländern gegliedert. Die Bünde ÖAAB, Bauern-, Senioren- und Wirtschaftsbund, Junge ÖVP und Frauenbewegung vertreten die Interessen dieser Bevölkerungsgruppen.

Teilorganisationen bzw. nahe stehende Organisationen:
ÖAAB Österreichischer Arbeiter- und Angestelltenbund
Bauern- und Nebenerwerbsbauernbund
Wirtschaftsbund
Frauenbewegung
Junge ÖVP
Seniorenbund
Mieter- und Siedlerbund
Christliche Gewerkschafter FCG u. a.

Die Christlichsoziale Partei gründete 1891 der Wiener Bürgermeister Karl Lueger, indem er verschiedene christlich-soziale Gruppierungen unter seiner Führung zusammenfasste.

Die ÖVP wurde 1945 als Nachfolgepartei der früheren Christlichsozialen Partei von Leopold Kunschak und Felix Hurdes in Wien gegründet.

Bedeutende Politiker der ÖVP:
Bundeskanzler: Dipl.-Ing. Leopold Figl, Ing. Julius Raab, Dr. Alfons Gorbach, Dr. Josef Klaus, Dr. Wolfgang Schüssel.
Bundespräsidenten (von der ÖVP nominiert): Dr. Kurt Waldheim, Dr. Thomas Klestil

www.fpoe.at

Die Freiheitlichen – FPÖ

Bundesgeschäftsstelle: 1060 Wien, Theobaldgasse 19/4, dzt. Parteiobmann: Heinz Christian Strache

Teilorganisationen bzw. nahe stehende Organisationen:
Freiheitliche Arbeitnehmer, Freiheitlicher Familienverband, Freiheitliche Akademie – Bildungswerk, Freiheitlicher Lehrerverein
Initiative Freiheitliche Frauen
Ring Freiheitlicher Wirtschaftstreibender
Ring Freiheitlicher Jugend

Herbert Kraus und Viktor Reimann gründeten 1949 den Verband der Unabhängigen.
1955 erfolgt der Zusammenschluss mit der Freiheitspartei zur Freiheitlichen Partei Österreichs.

1983 wurde die FPÖ unter Parteiobmann Dr. Norbert Steger Koalitionspartner der Regierung Sinowatz.

1986 übernahm Dr. Jörg Haider die Parteiführung. Er hatte diese bis 2000 inne.

www.gruene.at

Die Grünen – Die Grüne Alternative

Bundesbüro, Bundesgeschäftsführung: 1070 Wien, Lindengasse 40, dzt. Bundessprecher: Univ.-Prof. Dr. Alexander van der Bellen

Teilorganisationen bzw. nahe stehende Organisationen:
Grüne Bildungswerkstatt

Außerparlamentarische Aktivisten, Bürgerinitiativen und Umweltschützer waren mit den etablierten politischen Parteien unzufrieden. Nach einigen Richtungskämpfen formierten mehrere grüne Bewegungen mit den grünen Alternativen die Partei: „Die Grünen".

Seit 1986 stellen die Grünen Abgeordnete im Nationalrat.

www.bzoe.at

BZÖ – Bündnis Zukunft Österreich

Bundesbüro: 1010 Wien, Dorotheergasse 7, dzt. Bündnisobmann: Ing. Peter Westenthaler

Das BZÖ entstand 2005 durch die Abspaltung von Abgeordneten der FPÖ. Das BZÖ ist seither mit Abgeordneten im Nationalrat vertreten und verfügt über Landesorganisationen in allen Bundesländern.

Bei den **politischen Akademien, den Parteizentralen und über das Internet** können die **Programme** der einzelnen Parteien, aus denen ihre grundsätzlichen Positionen und Ziele ersichtlich sind, **bezogen werden!**

Beschaffen Sie sich die **Parteiprogramme und informieren Sie sich!**

B. Massenmedien

Die **Massenmedien: Zeitungen, Zeitschriften** (soweit sie nicht reine Unterhaltungs- oder Fachzeitschriften sind), **Hörfunk** und **Fernsehen** werden dem politischen System und dem kulturellen System zugerechnet.

Politische Parteien und Medien stehen zueinander in Beziehung. Einerseits gibt es mitunter eine Nähe zwischen politischen Parteien und einzelnen Medien und andererseits können Medien das politische Geschehen maßgeblich beeinflussen, indem sie bestimmte Themen sehr öffentlichkeitswirksam behandeln und damit meinungsbildend wirken können. Die Bevölkerung ist bei ihrer Meinungsbildung auf die durch die Medien verbreiteten Informationen angewiesen.

Durch die rasante Entwicklung und Verbreitung der neuen elektronischen Medien Kabel- und Satellitenfernsehen sowie Internet ist es den einzelnen Mediennutzern möglich, sich über ein weltweites Netz von Sendekanälen und Datenträgern zu informieren. Da Medieninhalte zugleich auch ganz bestimmte Bilder, Sichtweisen und Meinungen von der Wirklichkeit transportieren, prägen die Medien unser Bewusstsein, unser Denken, Fühlen und Handeln.

Es ist zu bedenken, wieweit sie eine öffentliche Meinungsbildung ermöglichen und wieweit sie diese manipulieren (eventuell durch unlautere Mittel in eine gewünschte Richtung lenken, z. B. durch Verschweigen bestimmter Tatsachen oder Alternativen, durch einseitige Stellungnahmen).

Bei den Zeitungen ergibt sich eine Gefahr aus der zunehmenden **Pressekonzentration.** 1946 gab es in Österreich 35 verschiedene Tageszeitungen, 2007 nur mehr 17.

?

Wiederholungsfragen – Arbeitsaufgaben – Diskussionsanregungen

1. *Welche Ziele verfolgt eine politische Partei?*
2. *Welche Aufgaben haben politische Parteien in einer Demokratie?*
3. *Welche Parteiensysteme gibt es?*
4. *Welches Parteiensystem herrscht in Österreich vor?*
5. *Welchen Zweck verfolgt eine staatliche Parteienfinanzierung?*
6. *Welche Parteien sind derzeit im Nationalrat, welche in der Regierung vertreten?*
7. *Diskutieren Sie den Einfluss der Massenmedien auf die öffentliche Meinung.*
8. *Wie wichtig sind Medienberichte für Ihre persönliche Meinungsbildung?*

Die Österreichische Bundesverfassung

I. Prinzipien und Aufbau

Was ist eine Verfassung? Welche Bedeutung und welchen Zweck hat sie? Was regelt eine Verfassung? Wie ist sie aufgebaut? Was bedeuten Prinzipien der Verfassung? Welchen Stellenwert haben diese Grundsätze? Können diese Prinzipien abgeändert werden?

Diese und damit im Zusammenhang stehende Fragen werden im folgenden Text erörtert.

A. Die Bundesverfassung (Überblick)

„Die Welt muss begreifen, dass Staatsmoral ebenso lebenswichtig ist wie Privatmoral." (Franklin Delano Roosevelt)

1. Allgemeines

Die Bundesverfassung ist mit der Satzung oder dem Statut eines Vereines vergleichbar. Es werden darin die **Grundregeln** des Zusammenlebens und -arbeitens in einem Staat ganz allgemein festgelegt.

Die **Bundesverfassung regelt**:
- Staats-, Regierungs- u. Organisationsform
- Staatsgebiet, Staatssprache, Staatssymbole
- Ausübung der Staatsgewalt:
  Gesetzgebung
  Vollziehung: Verwaltung und Rechtsprechung
- Kontrollorgane

2. Bundesverfassungsgesetz

www.
wienerzeitung.at/
linkmap/recht/
verfassung.htm

Das österreichische Bundesverfassungsgesetz stammt aus dem Jahr 1920 und wurde wiederholt novelliert (= erneuert, teilweise geändert). Die Stellung der obersten Organe zueinander wurde 1929 in der heute noch geltenden Form geregelt.

Die Bundesverfassung 1929

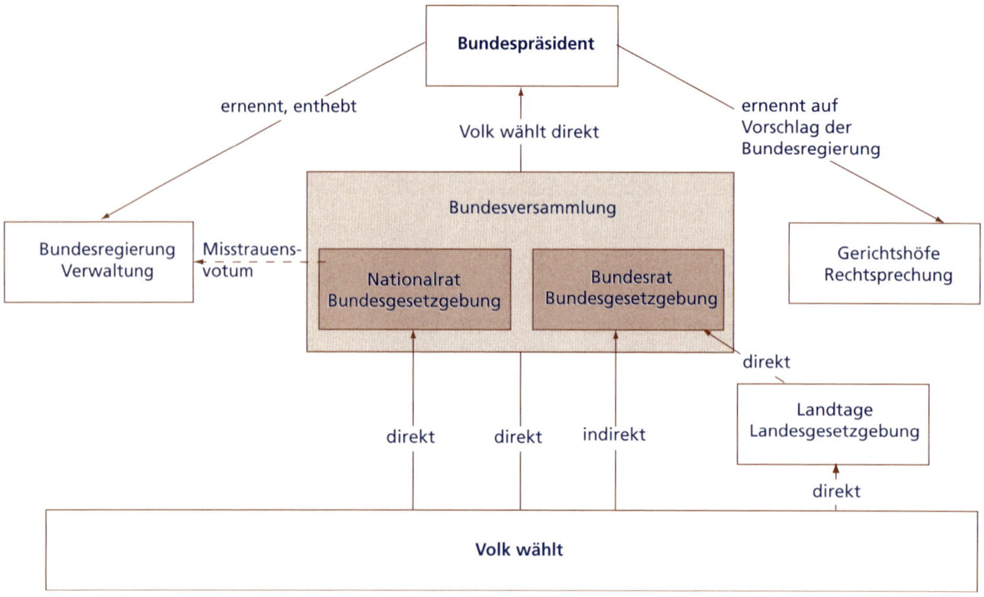

3. Grundprinzipien

Ihre leitenden Grundsätze sind folgende Prinzipien:

Prinzipien
der österreichischen Bundesverfassung

- **Demokratisches** Prinzip
- **Republikanisches** Prinzip
- **Bundesstaatliches** Prinzip
- **Rechtsstaatliches** Prinzip

An diesen leitenden Grundsätzen unserer **Bundesverfassung** sind alle Vorschriften unserer Rechtsordnung zu messen und in ihrem Sinn auszulegen. Ein Abgehen von einem dieser Grundsätze würde eine **Gesamtänderung** der Bundesverfassung darstellen und wäre nur durch ein Bundesverfassungsgesetz und nach einer **Volksabstimmung** möglich.

Demokratisches Prinzip	**Republikanisches Prinzip**	**Bundesstaatliches Prinzip**	**Rechtsstaatliches Prinzip**
Art. 1 B-VG 1920 Das Volk ist Träger der Staatsgewalt	Art. 1 B-VG 1920 Staatsoberhaupt ist der Bundespräsident	Art. 2 B-VG 1920 Ausübung der Staatsgewalt durch Bund und Länder	Verwaltung ist an Gesetze gebunden. Kontrolle der staatlichen Organe und ihrer Tätigkeit

Zusätzlich gibt es auch verfassungsrechtliche Staatszielbestimmungen. Diese verpflichten die Staatsorgane, bestimmte Staatsaufgaben zu übernehmen, und geben Grundsätze vor, die dabei zu beachten sind.

Staatszielbestimmungen

- Immerwährende Neutralität
- Umfassende Landesverteidigung
- Umfassender Umweltschutz
- Verbot nazistischer Tätigkeit

B. Der demokratische Grundsatz

1. Allgemeines

Demokratie bedeutet, dass das Volk an der Erzeugung der Rechtsnormen beteiligt ist. Dies kann:

- direkt durch **Volksabstimmung, Volksbegehren** oder **Volksbefragungen** erfolgen (direkte oder unmittelbare Demokratie) oder
- indirekt durch die **Wahl** von Volksvertretern zu gesetzgebenden Organen: Nationalrat und Landtage (indirekte oder mittelbare Demokratie), die für das Volk die Rechtserzeugung vornehmen.

2. Das Wahlrecht

„Die Frage, wer an die Macht kommen soll, ist falsch gestellt. Es genügt, wenn eine schlechte Regierung wieder abgewählt werden kann." (Sir Karl Popper)

a) Allgemeines

Politische Wahl bedeutet Bestellung jener staatlichen Funktionäre, die **Wahlämter** (z. B. Nationalrat, Bundespräsident) innehaben. Das Wahlrecht regelt wie und wann die Repräsentanten des Volkes bestimmt werden. Um eine demokratische Mitbestimmung aller Bürger zu garantieren, gelten bestimmte Wahlrechtsgrundsätze.

Folgende **Organe** werden in Österreich **direkt vom Volk gewählt**:
der Bundespräsident, Nationalratsabgeordnete, die österreichischen Abgeordneten des EU-Parlamentes, die Landtagsabgeordneten, die Gemeinderäte, in einigen Bundesländern die Bürgermeister und in Wien die Bezirksvertretungen

Direkt wählbare Organe in Österreich

Bundesebene	Landesebene	Gemeindeebene
Bundespräsident Nationalratsabgeordnete Abgeordnete zum EU-Parlament	Landtagsabgeordnete	Gemeinderäte Bürgermeister in Bgld, Ktn, OÖ, Slbg, T, Vlbg In Wien auch Bezirksvertretungen

Siehe Anhang: Amtsperioden und Zuständigkeiten dieser Organe

b) Wahlsysteme

Die Wahlsysteme unterscheiden sich in der Voraussetzung, unter der eine Person als gewählt gilt.
Diese Wahlsysteme sind: **Mehrheitswahlsystem** und **Verhältniswahlsystem**
Das österreichische Wahlrecht sieht das Verhältniswahlsystem vor.

Wahlsysteme

- **Mehrheitswahlrecht**
- **Verhältniswahlrecht**

Mehrheitswahlsystem

Beim Mehrheitswahlsystem wird in einem Wahlkreis nur ein Abgeordneter gewählt. Das Staatsgebiet wird in so viele, bevölkerungsmäßig etwa gleich große Wahlkreise eingeteilt, wie Abgeordnete zur Wahl stehen. Es gilt jener Kandidat als gewählt, der innerhalb des Wahlkreises die Mehrheit der Stimmen erhält.

Dabei gibt es zwei Möglichkeiten. Entweder der Kandidat benötigt die relative Mehrheit der Stimmen, um gewählt zu sein (z. B. Großbritannien), oder er braucht dazu die absolute Mehrheit der Stimmen (z. B. Frankreich).

Erhält im ersten Wahlgang kein Kandidat die absolute Mehrheit, kommt es zu einer Stichwahl zwischen jenen beiden Kandidaten, die im ersten Wahlgang die relativ meisten Stimmen erhielten.

In beiden Fällen werden die Stimmen für die unterlegenen Kandidaten bzw. deren Parteien nicht weiter berücksichtigt. Das bedeutet, dass die Interessen jener Wähler, die ihre Stimme unterlegenen Kandidaten gegeben haben, nach der jeweiligen Wahl keine Vertretung haben.

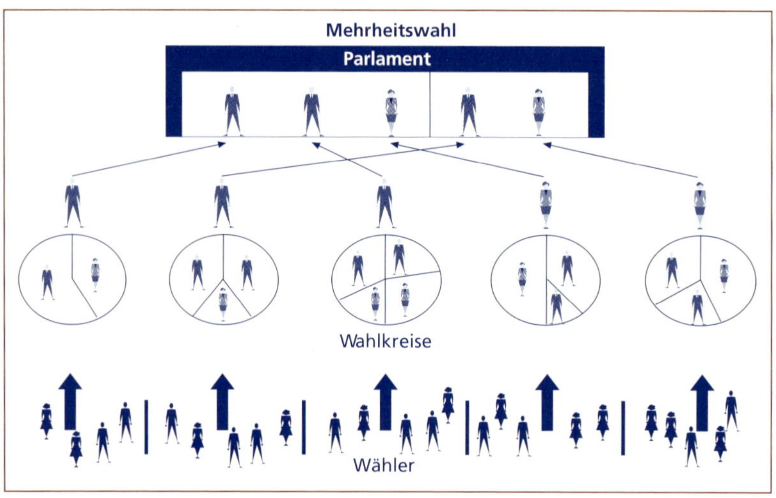

Verhältniswahlsystem
Beim Verhältniswahlsystem werden in einem Wahlkreis mehrere Abgeordnete gewählt. Die Abgeordnetensitze eines Wahlkreises werden auf die wahlwerbenden Parteien des Wahlkreises im Verhältnis der für sie abgegebenen Stimmen aufgeteilt.

Kleinere Parteien haben in diesem System größere Chancen, einen Abgeordnetensitz zu erlangen.

Der Vorteil des Verhältniswahlsystems wird in der „gerechten" Verteilung der Parlamentssitze entsprechend dem Wahlergebnis gesehen.

Dies kann dazu führen, dass das Parlament in viele relativ kleine Parteien zersplittert ist, wodurch ein Zwang zu Kompromissen entsteht. Für die Bildung stabiler, entscheidungskräftiger Regierungen kann sich das ungünstig auswirken. Um eine allzu große Zersplitterung zu vermeiden, wird oft für das Erhalten eines Mandates ein bestimmter Mindestprozentsatzes an Stimmen verlangt.

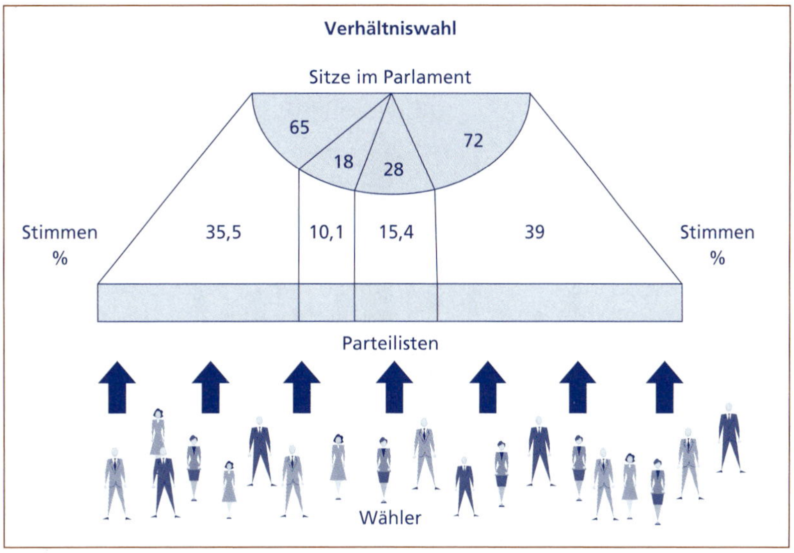

c) Wahlrechtsgrundsätze in Österreich

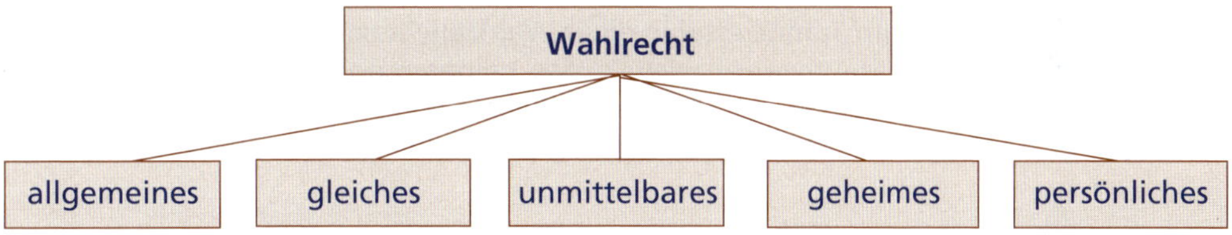

♦ Allgemeines Wahlrecht
Allgemeines Wahlrecht bedeutet, dass grundsätzlich jedem Staatsbürger, der ein bestimmtes Alter erreicht hat, das **Recht zu wählen (= aktives Wahlrecht)** und das **Recht gewählt zu werden (= passives Wahlrecht)** zusteht.

Aktives Wahlrecht	Passives Wahlrecht
ist das Recht, bei politischen Wahlen zu wählen / für Kandidaten die Stimme abgeben zu können.	ist das Recht, bei Wahlen als Kandidat antreten zu dürfen / gewählt werden zu können

Keine Bevölkerungsgruppe darf vom Wahlrecht ausgeschlossen werden. Das Wahlrecht darf auch nicht an eine bestimmte Steuerleistung oder ein bestimmtes Vermögen gebunden sein, wie dies in der Monarchie beim Zensuswahlrecht (Zensus = Steuerleistung) der Fall war.

Die Ausschließung vom Wahlrecht darf nur Folge bestimmter gerichtlicher Verurteilungen sein. Das allgemeine Männerwahlrecht wurde in Österreich 1907, das allgemeine Frauenwahlrecht 1918 eingeführt.

◆ **Gleiches Wahlrecht**
Jede Stimme zählt gleich viel. Unterschiedliche persönliche Verhältnisse des einzelnen Wahlberechtigten, wie etwa Anzahl der Kinder, Höhe des Einkommens, des Vermögens, der Steuerleistung oder Bildung, werden nicht berücksichtigt.

◆ **Unmittelbares Wahlrecht:**
Es wird vom Wähler direkt eine Partei oder ein Kandidat gewählt und nicht erst Wahlmänner, die ihrerseits die eigentliche Wahl vornehmen (die Abgeordneten zum Nationalrat werden vom Volk direkt gewählt, die Abgeordneten zum Bundesrat werden durch die direkt gewählten Landtage gewählt).

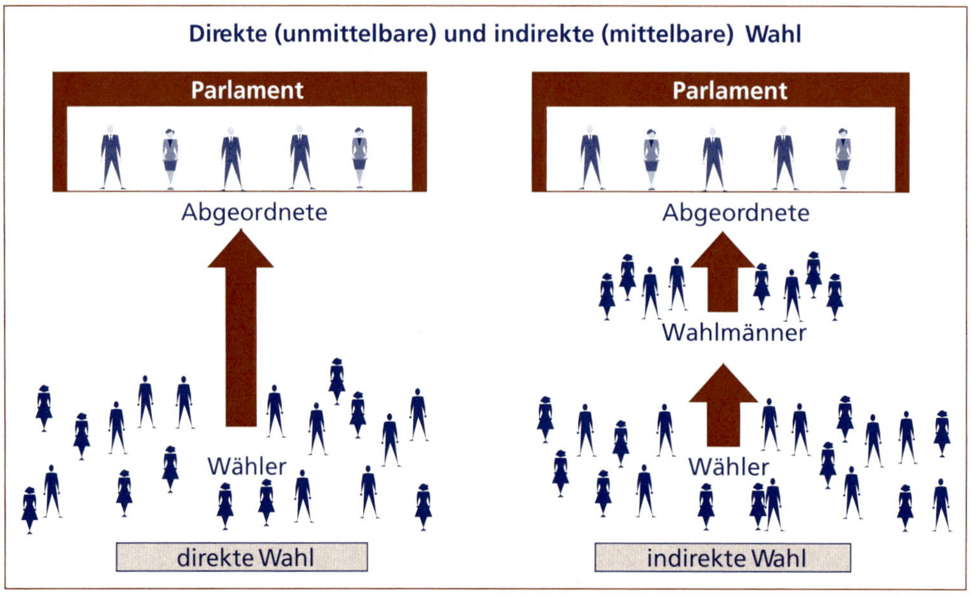

◆ **Geheimes Wahlrecht:**
Nach dem Wahlvorgang kann nicht mehr festgestellt werden, wie sich die Wähler entschieden haben, sodass die Wähler keinerlei Nachteile wegen ihrer Stimmabgabe befürchten müssen.

Das geheime Wahlrecht ist dadurch gewährleistet, dass der Wähler den amtlichen anonymen Stimmzettel in einer Wahlzelle ausfüllt, die er grundsätzlich nur alleine betreten darf. Der Stimmzettel wird in das beigegebene undurchsichtige Kuvert gegeben, welches verschlossen in die Wahlurne gesteckt wird. Die Kuverts müssen vor dem Auszählen durchmischt werden und ein Wahlsprengel muss mindestens 30 Wahlberechtigte umfassen.

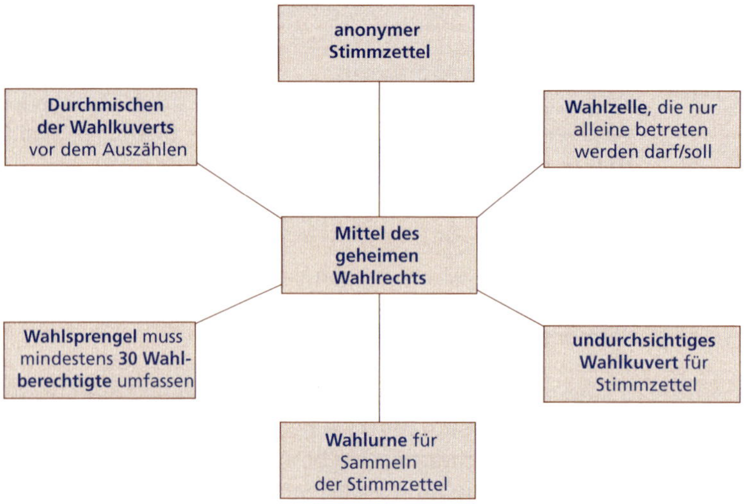

◆ **Persönliches Wahlrecht:**
Im Inland muss der Stimmzettel – auch bei Wahlkarten – persönlich abgegeben werden. Die Stimmabgabe durch Stellvertreter (mit Vollmacht) ist nicht möglich. Bei Auslandsaufenthalt ist ausnahmsweise eine Briefwahl vorgesehen.

www.bmi.gv.at
/wahlen

3. Direkte Demokratie in Österreich

a) Allgemeines

Die Verfassung sieht Mittel der direkten Demokratie als Ergänzung zur mittelbaren Demokratie vor. Diese Instrumente haben in verschiedenen Staaten unterschiedliche Bedeutung.

In der Schweiz entscheidet die Bevölkerung wesentlich häufiger mit einem „Volksreferendum" Sachfragen, als dies in Österreich der Fall ist.

b) Instrumente der direkten Demokratie

Volksabstimmung	Volksbegehren	Volksbefragung
Entscheidung des Volkes – über das Inkrafttreten eines vom Nationalrat bereits beschlossenen Gesetzes z. B.: EU-Beitritt – über Antrag der Bundesversammlung auf Absetzung des Bundespräsidenten	**Gesetzesantrag** des Volkes an den Nationalrat oder Landtag auf Erlassung eines Gesetzes z. B.: Frauenvolksbegehren	**Befragung** des Volkes über eine Frage der aktuellen Politik von gesamtösterreichischer Bedeutung, die gesetzlich zu regeln ist z. B.: Durchführung von Olympischen Spielen

c) Volksabstimmung

Eine Volksabstimmung ist die **Entscheidung über das Inkrafttreten eines Gesetzesbeschlusses** des Nationalrates.

- Nach der Bundesverfassung muss eine Volksabstimmung abgehalten werden, wenn ein Verfassungsgesetz eine Gesamtänderung der Bundesverfassung bewirkt. z. B.: über Österreichs Beitritt zur EU
- Bei anderen Verfassungsgesetzen ist eine Volksabstimmung nur auf Antrag von mindestens 1/3 der Mitglieder des Nationalrates oder Bundesrates anzusetzen.
- Für ein einfaches Bundesgesetz kann eine Volksabstimmung auf Verlangen der einfachen Mehrheit der Nationalratsabgeordneten durchgeführt werden. z. B.: über die Inbetriebnahme des Kernkraftwerkes Zwentendorf

Das Ergebnis einer Volksabstimmung ist bindend und kann nur durch eine neuerliche Volksabstimmung geändert werden.

Bisher gab es in der Republik Österreich nur die beiden angeführten Volksabstimmungen.

Das Volksabstimmungsgesetz regelt die Abwicklung einer Volksabstimmung sowie das Wahlverfahren, wobei statt der Parteienbezeichnung die Wörter „Ja" oder „Nein" anzukreuzen sind.

d) Volksbegehren

Das Volksbegehren ist ein Gesetzesantrag der Bevölkerung.

Für das Zustandekommen eines Volksbegehrens benötigt man Unterschriften von einem Promille der Bevölkerung, derzeit 8032 Personen.

Danach wird es vom Innenminister eine Woche lang zur Unterzeichnung aufgelegt.

Wird das Begehren von mindestens 100.000 Wahlberechtigten unterschrieben, wobei die Unterstützungserklärungen eingerechnet werden, muss es von der Regierung dem Nationalrat vorgelegt werden. Dieser ist verpflichtet, über den Antrag zu beraten, er muss ihn nicht annehmen und auch nicht darüber abstimmen.

e) Volksbefragung

Eine Volksbefragung kann über Angelegenheiten von grundsätzlicher und gesamtösterreichischer Bedeutung, die der Bundesgesetzgeber zu regeln hat, abgehalten werden.

Sie wird vom Nationalrat oder der Bundesregierung angeordnet.

Die Fragestellung muss mit Ja oder Nein zu beantworten sein oder zwei alternative Lösungen zur Wahl bieten.

Das Ergebnis der Volksbefragung informiert politische Entscheidungsträger über die Meinung der Bevölkerung, hat politische Bedeutung, aber keine bindende Wirkung. Die Entscheidung bleibt und obliegt dem betreffenden politischen Organ.

Bisher gab es nur Volksbefragungen auf Landesebene, z. B. Volksbefragung über Abhaltung der EXPO (Weltausstellung) 1995 in Wien; Volksbefragung über Bewerbung zur neuerlichen Abhaltung von Olympischen Spielen in Innsbruck 2006.

Beide Projekte wurden von der Bevölkerung mehrheitlich abgelehnt und daraufhin von den entscheidenden Politkern abgesagt.

C. Der republikanische Grundsatz

Art. 1 B-VG erklärt „Österreich ist eine demokratische Republik". Damit wird als Staatsform die Republik festgelegt und als Staatsoberhaupt ein Präsident vorgesehen.

In einer Republik wird das Staatsoberhaupt von der Bevölkerung für einen begrenzten Zeitraum bei regelmäßig abgehaltenen Wahlen bestimmt und ist rechtlich und politisch für seine Amtsführung verantwortlich.

Im Gegensatz zur Staatsform der Monarchie gibt es daher in Österreich einen **Bundespräsidenten** mit einer **zeitlich begrenzten Amtszeit** und einer beschränkten Wiederwahlmöglichkeit.

Im Zusammenhang mit der republikanischen Staatsform steht die Bestimmung der Bundesverfassung, wonach Mitglieder regierender Häuser oder solcher Familien, die ehemals regiert haben, kein passives Walrecht zum Bundespräsidenten haben (insbesondere die Habsburger).

D. Der bundesstaatliche Grundsatz

1. Bundesstaat

Ein Bundesstaat hat folgende **Merkmale:**
- Er ist als Gesamtstaat **souverän** (unabhängig nach außen),
- besteht aus mehreren **nicht souveränen** Ländern, Kantonen,
- Gesetzgebung und Vollziehung sind zwischen Bund und Ländern **geteilt** und
- die Länder nehmen durch ein **besonderes** Organ – Länderkammer (in Ö Bundesrat) – an der Gesetzgebung des Bundes teil.

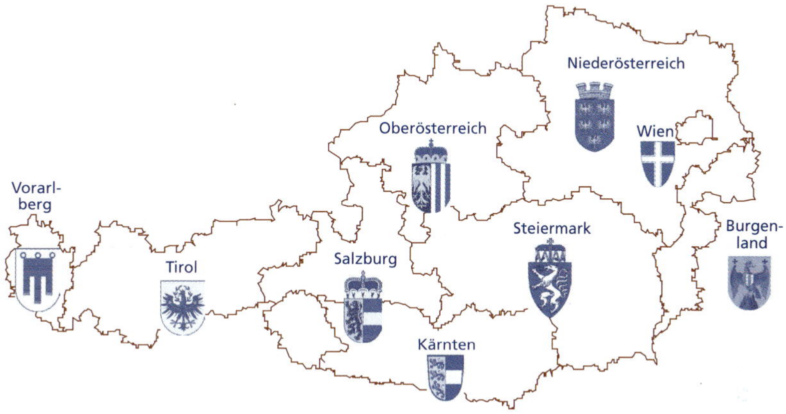

2. Elemente des österreichischen Bundesstaates:

- **Die Bundesländer nehmen an der Gesetzgebung des Bundes durch den Bundesrat teil.** Die Abgeordneten des Bundesrates werden von den jeweiligen Landtagen entsandt (siehe Bundesgesetzgebung).
- **Die Bundesländer sind berechtigt, sich in ihrem Aufgabenbereich,** der in der Verfassung geregelt ist, **eigene Gesetze zu geben.** Die Landesgesetze werden von den Abgeordneten der Landtage beschlossen. Diese Abgeordneten werden von den Landesbürgern direkt gewählt.
- **Die Vollziehung der Landesgesetze wird von eigenen Landesorganen** (Landesregierung, Bezirksverwaltungsbehörden) **besorgt.** Die Organe des Bundes können hier nicht eingreifen.
- Die Landesorgane beteiligen sich im Rahmen der mittelbaren Bundesverwaltung vielfach an der Vollziehung von Bundesgesetzen.

E. Der rechtsstaatliche Grundsatz

In einem **Rechtsstaat** existiert eine Rechtsordnung, die den Staat mit all seinen Organen ebenso bindet wie die Bürger. **Jedes staatliche Handeln muss eine gesetzliche Grundlage haben.**

Die gesamte staatliche Verwaltung und Rechtssprechung darf nur aufgrund der Gesetze ausgeübt werden.

Dadurch sollen behördliche Entscheidungen für den Einzelnen vorhersehbar und nachprüfbar sein.

Die Einhaltung der Gesetze kann durch verschiedene **Rechtsschutzeinrichtungen** erfolgen:
- Berufung an im **Instanzenzug** übergeordneten Behörde
- Beschwerde an den **Verwaltungsgerichtshof**
- Beschwerde an den **Verfassungsgerichtshof**
- Beschwerde an **Unabhängige Verwaltungssenate** in den Ländern

Auch wenn der Behörde vom Gesetz **Ermessen** eingeräumt ist, darf sie **nicht willkürlich,** sondern nur sachlich und nach dem Sinn des Gesetzes entscheiden.

Das Gegenteil eines Rechtsstaates ist der **Polizeistaat.** Hier sind die Organe der staatlichen Verwaltung nicht an allgemein gültige Gesetze gebunden, sondern haben interne Weisungen auszuführen.

Gemäß dem B-VG sind **Gerichtsbarkeit** und **Verwaltung** in Österreich – wie in jedem demokratischen Rechtsstaat – **in allen Instanzen getrennt.**

F. Der Grundsatz der dauernden Neutralität

1. Begriff der immerwährenden Neutralität

Die immerwährende Neutralität verpflichtet einen Staat – im Gegensatz zur temporären (= gewöhnlichen) Neutralität unabhängig von einem konkreten Krieg zwischen anderen Ländern – auch in Friedenszeiten zur Neutralität.

Neutrale Staaten haben folgende Pflichten:

Pflichten neutraler Staaten

- keine Beteiligung an Kriegen fremder Staaten
- Verteidigung seines Landes und Unabhängigkeit
- Unparteilichkeit gegenüber fremden kriegführenden Staaten
- keine Beteiligung an Militärbündnissen
- keine militärischen Stützpunkte fremder Staaten im eigenen Land
- Aus- und Durchfuhrverbot von Kriegsmaterial an kriegführende Staaten

Die gebotene Unparteilichkeit ist bereits in Friedenszeiten zu beachten.

Es dürfen keine Verbindungen eingegangen werden, die es einem Staat unmöglich machen, in Kriegszeiten seine Unparteilichkeit zu wahren.

2. Geschichte der österreichischen Neutralität

Die österreichische Neutralität ergab sich aus dem Ost-West-Konflikt der Nachkriegszeit.
Die folgenden Daten markieren ihre Entstehung:

♦ **1. November 1943**
In der Moskauer Deklaration halten die drei Alliierten (Großbritannien, USA und Sowjetunion) fest, Österreich als freien Staat wiederherzustellen.

♦ **27. April 1945**
Während des Zusammenbruchs des „Dritten Reiches" erklärt eine provisorische österreichische Regierung in Wien das Wiedererstehen Österreichs als freier, unabhängiger Staat.

♦ **15. April 1955**
Nach fast zehnjährigen vergeblichen Verhandlungen um einen österreichischen Staatsvertrag kommt es zum „Moskauer Memorandum". Die Sowjetunion sichert einer österreichischen Regierungsdelegation zu, den Staatsvertrag unverzüglich unterzeichnen zu wollen, wenn sich Österreich nach Abschluss des Staatsvertrages bereit erklärte, „immerwährend eine Neutralität der Art zu üben, wie sie von der Schweiz gehandhabt wird".

Politische Situation ab 1945 bis zum Abschluss des Staatsvertrags

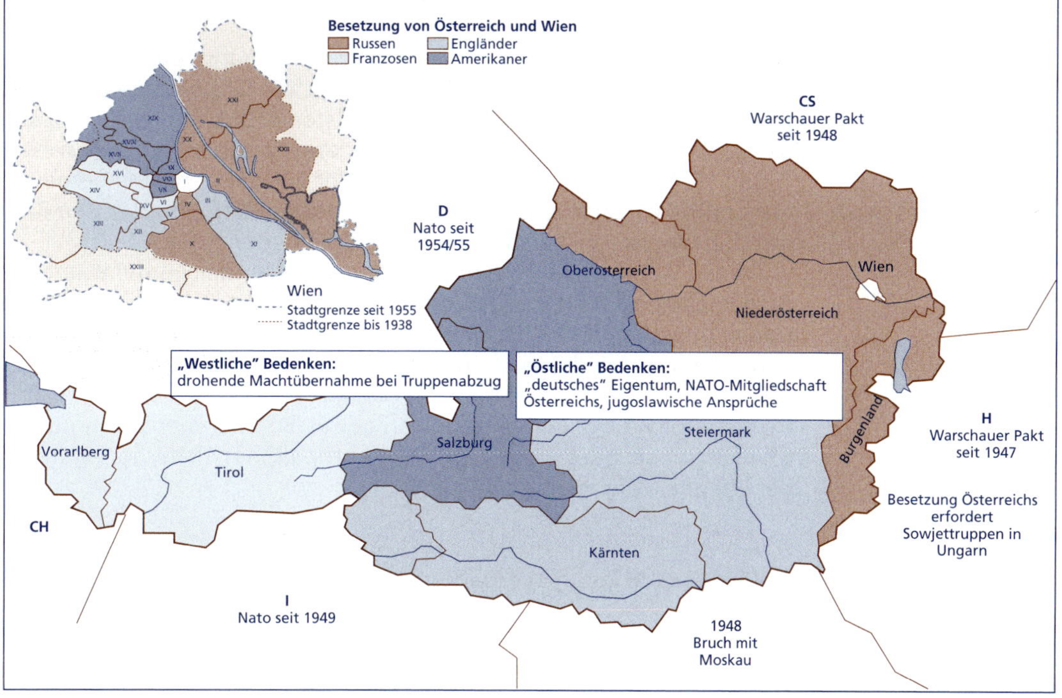

♦ **15. Mai 1955**
In Österreich wird der Staatsvertrag unterzeichnet. Die Signatarmächte sind Österreich, Frankreich, Großbritannien, die Sowjetunion und die USA.

Der Staatsvertrag bestimmt unter anderem, dass die alliierten Besatzungsmächte innerhalb von 90 Tagen nach dem Inkrafttreten (Ratifizierung) des Vertrages österreichischen Boden zu verlassen haben.

♦ **26. Oktober 1955**
Das österreichische Parlament beschließt am ersten Tag nach Ablauf der Räumungsfrist von 90 Tagen (Beginn nach der Hinterlegung der letzten Urkunde durch Frankreich in Moskau am 27. Juli 1955) das Verfassungsgesetz über seine immerwährende Neutralität.

♦ **25. Oktober 1965**
Österreich plant als künftig dauernd neutraler Staat einen Beitrag zum Frieden leisten. Der Tag der Neutralitätserklärung (26. Oktober) wird zum österreichischen Nationalfeiertag erklärt.

Auszug aus dem

BUNDESGESETZBLATT

FÜR DIE REPUBLIK ÖSTERREICH

Jahrgang 1955	**Ausgeben am 4. November 1955**	**57.Stück**

211. Bundesverfassungsgesetz vom 26. Oktober 1955 über die Neutralität Österreichs.

Der Nationalrat hat beschlossen:

Artikel I.

(1) Zum Zwecke der dauernden Behauptung seiner Unabhängigkeit nach außen und zum Zwecke der Unverletzlichkeit seines Gebietes erklärt Österreich aus freien Stücken seine immerwährende Neutralität. Österreich wird diese mit allen ihm zu Gebote stehenden Mitteln aufrechterhalten und verteidigen.
(2) Österreich wird zur Sicherung dieser Zwecke in aller Zukunft keinen militärischen Bündnissen beitreten und die Errichtung militärischer Stützpunkte fremder Staaten auf seinem Gebiete nicht zulassen.

3. Wandel der Neutralität

Im Zuge der geänderten weltpolitischen Lage erfolgte seit 1989 eine neue Betrachtung der österreichischen Neutralität.

1955 befand sich Österreich am Eisernen Vorhang, die Großmächte USA und die damalige Sowjetunion im Kalten Krieg. Diese politischen Gegensätze hatten zur österreichischen Neutralität geführt. Seit der Öffnung des Ostens 1989 und der Auflösung der Sowjetunion hat die Neutralität ihre Funktion als Pufferzone zwischen Ost und West verloren.

Seit 1995 ist Österreich Vollmitglied der EU, die u. a. eine gemeinsame Außen- und Sicherheitspolitik verfolgt. Österreich unterzeichnete damals auch den Rahmenvertrag des Kooperationsprogramms „Partnerschaft für den Frieden" der NATO.

Gemäß Art. 23f B-VG kann sich Österreich an der gemeinsamen Verteidigungspolitik der Gemeinsamen Außen- und Sicherheitspolitik der EU durch Verhängung von Wirtschaftssanktionen gegen ein Drittland beteiligen und an Kampfeinsätzen mitwirken, die als friedenserhaltende oder friedensschaffende Maßnahmen politische Krisen beenden sollen.

Ob Österreich trotz der veränderten politischen Rahmenbedingungen seine Neutralitätspolitik weiterführt oder diese gegen ein europäisches Sicherheitssystem tauscht, wird die Politik der Zukunft zeigen.

4. Umfassende Landesverteidigung und Bundesheer

a) Allgemeines

Als neutrales Land muss Österreich seine Souveränität, das gesamte Bundesgebiet sowie seine Neutralität auch militärisch verteidigen.

Mit dem Wiedererlangen der vollen Unabhängigkeit durch den Staatsvertrag 1955 wurden die österreichische Wehrverfassung und das Wehrrecht wieder in Kraft gesetzt.

Diese wurde den nunmehrigen Anforderungen angepasst und der Zivildienst wurde eingeführt.

Art. 9a B-VG bestimmt die äußere Sicherheit als Staatsziel. Dies soll durch die umfassende Landesverteidigung gewährleistet werden.

b) Konzept der Umfassenden Landesverteidigung (ULV)

Die ULV soll die Sicherheit Österreichs und seiner Bürger wahren und wird von folgenden Stellen wahrgenommen:

- Bundesheer
- Bundes-, Landes-, Bezirks- und Gemeindeorgane
  (Bundesregierung, Landeshauptleute, Bezirkshauptmänner, Bürgermeister usw.)
- Hilfs- und Einsatzorganisationen (Freiwillige Feuerwehr, Rotes Kreuz usw.)
- jedem Einzelnen

Im Bedarfsfall soll eine effektive Verteidigung durch das Zusammenwirken der entscheidungsbefugten Organe erreicht werden.

Die ULV umfasst die militärische, die geistige, die zivile und die wirtschaftliche Landesverteidigung

♦ **Militärische Landesverteidigung**

Eine Verletzung unserer Grenzen bzw. das Übergreifen von Kampfhandlungen auf unser Territorium soll verhindert werden. Die wirtschaftlichen Lebensgrundlagen sowie die Infrastruktur sollen geschützt werden.

Die Anlassfälle für die umfassende Landesverteidigung lauten:
- **Krisenfall:** internationale Konflikte oder internationale Spannungen mit der Gefahr einer Ausweitung auf Österreich
- **Neutralitätsfall:** militärische Auseinandersetzung in einem Nachbarland Österreichs
- **Verteidigungsfall:** militärischer Angriff auf Österreich

♦ **Zivile Landesverteidigung**
Maßnahmen und Einrichtungen zum Schutz der Zivilbevölkerung im Falle von Krisen und Kriegen; Sicherstellung der Funktionsfähigkeit der Staatsorgane

♦ **Wirtschaftliche Landesverteidigung**
Errichtung eines wirtschaftlichen Krisenmanagements; Bevorratungsplanung und Vorratslagerung (insbesondere Haushaltsbevorratung), Energienotversorgung, Grundversorgung mit Lebensmitteln und Medikamenten

♦ **Geistige Landesverteidigung**
Information der Bevölkerung über die Notwendigkeit und die Bereiche der ULV

www.bmlv.gv.at

c) Das Bundesheer
Für die militärische Landesverteidigung ist das Bundesheer zuständig.

Dieses ist ein Teil der Bundesverwaltung. Oberbefehlshaber ist der Bundespräsident. Die unmittelbare Befehlsgewalt und politische Verantwortung hat der Verteidigungsminister.

www.bundesheer.at

Wehrsystem
Das Wehrsystem ist das System der **allgemeinen Wehrpflicht.** Demnach gilt:

„Jeder männliche österreichische Staatsbürger ist wehrpflichtig. Wer aus Gewissensgründen die Erfüllung der Wehrpflicht verweigert und hievon befreit wird, hat einen Ersatzdienst zu leisten."

Die allgemeine Wehrpflicht betrifft nur männliche Staatsbürger und dauert 6 Monate.

Seit 1. 1. 1998 sind Frauen auf freiwilliger Basis zum Wehrdienst (inklusive Berufssoldatentum) zugelassen.

Die Verfassung schreibt als Organisationsform für das Heer das **„Milizsystem"** vor. Im Gegensatz zum Berufsheer tritt das Milizheer in Friedenszeiten nur zu Ausbildungs- und Übungszwecken zusammen und wird dabei von einem verhältnismäßig kleinen Bestand an Berufssoldaten (Kaderpersonal) unterwiesen.

www.zivildienst.gv.at

Der **Zivildienst** ist ein 9-monatiger Ersatzdienst an Stelle der Wehrpflicht bei den dafür vorgesehenen Einrichtungen. Dazu gehören u. a. Krankenanstalten, Rettungswesen, Sozial- und Behindertenhilfe, Katastrophenhilfe. Das Recht auf Leistung des Zivildienstes ist ein verfassungsmäßig gewährleistetes Recht.

Die Verlagerung der EU-Außengrenzen nach Osten ändert die sicherheitspolitischen Aufgaben in Österreich.

G. Umweltschutz in Österreich

Seit 1984 bekennt sich Österreich durch ein Verfassungsgesetz zum umfassenden Umweltschutz. Dieser wird als „Bewahrung der natürlichen Umwelt als Lebensgrundlage des Menschen vor schädlichen Einwirkungen" definiert.

Er besteht insbesondere „in Maßnahmen zur Reinhaltung der Luft, des Wassers und des Bodens sowie zur Vermeidung von Störungen durch Lärm". Die nähere Ausgestaltung dieses Grundsatzes erfolgt in einfachen Gesetzen.

Wiederholungsfragen – Arbeitsaufgaben – Diskussionsanregungen

1. *Was regelt die Verfassung?*
2. *Nennen Sie die Grundsätze der österreichischen Bundesverfassung.*
3. *Welche Organe werden in Österreich vom Volk gewählt?*

4. *Welche Voraussetzungen müssen erfüllt sein, damit von einer demokratischen Wahl gesprochen werden kann?*
5. *Wodurch unterscheidet sich das Mehrheitswahlsystem vom Verhältniswahlsystem?*
6. *Erläutern Sie die Grundsätze des österreichischen Wahlrechtes.*
7. *Was versteht man unter aktivem und passivem Wahlrecht und wie ist dies in Österreich geregelt?*
8. *Wodurch ist in Österreich das Verhältniswahlrecht bei der Wahl des Nationalrates eingeschränkt?*
9. *Worin besteht der Unterschied zwischen Volksabstimmung, Volksbefragung und Volksbegehren?*
10. *Welches Instrument der direkten Demokratie hat das größte politische Gewicht?*
11. *An welchen Bestimmungen erkennt man, dass Österreich ein Bundesstaat ist?*
12. *Was ist das Gegenteil eines Rechtsstaates?*
13. *Wie kam es zur österreichischen Neutralität?*
14. *Wozu ist ein neutraler Staat verpflichtet?*
15. *Wodurch hat die österreichische Neutralität seit 1989 eine Neubewertung erfahren?*
16. *Diskutieren Sie den Wert der Neutralität in der Vergangenheit und gegenwärtig.*
17. *Diskutieren Sie die Frage der Beibehaltung oder eines Abgehens von der Neutralität inklusive der jeweiligen Konsequenzen.*
18. *Welche Bereiche umfasst das Konzept der umfassenden Landesverteidigung?*

II. Die Gesetzgebung

„Es kann nicht Aufgabe eines Politikers sein, die öffentliche Meinung abzuklopfen und dann das Populäre zu tun. Aufgabe des Politikers ist es, das Richtige zu tun und es populär zu machen." (Walter Scheel)

Durch die Gesetzgebung wird das Zusammenleben der Bürger gestaltet und in beträchtlichem Ausmaß deren individuelle Lebensbedingungen bestimmt. In einem demokratischen Staat ist die Bevölkerung an der Rechtserzeugung beteiligt.

Wem obliegt diese höchst verantwortungsvolle Aufgabe? Welche Organe sind dafür im Gesamtstaat Österreich und welche sind in den Bundesländern dafür zuständig? Wie kann die Bevölkerung daran mitwirken? Wie entstehen Gesetze? Welche Staatsorgane und Institutionen sind an der Gesetzgebung beteiligt? Ab welchem Zeitpunkt gelten Gesetze? Wo findet man diese? Welche Position haben Abgeordnete? Wer bildet die Bundesversammlung und wofür ist sie zuständig?

Diese und weitere damit im Zusammenhang stehende Themen werden im folgenden Abschnitt behandelt.

Da Österreich ein **Bundesstaat** ist, gibt es eine Gesetzgebung auf Bundes- und Landesebene. Sie obliegt bestimmten, allgemeinen, vom Volk gewählten Vertretungskörpern.

Bundesgesetze werden vom Nationalrat gemeinsam mit dem Bundesrat beschlossen und gelten in ganz Österreich.

Landesgesetze werden von den Landtagen beschlossen und gelten nur für das jeweilige Bundesland.

A. Gesetzgebung des Bundes

www.parlinkom.gv.at

1. Nationalrat

Foto:
Das Parlament

Der Nationalrat ist gemeinsam mit dem Bundesrat als Ländervertretung für die Bundesgesetzgebung zuständig. **Sitz des Nationalrates ist Wien.**

♦ Abgeordnetenmandate

Die 183 Abgeordnetenmandate ergeben sich aus der Aufteilung entsprechend der Einwohnerzahl der Bundesländer. Für jeden Landeswahlkreis wird die folgende Zahl an Mandaten (= Abgeordnetensitze) vergeben.

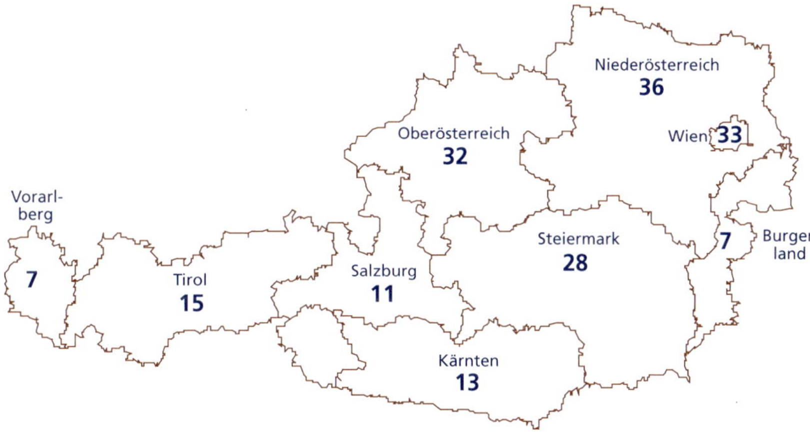

♦ Gesetzgebungsperiode

Der Nationalrat besteht aus **183 Abgeordneten,** die von den wahlberechtigten Staatsbürgern für eine **Gesetzgebungsperiode** (Legislaturperiode) von bisher **4 Jahren** und künftig **5 Jahren** gewählt werden.

Dieser Zeitraum kann in folgenden Fällen verkürzt werden:
- Selbstauflösungsbeschluss des Nationalrates
- Auflösung durch den Bundespräsidenten auf Vorschlag der Bundesregierung
- automatische Auflösung, wenn auf Veranlassung des Nationalrates die Bundesversammlung (= Nationalrat und Bundesrat) eine Volksabstimmung zur Absetzung des Bundespräsidenten verlangt hat und die Bevölkerung diese Absetzung ablehnt

♦ Sitzungen

Die Sitzungen sind **öffentlich,** ein **Ausschluss** der Öffentlichkeit für einzelne Sitzungen ist durch Beschluss des Nationalrates möglich.

Wahrheitsgetreue Berichte der Medien über die Verhandlungen in den öffentlichen Sitzungen des Nationalrates und seiner Ausschüsse unterliegen der **„sachlichen Immunität"** und bleiben von jeder Verantwortung frei.

♦ Präsident

Der Nationalrat wählt aus seinen Mitgliedern den **Präsidenten** des Nationalrates, den **zweiten und dritten Präsidenten.**

Die Verwaltungsgeschäfte des Nationalrates werden durch die **Parlamentsdirektion** auf Weisung des Präsidenten besorgt.

Der Präsident hat darauf zu achten, dass die Würde und die Rechte des Nationalrates gewahrt werden und der Nationalrat seine Aufgaben erfüllt. Er führt den Vorsitz in den Sitzungen.

Im Fall seiner Verhinderung vertritt ihn der zweite bzw. der dritte Präsident, von denen er sich auch in der Vorsitzführung vertreten lassen kann. Sollten alle drei gewählten Präsidenten an der Ausübung ihres Amtes verhindert sein, führt der älteste Abgeordnete den Vorsitz.

♦ Parlamentarischer Klub

Abgeordnete derselben wahlwerbenden Partei haben im Nationalrat das Recht, sich zu einem Klub zusammenzuschließen. Zur Anerkennung als Klub werden mindestens fünf Abgeordnete benötigt.

Jeder Klub wählt an seine Spitze einen Klubobmann beziehungsweise eine Klubobfrau. Die parlamentarischen Klubs erhalten finanzielle Unterstützung aus dem Bundesbudget.

♦ Ausschüsse

Zur Vorberatung der Verhandlungsgegenstände werden vom Nationalrat **Ausschüsse** gewählt, die im Verhältnis der Stärke der im Nationalrat vertretenen Parteien zusammengesetzt sind.

Die Mitglieder und Ersatzmitglieder der Ausschüsse werden von ihren Klubs nominiert.

In den Ausschüssen wird ein wesentlicher Teil der parlamentarischen Arbeit erledigt.

Folgende Ausschüsse sind in der Verfassung vorgeschrieben:

- **Hauptausschuss**
  Der Hauptausschuss stellt eine Verbindung zwischen Nationalrat und Bundesregierung dar und wirkt an bestimmten Aufgaben der Vollziehung mit.
  Z. B.: Mitwirkung bei der Ernennung von österreichischen Vertretern in den Organen der EU, Abgabe von Stellungnahmen zu Vorhaben im Rahmen der EU und Erstellung von Vorschlägen für die Wahl des Präsidenten und Vizepräsidenten des Rechnungshofes sowie der Mitglieder der Volksanwaltschaft
- **Ständiger Unterausschuss des Hauptausschusses**
  Dieser wird vom Hauptausschuss aus seinen Mitgliedern gewählt und muss jederzeit zusammentreten können. Wird der Nationalrat vom Bundespräsidenten aufgelöst, hat der ständige Unterausschuss an der Vollziehung mitzuwirken, wie dies sonst dem Nationalrat bzw. dem Hauptausschuss zusteht. Weiters hätte er an Notverordnungen des Bundespräsidenten mitzuwirken.
- **Rechnungshofausschuss und dessen Unterausschuss**
- **Immunitätsausschuss**
- **Unvereinbarkeitsausschuss**
- **Budgetausschuss mit Unterausschuss**
- **Ständiger Unterausschuss zur Überprüfung der Staatspolizei und militärischer Nachrichtendienste**
- **Ständiger gemeinsamer Ausschuss von Nationalrat und Bundesrat**

Für alle wichtigen Angelegenheiten gibt es Ausschüsse für die Dauer der Gesetzgebungsperiode, z. B. **Finanz- und Budgetausschuss, Justizausschuss, Unterrichtsausschuss.**

Daneben können jederzeit durch Beschluss des Nationalrates **Untersuchungsausschüsse** eingesetzt werden (Enqueterecht, siehe Kontrolle der Staatsgewalt Seite. 118, 120).

♦ Immunität der Abgeordneten

Abgeordnete haben eine besondere Position, damit sie ihr Mandat grundsätzlich unabhängig und am Wohl der Republik und der Bürger orientiert ausüben können.

Die Immunität schützt die Abgeordneten vor Verfolgung durch Strafbehörden während ihrer Amtsperiode.

- **Berufliche Immunität:** Gewährleistet die Rede- und Abstimmungsfreiheit.
  Abgeordnete dürfen wegen der in Ausübung ihres Berufes geschehenen **Abstimmungen niemals,** wegen der in diesem Beruf gemachten **mündlichen** oder **schriftlichen Äußerungen nur** vom **Nationalrat verantwortlich** gemacht werden.

- **Außerberufliche Immunität:** Schützt den Abgeordneten vor behördlicher Verfolgung wegen einer strafbaren Handlung.
  Sie **dürfen** wegen einer strafbaren Handlung – ausgenommen Ergreifen auf frischer Tat bei Verübung eines Verbrechens – **nur mit Zustimmung des Nationalrates verhaftet** werden. Desgleichen bedürfen **Hausdurchsuchungen** bei Abgeordneten ihrer Zustimmung.
  Ansonsten dürfen Mitglieder des Nationalrates wegen einer strafbaren Handlung behördlich verfolgt werden, wenn diese offensichtlich in keinem Zusammenhang mit der politischen Tätigkeit des betroffenen Abgeordneten steht. Ob ein solcher Zusammenhang gegeben ist, **entscheidet der Nationalrat auf Verlangen des betreffenden Abgeordneten** oder eines Drittels der Mitglieder des Immunitätsausschusses. Im Falle eines solchen Verlangens hat jede behördliche Verfolgungshandlung sofort zu unterbleiben.

Durch die Immunität soll primär das **Parlament geschützt** werden, da ohne Immunität die Bundesregierung durch Anordnen der Verhaftung von Abgeordneten die Tätigkeit des Parlamentes blockieren oder die Mehrheitsverhältnisse beeinflussen könnte.

♦ **Prinzip des freien Mandats**

Die Verfassung sieht vor, dass die Abgeordneten bei der Ausübung ihres Berufes an keinen Auftrag gebunden sind.

Das bedeutet, dass Abgeordnete im Parlament ihre Entscheidung unabhängig vom Auftrag des Wählers, unabhängig von der Meinung ihrer Partei treffen und nur im Sinne des Gemeinwohls handeln können.

In der Praxis sind sie durch den faktischen Klubzwang an parteiinterne Beschlüsse gebunden, d.h. Abgeordnete halten sich bei Abstimmungen im Plenum (= Vollversammlung der Abgeordneten) meist an die parteiintern abgestimmte Meinung zu einem geplanten Gesetz.

2. Nationalratswahlordnung 1992

„Es wird niemals so viel gelogen wie vor der Wahl, während des Krieges und nach der Jagd." (Otto Fürst Bismarck)

Allgemeines

Die Bundesverfassung bestimmt, dass für die Wahl des Nationalrates das Verhältniswahlsystem gilt. Dies verwirklicht die Nationalratswahlordnung in ihren Ermittlungsverfahren.

Wahlberechtigung

!

WAHLRECHT	
Aktives	**Passives**
Aktiv wahlberechtigt sind alle Österreicher, die spätestens mit Ablauf des Wahltages das 16. Lebensjahr vollendet haben und nicht vom Wahlrecht ausgeschlossen sind.	Passiv wahlberechtigt sind alle Österreicher, die spätestens mit Ablauf des Wahltages das 18. Lebensjahr (für Bundespräsidentenwahl das 35. Lebensjahr) vollendet haben und nicht vom Wahlrecht ausgeschlossen sind.

♦ **Wahlausschließungsgründe**

Vom Wahlrecht ausgeschlossen ist, wer durch ein inländisches Gericht wegen einer oder mehrerer mit Vorsatz begangener strafbaren Handlungen zu einer mehr als einjährigen Freiheitsstrafe rechtskräftig verurteilt worden ist. Der Wahlausschluss endet sechs Monate nach Beendigung der Freiheitsstrafe.

♦ **Wahlkreise**

Das Bundesgebiet wird für die Wahl in neun Landeswahlkreise eingeteilt, wobei jedes Bundesland einen Landeswahlkreis bildet.

Jeder Landeswahlkreis wird in zwei oder mehrere Regionalwahlkreise eingeteilt. Insgesamt gibt es 43 Regionalwahlkreise.

♦ **Aufteilung der Mandate auf die Landes- bzw. Regionalwahlkreise**
Die Aufteilung der insgesamt 183 Mandate auf die Landeswahlkreise bzw. Regionalwahlkreise erfolgt nach dem **Bürgerzahlprinzip.**

Jedem Landeswahlkreis werden so viele Mandate zugewiesen, wie die Bürgerzahl in der Anzahl der Staatsbürger eines Bundeslandes plus der dort verzeichneten Auslandsösterreicher enthalten ist. Analog dazu werden die Mandate den Regionalwahlkreisen zugewiesen.

Mandatszahl für den Landeswahlkreis = Staatsbürger des Bundeslandes + eingetragene Auslandsösterreicher : { österreichische Staatsbürger + eingetragene Auslandsösterreicher : **183** }

Bürgerzahl

Regionalwahlkreise: Wahlkreise und zu verteilende Mandate

Landeswahlkreis	Gesamtmandate	Regionalwahlkreise	Regionalwahlkreisbezeichnung	Mandate
Burgenland	7	1 A	Burgenland Nord	4
		1 B	Burgenland Süd	3
Kärnten	13	2 A	Klagenfurt	3
		2 B	Villach	3
		2 C	Kärnten West	3
		2 D	Kärnten Ost	4
Niederösterreich	36	3 A	Weinviertel	7
		3 B	Waldviertel	5
		3 C	Mostviertel	6
		3 D	Niederösterreich Mitte	5
		3 E	Niederösterreich Süd	4
		3 F	Wien Umgebung	5
		3 G	Niederösterreich Süd-Ost	4
Oberösterreich	32	4 A	Linz und Umgebung	7
		4 B	Innviertel	5
		4 C	Hausruckviertel	8
		4 D	Traunviertel	6
		4 E	Mühlviertel	6
Salzburg	11	5 A	Salzburg Stadt	3
		5 B	Flachgau / Tennengau	4
		5 C	Lungau / Pinzgau / Pongau	4
Steiermark	28	6 A	Graz	5
		6 B	Steiermark Mitte	4
		6 C	Steiermark Süd	3
		6 D	Steiermark Süd - Ost	3
		6 E	Steiermark Ost	4
		6 F	Steiermark Nord	3
		6 G	Steiermark Nord - West	3
		6 H	Steiermark West	3
Tirol	15	7 A	Innsbruck	3
		7 B	Innsbruck - Land	5
		7 C	Unterland	3
		7 D	Oberland	3
		7 E	Osttirol	1
Vorarlberg	8	8 A	Vorarlberg Nord	4
		8 B	Vorarlberg Süd	4
Wien	33	9 A	Wien Innen - Süd	3
		9 B	Wien Innen - West	3
		9 C	Wien Innen - Ost	3
		9 D	Wien Süd	7
		9 E	Wien Süd - West	6
		9 F	Wien Nord - West	5
		9 G	Wien Nord	6

♦ **Wahlbehörden**
Die Wahlbehörden sind nach folgender Hierarchie aufgebaut:
Bundeswahlbehörde
Landeswahlbehörde
Bezirkswahlbehörde
in den Statutarstädten, politischen Bezirken bzw. Verwaltungsbezirken
Gemeindewahlbehörde
besondere Wahlbehörden in Gemeinden ohne Sprengeleinteilung
Sprengelwahlbehörde
besondere Wahlbehörden in Gemeinden mit Sprengeleinteilung

Bei allen Wahlbehörden wird ein Vorsitzender ernannt. Die weiteren Mitglieder der Wahlbehörden werden von den Parteien nominiert. Der Bundeswahlbehörde gehören auch Richter an. Die zur Beurkundung einer Stimmenabgabe im Ausland befugten Organe sind keine Wahlbehörden.

♦ **Wahlvorschläge**
Die wahlwerbenden Parteien können Wahlvorschläge mit Kandidatenlisten einreichen.
– **Landeswahlvorschläge**
Landeswahlvorschläge sind von den wahlwerbenden Parteien spätestens am 30. Tag vor der Wahl einzubringen. Sie haben eine Landesparteiliste und Regionalparteilisten zu enthalten. Ein Kandidat darf österreichweit nur auf einer Regionalparteiliste und einer Landesparteiliste aufscheinen.
– **Bundeswahlvorschlag**
Für das dritte Ermittlungsverfahren müssen wahlwerbende Parteien spätestens am 17. Tag vor der Wahl einen Bundeswahlvorschlag bei der Bundeswahlbehörde eingebracht haben, da sonst eventuelle Restmandate in diesem Verfahren nicht berücksichtigt werden können.

♦ **Stimmabgabe**
Jeder **Wähler** kann **zusätzlich** zur **Stimme** für die von ihm gewählte Partei **zwei Vorzugsstimmen** vergeben.
Eine für einen Bewerber der Regionalparteiliste (durch Ankreuzen) und eine für einen Bewerber auf der Landesparteiliste (durch Einsetzen des Namens) der von ihm gewählten Partei.

Es gibt **kein Stimmensplitting** (Wahl einer Partei und Vorzugsstimme für einen Bewerber einer anderen Partei). Wird vom Wähler eine Partei bezeichnet und eine Vorzugsstimme für einen Bewerber einer anderen Partei gegeben, so ist nur die Stimme für die Partei gültig!
Ein Stimmzettel ist gültig, wenn eindeutig die Entscheidung für eine Partei zu erkennen ist.

Bezüglich der Stimmabgabe im Ausland gibt es besondere Regelungen.

♦ **Vorzugsstimmen**
Vorzugsstimmen wirken sich insofern aus, als der Reihe nach diejenigen Bewerber Mandate erhalten, die eine ausreichende Anzahl von Vorzugsstimmen erhalten haben. Die erforderliche Anzahl an Vorzugsstimmen ist im Landes und Regionalwahlkreis unterschiedlich geregelt. Wenn kein Bewerber genügend Vorzugsstimmen erhalten hat, werden die Mandate nach der Reihenfolge der jeweiligen Parteiliste zugewiesen.

Amtlicher Stimmzettel
für die
Nationalratswahl am 1. Oktober 2006
Regionalwahlkreis **9 B** Wien Innen-West

Liste Nr.	1	2	3	4	5	6	7	8	9
Parteibezeichnung	Österreichische Volkspartei	Sozialdemokratische Partei Österreichs	Freiheitliche Partei Österreichs	Die Grünen – Die Grüne Alternative	Die Freiheitlichen – Liste Westenthaler – BZÖ	Kommunistische Partei Österreichs	Sozialistische LinksPartei Liste gegen Kapitalismus und Rassismus	Liste Dr. Martin – Für Demokratie, Kontrolle, Gerechtigkeit	EU-Austritt – Neutrales Freies Österreich
Kurzbezeichnung	**ÖVP**	**SPÖ**	**FPÖ**	**GRÜNE**	**BZÖ**	**KPÖ**	**SLP**	**MATIN**	**NFÖ**
Für die gewählte Partei im Kreis ein X einsetzen.	○	○	○	○	○	○	○	○	○
VORZUGSSTIMME-LANDESWAHLKREIS Für die Vergabe einer Vorzugsstimme an **einen** Bewerber der Landesparteiliste der gewählten Partei die Bezeichnung des Bewerbers in die entsprechende Spalte einsetzen.									
VORZUGSSTIMME-REGIONALWAHLKREIS Für die Vergabe einer Vorzugsstimme an **einen** Bewerber der Regionalparteiliste der gewählten Partei im Kreis links vom Namensfeld ein X einsetzen.	1 ○ Morak Franz 1946	1 ○ Dr. Einem Caspar 1948	1 ○ Mühlwerth Monika 1954	1 ○ Dr. Zinggl Wolfgang 1954	1 ○ Saßmann Gerold 1959	1 ○ Dr. Palm Kurt 1955	1 ○ Rybak Jan 1987		1 ○ Kapitan Michael 1948
	2 ○ Felzmann Carina 1965	2 ○ Mag. Kuntzl Andrea 1958	2 ○ Mag. Unterreiner Heidemarie, 1944	2 ○ Kreutz Monika 1965	2 ○ Schwetz Werner 1940	2 ○ Ambrosch Heidemarie 1958	2 ○ Fleischmann Philipp 1980		2 ○ Härtel Mathias 1979
	3 ○ Ottenschläger Andreas 1975	3 ○ Niedermühlbichler Georg, 1966	3 ○ Ossberger Birgit 1976	3 ○ Mag. Ringler Marie 1975	3 ○ Heil Yvonne 1979	3 ○ Stiefsohn Waltraud 1958	3 ○ Döller Lucia 1986		
	4 ○ Dr. Prantl Georg 1958	4 ○ Mag. Krotsch Nicole 1975	4 ○ Amhof Nikolaus 1962	4 ○ Dr. Furgler Erika 1953	4 ○ Kasper Andreas 1967	4 ○ Mag. Zach Dietmar 1965	4 ○ Nussbaumer Cornelius 1983		
	5 ○ MA Schiller Christine 1954	5 ○ Mag. Dr. Brandsteidl Susanne, 1963	5 ○ Etzelstorfer Franz-Josef, 1948	5 ○ Rabenstein Florian 1986	5 ○ Harb Lukas 1983	5 ○ Schlager Doris 1961	5 ○ Regner Peter 1985		
	6 ○ Mag. Dr. Hammerer Gerhard, 1969	6 ○ Csörgits Renate 1954	6 ○ Paris Stefan 1976	6 ○ Zach Isolde 1961	6 ○ Gaspar Henriette 1944	6 ○ Wasinger Maria 1954	6 ○ Rosenberg Jakob 1981		
	7 ○ Schindler Katja 1977	7 ○ Dr. Oberhauser Sabine 1963	7 ○ Ing. Rösch Bernhard 1963						
	8 ○ Mag. Mickel Veronika 1978	8 ○ Mag. Stepp Daniela 1979	8 ○ Brandstetter Anna 1966						
	9 ○ Ing. Bitzinger Josef 1952	9 ○ Ing. Skrna Thomas 1965	9 ○ Dr. Eisner Richard 1940						
	10 ○ Seidl Thomas 1972	10 ○ Vasold Stefanie 1980	10 ○ Brunner-Blasek Jutta 1954						
	11 ○ Mag. Wiesinger Elmar 1969	11 ○ Mag. Knoll Gertraud 1958	11 ○ Ing. Meßner Franz 1960						
	12 ○ Mag. Lugert-Bürger Alexandra, 1966	12 ○ Sommer Gottfried 1962	12 ○ Platt Markus 1980						

♦ Ermittlungsverfahren

Die Nationalratswahlordnung sieht drei Ermittlungsverfahren vor.

– **Erstes Ermittlungsverfahren in den 43 Regionalwahlkreisen**
  - Zuweisung der Mandate auf die Parteien aufgrund der **Wahlzahl** des Landeswahlkreises (LWK)
  - Hat eine Partei Mandate im Regionalwahlkreis (RWK) erhalten, werden diese vorerst an die Kandidaten mit Vorzugsstimmen vergeben, wenn diese mindestens die Hälfte der Wahlzahl oder 1/6 der Parteienstimmen erhalten haben. Die restlichen errungenen Mandate der Partei werden gemäß der Reihenfolge der Kandidaten auf die Regionalparteiliste verteilt – **Direktmandate.**

– **Das zweite Ermittlungsverfahren in den 9 Landeswahlkreisen (LWK)** ist ein Auffüllverfahren:
  - Ermittlung der Wahlzahl (Hare'sches Verfahren)

$$\textbf{Wahlzahl} = \frac{\text{gültige Stimmen des LWK}}{\text{Mandate des LWK}}$$

  - Ermittlung der Mandate für die Parteien im LWK. Nur für Parteien, die **mindestens ein Mandat in einem RWK** oder **mindestens 4% der Stimmen bundesweit** errungen haben.

$$\textbf{Mandate der Partei im LWK} = \frac{\text{gültige Stimmen der Partei im LWK}}{\text{Wahlzahl des LWK}}$$

  - Von den Mandaten der Partei im LWK werden die bereits errungenen Mandate der RWK abgezogen.
  - Zuweisung der verbleibenden Mandate an Bewerber, die mindestens so viele Vorzugsstimmen erhalten haben, wie die Wahlzahl des LWK groß ist; verbleibende Mandate gemäß der Reihenfolge auf der Landesparteiliste.

- **Das dritte Ermittlungsverfahren (im Bundeswahlkreis)** ist ein Auffüllverfahren
  - Ermittlung der Wahlzahl für alle 183 Mandate nach dem d'Hondt'schen Verfahren
  - Ermittlung der Mandate für alle Parteien, die **mindestens ein Mandat in einem RWK** oder **mindestens 4% der Stimmen bundesweit** errungen haben und einen Bundeswahlvorschlag abgegeben haben

$$\textbf{Mandate der Partei österreichweit} = \frac{\text{gültige Stimmen der Partei österreichweit}}{\text{Wahlzahl des Bundeswahlkreises}}$$

  - Abzug der bereits in den RWK und LWK errungenen Mandate
  - Verbleibende Mandate der Partei werden gemäß der Reihenfolge des Bundeswahlvorschlages auf die Kandidaten aufgeteilt.

Vereinfachtes Beispiel für das Verfahren zur Mandatsvergabe:

Partei A	5.000 Stimmen	zu vergebende Mandate: 7
Partei B	12.000 Stimmen	
Partei C	1.500 Stimmen	
Partei D	7.000 Stimmen	
Partei E	2.000 Stimmen	
Summe	27.500 Stimmen	

1/1	12.000	7.000	5.000	2.000	1.500
1/2	6.000	3.500	2.500	1.000	750
1/3	4.000	2.333	1.666	666	500
1/4	3.000	1.755			

Wahlzahl: siebentgrößte Zahl = 3.000
Mandatsverteilung: B = 4 D = 2 A = 1 C = 0 E = 0

Ergebnis der Nationalratswahl 2006

Stimmenanteile in Prozent (Ergebnis inkl. Wahlkarten) — Veränderung in Prozentpunkten

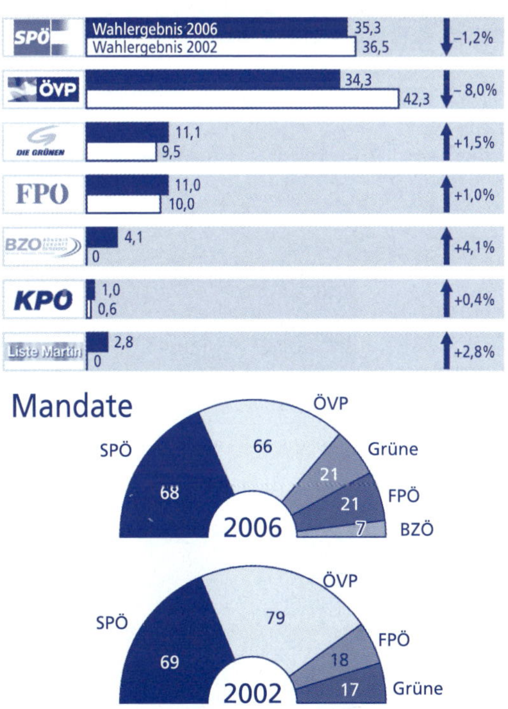

NR-Wahlergebnis 1945 bis 2006

Angaben in Prozent

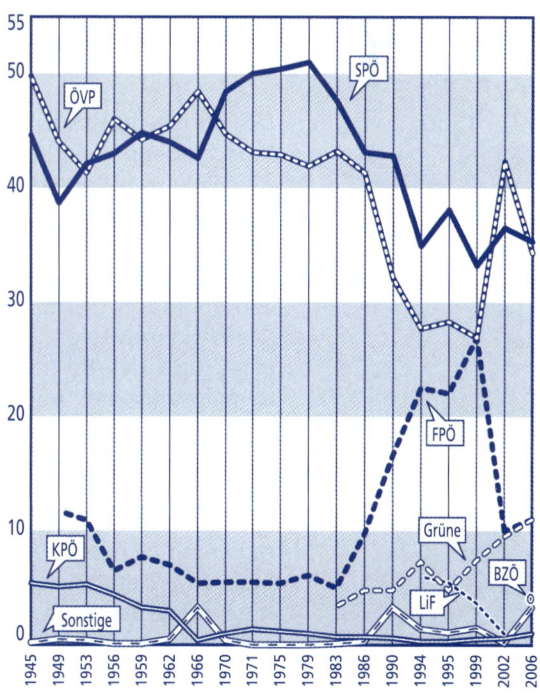

PB00-15 Grafik: Der Auer

3. Bundesrat

Der Bundesrat ist die **Länderkammer** in der Bundesgesetzgebung und nimmt die Interessen der Bundesländer wahr.

Die Mitglieder des Bundesrates werden von den **Landtagen** der einzelnen Bundesländer für die Dauer der Gesetzgebungsperiode dieser Landtage gewählt.

Die Zahl der Mitglieder des Bundesrates (derzeit 62) hängt von einem durch die Verfassung vorgegebenen Verteilungsschlüssel ab (maximal 12 Sitze für das bevölkerungsreichste Bundesland, alle anderen im **Verhältnis** dazu, mindestens jedoch 3 Sitze).

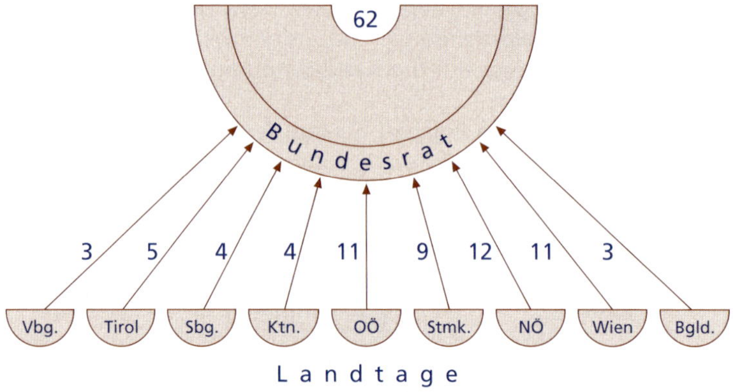

© M.Humer

Der Bundesrat ist weniger bedeutend als der Nationalrat, weil er nur ein **Einspruchsrecht** mit **aufschiebender** Wirkung hat.

Fallweise treten **Nationalrat** und **Bundesrat** als **Bundesversammlung** zu gemeinsamer Sitzung zusammen.

4. Die Bundesversammlung

Die Abgeordneten des **Nationalrates** und des **Bundesrates** bilden gemeinsam die **Bundesversammlung**.

Die Bundesversammlung ist **keine gesetzgebende Körperschaft**. Ihre in der Verfassung geregelten Aufgaben sind, ausgenommen im Fall einer Kriegserklärung, auf den Bundespräsidenten bezogen, z. B. Angelobung des Bundespräsidenten.

Wien Parlament
Bundesversammlung
© M. Humer

Bundesversammlung
183 Abgeordnete des Nationalrats und 62 Abgeordnete des Bundesrats
vollziehendes Organ

1. **Angelobung des Bundespräsidenten** (BP)
2. Anklage des BP beim Verfassungsgerichtshof wegen Verletzung von Amtspflichten
3. Volksabstimmung zur Absetzung des BP
4. Kriegserklärung

Nationalrat
183 Abgeordnete
vom Bundesvolk auf 4 Jahre gewählt

1. **Beratung und Beschlussfassung über Bundesgesetze**
2. **Kontrolle der Bundesregierung**
   a) politisch (Misstrauensvotum ...)
   b) rechtlich (Verfassungsgerichtshof)
   c) finanziell (Budget und Rechnungshof)
3. **Mitwirkung an der Vollziehung**

Bundesrat
62 Abgeordnete,
von den Landtagen gewählte Landesvertreter

1. **Wahrung der Länderinteressen**
   a. Einspruchsrecht
   b. Gesetzesanträge

5. Der Weg der Bundesgesetzgebung

Die Bundesverfassung regelt den Ablauf des Gesetzgebungsverfahrens.

Für die Bundesgesetzgebung sind **Nationalrat** und **Bundesrat** zuständig **(Zweikammergesetzgebung).**

♦ Gesetzesanträge

Gesetzesanträge können stellen:

- **Bundesregierung** als Regierungsvorlage
- **Nationalrat:** mindestens 5 Abgeordnete als Initiativantrag
  Ausschuss des Nationalrats als Ausschussantrag
- **Bundesrat:** 1/3 der Abgeordneten
- **Bevölkerung** durch Volksbegehren

♦ Beratung und Lesungen

Die parlamentarische Diskussion über Gesetzesanträge findet in 3 Lesungen im **Plenum** (Vollversammlung der Nationalratsabgeordneten) statt, wobei die erste Lesung nur auf Antrag abgehalten wird.

Der Antrag wird nach der ersten Lesung einem vorbereitenden **Ausschuss** des Nationalrats zugewiesen. Dieser berät darüber und verfasst einen Bericht an das Plenum. Über diesen Bericht des Ausschusses wird in der zweiten Lesung im Plenum diskutiert und in der dritten Lesung abgestimmt.

♦ Abstimmungen

Zur Beschlussfassung gibt es Mindesterfordernisse bei der Anwesenheit und Zustimmung von Abgeordneten.

Abstimmungserfordernisse:

Beschlussart	Präsensquorum = mindestes Anwesenheitserfordernis der Abgeordneten	Konsensquorum = mindestes Zustimmungserfordernis der Abgeordneten
Einfache Bundesgesetze	1/3	1/2
Bundesverfassungsgesetze	1/2	2/3
Beharrungsbeschluss	1/2	1/2 oder 2/3
Misstrauensvotum	1/2	1/2

Für einen Beschluss des Nationalrates sind die **Anwesenheit** von mindestens **einem Drittel** der Abgeordneten und die **unbedingte (= einfache) Mehrheit der abgegebenen Stimmen** erforderlich.

- Für manche Beschlüsse sind besondere Vorschriften festgelegt, z. B.:
  - Beim **Beharrungsbeschluss** gegen einen Einspruch des Bundesrates muss mindestens die Hälfte der Abgeordneten anwesend sein.
  - Beim Beschluss über ein **Verfassungsgesetz** muss mindestens die Hälfte anwesend sein und eine **qualifizierte Mehrheit** (zwei Drittel) der Abgeordneten zustimmen.

♦ Vorlage an den Bundesrat

Der Gesetzesbeschluss des Nationalrates wird dem **Bundesrat** übermittelt. Dieser kann binnen 8 Wochen einen begründeten **Einspruch** erheben, wenn er die Interessen der Bundesländer dadurch verletzt sieht.

Er soll das **bundesstaatliche Element** bei der Bundesgesetzgebung repräsentieren.

Sein Einspruch hat nur **aufschiebende Wirkung,** weil der Nationalrat durch einen neuerlichen Beschluss **(= Beharrungsbeschluss)** das **ursprünglich beschlossene Gesetz unverändert verabschieden kann.**

Manche Gesetzesbeschlüsse müssen dem Bundesrat nicht vorgelegt werden (z. B. das alljährliche Bundesfinanzgesetz/Budgetgesetz).

♦ Beurkundung und Gegenzeichnung

Hat der Bundesrat keinen Einspruch erhoben oder hat der Nationalrat trotz Einspruch einen Beharrungsbeschluss gefasst, kommt das Gesetz zur **Beurkundung** zum **Bundespräsidenten.** Dieser bestätigt mit seiner Unterschrift das verfassungsmäßige Zustandekommen des Bundesgesetzes. Nach der Beurkundung des Gesetzes wird dieses vom Bundeskanzler gegengezeichnet.

♦ Kundmachung

Anschließend erfolgt die **Verlautbarung** im **Bundesgesetzblatt.** Wenn in einem Gesetz kein Geltungsbeginn festgelegt ist, tritt es mit 0 Uhr des Tages nach der Veröffentlichung in Kraft.

§ 2 ABGB: „Sobald ein Gesetz gehörig kundgemacht worden ist, kann sich niemand entschuldigen, dass ihm dasselbe nicht bekannt geworden sei."

Wie ein Bundesgesetz entsteht

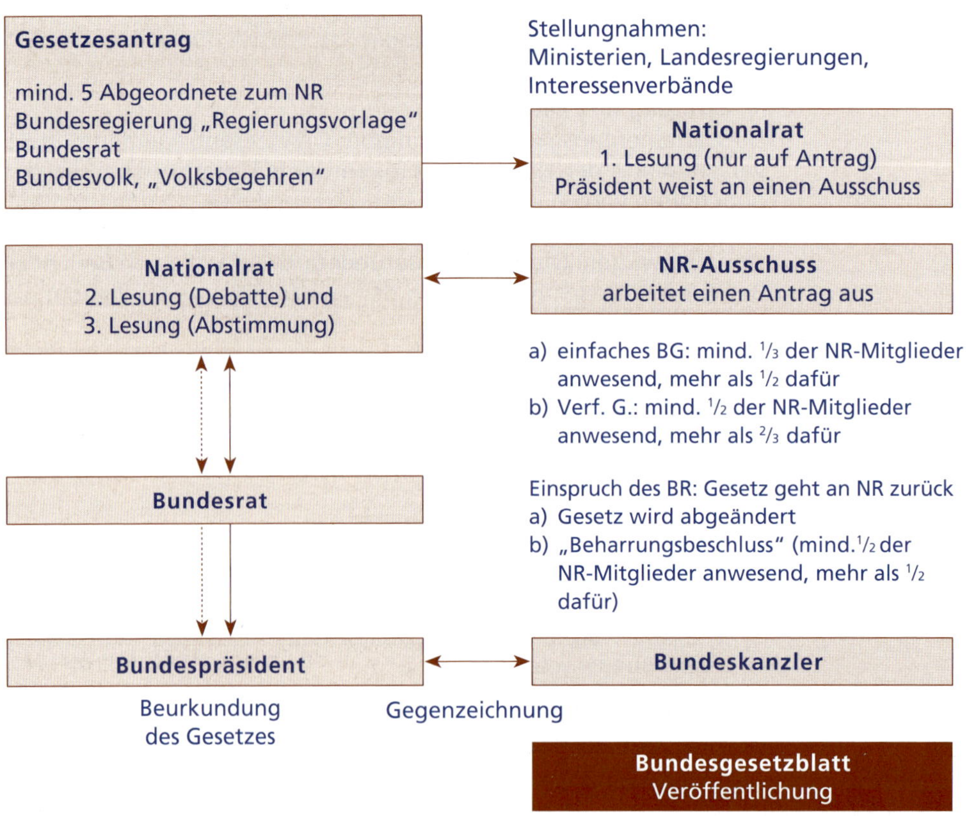

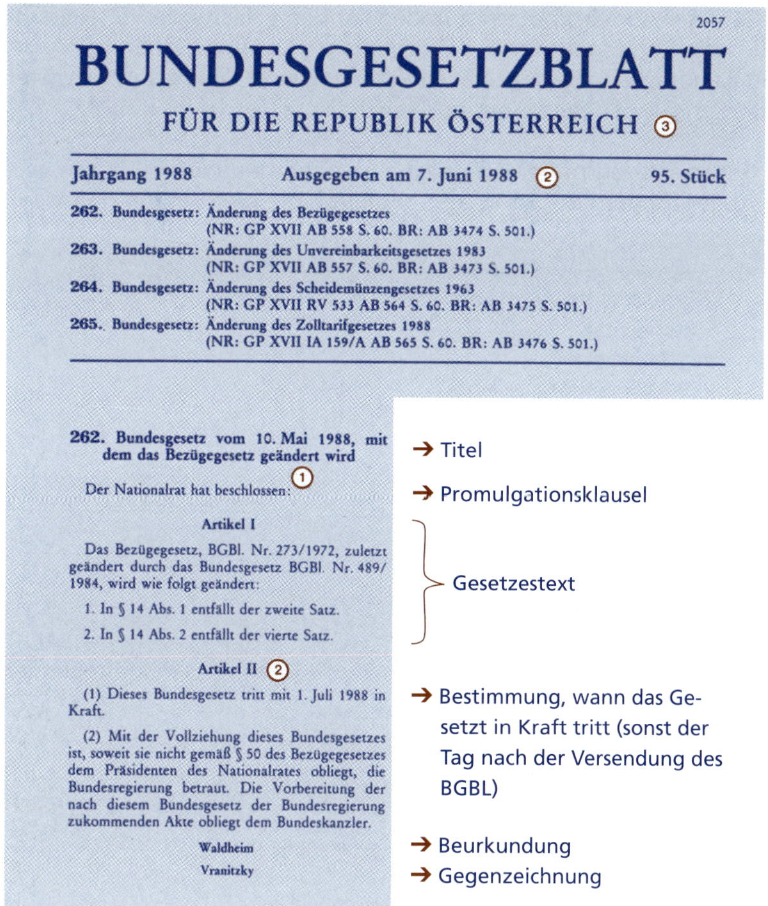

2057

BUNDESGESETZBLATT

FÜR DIE REPUBLIK ÖSTERREICH ③

Jahrgang 1988 Ausgegeben am 7. Juni 1988 ② 95. Stück

262. Bundesgesetz: Änderung des Bezügegesetzes
(NR: GP XVII AB 558 S. 60. BR: AB 3474 S. 501.)
263. Bundesgesetz: Änderung des Unvereinbarkeitsgesetzes 1983
(NR: GP XVII AB 557 S. 60. BR: AB 3473 S. 501.)
264. Bundesgesetz: Änderung des Scheidemünzengesetzes 1963
(NR: GP XVII RV 533 AB 564 S. 60. BR: AB 3475 S. 501.)
265. Bundesgesetz: Änderung des Zolltarifgesetzes 1988
(NR: GP XVII IA 159/A AB 565 S. 60. BR: AB 3476 S. 501.)

262. Bundesgesetz vom 10. Mai 1988, mit dem das Bezügegesetz geändert wird

Der Nationalrat hat beschlossen: ①

Artikel I

Das Bezügegesetz, BGBl. Nr. 273/1972, zuletzt geändert durch das Bundesgesetz BGBl. Nr. 489/1984, wird wie folgt geändert:

1. In § 14 Abs. 1 entfällt der zweite Satz.

2. In § 14 Abs. 2 entfällt der vierte Satz.

Artikel II ②

(1) Dieses Bundesgesetz tritt mit 1. Juli 1988 in Kraft.

(2) Mit der Vollziehung dieses Bundesgesetzes ist, soweit sie nicht gemäß § 50 des Bezügegesetzes dem Präsidenten des Nationalrates obliegt, die Bundesregierung betraut. Die Vorbereitung der nach diesem Bundesgesetz der Bundesregierung zukommenden Akte obliegt dem Bundeskanzler.

Waldheim

Vranitzky

→ Titel

→ Promulgationsklausel

Gesetzestext

→ Bestimmung, wann das Gesetzt in Kraft tritt (sonst der Tag nach der Versendung des BGBL)

→ Beurkundung

→ Gegenzeichnung

Geltungsbereich:
① sachlicher
② zeitlicher
③ räumlicher

B. Gesetzgebung der Länder

Für die Gesetzgebung der Bundesländer sind die **Landtage (Einkammergesetzgebung)** zuständig.

Das Landesgesetzgebungsverfahren ist dem der Bundesgesetzgebung nachgebildet und nur in unwesentlichen Punkten in den einzelnen Landesverfassungen unterschiedlich geregelt.

Ein **Landesgesetz** entsteht wie folgt:
- Die Landesregierung bringt im Landtag eine **Regierungsvorlage** ein, oder eine bestimmte Anzahl von Abgeordneten stellt einen Initiativantrag. Der Gesetzesentwurf wird einem **Ausschuss** zugewiesen.
- Dieser ist für die Beratung und Formulierung des Gesetzes zuständig und bereitet einen Bericht für die Diskussion im Plenum vor.

Im Plenum (Vollversammlung) wird die Gesetzesvorlage in zwei „Lesungen" behandelt. Danach wird darüber abgestimmt.

- Nach Beschlussfassung liegt ein **Gesetzesbeschluss** des Landtags vor, gegen den die **Bundesregierung** wegen Gefährdung der Interessen des Bundes ein **Einspruchsrecht** hat.

Erfolgt ein Einspruch, kann der Landtag einen **Beharrungsbeschluss** fassen.

- Die einzelnen Landesverfassungen regeln unterschiedlich, wer zur **Beurkundung** und **Gegenzeichnung** zuständig ist (Landtagspräsident, Landeshauptmann, Landesrat).

- Die **Kundmachung** der Landesgesetze erfolgt im **Landesgesetzblatt** (LGBl.). Der **Wirksamkeitsbeginn** ist in den verschiedenen Ländern unterschiedlich geregelt.

Die **Landtagsabgeordneten** werden **von den Bürgern des jeweiligen Bundeslandes gewählt**.

Die Zahl der Abgeordneten ist in den Landesverfassungen festgelegt. Sie beträgt:
- **36** Landtagsabgeordnete in **Burgenland, Kärnten, Salzburg, Vorarlberg, Tirol**
- **56** Landtagsabgeordnete in **Niederösterreich, Oberösterreich, Steiermark**
- **100** Landtagsabgeordnete in **Wien**

Die Gesetzgebungsperiode beträgt in den Bundesländern 5 Jahre, in Oberösterreich 6 Jahre. Die Abgeordneten der Landtage genießen die gleiche Immunität wie Nationalratsabgeordnete.

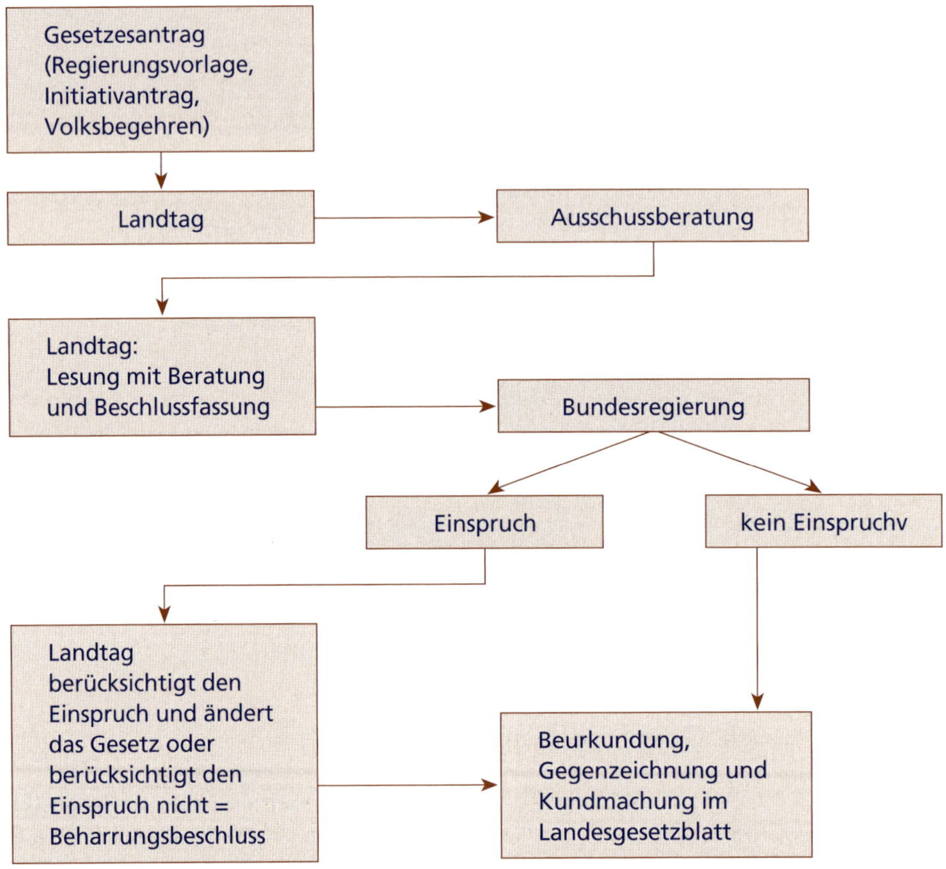

C. Wien – Bundeshauptstadt

Die Gemeinde Wien besitzt eine Sonderstellung, weil die Bundeshauptstadt Wien zugleich Gemeinde, Stadt mit eigenem Statut und Bundesland ist.

Das Gebiet der Stadt Wien umfasst einen politischen Bezirk.

Als Bundeshauptstadt ist sie Sitz oberster Organe.

Die Organe der Stadt Wien haben Aufgaben als Landes- und Gemeindeorgane. Der **Magistrat** der Stadt Wien mit seinen Abteilungen besorgt sowohl die **Aufgaben einer Gemeinde** als auch die **Aufgaben der Bezirksverwaltung.**

Wien hat die Aufgaben:
a. **einer Gemeinde für den eigenen und den übertragenen Wirkungsbereich**
b. **eines Bundeslandes mit den Angelegenheiten im Rahmen der mittelbaren Bundesverwaltung**
c. **einer Bezirksverwaltungsbehörde als Statutarstadt**

Statutarstädte sind Städte mit eigenem besonderem Stadtrecht.

Aus dieser Besonderheit ergibt sich eine Reihe von Doppelfunktionen

Wien ist gleichzeitig

Gemeinde	=	Stadt mit eigenem Statut			=	Bundesland		
Gemeinderat					=	Landtag		
Stadtsenat (Stadträte: amtsführende Stadträte leiten Magistratsabteilungen, kontrollierende Stadträte)					=	Landesregierung		
Bürgermeister			=	Vorstand des Magistrats	=	Landeshauptmann	=	Vorstand des Amtes der Landesregierung
Gemeindeamt der Stadt Wien			=	Magistrat Wien	=	Bezirksverwaltungsbehörde	=	Amt der Landesregierung

Der Gemeinderat, der auch Landtag ist, wird für **fünf Jahre** gewählt und hat **100 Mitglieder.** Der **Bürgermeister** wird vom Gemeinderat als Landtag gewählt. Er ist zugleich auch **Landeshauptmann.**

Die 23 Gemeindebezirke bilden Verwaltungssprengel. Jeder der 23 Wiener Bezirke hat eine eigene **Bezirksvertretung,** die von der Bevölkerung bei der Gemeinderatswahl gewählt wird. Je nach Zahl der Bürger des Bezirkes setzen sich die Bezirksvertretungen aus 40 bis 60 Bezirksräten zusammen.

Wiederholungsfragen – Arbeitsaufgaben – Diskussionsanregungen

1. *Welche Gremien sind für die Bundesgesetzgebung zuständig?*
2. *Wie viele Abgeordnete hat der Nationalrat?*
3. *Welche Voraussetzungen sind bei der Abstimmung im Nationalrat zu beachten?*

	anwesende Abgeordnete	*erforderliche Mehrheit*
einfaches Gesetz		
Verfassungsgesetz		

4. *Wer bringt die meisten Gesetzesanträge im Nationalrat ein?*
5. *Welche Wirkung hat ein Einspruch des Bundesrates?*
6. *Welche Aufgabe hat der Bundespräsident im Zusammenhang mit der Entstehung eines Gesetzes?*
7. *Ab welchem Zeitpunkt wird ein Bundesgesetz verbindlich?*
8. *Welche Parteien sind mit wie vielen Abgeordneten derzeit im Nationalrat vertreten?*
9. *Ein Abgeordneter beleidigt im Zuge einer heftigen Nationalratsdebatte einen anderen Abgeordneten. Ist er gegen eine Ehrenbeleidigungsklage geschützt?*
10. *Welchen Zweck erfüllt die Immunität der Abgeordneten?*
11. *Wodurch unterscheiden sich berufliche und außerberufliche Immunität?*
12. *Wie lange dauert eine Gesetzgebungsperiode des Nationalrats?*
13. *Welche Aufgaben hat der Nationalratspräsident?*
14. *Wie wird man Nationalratspräsident?*
15. *Wer ist derzeit Nationalratspräsident und wer sind seine Stellvertreter?*
16. *Wie viele Abgeordnete hat der Bundesrat?*

17. Wie wird man Bundesratsabgeordneter?

18. Welches Verfassungsprinzip ist durch die Einrichtung des Bundesrates verwirklicht?

19. Worauf ist es zurückzuführen, dass eine Partei die Mehrheit im Nationalrat, aber nur eine Minderheit von Abgeordneten im Bundesrat hat?

20. Hier soll der Weg bei der Entstehung eines Landesgesetzes aufgezeigt werden. Zeigen Sie die richtige Reihenfolge der Tätigkeiten auf!

Ordnen Sie unten stehender Skizze zu:

1. Gesetzesbeschluss
2. Einspruch der Bundesregierung
3. Beratung im Ausschuss
4. Regierungsvorlage
5. Beharrungsbeschluss
6. Beurkundung und Gegenzeichnung
7. Lesungen
8. Kundmachung im Landesgesetzblatt

Landesgesetzgebung	

III. Die Vollziehung

Das erzeugte Recht ist von den Bürgern zu beachten und von den Staatsorganen zu vollziehen. Was bedeutet nun Vollziehung im Detail? Wie erfolgt die Vollziehung? Welche Staatsorgane und Behörden sind für die Vollziehung zuständig? Wie erfolgt die Vollziehung der Gesetze im Bereich der einzelnen Verwaltungsbereiche? Wie können Bürger von der Vollziehung betroffen sein? Kann die Vollziehung der Gesetze kontrolliert werden? Erfolgt die Vollziehung nach bestimmten Grundsätzen?

Diese und weitere damit in Verbindung stehende Belange werden im folgenden Text behandelt.

Das B-VG sieht **zwei Arten** der Vollziehung von Gesetzen vor:
- durch Organe der **Gerichtsbarkeit**
- durch Organe der **Verwaltung**

Die Abgrenzung erfolgt nach der Rechtsstellung der mit der Vollziehung betrauten Organe.
- Die Gerichtsbarkeit wird durch unabhängige, weisungsfreie Richter ausgeübt.
- Die Verwaltung wird von obersten weisungsbefugten Verwaltungsorganen und den nachgeordneten weisungsgebundenen Verwaltungsorganen besorgt.

Vollziehung der Gesetze durch

Verwaltung	**Gerichte/Gerichtsbarkeit**
– oberste weisungsbefugte Verwaltungsorgane – nachgeordnete, weisungsgebundene Verwaltungsorgane	Richter sind unabhängig, weisungsfrei, unversetzbar

A. Die Verwaltung

„Der Staatsdienst muss zum Nutzen derer geführt werden, die ihm anvertraut sind, nicht zum Nutzen derer, denen er anvertraut ist." (Marcus Tullius Cicero)

1. Begriff und Bereiche der Verwaltung

Unter **Verwaltung** versteht man die Durchführung der zahlreichen Aufgaben, die durch die Bundesverfassung, die Landesverfassungen und die einfachen Bundes- und Landesgesetze an staatliche Organe oder Behörden übertragen werden.

Verwaltung ist jener Bereich der **Vollziehung von Gesetzen,** der durch:

- ♦ **„oberste"** (politisch verantwortliche) **Verwaltungsorgane,**
  z. B. Bundespräsident, Mitglieder der Bundesregierung und der Landesregierungen, sowie
- ♦ **„nachgeordnete"** (weisungsgebundene) **Verwaltungsbehörden** (Ämter, Dienststellen),
  z. B. Präsidentschaftskanzlei, Bundesministerien, Ämter der Landesregierungen, Bezirkshauptmannschaften, Finanzämter, Magistrate, Gemeindeämter, erfolgt.

Die Verwaltungsangelegenheiten Österreichs sind wie in jedem Bundesstaat durch die **Zuständigkeitsvorschriften** („Kompetenzartikel") der Bundesverfassung zwischen Bund und Ländern aufgeteilt **(Bundes- und Landesverwaltung).**

Ein Teil der Verwaltungsaufgaben ist den Gemeinden zur selbstständigen Besorgung vorbehalten **(Selbstverwaltung der Gemeinden).**

Dieses Recht der Selbstverwaltung besitzen neben den Gemeinden auch noch andere juristische Personen des öffentlichen Rechts (Kammern, Sozialversicherungsträger).

Verwaltungszweige

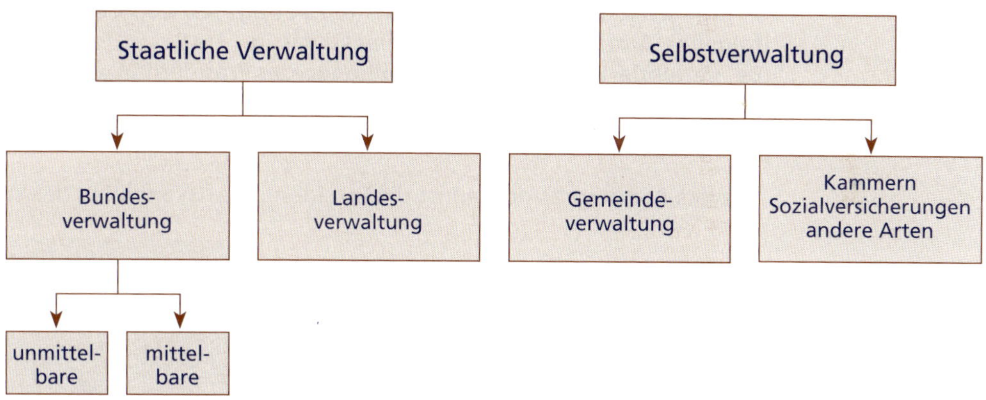

2. Verwaltung des Bundes

Unter Bundesverwaltung versteht man die **Vollziehung der Bundesgesetze durch Verwaltungsorgane.**

Die obersten Verwaltungsorgane des Bundes sind:

- der **Bundespräsident**
- die **Bundesregierung** (Bundeskanzler, Vizekanzler, Bundesminister) als Kollegialorgan
- die **Bundesminister**

Sie sind gegenüber den nachgeordneten Dienststellen weisungsberechtigt, unterliegen keinen Weisungen, sind gegenüber den gesetzgebenden Organen politisch verantwortlich.

www.hofburg.at

a) Der Bundespräsident

Der Bundespräsident ist das Staatsoberhaupt und Repräsentant des Staates.

Bundespräsidenten seit 1945

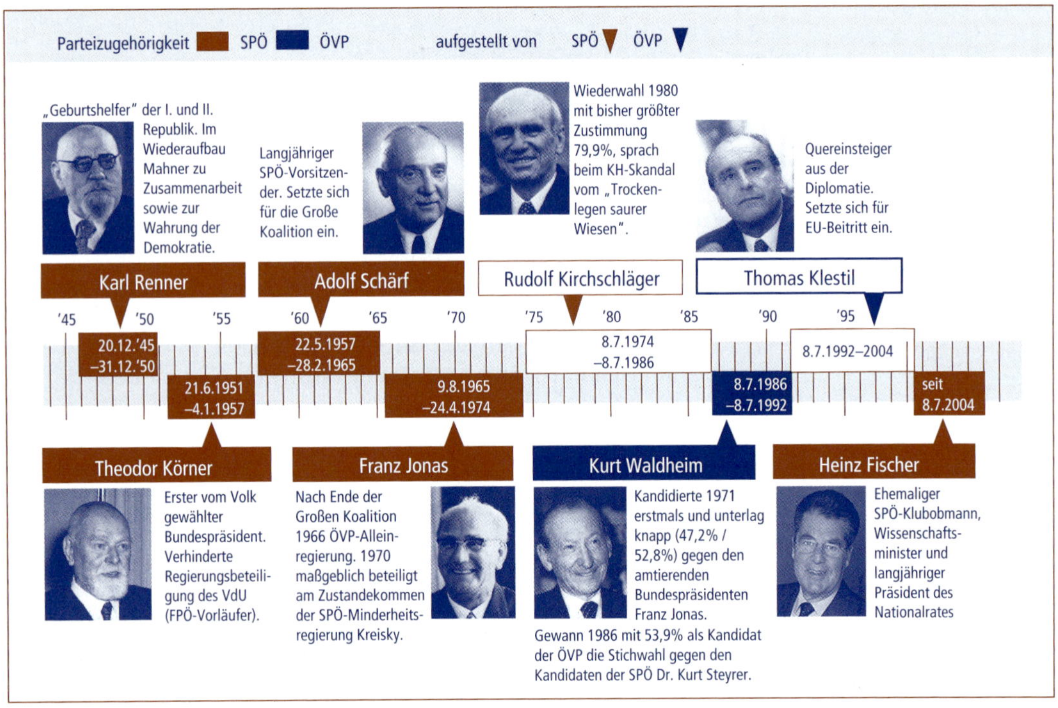

Der Bundespräsident wird von den wahlberechtigten Bürgern unmittelbar gewählt.

Die Amtszeit des Bundespräsidenten beträgt sechs Jahre. Eine Wiederwahl für die nächstfolgende Amtsperiode ist nur einmal zulässig.

Bei **Verhinderung** gehen alle Funktionen des Präsidenten auf den **Bundeskanzler** über.

Dauert die Verhinderung länger als 20 Tage, üben, wie im Falle seines Todes, die drei **Präsidenten des Nationalrates** als Kollegium die Funktion des Bundespräsidenten aus.

Sitz des Bundespräsidenten ist die Präsidentschaftskanzlei in der Wiener Hofburg.

Präsidentschaftskanzlei im Leopoldinischen Trakt der Hofburg in Wien

♦ **Wahl**
- Das **„aktive Wahlrecht“** hat jeder zum Nationalrat Wahlberechtigte.
- Das **„passive Wahlrecht“** besitzt jeder Wahlberechtigte, der spätestens mit Ablauf des Wahltages das 35. Lebensjahr überschritten hat.
- Mitglieder regierender oder ehemals regierender „Häuser“ sind nicht wählbar.
- Erreicht unter mehreren Bewerbern kein Kandidat die **absolute Mehrheit**, erfolgt eine Stichwahl zwischen den zwei Bewerbern mit den meisten Stimmen.
- Wenn nur ein Kandidat vorgeschlagen ist, erfolgt die Wahl in Form einer Abstimmung.
- Die Angelobung erfolgt durch die **Bundesversammlung**.

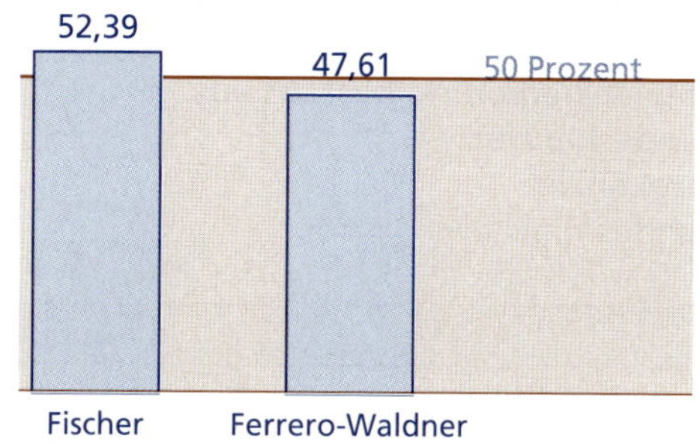

♦ **Rechtliche Stellung**
„Politisch verantwortlich“ ist der Bundespräsident dem Volk. Er kann durch eine Volksabstimmung, die von der Bundesversammlung angeordnet werden muss, abgesetzt werden.
- **„Rechtlich verantwortlich“** ist er der Bundesversammlung. Sie kann gegen ihn wegen Verletzung der Bundesverfassung Anklage beim Verfassungsgerichtshof erheben.
- **„Immunität“:** Behördliche Verfolgung ist nur mit Zustimmung der Bundesversammlung zulässig.
- **„Unvereinbarkeit“:** Er darf keine andere Funktion und keinen anderen Beruf ausüben.
- Fast alle Akte des Bundespräsidenten erfolgen auf Vorschlag der Bundesregierung.

♦ **Aufgaben**
Das Amt des Bundespräsidenten ist durch die Bundesverfassung eingerichtet. Seine Aufgaben sind in dieser aufgezählt.

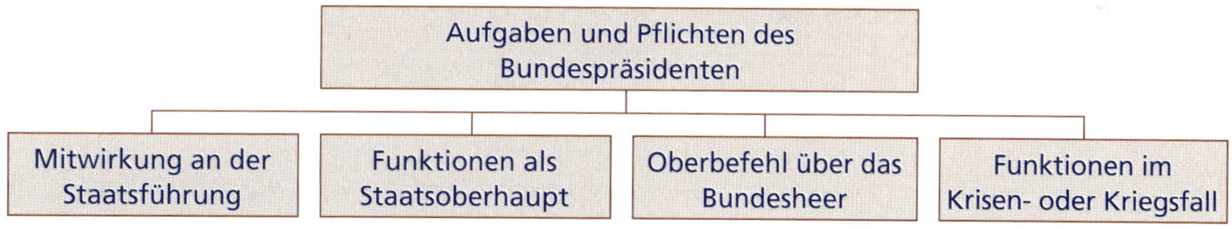

- **Mitwirkung an der Staatsführung:**
  - Ernennung und Entlassung von Bundesministern oder der Bundesregierung
  - Auflösung des Nationalrates oder der Landtage
  - Einberufung des Nationalrates
  - Beurkundung von Bundesgesetzen
  - Ernennung der Mitglieder/Richter von Verfassungsgerichtshof und Verwaltungsgerichtshof
- **Funktionen als Staatsoberhaupt:**
  - Vertretung der Republik, Beglaubigen von Botschaftern, Empfang ausländischer Staatsoberhäupter
  - Abschluss von Staatsverträgen
  - Begnadigungen und individuelle Gnadenakte
  - Legitimation unehelich geborener Kinder
  - Gewähren von Ehrenrechten wie Orden und Berufstitel
  - Ernennung von höheren Bundesbeamten
- **Oberbefehl über das Bundesheer:**
  - Bundespräsident ist Vorgesetzter aller Bundesheerangehörigen und des Bundesministers für Landesverteidigung

- **Funktionen im Krisen oder Kriegsfall**
  - Sitz des Nationalrates verlegen
  - Notverordnungsrecht

Der Bundespräsident kann eine vorläufig gesetzesändernde **„Notverordnung"** erlassen, falls der Nationalrat nicht zusammentreten kann, um damit einen nicht wieder gutzumachenden Schaden für die Allgemeinheit abzuwehren.

Eine Notverordnung müsste dem unverzüglich einzuberufenden Nationalrat vorgelegt werden.

www.austria.gv.at

b) Die Bundesregierung

Die Bundesregierung besorgt als oberstes Verwaltungsorgan oberste Verwaltungsgeschäfte.
Die **Bundesregierung besteht aus**:
- **Bundeskanzler**
- **Vizekanzler**
- **Bundesministern**

!

Bundesregierung		
Bundeskanzler	Vizekanzler	Bundesminister

♦ **Aufgaben**

Der Bundeskanzler sowie die von diesem vorgeschlagenen übrigen Mitglieder der Bundesregierung werden **vom Bundespräsidenten ernannt.** Voraussetzung ist die Wählbarkeit zum Nationalrat. Nach jeder Nationalratswahl wird die Bundesregierung neu gebildet.

Der **Bundeskanzler** ist **Vorsitzender** der Bundesregierung. Er hat **Koordinationsaufgaben** aber **kein Weisungsrecht** gegenüber den Bundesministern.

Der **Vizekanzler** ist sein **Vertreter.**

Bundeskanzleramt
© Helmut Lichowski

Jeder Bundesminister ist in seinem Verwaltungsbereich **(Ressort) oberstes Organ** der Bundesverwaltung.

Zur Unterstützung in der Geschäftsführung und zur parlamentarischen Vertretung können ihm **Staatssekretäre** beigegeben werden, die an dessen Weisungen gebunden sind.
Als **Kollegialorgan** leitet die **Bundesregierung** die **Gesamtpolitik** des Staates.

In dieser Funktion handelt sie als **„Ministerrat"**. Sie muss ihre **Beschlüsse einstimmig** fassen.

Beschlüsse der Bundesregierung sind z. B.:
- **Gesetzesanträge (Regierungsvorlagen) an den Nationalrat**
- **Bundesvoranschlagsentwurf** für das kommende Finanzjahr (Budget)
- **Personalvorschläge** zur Besetzung wichtiger Staatsämter
- **Einspruch gegen Landesgesetze**
- Erlassen von **Verordnungen**

Die Bundesregierung ist dem **Nationalrat „politisch verantwortlich".**

Spricht der Nationalrat der gesamten Bundesregierung oder einzelnen Mitgliedern sein Misstrauen **(Misstrauensvotum)** aus, ist sie oder das betreffende Mitglied des Amtes zu entheben.

Die Bundesregierung ist **dem Nationalrat** auch **„rechtlich verantwortlich".**

Dieser kann wegen Gesetzesverletzungen gegen jedes Mitglied der Bundesregierung Anklage beim Verfassungsgerichtshof erheben **(„Ministeranklage").**

♦ Regierungsbildung

Die Regierung benötigt das Vertrauen der Mehrheit des Nationalrates, da sie sonst durch ein Misstrauensvotum aus ihrem Amt entlassen werden könnte.

Nach Nationalratswahlen beauftragt der Bundespräsident in der Regel den Parteiobmann der stimmenstärksten Partei mit einer Regierungsbildung.

♦ Regierungsformen

Je nach Wahlergebnis sind folgende Regierungsformen möglich:

Regierungsformen
- **Allein**regierung
  - Mehrheitsregierung
  - Minderheitsregierung
- **Koalitions**regierung
  - Große Koalition
  - Kleine Koalition
- **Konzentrations**regierung

- **Alleinregierung**:
  Alle Regierungsmitglieder werden von einer Partei gestellt.
  - **Mehrheitsregierung**: Eine Partei erzielt bei den Nationalratswahlen die absolute Mehrheit und bildet allein eine Regierung (ÖVP-Alleinregierung 1966-1970, SPÖ-Alleinregierung 1971 – 1983).
  - **Minderheitsregierung**: Eine Partei, die nicht die absolute Mehrheit im Nationalrat hat, stellt alle Regierungsmitglieder (SPÖ 1970 – 1971).
- **Koalitionsregierung**:
  Zwei oder mehr Parteien bilden gemeinsam die Regierung und besetzen die Ministerämter.
  Keine Partei erzielt bei den Nationalratswahlen die absolute Mehrheit. Zwei oder mehrere Parteien bilden gemeinsam eine Regierung, um so die absolute Mehrheit im Nationalrat zu erreichen.
  - **Große Koalition**: Die beiden größten Parteien bilden gemeinsam eine Regierung (SPÖ – ÖVP Koalition seit 2007).
  - **Kleine Koalition**: Andere, als die zwei größten Parteien bilden gemeinsam eine Regierung (SPÖ – FPÖ Koalition von 1983 – 1987).
- **Konzentrationsregierung**:
  Alle im Nationalrat vertretenen Parteien bilden gemeinsam eine Regierung.
  (in einigen Bundesländern, z. B. Niederösterreich und Burgenland üblich)

c) Die Organisation der Bundesverwaltung
Wegen der bundesstaatlichen Organisation Österreichs haben sowohl der Bund als auch die Länder eigene Verwaltungsorganisationen.

Die Bundesverwaltung ist gemäß dem B-VG auf zwei Arten organisiert:

♦ **Mittelbare Bundesverwaltung**
In den Bundesländern üben die Vollziehung des Bundes die Landeshauptleute mit Hilfe der ihnen unterstellten Landesbehörden (Bezirksverwaltungsbehörden) aus. Der Landeshauptmann ist in diesem Zusammenhang an die Weisungen des jeweiligen Bundesministers gebunden.

♦ **Unmittelbare Bundesverwaltung**
In bestimmten, in der Verfassung genau aufgezählten Angelegenheiten (z. B. Finanzverwaltung, Sicherheitsverwaltung) hat der Bund eigene Organe geschaffen, die nur dem Bundesminister unterstellt sind (z. B. Finanzämter, Bundespolizeidirektionen), um Agenden der Bundesverwaltung zu besorgen.

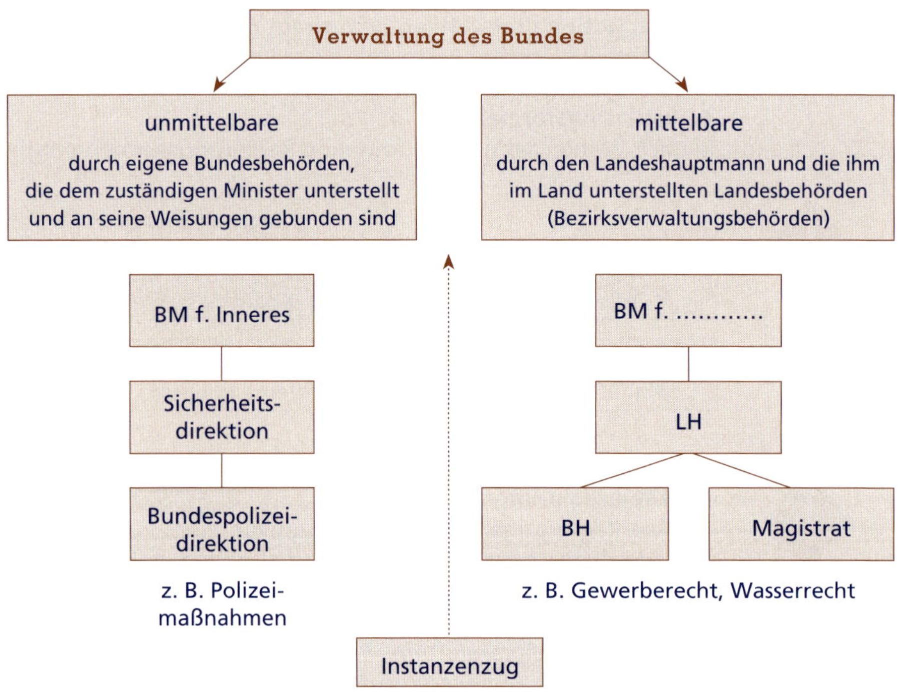

3. Verwaltung der Länder
Unter **Landesverwaltung** versteht man die Vollziehung von **Landesgesetzen.**

Landesverwaltungsorgane besorgen auch die Vollziehung von Bundesgesetzen im Rahmen der mittelbaren Bundesverwaltung.

Das **oberste Verwaltungsorgan eines Bundeslandes** ist die **Landesregierung.** Sie besteht aus:
- **Landeshauptmann,**
- einem bis drei **Landeshauptmannstellvertretern** und
- **Landesräten.**

Jedes Mitglied der Landesregierung hat einen bestimmten Aufgabenbereich (ähnlich wie die Mitglieder der Bundesregierung).

Die Landesregierung wird vom Landtag gewählt, im Unterschied zur Bestellung der Bundesregierung.

Der Landeshauptmann ist sowohl Vorsitzender der Landesregierung als auch Träger der mittelbaren Bundesverwaltung.

Landesregierung		
Landeshauptmann	Landeshauptmannstellvertreter (meist zwei)	Landesräte („Landesminister")

Das **Amt der Landesregierung** ist der Verwaltungsapparat des Landeshauptmannes und der Landesregierung. Diese Behörde wird vom **Landesamtsdirektor** geleitet.

Die **Bezirksverwaltungsbehörden** sind Landesbehörden und erledigen die Aufgaben der Landesverwaltung und der mittelbaren Bundesverwaltung für den Bereich ihres Bezirkes („politische Bezirke").

In den Landbezirken heißen diese Behörden der allgemeinen staatlichen Verwaltung **Bezirkshauptmannschaften,** in den Städten mit eigenem Statut **Magistrate.** Letztere sind zwar Gemeindebehörden, haben aber auch die Funktion einer Bezirkshauptmannschaft.

Der Bürgermeister einer Statutarstadt hat daher auch die Funktion eines Bezirkshauptmannes. Der Bürgermeister wird gewählt, der Bezirkshauptmann ernannt.

Aufgaben der Bezirksverwaltungsbehörden: z. B.:
- Ausstellung des Gewerbescheines bei freien, gebundenen und handwerksmäßigen Gewerben
- Erteilung der Bewilligung bei bewilligungspflichtigen gebundenen Gewerben
- Ausstellung von Reisepässen, Personalausweisen, Führerscheinen
- Amtsvormundschaft und Jugendschutz
- Aufgaben des Gesundheitswesens (Amtsarzt), Veterinärpolizei (Amtstierarzt)
- Forstwesen
- Bezirkshauptmannschaften führen die Aufsicht über die Ortsgemeinden ihres Bezirkes

Wo **Bundespolizeibehörden** bestehen, sind diese an Stelle der Bezirksverwaltungsbehörden für bestimmte Angelegenheiten zuständig.

Z. B. Bundespolizeidirektion Wien für die Anmeldung von Versammlungen

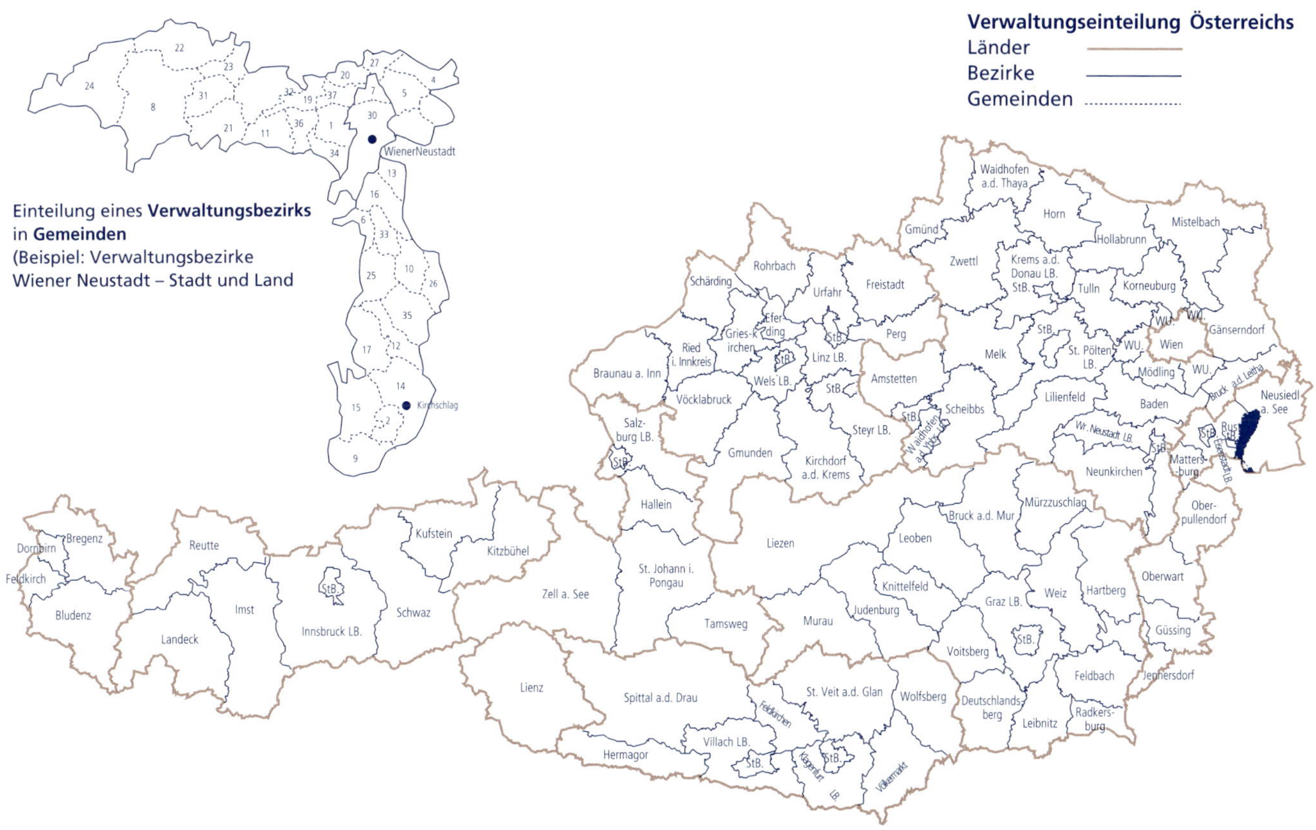

Einteilung eines **Verwaltungsbezirks** in **Gemeinden**
(Beispiel: Verwaltungsbezirke Wiener Neustadt – Stadt und Land

Verwaltungseinteilung Österreichs
Länder
Bezirke
Gemeinden

4. Selbstverwaltung

Im Gegensatz zur Staatsverwaltung durch Bundes- und Landesverwaltungsbehörden spricht man von **Selbstverwaltung,** wenn der Staat bestimmte Verwaltungsaufgaben jenen Personengruppen überlässt, die selbst an der Durchführung interessiert sind und in der Lage sind, diese auch zu übernehmen.

Die **Selbstverwaltungskörper** sind juristische Personen des öffentlichen Rechts.

Die Selbstverwaltung kann auf territorialer oder auf personaler Grundlage beruhen.

Sie sind **Zwangsverbände:** Z. B.:
- alle Personen, die in einer Gemeinde ihren ordentlichen Wohnsitz haben, gehören ihr an
- alle Rechtsanwälte gehören der Rechtsanwaltskammer an

Selbstverwaltung hat zwei Wirkungsbereiche:

♦ **Eigener Wirkungsbereich:**
Hier werden Aufgaben erfüllt, die im Interesse der Mitglieder des Selbstverwaltungskörpers liegen.

Die Organe sind an keine staatlichen Weisungen gebunden, unterliegen aber dem staatlichen Aufsichtsrecht.

♦ **Übertragener Wirkungsbereich:**
Hier ist der Selbstverwaltungskörper als Bundes- oder Landesbehörde tätig.
Die Organe sind an staatliche Weisungen gebunden.

♦ **Gemeinden**
Die ca. 2350 österreichischen Gemeinden haben das Recht auf **territoriale Selbstverwaltung.**

Es macht keinen rechtlichen Unterschied, ob eine Ortsgemeinde ein Dorf, ein Markt oder eine Stadt ist (diese Bezeichnung ist nur ein Titel).

Nur die **Städte mit eigenem Statut** haben eine Sonderstellung. Die Gebietsgrenzen einer Gemeinde dürfen sich mit den Grenzen der politischen Bezirke und der Gerichtssprengel nicht überschneiden.

Die Gemeinde besitzt als juristische Person **Organe**, die für sie handeln:
- **Gemeinderat**
  Der Gemeinderat ist das **beschlussfassende Organ** und wird direkt von den Gemeindebürgern gewählt.
- **Gemeindevorstand**
  Der Gemeindevorstand ist eine Art Gemeinderegierung und berät die Entscheidungen des Gemeinderates. Er wird vom Gemeinderat nach dem Proporz gewählt. In Städten heißt er Stadtrat, in Städten mit eigenem Statut Stadtsenat.
- **Bürgermeister**
  Der Bürgermeister ist das **Vollzugsorgan** der Gemeinde und wird je nach Bundesland entweder vom Gemeinderat (Niederösterreich, Steiermark, Wien) oder von den Gemeindebürgern (Burgenland, Kärnten, Oberösterreich, Salzburg, Tirol, Vorarlberg) gewählt.
  Das Gemeindeamt (in Statutarstädten der Magistrat) dient den Gemeindeorganen zur Durchführung ihrer Aufgaben und ist dem Bürgermeister unterstellt.

Organe der Gemeinde		
Gemeinderat	Gemeindevorstand	Bürgermeister

Wie jeder Selbstverwaltungskörper hat die Gemeinde **zwei Wirkungsbereiche:**

Die Gemeinde

Gemeinderat – **Gemeindevorstand** – **Bürgermeister**

Angelegenheiten des eigenen Wirkungsbereichs

Werden von der Gemeinde eigenverantwortlich und autonom ausgeführt. Die Gemeinde unterliegt dabei keinen Weisungen von Verwaltungsorganen außerhalb der Gemeinde, aber einem Aufsichtsrecht.
- Alle Angelegenheiten, die ausschließlich oder überwiegend im Interesse der Gemeinde liegen, z. B.: Bestellung der Organe und Bediensteten
- Alle Angelegenheiten, die geeignet sind durch die Gemeinde besorgt zu werden
- Örtliche Sicherheitspolizei
- Verwaltung der Verkehrsflächen der Gemeinde
- Örtliche Bau-, Feuer und Gesundheitspolizei
- Örtliche Raumplanung
- ortspolizeiliche Verordnungen zur Abwehr oder Beseitigung lokaler Missstände

Angelegenheiten des übertragener Wirkungsbereichs

Werden den Gemeinden durch Bundes- oder Landesgesetze übertragen und müssen im Auftrag und nach Weisungen der Bundes- oder Länderbehörden besorgt werden. Der Bürgermeister ist für die Ausführung dieser Aufgaben verantwortlich. z. B.:
- Durchführung von Wahlen,
- Meldewesen
- Standesamt

Aufsichtsrecht – Bezirkshauptmannschaft – Weisungsrecht

♦ **Städte mit eigenem Statut**

Sie besitzen eine Sonderstellung, weil sie für die Gemeindeverwaltung und die Bezirksverwaltung zuständig sind.
Sie haben ein **Magistrat** und sind keiner Bezirkshauptmannschaft untergeordnet.
Der Bürgermeister hat auch die Funktion des Bezirkshauptmanns.
Der Verwaltungsapparat des Bürgermeisters ist der Magistrat.
Städte mit eigenem Statut sind: alle Landeshauptstädte außer Bregenz, Wiener Neustadt, Krems, Steyr, Villach, Wels, Rust, Waidhofen a.d.Ybbs

♦ **Andere Selbstverwaltungskörper**

– **Berufliche Selbstverwaltung**

Die Kammern sind die gesetzlichen Interessenvertretungen der Arbeitgeber und Arbeitnehmer. Sie besitzen das Recht der Selbstverwaltung **(„berufliche Selbstverwaltung")** und sind als juristische Personen des öffentlichen Rechts mit Hoheitsgewalt ausgestattet.

– **Selbstverwaltung in der Sozialversicherung**

Den Sozialversicherungsträgern steht Selbstverwaltung zu. Sie besorgen die Angelegenheiten der gesetzlichen Sozialversicherung.

Z. B.: Gebietskrankenkassen, Allgemeine Unfallversicherungsanstalt, Pensionsversicherungsanstalt der Arbeiter und Angestellten usw.

www.
sozialversicherung.
co.at

<table>
<tr><th colspan="3">Die österreichische Sozialversicherung</th></tr>
<tr><th colspan="3">Hauptverband der österreichischen Sozialversicherungsträger</th></tr>
<tr><td>Unfallversicherung</td><td>Krankenversicherung</td><td>Pensionsversicherung</td></tr>
<tr><td rowspan="2">Allgemeine Unfall-versicherungsanstalt</td><td>9 Gebietskrankenkassen
8 Betriebskrankenkassen</td><td>Pensionsversicherungs-anstalt</td></tr>
<tr><td colspan="2">Sozialversicherungsanstalt der Selbstständigen SVS
(selbstständig Erwerbstätige, Landwirte)</td></tr>
<tr><td>(Bergbau)</td><td colspan="2" rowspan="2">Versicherungsanstalt für Eisenbahnen und Bergbau</td></tr>
<tr><td>(Eisenbahner)</td></tr>
<tr><td colspan="3">Versicherungsanstalt öffentlich Bediensteter</td></tr>
<tr><td></td><td colspan="2">Versicherungsanstalt des österreichischen Notariates</td></tr>
</table>

– **Kulturelle Selbstverwaltung**

Weitere Einrichtungen mit Selbstverwaltung sind:

- die **„Österreichische Hochschülerschaft"** als gesetzliche Interessenvertretung aller Studierenden Österreichs,
- die **Universitäten** und **Hochschulen** sowie
- die gesetzlich anerkannten **Religionsgemeinschaften.**

Wiederholungsfragen – Arbeitsaufgaben – Diskussionsanregungen

1. *Was versteht man unter Bundesvollziehung?*
2. *In welche Bereiche ist die Vollziehung gegliedert?*
3. *Welche Organe sind für die Vollziehung zuständig?*
4. *Was sind oberste Verwaltungsorgane?*
5. *Welche rechtliche Stellung haben oberste Veraltungsorgane?*
6. *Wie viele Stimmen benötigt man für die Wahl zum Bundespräsidenten?*
7. *Wie lange dauert die Amtsperiode des Bundespräsidenten?*
8. *Wann sind die nächsten planmäßigen Bundespräsidentenwahlen?*
9. *Welche Aufgaben hat der Bundespräsident? – Kreuzen Sie an!*

	Ja	Nein
Vorsitz und Leitung der Bundesregierung	○	○
Vertretung des Staates nach außen	○	○
Ausübung des Gnadenrechtes	○	○
Festlegung der Grundzüge der Bundespolitik	○	○
Ernennung des Bundeskanzlers	○	○
Stellen von Gesetzesanträgen	○	○
Beurkundung von Bundesgesetzen	○	○
Ratifikation von Staatsverträgen	○	○
Ernennung von Beamten	○	○
Kriegserklärung	○	○

10. *Aus welchen Mitgliedern besteht die Bundesregierung?*
11. *In welcher hierarchischen Beziehung stehen die Mitglieder der Bundesregierung zueinander?*
12. *Welche Regierungsformen gibt es?*

13. *Weshalb ist die Bildung einer Minderheitsregierung ein Risiko?*
14. *Welche Regierungsform besteht zurzeit auf Bundesebene, welche in Ihrem Bundesland?*
15. *Unterscheiden Sie die mittelbare von der unmittelbaren Bundesverwaltung mit einem Beispiel.*
16. *Was versteht man unter Landesverwaltung?*
17. *Was ist der Unterschied zwischen einem Landesrat und einem Landtagsabgeordneten?*
18. *Entscheiden Sie, ob die nachstehenden Organe gewählt oder ernannt werden. Kreuzen Sie an!*

	ernannt	*gewählt*		*ernannt*	*gewählt*
Landeshauptmann	○	○	*Landesrat*	○	○
Bürgermeister	○	○	*Bundespräsident*	○	○
Bundesminister	○	○	*Bundesrat*	○	○
Bundeskanzler	○	○	*Bezirkshauptmann*	○	○

19. *Wodurch unterscheidet sich die Bestellung des Landeshauptmannes von der des Bundeskanzlers?*
20. *Welche Arten von Selbstverwaltungskörpern kennen Sie?*
21. *Über welche Organe verfügt eine Gemeinde?*
22. *Welches Organ der Gemeinde ist für den übertragenen Wirkungsbereich zuständig?*
23. *Wie lautete das letzte Ergebnis der Gemeinderatswahl in Ihrer Heimatgemeinde?*
24. *Welche Sonderstellung haben Städte mit eigenem Statut?*

5. Verwaltungsverfahren

Verwaltungsverfahrensgesetze regeln das behördliche Verfahren der Verwaltungsorgane.
Das **Ergebnis eines Verwaltungsverfahrens** kann sein:
- **Bescheid** (z. B. Baubescheid)
- **Maßnahme verwaltungsbehördlicher Befehls- und Zwangsgewalt**
- **Beurkundung** (z. B. Staatsbürgerschaftsurkunde)

Grundsätze von Verwaltungsverfahren

- Parteiengehör
- Materielle Wahrheit
- Freie Beweiswürdigung
- Entscheidungspflicht
- Schriftlichkeit des Verfahrens

♦ **Grundsätze der Verwaltungsverfahren:**
- **Parteiengehör**
  Den Parteien muss ausreichend Gelegenheit zur Wahrung ihrer Rechte gegeben werden.
- **Grundsatz der materiellen Wahrheit**
  Der wahre Sachverhalt ist von der Behörde zu ermitteln und dem Bescheid zugrunde zu legen.
- **Freie Beweiswürdigung**
  Alle Beweismitteln, die zur Feststellung des maßgeblichen Sachverhalts zweckdienlich sind, sind gleichwertig. Die Behörde ist an keine Beweisregeln gebunden. Sie hat unter Berücksichtigung der Ergebnisse des Verfahrens nach freier Überzeugung zu beurteilen, ob etwas als erwiesen anzunehmen ist oder nicht.
- **Entscheidungspflicht**
  Die Behörden sind verpflichtet, spätestens innerhalb von sechs Monaten zu entscheiden. Verletzt die Behörde diese Entscheidungspflicht, geht auf Antrag die Zuständigkeit auf die

nächste Instanz über. Sollte auch die oberste Behörde säumig bleiben, kann eine Säumnisbeschwerde an den Verwaltungsgerichtshof gerichtet werden.

- **Schriftlichkeit**
  Im Gegensatz zu den Gerichtsverfahren werden Verwaltungsverfahren vorwiegend schriftlich durchgeführt. Mündliche Verhandlungen werden nur durchgeführt, wenn es das Gesetz verlangt (z. B. Bauverhandlung).

♦ **Ablauf des Verwaltungsverfahrens**

Verwaltungsverfahren können **von Amts wegen** (z. B. im Verwaltungsstrafverfahren) oder **auf Antrag** (z. B. Bauverhandlung) eingeleitet werden.

Einleitung von Verwaltungsverfahren	
von Amts wegen	auf Antrag

Das **Ermittlungsverfahren** dient der Feststellung des Sachverhaltes, wird in der Regel schriftlich durchgeführt und mit Bescheid abgeschlossen.

Der **Bescheid** muss enthalten:
- **Bezeichnung** „Bescheid"
- Bezeichnung der **erlassenden Behörde**
- **Adressat**
- den **Spruch** (dies ist die Entscheidung der Behörde, nur dieser wird rechtskräftig)
- **Sachverhalts**darstellung
- **Begründung**
- **Rechtsmittelbelehrung**
- **Unterschrift** des Organs

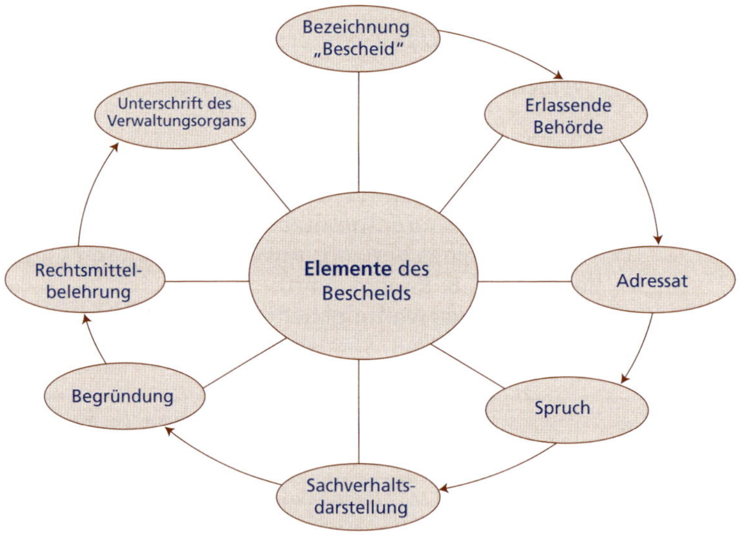

♦ **Berufungsverfahren**

Das ordentliche Rechtsmittel gegen einen Bescheid ist die **Berufung**.
- Sie kann innerhalb von **14 Tagen** von jeder Partei schriftlich oder fernschriftlich (Telefax) bei der Behörde eingebracht werden, die den Bescheid erlassen hat.
- Sie hat den Bescheid, gegen den sie sich richtet, zu bezeichnen und einen begründeten Berufungsantrag zu enthalten.
- Ein Bescheid kann in jede Richtung hin bekämpft werden.
- Rechtzeitig eingebrachte Berufungen haben **aufschiebende Wirkung**, doch kann die Behörde, die den Bescheid erlassen hat, diese ausschließen. Dies geschieht vor allem dann, wenn die vorzeitige Vollstreckung im Interesse einer Partei oder des öffentlichen Wohles wegen Gefahr im Verzug dringend gelegen ist (z. B. Abnahme des Führerscheins bei alkoholisierten Lenkern).
- Mit der Einbringung der Berufung geht die Zuständigkeit an die übergeordnete Instanz über.

Die Berufungsbehörde muss sich mit dem Fall in gleicher Weise wie die Behörde erster Instanz befassen, da sie den angefochtenen Bescheid nach **jeder Richtung abändern** kann.

Im Berufungsverfahren herrscht im Gegensatz zu einem gerichtlichen Berufungsverfahren **kein Neuerungsverbot** (d. h. es können jederzeit neue Tatsachen und Beweise vorgebracht werden) und es gibt **keine Anwaltspflicht**.

Wird rechtskräftigen Bescheiden nicht Folge geleistet, werden diese zwangsweise von der zuständigen Verwaltungsbehörde oder auf deren Antrag von den Gerichten vollstreckt.

♦ **Instanzenzug**
Der Instanzenzug unterscheidet sich je nachdem, ob es sich um Angelegenheiten der mittelbaren oder unmittelbaren Bundesverwaltung, der Landesverwaltung oder der Gemeinden im eigenen Wirkungsbereich handelt.

- **Mittelbare Bundesverwaltung**:
  Hier ist der Instanzenzug grundsätzlich zweistufig; entweder von der Bezirksverwaltungsbehörde zum Landeshauptmann oder vom Landeshauptmann zum zuständigen Bundesminister.
- **Unmittelbare Bundesverwaltung:**
  Hier geht der Instanzenzug grundsätzlich bis zum zuständigen Minister (Ausnahme z. B. im Finanzverwaltungsverfahren). Je nachdem, welche Behörde in I. Instanz zuständig war, kann der Instanzenzug über zwei oder drei Stufen gehen.
- In **Angelegenheiten der Landesverwaltung und der Gemeinde im eigenen Wirkungsbereich** ist der Instanzenzug grundsätzlich zweistufig.

Instanzenzug im Verwaltungsverfahren:

Mittelbare Bundesverwaltung		
1. Instanz	Bezirksverwaltungsbehörde	Landeshauptmann
2. Instanz	Landeshauptmann	Bundesminister
Unmittelbare Bundesverwaltung		
1. Instanz	Finanzamt	
2. Instanz	unabhängiger Finanzsenat	
3. Instanz	Bundesministerium für Finanzen	

6. Verwaltungsstrafverfahren

a) Zuständigkeit
Verwaltungsübertretungen sind mit wenigen Ausnahmen von **Amts** wegen zu verfolgen.

Den **Bezirksverwaltungsbehörden** steht in **1. Instanz** die Untersuchung und Bestrafung der Übertretungen zu; ebenso den **Bundespolizeibehörden** im Rahmen ihres Wirkungsbereiches.

Örtlich zuständig ist die Behörde, in deren Sprengel die Verwaltungsübertretung **begangen** worden ist.

Die Behörde erfährt von einer Verwaltungsübertretung im Regelfall durch **Anzeige.**

b) Verjährung
Die Verfolgung einer Person ist unzulässig, wenn gegen sie binnen der Verjährungsfrist von der Behörde keine Verfolgungshandlung (Strafverfügung, Vorladung) vorgenommen wurde.

Die Verjährungsfrist beträgt **sechs** Monate, gerechnet ab dem Tage der strafbaren Tat (Ausnahmen: z. B. Hinterziehung von Landes- oder Gemeindeabgaben, Kurzparkzone – 1 Jahr).

Nach drei Jahren gibt es überhaupt keine Bestrafung mehr!

c) Organstrafmandat (Organ-Strafverfügung)
Die Behörden können besonders geschulte Organe der öffentlichen Aufsicht ermächtigen, wegen Übertretung **bestimmter** Verwaltungsvorschriften mit Organmandaten (Strafkataloge

enthalten Höchststrafen) gegen Personen vorzugehen, die auf **frischer Tat** betreten werden.

Der Vorteil des Organmandates ist, dass die Person des Täters nicht festgehalten wird, sodass diese Strafe nirgends aufscheint!

Die Organe sind verpflichtet, auf Wunsch der Beanstandeten ihre Ermächtigungsurkunde vorzuweisen.

Verweigert der Beanstandete die Bezahlung des Strafbetrages, so ist das Organmandat **gegenstandslos.** Über den beanstandeten Sachverhalt wird dann vom Organ **Anzeige** an die Behörden erstattet. Strafverfügungen dieser Art sind auch gegen Jugendliche zulässig.

Auf eine Organmandatstrafe hat **niemand Anspruch!**

d) Anonymverfügung

Die Behörde kann bei Übertretungen der Straßenverkehrsordnung gegen den Zulassungsbesitzer eines Kraftfahrzeuges eine **Anonymverfügung** erlassen. Wird die Strafe bezahlt, wird gegen niemanden ein Verwaltungsstrafverfahren geführt und es scheint auch niemand aus diesem Delikt als Verurteilter auf. Falls die Strafe nicht bezahlt wird, wird gegen den Zulassungsbesitzer das **ordentliche Verfahren** eingeleitet.

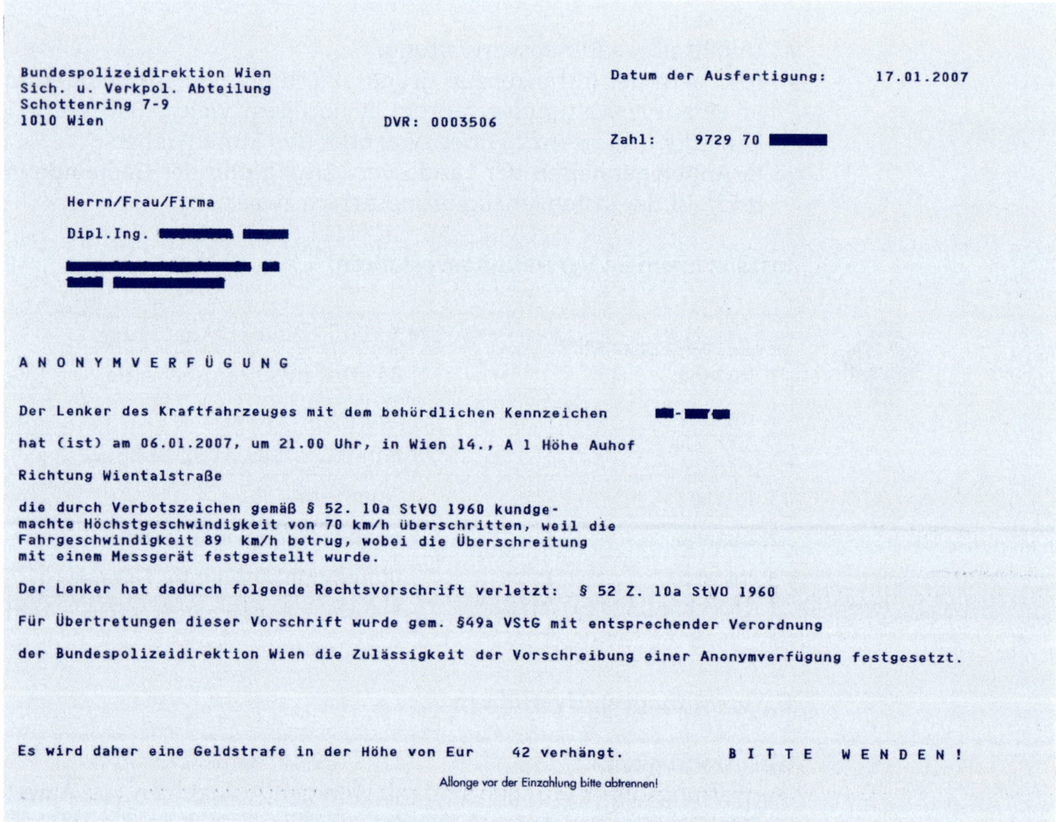

Bundespolizeidirektion Wien
Sich. u. Verkpol. Abteilung
Schottenring 7-9
1010 Wien

DVR: 0003506

Datum der Ausfertigung: 17.01.2007

Zahl: 9729 70 [redacted]

Herrn/Frau/Firma

Dipl.Ing. [redacted]

[redacted]

A N O N Y M V E R F Ü G U N G

Der Lenker des Kraftfahrzeuges mit dem behördlichen Kennzeichen [redacted]

hat (ist) am 06.01.2007, um 21.00 Uhr, in Wien 14., A 1 Höhe Auhof

Richtung Wientalstraße

die durch Verbotszeichen gemäß § 52. 10a StVO 1960 kundgemachte Höchstgeschwindigkeit von 70 km/h überschritten, weil die Fahrgeschwindigkeit 89 km/h betrug, wobei die Überschreitung mit einem Messgerät festgestellt wurde.

Der Lenker hat dadurch folgende Rechtsvorschrift verletzt: § 52 Z. 10a StVO 1960

Für Übertretungen dieser Vorschrift wurde gem. §49a VStG mit entsprechender Verordnung

der Bundespolizeidirektion Wien die Zulässigkeit der Vorschreibung einer Anonymverfügung festgesetzt.

Es wird daher eine Geldstrafe in der Höhe von Eur 42 verhängt. B I T T E W E N D E N !

Allonge vor der Einzahlung bitte abtrennen!

e) Strafverfügung (im Kurzverfahren)

Wird einer Verwaltungsbehörde eine Verwaltungsübertretung angezeigt, kann sie ohne weiteres Verfahren durch **Strafverfügung** die Strafe festsetzen, wenn eine Freiheitsstrafe von höchstens **drei Tagen** oder eine Geldstrafe von höchstens Euro 218,– zu verhängen ist.

Gegen Jugendliche **(14 bis 18 Jahre)** können keine Strafverfügungen verhängt werden.

Wird die Strafe nicht bezahlt, wird die Ausforschung des Täters eingeleitet.

f) Einspruch

Die Strafverfügung tritt mit der rechtzeitigen Einbringung eines **Einspruches** (mündlich, schriftlich oder fernschriftlich) automatisch **außer Kraft.** Daraufhin wird das Verfahren eingestellt oder unverzüglich das **ordentliche Verfahren** eingeleitet.

g) Ordentliches Verfahren

Sieht die Behörde nicht schon aufgrund der Anzeige beziehungsweise der Erhebungen von der Verfolgung ab, so hat sie dem Beschuldigten **Gelegenheit** zu geben, sich zu **rechtfertigen** (Parteiengehör).

Diese Rechtfertigung (Beweismittel!) kann schriftlich oder durch mündliche Vorsprache erfolgen. Die zur Last gelegte Tat ist dem Beschuldigten zu Beginn der Einvernahme vorzuhalten.

Die Behörde hat von der Fortführung eines Strafverfahrens abzusehen und die **Einstellung** zu verfügen, wenn die dem Beschuldigten zur Last gelegte Tat nicht bewiesen werden kann.

Ansonsten entscheidet sie durch ein **Straferkenntnis.**

h) Berufung

Dem Beschuldigten steht im Verwaltungsstrafverfahren gegen ein Straferkenntnis binnen **zwei Wochen** das Recht der **Berufung an die im Instanzenweg sachlich übergeordnete Behörde (Amt der Landesregierung)** zu.

Die Berufung ist bei der Behörde **I. Instanz** einzubringen!

Die Berufungsbehörde kann bei Überwiegen berücksichtswürdiger Umstände die verhängte Strafe in eine mildere umwandeln oder ganz nachsehen.

i) Beendigung des Verfahrens; Beschwerde

Der Bescheid der **II. Instanz** beendet das Verfahren.

Es kann aber binnen **sechs** Wochen folgendes **Rechtsmittel** eingebracht werden:

- **Verwaltungsgerichtshofbeschwerde:**
  Der Verwaltungsgerichtshof überprüft den Bescheid der Berufungsinstanz auf seine **Gesetzmäßigkeit.**
- **Verfassungsgerichtshofsbeschwerde:**
  Der Verfassungsgerichtshof kann angerufen werden, falls ein durch die **Verfassung garantiertes Recht** verletzt wurde.

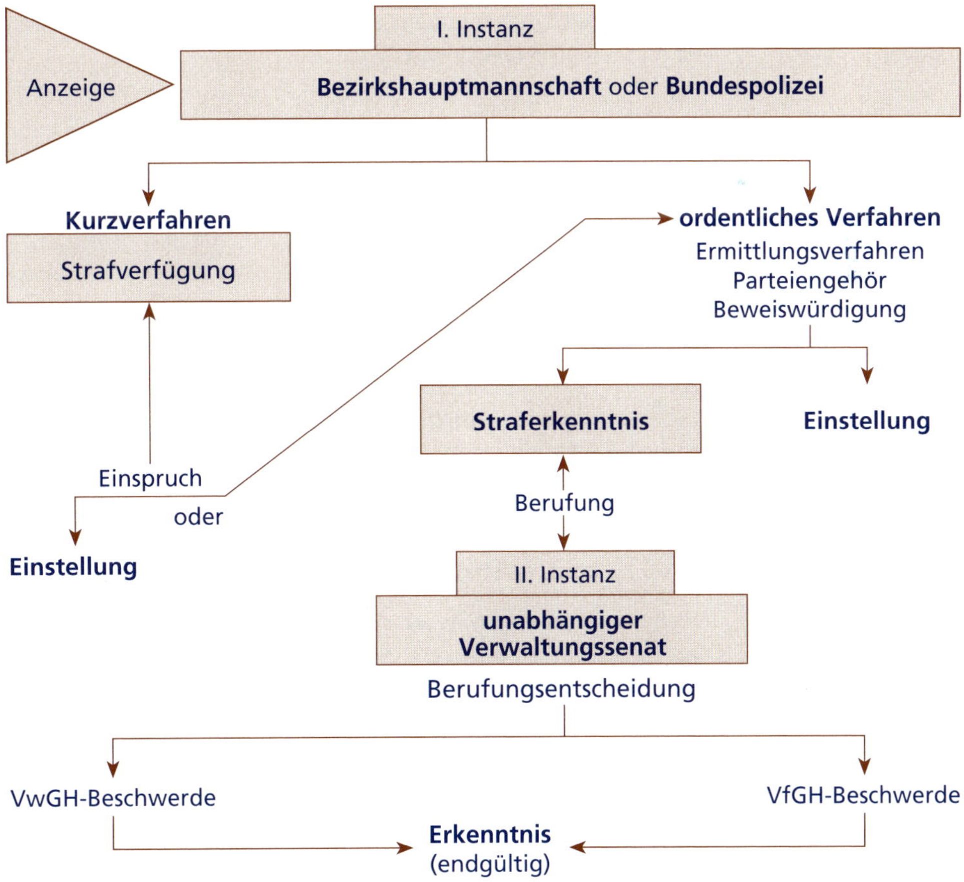

Wiederholungsfragen – Arbeitsaufgaben – Diskussionsanregungen

1. *An welchen Grundsätzen orientieren sich Verwaltungsverfahren?*
2. *Nennen Sie Unterschiede zwischen einem Gerichtsverfahren und einem Verwaltungsverfahren.*
3. *Hier soll der Ablauf eines bestimmten Verwaltungsverfahrens nachvollzogen werden. In welcher Reihenfolge werden die nachgenannten Tätigkeiten ausgeführt?*

   Zeichnen Sie die richtige Reihenfolge des Bearbeitungsvorganges mit Pfeilen ein, und nennen Sie das jeweils befasste Organ!

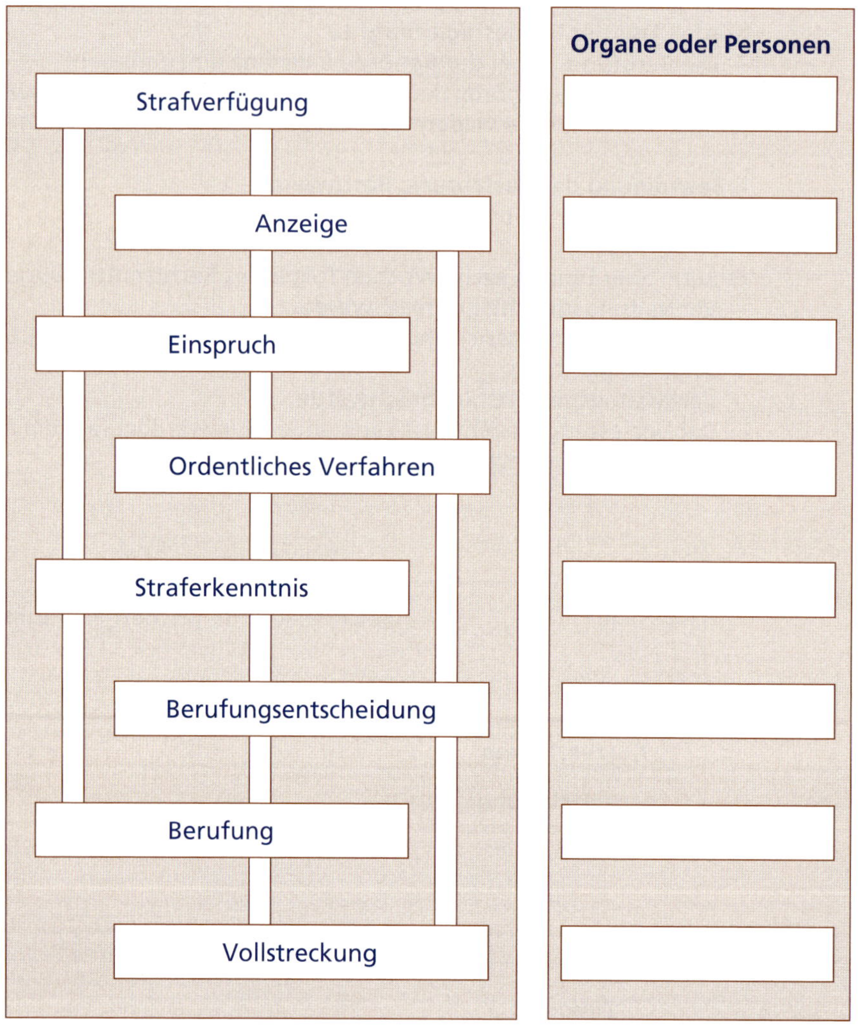

4. *Ab wann ist eine Verwaltungsübertretung nicht mehr verfolgbar?*

   Nach ○ einem Monat ○ drei Monaten ○ sechs Monaten
5. *Wodurch kann eine Strafverfügung außer Kraft gesetzt werden?*
6. *Womit endet das ordentliche Verwaltungsverfahren in der I. Instanz?*
7. *Auf welche Art kann die Berufungsentscheidung der Landesregierung angefochten werden?*

www.justiz.gv.at/

B. Die Gerichtsbarkeit

„Vier Eigenschaften gehören zu einem Richter: höflich anzuhören, weise zu antworten, vernünftig zu erwägen und unparteiisch zu entscheiden." (Sokrates)

Justizpalast, OGH
© M. Humer

Im Gegensatz zur Verwaltung sind die Richter an den Gerichten **unabhängige Staatsorgane.**

Zur Sicherung einer unabhängigen Rechtsprechung sieht die Bundesverfassung als richterliche Garantien die **Unabhängigkeit** (Weisungsfreiheit), **Unabsetzbarkeit** und **Unversetzbarkeit** der Richter vor.

♦ **Unabhängigkeit**
Der Richter ist im Rahmen seiner rechtssprechenden Tätigkeit nur an die Verfassung, die Gesetze und die Verordnungen gebunden.

Er hat dabei keinen Vorgesetzten und niemanden, der ihm eine bestimmte Entscheidung vorschreiben kann.

Die Entscheidung des Richters kann durch ein im Instanzenzug übergeordnetes Gericht überprüft werden.

♦ **Unabsetzbarkeit**
Der Richter kann wegen einer getroffenen Entscheidung niemals abgesetzt werden. Eine Absetzung kann nur wegen einer dienstlichen Verfehlung im Zuge eines Disziplinarverfahrens oder wegen Dienstunfähigkeit erfolgen.

♦ **Unversetzbarkeit**
Der Richter kann gegen seinen Willen nicht versetzt werden, außer im Falle einer Änderung der Gerichtsverfassung (z. B. wenn das Gericht, an dem er ernannt ist, aufgelöst wird). Eine Versetzung aufgrund einer Bewerbung zu einem anderen Gericht kann jederzeit erfolgen.

Die Gerichtsbarkeit ist Bundessache, d. h. alle Gerichte sind **Bundesbehörden;** es gibt daher keine Gerichte der Länder.

Die **Justiz** und die **Verwaltung** sind in allen Instanzen voneinander **getrennt.**

(Wesen, Organisation und Verfahrensgrundsätze der Gerichtsbarkeit siehe Kapitel „Gerichtsbarkeit" Seite 210 f)

IV. Kontrolle der Staatsgewalt

In demokratischen Staaten darf staatliches Handeln hinterfragt und kontrolliert werden. Wie kann diese Kontrolle der Staatsgewalt erfolgen? Welche Personen, Institutionen oder Organe sind dazu ermächtigt? Können alle Staatsorgane überprüft werden? Werden die Handlungen von Staatsorganen systematisch überprüft? Welchen Zweck hat die Kontrolle staatlicher Organe?

Diese Themen werden im folgenden Kapitel erörtert.

Kontrolle der Staatsgewalt

der Gesetzgebung

a) durch Bevölkerung – bei Wahlen
b) Verfassungsgerichtshof (VfGH)
– Verfassungsmäßigkeit von Gesetzen und Staatsverträgen
– Entscheidung über
  - Zuständigkeitsstreitigkeiten
  - Anfechtung von Wahlen
– Gewährleistet den Grundrechtsschutz

der Verwaltung

1) Verwaltungsorgane
A) Politische Kontrolle
a) des Bundespräsidenten
politisch – Volksabstimmung
rechtlich – Anklage beim Verfassungsgerichtshof
ba) der Bundesregierung durch den Nationalrat
– Interpellationsrecht
– Resolutionsrecht
– Enqueterecht
– Misstrauensvotum

bb) der Bundesregierung durch den Rechnungshof
finanzielle Kontrolle

B) Rechtliche Kontrolle
a) Oberste Organe
Nationalrat bzw. Landtag kann gegen Bundes- bzw. Landregierung Ministeranklage beim VfGH einbringen
b) Öffentliche Bedienstete

2) Verwaltungsakte
a) Verordnungen – vom VfGH auf Gesetzmäßigkeit geprüft
b) Bescheide – im Instanzenzug von übergeordneter Behörde überprüft
c) Weisungsrecht
d) Verwaltungsgerichtshof (VwGH)
– Beschwerden gegen Rechtswidrigkeit von Bescheiden
– Säumnisbeschwerden
e) Unabhängiger Verwaltungssenat (UVS)
– Berufungsverfahren gegen Verwaltungsübertretungen
– Maßnahmenbeschwerden
– Säumnisbeschwerden

3) Finanzielle Kontrolle
Rechnungshof
prüft finanzielle Gebarung von Gebietskörperschaften und deren Unternehmen sowie Sozialversicherungsanstalten auf finanzielle Richtigkeit, Wirtschaftlichkeit und Rechtsmäßigkeit

4) Volksanwaltschaft
prüft Beschwerden über Missstände in der öffentlichen Verwaltung

der Gerichtsbarkeit

Überprüfung der Rechtsprechung der Gerichte im Instanzenzug

Oberster Gerichtshof: oberstes Gericht in Zivil- und Strafsachen

Das gesetzmäßige Verhalten der Staatsorgane ist Voraussetzung für das Vertrauen der Bürger in den Staat.

Unsere Verfassung sieht einige Kontrolleinrichtungen vor, damit gesetzwidriges oder willkürliches Handeln vermieden wird.

www.vfgh.gv.at

A. Kontrolle der Gesetzgebung

◆ **Bevölkerung im Rahmen der Demokratie**
Österreich ist eine parlamentarische Demokratie. Das heißt, das Volk wählt den Nationalrat, der den politischen Willen des Volkes durch die Gesetzgebung im Parlament umsetzen soll. Diese konkrete Umsetzung in der Politik kann die **Bevölkerung** in regelmäßigen Abständen mittels **Wahlen** befürworten oder ablehnen und damit kontrollieren.

◆ **Der Verfassungsgerichtshof**
Der Verfassungsgerichtshof nimmt im System der Kontrolle eine besondere Stellung ein.

Er prüft die Verfassungsmäßigkeit der Gesetzgebung und damit die Arbeit des Parlaments. Verfassungswidrige Gesetze können von ihm aufgehoben werden.

Dabei wird dem Nationalrat eine Frist eingeräumt, innerhalb der er das aufgehobene Gesetz durch ein neues, verfassungskonformes Gesetz ersetzen muss.

Er hat als „Hüter der Verfassung" folgende Aufgaben:
- prüft die **Verfassungsmäßigkeit von Gesetzen**
- prüft die **Gesetzmäßigkeit von Verordnungen**
- entscheidet als **Kompetenzgerichtshof** über Zuständigkeitsstreitigkeiten zwischen Bund, Ländern und Gemeinden sowie zwischen Gerichten und Verwaltungsbehörden
- prüft die **Verfassungsmäßigkeit von Staatsverträgen**
- entscheidet als **Wahlgerichtshof** über die Anfechtung von Wahlen
- entscheidet als **Staatsgerichtshof** über Anklagen gegen alle obersten Organe der Bundes- und Landesverwaltung wegen einer schuldhaften Rechtsverletzung während ihrer Amtzeit
- Als **Sonderverwaltungsgerichtshof** gewährleistet der Verfassungsgerichtshof einen **Grundrechtsschutz.** Er prüft bei Beschwerden gegen Bescheide, ob der Beschwerdeführer in einem seiner verfassungsmäßig gewährleisteten Rechte verletzt wurde.
- prüft vermögensrechtliche Ansprüche gegen Bund, Länder, Gemeinden und Gemeindeverbände

Der Verfassungsgerichtshof (VfGH)
Präsident + Vizepräsident
12 Mitglieder + 6 Ersatzmitglieder auf Lebenszeit ernannt
Entscheidung über:
A. Beschwerden wegen Verletzung von Grundrechten, z. B.
- Gleichheit vor dem Gesetz (Rasse, Geschlecht, Religion etc.)
- Freiheit (Festnahme)
- Eigentum (Enteignung)

B. Ministeranklagen
C. Kompetenzkonflikte
D. Prüfung von
- Gesetzen
- Staatsverträgen
- Verordnungen
- Wahlen

Jeder kann sich mit einem Rechtsanwalt an den VfGH wenden!

B. Kontrolle der Verwaltung

1. Kontrolle durch die Verwaltung selbst

a) **Instanzenzug:** Die Parteien sind berechtigt, die Entscheidung einer Verwaltungsbehörde durch eine höhere Instanz überprüfen zu lassen **(Berufung).**

b) Die übergeordnete Behörde muss die Tätigkeit der Unterbehörden ständig überwachen **(Aufsichtsführung)** und durch entsprechende Weisungen (Erlässe) Mängel beseitigen.

2. Kontrolle der Verwaltung von außen

a) Durch die gesetzgebenden Organe

Die **Bundesregierung** und ihre **Mitglieder** sind als oberste Organe **oberste Instanz** und unterliegen **keinen Weisungen** anderer Organe. Ihr Handeln kann demnach nicht im Instanzenzug überprüft werden.

Die Verfassung sieht daher eine **Kontrolle der Regierung durch den Nationalrat** mit folgenden Kontrollinstrumenten vor:

- **Interpellationsrecht:**
  Eine bestimmte Anzahl von Abgeordneten ist berechtigt, Anfragen an die Regierung oder einzelne Regierungsmitglieder zu richten.
- **Resolutionsrecht:**
  Die Abgeordneten des Nationalrates und des Bundesrates können in Form von Resolutionen (Entschließungen) an die Regierung Wünsche hinsichtlich der Verwaltung äußern.
- **Enqueterecht:**
  Der Nationalrat kann auf Antrag **Untersuchungsausschüsse** einsetzen, die Vorgänge im Bereich der Verwaltung kritisch überprüfen.
- **Misstrauensvotum:**
  Der Nationalrat kann dadurch den Rücktritt der Regierung erzwingen.
- **Finanzielle Kontrolle:**
  Das Parlament bestimmt die Staatsausgaben und -einnahmen (Budgetgesetz).
  Der **Rechnungshof** ist ein Hilfsorgan des Parlaments und kontrolliert die Finanzgebarung der Verwaltung.

www.vwgh.gv.at

b) Durch den Verwaltungsgerichtshof VwGH

Die gerichtliche Kontrolle der Verwaltung ist ein wesentliches Element eines Rechtsstaats. Dafür ist der mit unabhängigen Richtern besetzte **Verwaltungsgerichtshof** zuständig.

Der VwGH entscheidet über:

- **Beschwerden,** in denen die **Rechtswidrigkeit** von **Bescheiden** der **Verwaltungsbehörden** behauptet wird.
  Der „Beschwerdeführer" hat **sechs Wochen** Zeit, die Beschwerde schriftlich einzubringen.

  Die Beschwerde muss folgende **Inhalte** haben:
  - die Bezeichnung des angefochtenen Bescheides,
  - die „belangte" Behörde,
  - den Sachverhalt,
  - die verletzten Rechte und
  - die Gründe, auf die sich die Behauptung der Rechtswidrigkeit stützt, sowie
  - ein bestimmtes Begehren anführen

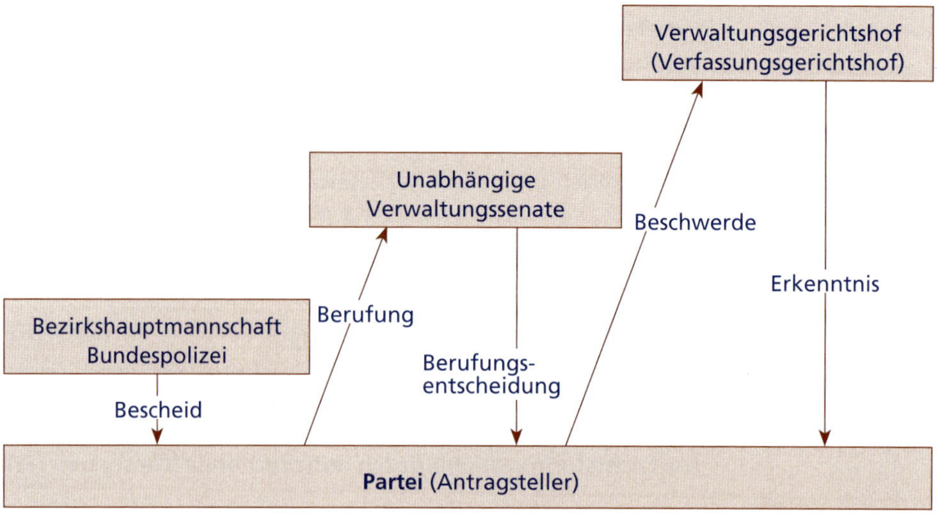

– **Säumnisbeschwerden:** Hier wird behauptet, dass die Behörde ihrer Entscheidungspflicht innerhalb von **sechs Monaten** grundlos nicht nachgekommen ist.

In beiden Fällen kann aber der Verwaltungsgerichtshof erst dann bemüht werden, wenn die oberste Behörde in der betreffenden Angelegenheit bereits angerufen wurde.

www.vfgh.gv.at

c) Durch den Verfassungsgerichtshof
siehe in diesem Kapitel Punkt A.

d) Durch die Unabhängigen Verwaltungssenate (UVS)
Die Unabhängigen Verwaltungssenate (UVS) der Länder sind **Verwaltungsbehörden** mit **gerichtsähnlicher Stellung,** daher weisungsfrei und für die Bundes und Landesverwaltung zuständig.
Sie **entscheiden:**
- **Berufungsverfahren** wegen **Verwaltungsübertretungen**
- Es können auch **Maßnahmenbeschwerden** (Beschwerden gegen unmittelbar ausgeübte behördliche Zwangsgewalt, z. B. Abnahme des Führerscheins) und in bestimmten Fällen
- **Säumnisbeschwerden** eingebracht werden.

www.volksanw.gv.at

e) Durch die Volksanwaltschaft
Die Volksanwaltschaft prüft behauptete bzw. vermutete Missstände im Bereich der Verwaltung.

Sie hat ihren **Sitz** in Wien 1, Singerstraße 17. Um die Erreichbarkeit der Volksanwälte zu erleichtern, kommen die Volksanwälte auch in alle **Bundesländer.** Diese **Sprechtage** werden über Rundfunk, in Zeitungen sowie durch Plakate angekündigt.

Die Volksanwaltschaft

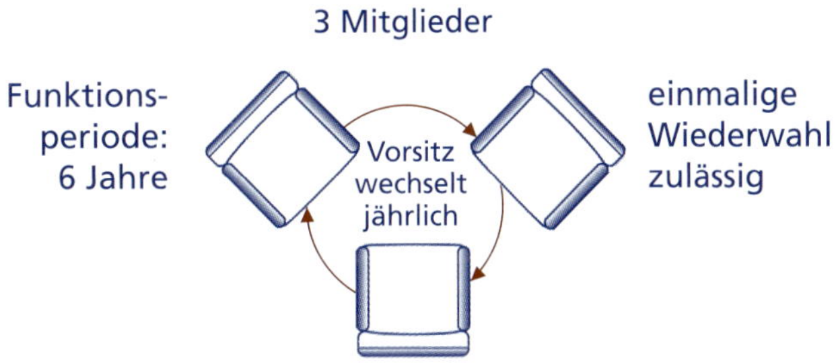

JEDER kann sich wegen behaupteter Missstände in der Verwaltung des Bundes und der meisten Länder beschweren,
- wenn er selbst betroffen ist,
- wenn ein Rechtsmittel nicht oder nicht mehr zur Verfügung steht.

Die Volksanwaltschaft prüft die Beschwerden und spricht Empfehlungen an die Verwaltung aus.

♦ **Wie ist die Volksanwaltschaft zusammengesetzt?**
Die **Volksanwaltschaft** besteht aus **drei Mitgliedern,** die vom Nationalrat für sechs Jahre gewählt werden. Eine einmalige Wiederwahl ist zulässig. Bei der Wahl haben die drei stärksten Parlamentsparteien das Recht, jeweils ein Mitglied vorzuschlagen. Die **Volksanwälte** sind nach der Verfassung **unabhängig, unabsetzbar** und **nur an das Gesetz gebunden.**

♦ **Welche Aufgaben** hat die Volksanwaltschaft?
Die Volksanwaltschaft prüft Beschwerden über die **öffentliche Verwaltung,** das ist die gesamte **Bundesverwaltung,** sowie über die Verwaltungen der **Bundesländer** (einschließlich Gemeindeaufsicht), jedoch mit **Ausnahme** der Länder **Tirol** und **Vorarlberg.** Die Volksanwaltschaft ist eine Einrichtung der Verwaltungskontrolle zum Schutz der Bürger vor Fehlverhalten von Ämtern und Behörden. Sie ist bei ihrer Prüfungstätigkeit **unabhängig.**

♦ **Wann wendet** man sich an die Volksanwaltschaft?
Wenn man glaubt, von einem **Missstand** in der öffentlichen Verwaltung betroffen zu sein, und man keine andere Möglichkeit hat, „sein Recht zu bekommen". In ein anhängiges Verfahren darf die Volksanwaltschaft nicht eingreifen, sie prüft aber Verfahrensverzögerungen.

Es ist auch eine Prüfung von **Amts wegen** vorgesehen!

♦ **Wann kann** die Volksanwaltschaft **nicht tätig** werden?
Die Volksanwaltschaft ist **nicht** berechtigt, in Gerichts- oder Verwaltungsverfahren **Parteienvertretungen** zu übernehmen. **Gerichtliche** Entscheidungen können von der Volksanwaltschaft **keinesfalls** geprüft, daher auch **nicht** abgeändert werden. **Privatrechtliche** Angelegenheiten, wie etwa Streitigkeiten mit Nachbarn, mit der Hausverwaltung sowie aus Kaufverträgen, privaten Versicherungsangelegenheiten usw. fallen ebenfalls nicht in die Zuständigkeit der Volksanwaltschaft.

♦ **Wie** bringt man eine Beschwerde ein?
Man kann sich **schriftlich** an die Volksanwaltschaft wenden oder **persönlich** bei einem Volksanwalt vorsprechen. Wenn man persönlich mit einem Volksanwalt sprechen will, ruft man die Volksanwaltschaft an und vereinbart einen Termin. Es besteht auch die Möglichkeit, sich durch eine mit einer Vollmacht ausgestattete Person vertreten zu lassen.

♦ **Wie** wird die Beschwerde **geprüft**?
Die Volksanwaltschaft kann zur Beschwerde **Stellungnahmen** der zuständigen Verwaltungsorgane einholen, **Einsicht** in alle Verwaltungsakten nehmen, **Sachverständige** anhören und **Zeugen** einvernehmen.

♦ Wie erfolgt die **Erledigung** der Beschwerde?
Die Beschwerdeführer erhalten in jedem Fall eine Mitteilung über das **Ergebnis** eines **Prüfungsverfahrens.** Dieses Ergebnis kann sein:
- Der **Missstand** wird aufgrund einer **Empfehlung** der Volksanwaltschaft **behoben.**
- Eine Empfehlung ist **nicht notwendig,** weil der Missstand bereits während des Prüfungsverfahrens durch die Behörde **selbst behoben wurde.**
- Die Beschwerde erweist sich als **nicht begründet.**

♦ Was **kostet** die Beschwerde?
Die Beschwerdeführung bei der Volksanwaltschaft ist **kostenlos.**

www.
rechnungshof.gv.at

f) Durch den Rechnungshof
Der Rechnungshof kontrolliert die Finanzgebarung der Verwaltung.

Er ist eine Behörde, die **direkt dem Nationalrat untersteht,** aber auch als **Organ der Landtage** tätig wird.

Er überprüft die **finanzielle Gebarung**
- des Bundes
- der Länder
- der Gemeindeverbände
- der Gemeinden mit mindestens 20.000 Einwohnern, auf Ersuchen der Landesregierung auch der kleineren Gemeinden
- der Stiftungen, Fonds und Anstalten, die von Organen des Bundes oder von diesem bestellten Organen verwaltet werden
- der Unternehmungen des Bundes, der Länder und Gemeinden
- der Sozialversicherungsträger
- der gesetzlichen beruflichen Interessenvertretungen

Der **Rechnungshof prüft:**
- **ziffernmäßige Richtigkeit**
- **Rechtmäßigkeit**, d. h. Übereinstimmung mit den bestehenden Vorschriften
- **Sparsamkeit, Wirtschaftlichkeit** und Zweckmäßigkeit der Gebarung der geprüften Institutionen

Bis zum 15. Oktober jeden Jahres hat der Rechnungshof dem Nationalrat die Ergebnisse seiner Prüfungstätigkeit vorzulegen **(Rechnungshofbericht).** Soweit Prüfungen im Bereich der Länder vorgenommen wurden, sind die Ergebnisse den Landtagen vorzulegen.

Besondere Bedeutung hat der Rechnungshof in Zusammenhang mit der **Prüfung des Budgetvollzuges**.

C. Kontrolle der Gerichtsbarkeit

Die Kontrolle der **rechtsprechenden** Tätigkeit der Gerichte erfolgt im **Instanzenzug.** Die oberste Instanz in Zivil- und Strafsachen ist der **Oberste Gerichtshof.**

Wiederholungsfragen – Arbeitsaufgaben – Diskussionsanregungen

1. *Auf welche Art und Weise findet die Kontrolle der Gesetzgebung statt?*
2. *Welche Aufgaben erfüllt der Verfassungsgerichtshof?*
3. *Unter welchen Voraussetzungen ist eine Beschwerde an den Verwaltungsgerichtshof zulässig?*
4. *Welche Kontrollinstrumente hat der Nationalrat gegenüber der Regierung?*
5. *Wird ein Misstrauensantrag im politischen Alltag leicht eine Mehrheit im Nationalrat finden?*
6. *Wann kann man sich an die Volksanwaltschaft wenden?*
7. *Wie erfolgt eine Erledigung einer Beschwerde bei der Volksanwaltschaft und was kostet sie?*
8. *Welche Aufgaben fallen dem Rechnungshof zu? Nennen Sie Beispiele.*
9. *Wem ist der Rechnungshof unterstellt?*

V. Sozialpartnerschaft und Interessenvertretungen in Österreich

„Verbunden sind auch die Schwachen mächtig." (Friedrich Schiller)

Die Sozialpartnerschaft ist eine österreichische Institution.
Was ist der Zweck der Sozialpartnerschaft? Wann und weshalb entstand sie? Wer bildet diese Sozialpartnerschaft? Welche gesetzliche Grundlage und welche Organe hat sie? Was sind Interessenvertretungen? Wessen Interessen werden gegenüber wem vertreten? Wie sind Interessenvertretungen organisiert? Sind Sozialpartnerschaft und Interessenvertretungen zwingende Organisationen? Aus welchen Mitteln werden Interessenvertretungen finanziert? Welche Bedeutung haben Sozialpartnerschaft und Interessenvertretungen heute?

Diese Fragen werden in der Folge behandelt.

A. Allgemeines

Sozialpartnerschaft ist die institutionalisierte Zusammenarbeit von Vertretern
- des Produktionsfaktors Arbeit (repräsentiert durch die Gewerkschaften und die Arbeiterkammern),
- des Produktionsfaktors Kapital (repräsentiert durch die Unternehmerverbände; Wirtschaftskammer) und
- dem Staat (repräsentiert durch die Regierung).

Die Sozialpartner sollen durch Verhandlungen für die teils großen Interessengegensätze (z. B. Höhe des Lohns, Arbeitszeit) zu gemeinsamen Vereinbarungen mit Lösungen zum Wohle aller finden.

Die einzelnen Interessenvertretungen bieten ihren Mitgliedern auch Serviceleistungen wie Rechtsberatung und Ausbildungsangebote.

Die **Sozialpartnerschaft** ist wichtig, um die **Stabilität** der Wirtschaft und Gesellschaft zu erhalten. Sie funktioniert auf der Grundlage der wechselseitigen Achtung, Gleichberechtigung und Gleichwertigkeit der Partner.

Jeder Partner handelt **freiwillig**. Beschlüsse können nur **einstimmig** erfolgen.

Die intensive Zusammenarbeit der Bundesregierung mit den Interessenvertretungen bescherte Österreich nach dem Zweiten Weltkrieg sozialen Frieden, eine sehr niedrige Streikrate und politische Stabilität.

B. Organisation

Wer in Österreich als Arbeiter, Angestellter, Gewerbetreibender oder Unternehmer sein Geld verdient, ist meist gesetzlich verpflichtet, Mitglied in der für ihn zuständigen **gesetzlichen Interessenvertretung** zu sein **(Pflichtmitgliedschaft)**.

Daneben gibt es Interessenverbände mit freiwilliger Mitgliedschaft.

Finanzierung:
Interessenvertretungen werden primär durch die Mitgliedsbeiträge ihrer Mitglieder finanziert.

Interessenvertretungen

gesetzliche Interessenvertretungen	freiwillige Interessenvertretungen
– Wirtschaftskammer Österreichs – Bundesarbeitskammer – Landwirtschaftskammer Österreich – Kammern freier Berufe	– Österreichischer Gewerkschaftsbund – Vereinigung österreichischer Industrieller

1. Die gesetzlichen Interessenvertretungen

Die vier gesetzlich verankerten Interessenvertretungen sind:

www.wko.at

a) Wirtschaftskammer Österreich

Die Wirtschaftskammer Österreich als Dachorganisation der 9 Wirtschaftskammern in den Bundesländern vertritt die wirtschaftlichen, fachlichen und sozialen Interessen ihrer Mitglieder. Das sind die selbstständigen Unternehmer.

Fachlich ist sie auf Bundes- und Landesebene in sieben Sparten gegliedert:
Gewerbe und Handwerk
Industrie
Handel
Bank und Versicherung
Transport und Verkehr
Tourismus und Freizeitwirtschaft
Information und Consulting
Diese sind wiederum in zahlreiche Fachverbände, Innungen bzw. Gremien unterteilt sind (die Bezeichnungen in den verschiedenen Sparten sind unterschiedlich).

Hauptaufgaben:
- Kollektivvertragsverhandlungen mit den Gewerkschaften
- Begutachten von Gesetzesentwürfen und Verordnungen, Erarbeiten von Gesetzesvorschlägen
- Nominierung von Laienrichtern bei Arbeits- und Sozialgerichten
- Förderung des Außenhandels durch Außenhandelsstellen in zahlreichen Ländern
- Weiterbildung: Das Wirtschaftsförderungsinstitut (Wifi) bietet beruflichen Aus- und Weiterbildung an.

www.arbeiterkammer.at

b) Bundesarbeitskammer

Die Bundesarbeitskammer und die 9 Landeskammern für Arbeiter und Angestellte vertreten die beruflichen, sozialen, wirtschaftlichen und kulturellen Interessen ihrer Mitglieder.

Mitglieder sind alle Arbeitnehmer (ausgenommen öffentlich Bedienstete der Hoheitsverwaltung), Lehrlinge, Karenzurlauber und Arbeitslose.

Hauptaufgaben:
- Begutachten von Gesetzesentwürfen und Verordnungen, Erarbeiten von Gesetzesvorschlägen
- Nominierung von Laienrichtern bei Arbeits- und Sozialgerichten
- Weiterbildung: Das Berufsförderungsinstitut (bfi) bietet Aus- und Weiterbildung an.

www.oekl.at, www.agrar-net.at

c) Landwirtschaftskammer Österreich

Die Landwirtschaftskammer Österreich umfasst die 9 Landwirtschaftskammern der Bundesländer. Sie ist die gesetzliche Interessenvertretung der selbstständigen Land- und Forstwirte und vertritt deren berufliche, wirtschaftliche und soziale Interessen.

Hauptaufgaben:
- Begutachten von Gesetzesentwürfen und Verordnungen, Erarbeiten von Gesetzesvorschlägen,
- Entsenden von Vertretern in staatliche Kommissionen und Beiräte.

d) Bundeskonferenz der Kammern der freien Berufe
Bundesweit gibt es 9 Kammern der freien Berufe
- Österreichische Apothekerkammer
- Österreichische Ärztekammer
- Bundeskammer der Architekten und Ingenieurkonsulenten
- Österreichische Zahnärztekammer
- Österreichische Notariatskammer
- Österreichische Patentanwaltskammer
- Österreichische Rechtsanwaltskammer
- Bundeskammer der Tierärzte Österreichs
- Kammer der Wirtschaftstreuhänder

Diese Kammern vertreten die jeweiligen beruflichen und sozialen Interessen ihrer Mitglieder. Wie bei allen Kammern ist eine Pflichtmitgliedschaft vorgeschrieben. Sie verfügen jeweils über ein eigenes Disziplinarrecht, aufgrund dessen z. B. einem Mitglied die Berufsausübung untersagt werden kann.

2. Die freien Verbände

Neben den gesetzlichen Interessenvertretungen gibt es auch Verbände mit freiwilliger Mitgliedschaft.
Die wichtigsten freien Verbände sind der Österreichische Gewerkschaftsbund und die Vereinigung Österreichischer Industrieller.

www.oegb.at

a) Österreichischer Gewerkschaftsbund (ÖGB)
Der ÖGB vertritt die beruflichen, sozialen und wirtschaftlichen Interessen der Arbeitnehmer gegenüber Arbeitgebern und dem Staat. Der ÖGB umfasst derzeit 9 Einzelgewerkschaften.

!

Hauptaufgaben:
- Kollektivvertragsverhandlungen
- Erarbeiten von sozialrechtlichen Vereinbarungen mit den Arbeitgebern
- Begutachtung von geplanten Gesetzen und Verordnungen

www.iv-net.at,
www.voei.at

b) Industriellenvereinigung (IV)
Ihr Ziel ist die Vertretung der Interessen ihrer Mitglieder in beruflicher, gewerblicher und wirtschaftlicher Hinsicht.
Die IV ist regional in 9 Landesgruppen gegliedert.
Zusammen mit der Wirtschaftskammer ist sie in allen wichtigen Gremien der Sozialpartner vertreten.

?

Wiederholungsfragen – Arbeitsaufgaben – Diskussionsanregungen

1. *Welche großen Interessensgruppen stehen einander in der Sozialpartnerschaft gegenüber?*
2. *Wodurch zeichnet sich das österreichische System der Sozialpartnerschaft aus?*
3. *Wodurch unterscheiden sich gesetzliche Interessenvertretungen von den freien Verbänden?*
4. *Nennen Sie die gesetzlichen Interessenvertretungen Österreichs.*
5. *Welche freien Verbände kennen Sie?*
6. *Was sind die Hauptaufgaben der Sozialpartner?*
7. *Sammeln Sie Zeitungsausschnitte der letzten Wochen, in denen die Sozialpartner zu aktuellen politischen Problemen Stellung beziehen.*
8. *Diskutieren Sie Argumente für und gegen die Pflichtmitgliedschaft.*
9. *Sprechen Sie über Bedeutung, Notwendigkeit und politische Rolle der Interessenvertretungen.*

Privatrecht

I. Einführung und Personenrecht

Wer Streitigkeiten vermeiden will oder mögliche Konflikte regeln möchte, benötigt grundlegende Rechtskenntnisse. Damit können wir unser privates und geschäftliches Leben rechtlich ordnen. Folgende Fragen können dabei Bedeutung erlangen:

Welche Rechte und Pflichten gelten zwischen mir und meinen Mitmenschen? Wo sind die meisten Vorschriften geregelt? Ab welchem Alter kann ich überhaupt Verträge schließen? Welche Vorschriften regeln den Tod einer Person und damit das Ende seiner rechtlichen Existenz? Wer setzt für Minderjährige rechtliche Handlungen?

Diese Fragen werden im Folgenden behandelt.

A. Einleitung und Unterschied zum öffentlichen Recht

Das **Privatrecht** regelt die Rechtsverhältnisse der Einwohner eines Staates untereinander. Der Mensch wächst im Kreise seiner Familie auf; er erhält in der Regel eine Ausbildung und übt einen Beruf aus, ist Eigentümer von Vermögen oder erwirbt Sachen, heiratet meist und hat selbst Kinder, schließt Verträge ab, gehört Vereinen an und stirbt schließlich eines Tages.

Die meisten rechtlichen Regeln, die sich auf diese Ereignisse beziehen, gehören zum Privatrecht (= Bürgerliches Recht).

Niemand kann also behaupten, er unterliege nicht dem Privatrecht!

Für Streitigkeiten aus solchen Privatrechtsverhältnissen und deren Entscheidungen sind unabhängige Zivilgerichte zuständig. Dabei muss allerdings der in seinen Privatrechten Verletzte oder vermeintlich Verletzte selbst als „Kläger" das Gericht anrufen (häufig wird ihn ein Rechtsanwalt vertreten).

Den Grundsatz, dass man in privaten Rechtsverhältnissen selbst aktiv werden muss, bezeichnet man als **„Privatautonomie".**

Unterschiede

Recht

Privates Recht	Öffentliches Recht
regelt die Beziehungen der Einzelnen*) untereinander. Durchsetzung: Privatautonomie	erfasst das Verhältnis des Staates in Ausübung von Hoheitsgewalt zum Einzelnen sowie jenes der Hoheitsträger und ihrer Organe zueinander
z. B. Allgemeines Bürgerliches Gesetzbuch (ABGB), Sondergesetze	z. B. Verfassungs- und Verwaltungsrecht, Völkerrecht, Strafrecht, Verfahrensvorschriften

*) Dazu gehören auch juristische Personen des Privatrechts und juristische Personen des öffentlichen Rechts. So gehört etwa ein Kaufvertrag zwischen dem Staat und einem seiner Bürger über ein Grundstück zum Privatrecht, denn die Rechte und Pflichten aus dem Kaufvertrag haben mit der Funktion des Staates nichts zu tun. Der Staat hat hier die gleiche Rechtsstellung wie ein privater Vertragspartner.

B. Rechtsquellen des Privatrechts

Die bekannteste Rechtsquelle des allgemeinen Privatrechtes ist das **„Allgemeine Bürgerliche Gesetzbuch" (ABGB)**, d. h. ein großer Teil des Privatrechts ist dort enthalten.

Daneben gibt es zahlreiche Sonderprivatrechte („Nebengesetze"), die verschiedene, in der heutigen Zeit wichtige Rechtsgebiete regeln, wie Ehegesetz, Mietrechtsgesetz, Wohnungseigentumsgesetz, Konsumentenschutzgesetz usw.

Das Privatrecht greift vielfältig in unser Leben ein: Es regelt Kaufen und Verkaufen, Mieten und Vermieten, Leihen und Schenken, Arbeits- und Werkverträge, Eheschließung und Ehescheidung, Unterhaltsansprüche und Vormundschaft, Vererben und Erben. In Nebengesetzen wird das für Unternehmer geltende „Unternehmensrecht", das „Konsumentenrecht" und Ähnliches geregelt.

Privatrecht

Allgemeines Privatrecht (= Allgemeines Bürgerliches Recht = Zivilrecht)	Sonderprivatrechte
Regelt Rechtsverhältnisse, die für **jedermann** bedeutsam sind.	Regeln Rechtsverhältnisse **für bestimmte Personengruppen** oder für bestimme **Sachgebiete**.
z. B. Personenrecht, Familienrecht, Erbrecht, Sachenrecht, Schuldrecht	z. B. Unternehmensrecht, Konsumentenrecht, Teile des Arbeitsrechtes, Urheberrecht, Patentrecht

Zur besseren Übersicht werden die einzelnen Teile des Privatrechts in unserem Lehrbuch nicht nach der Einteilung des ABGB behandelt, sondern in der Reihenfolge:

Einführung und Personenrecht – **Familienrecht** – **Erbrecht** – **Sachenrecht** – **Schuldrecht**

C. Die Rechtsfähigkeit

Jede Person hat Rechte und Pflichten, ist also rechtsfähig. Die Rechtsfähigkeit einer Person ist unabhängig von Alter und Geisteszustand. Wie in allen übrigen Kulturstaaten ist auch in Österreich jeder Mensch rechtsfähig.

Rechtsfähig ist also:

1. Die natürliche Person (der Mensch)

Er hat Forderungen und Schulden, ist Eigentümer beweglicher und unbeweglicher Sachen usw.

Beginn und Ende der natürlichen Person: Sie entsteht mit der Geburt und endet mit dem Tod. Ihre Rechtsfähigkeit ist unabhängig vom Alter und Geisteszustand. Das Standesamt stellt die **Geburtsurkunde** und die **Sterbeurkunde** aus.

Der Zeitpunkt des Todes, die Todesart sowie die Todesursache werden von einem **Totenbeschauarzt** im **Totenschein** eingetragen. Mit dem Totenschein können dann die Angehörigen beim Standesamt des Sterbeortes die Ausstellung der **Sterbeurkunde** beantragen.

Kann der Tod eines Menschen zwar bezeugt, aber kein Totenschein und keine Sterbeurkunde ausgestellt werden (z. B. jemand ertrinkt vor Zeugen), besteht die Möglichkeit des **gerichtlichen Todesbeweises**. Ein Gerichtsbeschluss ersetzt die Sterbeurkunde.

Ist aber ein Mensch **verschollen**, gibt es die Möglichkeit der Todeserklärung. Auch hier erfolgt am Ende des Verfahrens ein Gerichtsbeschluss.

Verschollenheit liegt dann vor, wenn der Verschollene
- ♦ lange **abwesend** ist,
- ♦ **keine Nachrichten** von ihm vorliegen,
- ♦ sein **Aufenthalt unbekannt** ist und
- ♦ Umstände vorliegen, die seinen **Tod als wahrscheinlich** annehmen lassen.

Entsprechende Regeln enthält das Todeserklärungsgesetz:

Allgemeine Verschollenheit	Jemand ist älter als 25 Jahre und mindestens 10 Jahre verschollen.
	Jemand ist älter als 80 Jahre und mindestens 5 Jahre verschollen.
Allgemeine Gefahrenverschollenheit (z. B: nach Teilnahme an Expedition, bei Großbrand)	Zwischen Ende der Gefahr und Todeserklärung muss 1 Jahr liegen.
Kriegsverschollenheit (vermisste Kriegsteilnehmer)	Zwischen Ende des Krieges und Todeserklärung muss 1 Jahr liegen.
Seeverschollenheit (Schiffsunglück)	Seit Untergang des Schiffes müssen 6 Monate vergangen sein.
Luftverschollenheit (Flugzeugabsturz)	Seit Absturz des Flugzeuges müssen 3 Monate verstrichen sein.

Ein weiteres Rechtsproblem, das für die Angehörigen eines Verstorbenen vereinzelt auftritt, ist die Frage nach der Zulässigkeit einer Obduktion (Leichenöffnung) und einer Organentnahme: Eine **Obduktion** muss immer stattfinden, wenn Fremdverschulden als Todesursache nicht ausgeschlossen werden kann (gerichtlich angeordnete Obduktion) sowie aus sanitätspolizeilichen Gründen (z. B. Verdacht auf Seuchen).

Die öffentlichen Spitäler sind berechtigt, alle dort Verstorbenen zur Wahrung anderer öffentlicher oder wissenschaftlicher Interessen (z. B. Klärung der Todesursache) zu obduzieren, sofern der Verstorbene dies nicht zu Lebzeiten untersagt hat oder seine Religion dies verbietet.

Eine **Organentnahme** ist an jedem Verstorbenen zulässig, sofern er dieser nicht zu Lebzeiten ausdrücklich (d. h. beweisbar) widersprochen hat. Bei Minderjährigen bis zum 14. Lebensjahr müssen zu deren Lebzeiten die gesetzlichen Vertreter widersprechen.

Der Widerspruch muss den Ärzten spätestens zum Zeitpunkt der Organentnahme vorliegen. Er kann vorsorglich auch im **Widerspruchsregister** des Österreichischen Bundesinstituts für Gesundheitswesen (www.oebig.at) festgehalten werden.

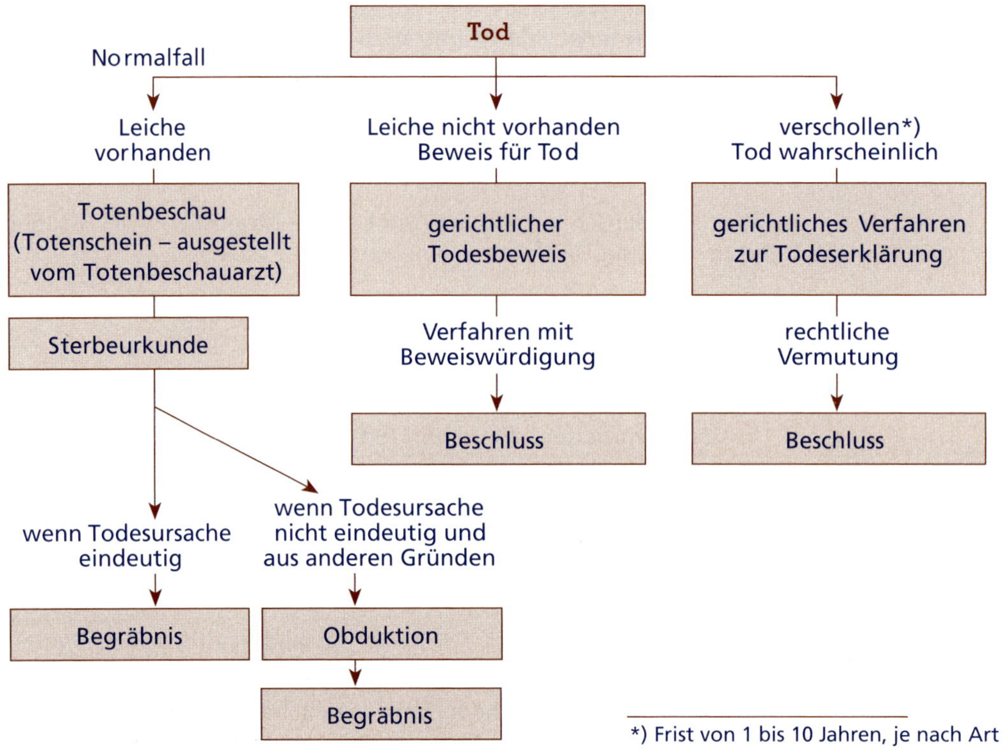

*) Frist von 1 bis 10 Jahren, je nach Art

Geburts- und Sterbeurkunde

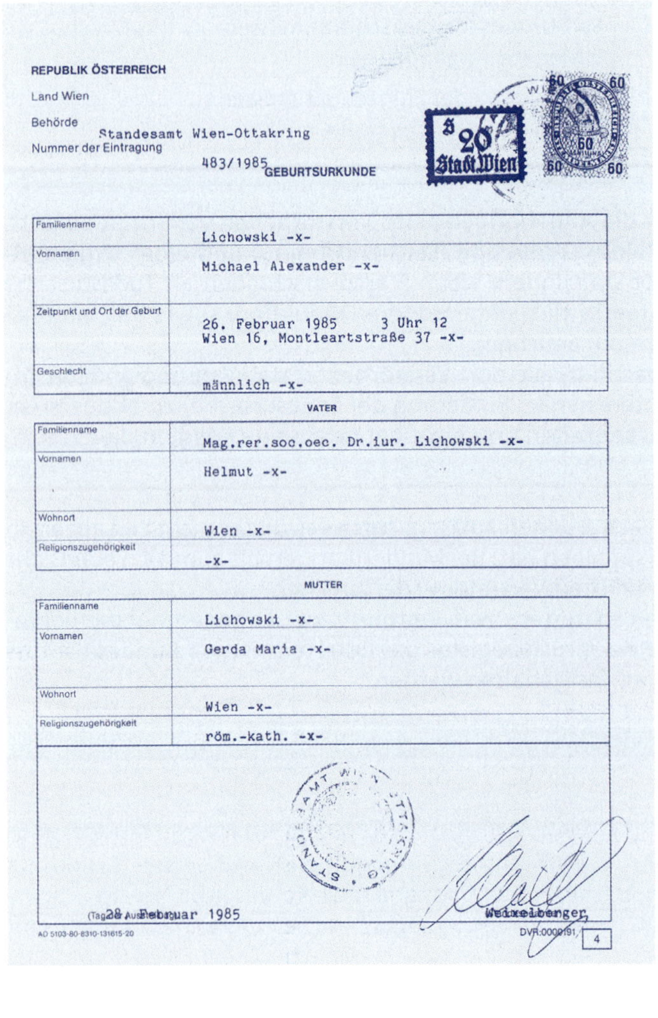

REPUBLIK ÖSTERREICH

Land Wien

Behörde Standesamt Wien-Ottakring

Nummer der Eintragung 483/1985

GEBURTSURKUNDE

Familienname: Lichowski -x-

Vornamen: Michael Alexander -x-

Zeitpunkt und Ort der Geburt: 26. Februar 1985 3 Uhr 12
Wien 16, Montleartstraße 37 -x-

Geschlecht: männlich -x-

VATER

Familienname: Mag.rer.soc.oec. Dr.iur. Lichowski -x-

Vornamen: Helmut -x-

Wohnort: Wien -x-

Religionszugehörigkeit: -x-

MUTTER

Familienname: Lichowski -x-

Vornamen: Gerda Maria -x-

Wohnort: Wien -x-

Religionszugehörigkeit: röm.-kath. -x-

(Tag der Ausstellung) 28. Februar 1985

Weixelberger

AD 5103-80-8310-131615-20

DVR:0000191 4

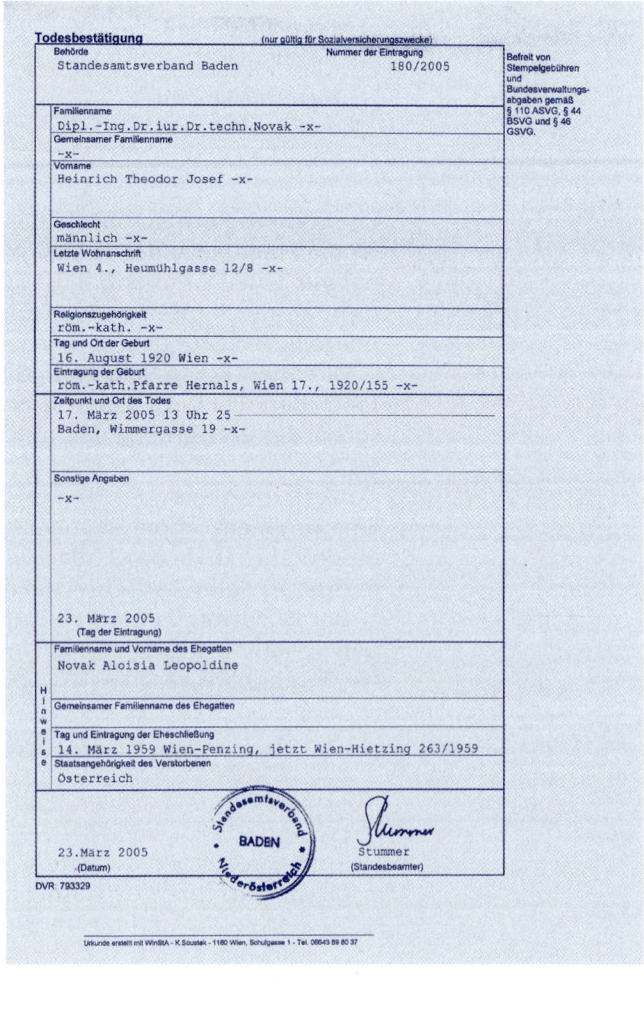

Todesbestätigung (nur gültig für Sozialversicherungszwecke)

Behörde: Standesamtsverband Baden

Nummer der Eintragung: 180/2005

Befreit von Stempelgebühren und Bundesverwaltungsabgaben gemäß § 110 ASVG, § 44 BSVG und § 46 GSVG.

Familienname: Dipl.-Ing.Dr.iur.Dr.techn.Novak -x-

Gemeinsamer Familienname: -x-

Vorname: Heinrich Theodor Josef -x-

Geschlecht: männlich -x-

Letzte Wohnanschrift: Wien 4., Heumühlgasse 12/8 -x-

Religionszugehörigkeit: röm.-kath. -x-

Tag und Ort der Geburt: 16. August 1920 Wien -x-

Eintragung der Geburt: röm.-kath.Pfarre Hernals, Wien 17., 1920/155 -x-

Zeitpunkt und Ort des Todes: 17. März 2005 13 Uhr 25
Baden, Wimmergasse 19 -x-

Sonstige Angaben: -x-

23. März 2005
(Tag der Eintragung)

Hinweise

Familienname und Vorname des Ehegatten: Novak Aloisia Leopoldine

Gemeinsamer Familienname des Ehegatten:

Tag und Eintragung der Eheschließung: 14. März 1959 Wien-Penzing, jetzt Wien-Hietzing 263/1959

Staatsangehörigkeit des Verstorbenen: Österreich

23.März 2005
(Datum)

Standesamtsverband BADEN Niederösterreich

Stummer
(Standesbeamter)

DVR: 793329

Urkunde erstellt mit WinStA - K.Soustek - 1160 Wien, Schulgasse 1 - Tel. 06643 89 80 37

2. Die juristische Person

Dies ist eine Personenmehrheit oder Vermögensmasse, die als solche rechtsfähig ist. Während die natürliche Person schon kraft ihres Menschseins rechtsfähig ist, wird der juristischen Person diese Eigenschaft vom Gesetz besonders eingeräumt. Diese Erfindung der Juristen kommt dem Bedürfnis des Wirtschafts- und Vereinslebens entgegen (z. B. ein Verein kann **selbst** Vermögen erwerben, nicht nur seine Mitglieder).

Die Rechtsfähigkeit der juristischen Person beginnt mit der Entstehung (z. B. Eintragung in das **Firmenbuch**) und endet mit deren **Auflösung** (z. B. **Löschung** der Eintragung).

D. Handlungsfähigkeit

Dies ist die Fähigkeit, den – schon durch die Rechtsfähigkeit gegebenen – Kreis an Rechten und Pflichten **durch eigene Handlungen zu verändern**. Nicht alle Personen sind dazu in der Lage. Es fehlt ihnen ganz oder teilweise die Handlungsfähigkeit, die vom Alter, aber auch von anderen Faktoren (z. B. Zurechnungsfähigkeit) abhängt. Die Handlungsfähigkeit unterteilt man in die **Geschäftsfähigkeit** und die **Deliktsfähigkeit**.

1. Die Geschäftsfähigkeit

Die **Geschäftsfähigkeit** ist die Fähigkeit, **verbindliche Willenserklärungen** abgeben zu können.

Es handelt sich dabei um die selbstständige und eigenverantwortliche Teilnahme am Rechtsverkehr, d. h. zu kaufen und zu verkaufen, Darlehen aufzunehmen, Mietverträge abzuschließen usw. Dazu wird eine Urteilskraft sowie eine geistige Reife benötigt, die dem Kind noch fehlt und die normalerweise erst mit einem bestimmten Alter erreicht wird. Dem Reifeprozess trägt das Gesetz durch folgende Altersstufen Rechnung:

Personen im Alter **bis zu 7 Jahren** sind gänzlich **geschäftsunfähig**.

An ihrer Stelle geben die gesetzlichen Vertreter – die Eltern oder der Vormund – Willenserklärungen ab. Schließt ein Kind ein Rechtsgeschäft ab, das eine geringfügige, alterstypische Kleinigkeit darstellt, so wird das Geschäft rückwirkend gültig, sobald es vonseiten des Kindes erfüllt wird („Taschengeldparagraf").

Personen vom 7. bis zum 18. Lebensjahr sind in **eingeschränktem** Ausmaß **geschäftsfähig.**

- **7. bis 14. Lebensjahr:** Die betreffenden Personen sind noch nicht mündig („Unmündige"). Sie können bereits gewisse Geschäfte selbstständig tätigen, und zwar solche, aus denen sie nur **berechtigt,** nicht aber verpflichtet werden. Wenn ein Vertrag den Unmündigen auch verpflichten soll, ist die Zustimmung des gesetzlichen Vertreters notwendig. Es gilt auch hier der „Taschengeldparagraf".
  Hat der Unmündige ohne Zustimmung seines gesetzlichen Vertreters ein Geschäft geschlossen, das ihn **verpflichten** würde, so ist es nicht schlechthin nichtig (wie beim Kind), sondern lediglich noch nicht voll gültig (so genanntes hinkendes oder schwebendes Rechtsgeschäft). Durch die nachträgliche Zustimmung des gesetzlichen Vertreters erlangt es volle Gültigkeit. Bis zu dieser Zustimmung ist der andere Vertragspartner an seine Erklärung gebunden. Er kann jedoch verlangen, dass sich der Vertreter binnen angemessener Frist äußert, andernfalls wird das Geschäft als von Anfang an ungültig angesehen.

- **14. bis 18. Lebensjahr:** Die mündigen Minderjährigen bedürfen gleichfalls der Einwilligung ihres gesetzlichen Vertreters, damit ihre Willenserklärung gültig ist. Von diesem Grundsatz gibt es jedoch einige Ausnahmen. Der mündige Minderjährige kann selbstständig
  - über Sachen bestimmen, die ihm zur **freien Verfügung** überlassen wurden (z. B. über sein Taschengeld, über Geschenke, nicht jedoch über seine Schulsachen, seine Kleidung);
  - **Dienstverträge schließen** (Ausnahme: Lehr- und Ausbildungsverträge, da diese auch Erziehung umfassen). Der gesetzliche Vertreter kann jedoch aus wichtigen Gründen

- z. B. Gefährdung der Gesundheit oder Sittlichkeit – ein vom mündigen Minderjährigen selbstständig eingegangenes Dienstverhältnis vorzeitig lösen. Hat der gesetzliche Vertreter dem Minderjährigen eine Ermächtigung zum selbstständigen Betrieb eines Erwerbsgeschäftes erteilt, so liegt für alle Rechtsgeschäfte, die sich im Rahmen des Betriebes halten, unbeschränkte Geschäftsfähigkeit vor (wichtig für die Geschäftspartner des Minderjährigen);
- über sein **Einkommen** aus Dienstverträgen oder Erwerbsgeschäften **verfügen,** solange er seinen Lebensunterhalt nicht gefährdet.

Grundsätzlich ist jedoch zu bemerken, dass Rechtsgeschäften von großer (wirtschaftlicher) Tragweite immer der gesetzliche Vertreter zustimmen muss. Ein besonderes Problem stellt die Zustimmung zu medizinischen Behandlungen (z. B. einer Operation) dar: Diese Zustimmung ist nicht von einem bestimmten Alter abhängig, sondern von der Einsichts- und Urteilsfähigkeit. Diese wird bei mündigen Minderjährigen vermutet.

Ein Minderjähriger, der das **18. Lebensjahr** vollendet hat, ist volljährig (eigenberechtigt).

Damit enden auch die Obsorgepflichten der Eltern. Deren Unterhaltspflichten bleiben jedoch u. U. bis zur Erlangung der Selbsterhaltungsfähigkeit des Eigenberechtigten aufrecht.

Stellt sich jedoch heraus, dass der Eigenberechtigte nicht die in seinem Alter erforderliche Einsichts- und Urteilsfähigkeit hat, ist ein **Sachwalter** (s. S. 134) zu bestellen. Dieses Verfahren der Sachwalterbestellung kann auch schon vor dem Erreichen der Volljährigkeit eingeleitet werden.

Entwicklungsstufen der Geschäftsfähigkeit

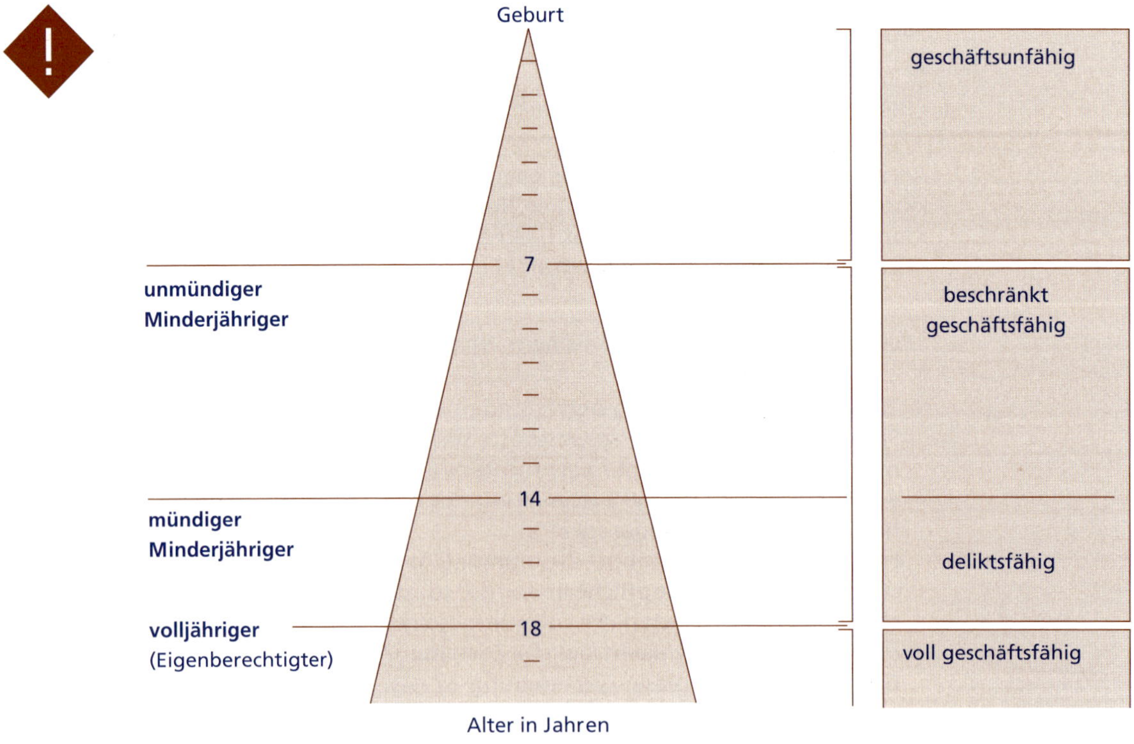

2. Die Deliktsfähigkeit („Zurechnungsfähigkeit“)

Die **Deliktsfähigkeit** (ab dem 14. Lebensjahr) im Privatrecht ist die Fähigkeit, wegen begangener unerlaubter Handlungen **schadenersatzpflichtig** zu sein. In der Regel haften Unmündige nicht, sodass den Schaden der Geschädigte selbst zu tragen hat (bzw. sich allenfalls bei den zur Aufsicht berufenen Personen schadlos halten kann).

Zusammenfassung

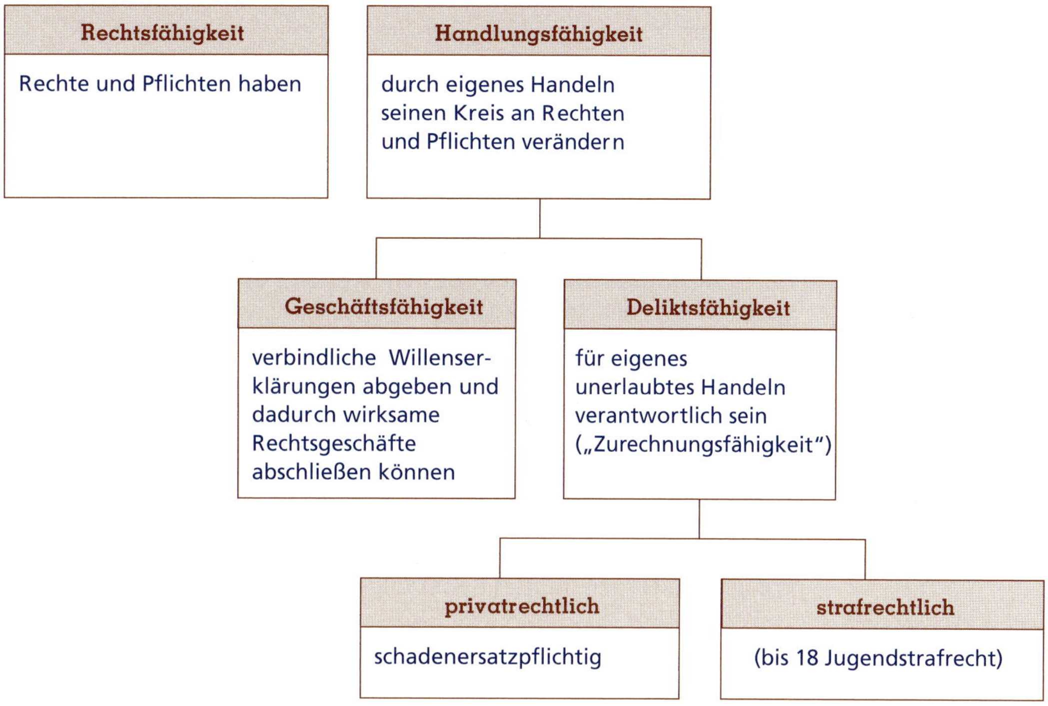

E. Die gesetzlichen Vertreter

1. Die Eltern

Zur Vertretung des Minderjährigen und zur Verwaltung seines Vermögens sind beide Elternteile berechtigt und verpflichtet; sie sollen dabei **einvernehmlich** vorgehen.

Grundsätzlich ist jedoch eine Vertretungshandlung auch dann gültig, wenn sie der andere Elternteil nachträglich nicht billigt - d. h. es gilt im Zweifel die Handlung jenes Elternteils, der sie als Erster gesetzt hat.

Kann in **wichtigen Angelegenheiten** (z. B. Änderung des Namens oder der Staatsbürgerschaft) keine Einigung erzielt werden, entscheidet das **Gericht**.

Ist ein Elternteil nicht in der Lage, seinen Verpflichtungen nachzukommen (z. B. Entzug der Vertretung), so steht die Vertretung und Vermögensverwaltung dem zweiten Elternteil **allein** zu. Der andere Elternteil hat jedoch das Recht, mit dem Kind persönlich zu verkehren.

Für minderjährige **uneheliche** Kinder hat die **Mutter** die entsprechenden Berechtigungen und Verpflichtungen.

2. Der Vormund

Wenn nicht wenigstens ein Elternteil in der Lage ist, seinen Verpflichtungen nachzukommen, bzw. wenn beide Eltern gestorben sind, wird vom Gericht ein Vormund bestellt.

Zum Vormund kann der **nächste geeignete Verwandte** oder, falls ein solcher nicht vorhanden ist, jede andere „taugliche“ Person bestellt werden.

3. Der Sachwalter

Während im Allgemeinen Handlungsfähigkeit und Verantwortung mit dem Lebensalter zunehmen, kann es vorkommen, dass eine **volljährige** Person wegen einer **psychischen Erkrankung oder geistigen Behinderung** keine selbstständigen Geschäfte tätigen kann, **also beschränkt geschäftsfähig ist.**

Für solche Fälle enthält das ABGB Regelungen, unter welchen Umständen für diese Personen ein Sachwalter zu bestellen ist und welche Handlungen er für den Erkrankten oder Behinderten vorzunehmen hat.

Ein Sachwalter ist dann zu bestellen, wenn der Kranke oder Behinderte
- weder im Rahmen seiner Familie
- noch durch die Hilfe der öffentlichen Behindertenfürsorge

in die Lage versetzt werden kann, seine Angelegenheiten im erforderlichen Ausmaß selbst zu besorgen.

Auf Antrag des Kranken oder von Amts wegen hat das **Bezirksgericht** nach Anhörung des Kranken sowie unter Beiziehung von Sachverständigen (Ärzten) einen Sachwalter zu bestellen. Dieser soll eine geeignete, dem Kranken nahe stehende Person sein. Es kann auch ein hauptberuflicher Sachwalter bestellt werden, der in einem Verein organisiert und besonders geschult ist. Falls Rechtskenntnisse erforderlich sind, wird ein Rechtsanwalt oder Notar bestellt. In jedem Fall hat sich der Sachwalter **ausschließlich vom Wohl des Schutzbefohlenen** leiten zu lassen.

Er untersteht dem **Pflegschaftsgericht,** dessen Entscheidungen er in wichtigen Angelegenheiten einzuholen hat. Außerdem hat das Gericht in angemessenen Zeitabständen zu prüfen, ob die Sachwalterschaft aufgehoben oder geändert werden soll.

Bei seiner Bestellung wird der Sachwalter im Einzelfall ermächtigt, für **welche Angelegenheiten** des Schutzbefohlenen er handeln soll bzw. zu welchen Angelegenheiten er seine **Zustimmung** geben muss. Neben der Pflicht des Sachwalters, für die ärztliche und soziale Betreuung zu sorgen, gibt es dabei folgende Ermächtigungen:

Handlungen bzw. Zustimmung für

- **einzelne Angelegenheiten** (z. B. Prozessführung, Rechtsgeschäft)
- **bestimmten Kreis** von Angelegenheiten (z. B. Vermögensverwaltung)
- **alle** Angelegenheiten

Rechtshandlungen des Schutzbefohlenen, die er im Wirkungskreis des Sachwalters tätigt, sind rückwirkend gültig, sobald er seine Pflichten aus dem Geschäft erfüllt.

Weiters kann er ein zu seinem Vorteil gemachtes Versprechen (z. B. eine Schenkung ohne Auflagen) annehmen. Sobald er sich jedoch **verpflichtet**, hängt die Gültigkeit des Vertrages von der Einwilligung des Sachwalters ab. Bis zu dieser Einwilligung ist das Rechtsgeschäft schwebend, danach voll gültig.

Der Sachwalter hat Anspruch auf Ersatz seiner Aufwendungen und kann für seine Tätigkeit bei Gericht eine Entschädigung beantragen.

4. Der Kurator

Es kann vorkommen, dass zwischen einem Minderjährigen und seinem gesetzlichen Vertreter ein Rechtsgeschäft abgeschlossen werden soll. In diesem Fall würde der gesetzliche Vertreter einer Interessen- und Pflichtenkollision unterliegen. Daher wird für den Abschluss dieses Geschäftes vom Gericht ein Kurator bestellt, der die Interessen des Minderjährigen zu wahren hat (**Kollisionskurator**).

Es gibt jedoch auch andere Arten von Kuratoren, z. B. jenen, der für eine Person, die nicht auffindbar ist, vorläufig zur Führung deren Geschäfte bestellt wird (**Abwesenheitskurator**).

Zusammenfassung

Gesetzliche Vertreter

Eltern	Mutter	Vormund	Sachwalter	Kurator
für minderjährige Kinder	für minderjährige, uneheliche Kinder	für minderjährige Kinder, wenn die Eltern nicht in der Lage oder gestorben sind	für psychisch Kranke oder geistig Behinderte	z. B. für Geschäfte zwischen Minderjährigen und ihren gesetzlichen Vertretern

F. Handlungen der juristischen Person

Eine juristische Person ist nicht selbstständig handlungsfähig und braucht daher zu ihrer Vertretung **Organe.** Diese schließen Rechtsgeschäfte für die juristische Person ab. Sie verwalten auch das Vermögen der juristischen Person.

Andererseits haftet die juristische Person auch für Schäden, die ihre Organe in Ausübung ihrer Funktion Dritten zufügen.

BEISPIEL: Der Geschäftsführer einer GesmbH überschreitet seine Befugnisse und fügt einem Kunden der Gesellschaft dadurch einen schweren Schaden zu.

Wiederholungsfragen – Arbeitsaufgaben – Diskussionsanregungen

1. *Ordnen Sie folgende Vorgänge entweder dem öffentlichen oder dem Privatrecht zu.*

	öffentliches Recht	*Privatrecht*
Kauf eines Hauses	○	○
Errichtung eines Testaments	○	○
Einführung einer neuen Steuer	○	○
Gründung eines Tennisvereines	○	○
Ausstellung eines Einkommensteuerbescheides durch das Finanzamt	○	○
Lieferung einer Ware an einen Einzelhändler durch einen Großhändler	○	○
Ausschüttung einer Dividende durch eine Aktiengesellschaft	○	○
Festsetzung der Kanalbenutzungsgebühr durch die Gemeinde	○	○
Beschluss eines Gesetzes durch den Nationalrat	○	○
Kauf eines Grundstückes durch die Gemeinde	○	○

2. *Die Hauptrechtsquelle des Allgemeinen Privatrechts heißt*

____

3. *Nennen Sie die vier Teile des Allgemeinen Privatrechts.*

__________ __________ __________ __________

4. *Durch welche Urkunde wird die rechtliche Existenz eines Menschen bescheinigt?*

____

5. *Durch welche Urkunde wird das Ende der rechtlichen Existenz eines Menschen bescheinigt?*

___

6. *Welche Ersatzeinrichtungen gibt es, wenn für einen Menschen kein Totenschein ausgestellt werden kann?*

___

7. *Von welchen Faktoren ist die Handlungsfähigkeit eines Menschen abhängig?*

___

8. *Ab welchem Alter ist man deliktsfähig?*

   ○ *7.* ○ *14.* ○ *18. Lebensjahr*

9. *Was versteht man unter Geschäftsfähigkeit?*

   ○ *Die Fähigkeit, Geschäftsführer eines Unternehmens zu sein.*

   ○ *Die Fähigkeit, Träger von Rechten und Pflichten zu sein.*

   ○ *Die Fähigkeit, verbindliche Willenserklärungen abzugeben.*

10. *Ist folgendes Rechtsgeschäft gültig? Ein sechsjähriges Kind kauft beim Bäcker Semmeln und bezahlt sofort.*

   ○ *Ja* ○ *Nein (Kurze Begründung)*

11. *Bis wann sind Eltern unterhaltspflichtig?*

___

12. *Wodurch wird das Verfahren zur Bestellung eines Sachwalters eingeleitet?*

___ ___

13. *Für welche Angelegenheiten kann ein Sachwalter bestellt werden?*

___ ___ ___

14. *Wer leitet das Verfahren zur Bestellung eines Sachwalters?*

   Das ___.

15. *Welche Personen können Sachwalter sein?*

___ ___ ___

16. *Wer bekommt einen Vormund als gesetzlichen Vertreter?*

___ ___

17. *Welche Aufgabe hat ein Kollisionskurator?*

___

18. *Ein Dreizehnjähriger bestellt eine Lieferung Öl für den Ofen in seinem Zimmer. Die vom Verkäufer verlangte Zustimmung des gesetzlichen Vertreters bleibt jedoch aus. Was kann der Verkäufer tun?*

19. *Ein Siebzehnjähriger aus einem Bundesland erhält von seinem Vater zur Finanzierung seines Studienaufenthaltes in Wien monatlich Euro 700,–. Am 1. November erhält er Euro 700,– für den Monat November, kauft jedoch tags darauf für seine Freundin einen Verlobungsring um Euro 585,–. Ist der Kaufvertrag gültig?*

II. Familienrecht

Welche rechtlichen Beziehungen gelten zwischen Verwandten und zwischen Ehepaaren? Gilt die kirchliche oder die standesamtliche Eheschließung? Mit welchen Verwandten ist man näher, mit welchen entfernter verwandt? Ist heute noch eine Verlobung sinnvoll? Welchen rechtlichen Sinn und Zweck hat eine Ehe? Hat eine Heirat bedeutsame Folgen? Wie kann eine Ehe aufgelöst werden? Welche Scheidungsgründe gibt es? Was sind die rechtlichen Folgen einer Scheidung? Welche Rechtsbeziehungen gelten zwischen Eltern und Kindern? Wie wird der Vater von unehelichen Kindern festgestellt? Was sind Pflegekinder, was Adoptivkinder?

Solche und ähnliche wichtige Fragen werden in diesem Kapitel behandelt.

A. Einleitung und Grundbegriffe

Das Familienrecht beinhaltet die rechtliche Gestaltung der Beziehungen zwischen **Eheleuten sowie Eltern und Kindern**.

Kein anderes Rechtsgebiet hat im Lauf der Zeit derart **entscheidende Änderungen** erfahren wie das Familienrecht, da sich auch das Wesen der Familie geändert hat.

Gerade im Familienrecht wird immer wieder versucht, gesellschaftspolitische Absichten zu verwirklichen, weil die einzelnen politischen Gruppierungen (im Verhältnis Familie – Staat) der Familie jeweils eine andere Bedeutung zumessen. Weiters bestehen auch über das Wesen der Ehe verschiedene religiöse und weltanschauliche Meinungen. Übereinstimmung wurde jedenfalls in der heutigen Vorstellung des **„partnerschaftlichen Prinzips"** erzielt.

Die Aufgabe des Staates ist es, den **rechtlichen Rahmen** sowie die Grundlage für gesunde Familien zu schaffen. Seine Einflussmöglichkeiten sind jedoch begrenzt, da er das Innenleben der Familie zu achten hat und es auch nur wenig beeinflussen kann. Daher versucht er, die typischerweise vorkommenden Konfliktsituationen durch eine rechtliche Regelung möglichst „tragbar" zu lösen.

Die betrifft vor allem die **Ehe:**

In jener Zeit, in der das Allgemeine Bürgerliche Gesetzbuch in Kraft getreten ist (1812) – und natürlich auch schon vorher – galten **kirchlich** geschlossene Ehen auch für den staatlichen Bereich. Seit 1938 müssen staatlich gültige Ehen vor dem **Standesbeamten** geschlossen werden. Der Ehevertrag bedarf seither zu seiner Gültigkeit zwingend der im Gesetz vorgeschriebenen Form (er ist ein **mündlicher** Vertrag!).

Nach unserem Recht ist also die **Zivilehe** (d. h. die vor dem Standesbeamten/der Standesbeamtin abgeschlossene Ehe) **verpflichtend**. Eine Ehe, die nur vor dem Geistlichen einer Religionsgemeinschaft abgeschlossen wird, hat im Sinne der privatrechtlichen Vorschriften keine Gültigkeit. Sie würde höchstens vor der betreffenden Religionsgemeinschaft Gültigkeit haben.

Die **kirchliche Trauung** darf erst nach der **standesamtlichen Trauung** erfolgen. Dies hindert den gläubigen Christen nicht daran, eine Ehe erst ab der kirchlichen Trauung als solche anzusehen.

Im Übrigen räumt der Gesetzgeber im Familienrecht den bloßen **Lebensgemeinschaften** keinerlei Rechtswirkung ein. Wohl haben diese aber im Mietrecht und in einigen Gebieten des Sozialrechts (Krankenversicherung, Arbeitslosenversicherung – nicht aber Pensionsversicherung) Bedeutung.

Familie	ist nach ABGB ein **Stammelternpaar** mit allen seinen **Nachkommen**.	
Verwandtschaft („Blutsverwandtschaft“)	**in direkter (= gerader) Linie** besteht zwischen allen Vorfahren und Nachkommen.	Der Grad der Verwandtschaft wird nach der Anzahl der Zeugungen berechnet, die zwischen den verwandten Personen
	in der Seitenlinie besteht zwischen allen Personen, die mindestens von einem gemeinsamen Vorfahren abstammen.	
Schwägerschaft	besteht zwischen einem **Ehegatten** und allen **Verwandten seines Ehepartners.**	
Ehe	Die Ehe ist eine **Wohnungs-, Wirtschafts- und Geschlechtsgemeinschaft** von Mann und Frau, die auf Dauer geplant ist und **gesetzliche Folgen** hat. Hinsichtlich dieser Folgen unterscheidet sie sich von der Lebensgemeinschaft. Rechtlich kommt eine Ehe dadurch zustande, dass zwei Personen verschiedenen Geschlechts im **Ehevertrag** ihren Willen erklären, ♦ in unzertrennlicher Gemeinschaft zu leben, ♦ Kinder zu zeugen, sie zu erziehen und ♦ sich gegenseitig Beistand zu leisten.	Ehevertrag § 44 ABGB § 90 ABGB Auch kinderlose Ehen sind voll gültig und begründen die gegenseitige Beistandspflicht!
Eheverlöbnis (Verlobung)	ist ein **vorläufiges Versprechen, einander zu heiraten** (ohne Formvorschriften) und ist grundsätzlich rechtlich unverbindlich. Beim Rücktritt vom Verlöbnis können allerdings für den am Rücktritt schuldlosen Teil gewisse Schadenersatzforderungen (z. B. Aufwendungen im Hinblick auf eine gemeinsame Wohnung) entstehen, außerdem kann er gegebene Geschenke zurückfordern.	
Form der Eheschließung	Sie erfolgt durch die Eheerklärung **(„Ja“)** der Verlobten bei **gleichzeitiger Anwesenheit** vor dem **Standesbeamten** und **zwei Trauzeugen** und ist im **Familienbuch einzutragen** (die **Heiratsurkunde** ist eine Abschrift aus dem Familienbuch).	

B. Grundlagen des Eheabschlusses

1. Ehefähigkeit

Die Brautleute müssen handlungsfähig und ehemündig (Alter!) sein.

Ehefähigkeit

Handlungsfähigkeit

Handlungsunfähige können eine Ehe nicht eingehen.

Minderjährige oder aus anderen Gründen beschränkt Handlungsfähige bedürfen der Einwilligung des **gesetzlichen Vertreters**.

Wird die Einwilligung grundlos verweigert, kann sie vom Gericht erteilt werden.

Ehemündigkeit

Voraussetzung ist das vollendete 18. Lebensjahr.

Hat eine Person das **16. Lebensjahr vollendet**, kann das Gericht sie auf ihren Antrag für ehemündig erklären, wenn sie für diese Ehe **reif erscheint** und der **künftige Ehegatte volljährig** ist. Zusätzlich benötigt diese Person jedoch die Einwilligung des gesetzlichen Vertreters.

Heiratet eine minderjährige Person, wird sie einer volljährigen Person gleichgestellt.

2. Es dürfen keine Eheverbote vorliegen:
Dies sind Umstände, bei deren Vorliegen der Standesbeamte die Verlobten nicht trauen darf. Man unterscheidet:

- **Eheverbote ohne Nichtigkeitsfolgen:** Bei diesen werden zwar gesetzliche Vorschriften verletzt; falls die Trauung trotzdem erfolgt, bleibt die Ehe jedoch gültig.
- **Eheverbote mit Nichtigkeitsfolgen** (siehe Übersicht unten): Diese Eheverbote sind zugleich Nichtigkeitsgründe, d. h. die Ehe kann durch Klage angefochten werden. Hat die Klage Erfolg, sind die Ehegatten so anzusehen, als wären sie von Anfang an nicht verheiratet gewesen. Die Kinder gelten trotzdem als ehelich (Schutz!).

Eheverbot mit Nichtigkeitsfolge	Betroffener Personenkreis
Verwandtschaft	Verwandte in gerader Linie und voll- und halbbürtige Geschwister, gleichgültig, ob Verwandtschaft auf ehelicher oder unehelicher Geburt beruht.
Doppelehe	Bereits verheiratete Personen.
Adoption	Adoptierende einerseits und Adoptivkind oder dessen Nachkommen andererseits (Aufhebung der Adoption ist jedoch möglich).

C. Wirkungen der Ehe

1. Persönliche Rechtswirkungen
Die persönlichen Rechte und Pflichten der Ehegatten sind grundsätzlich gleich gestaltet. Die Ehegatten sind **gleichberechtigte** Partner und haben die eheliche Lebensgemeinschaft einvernehmlich zu gestalten.

♦ Lebensgemeinschaft
Die Ehegatten sind besonders zum **gemeinsamen Wohnen,** zur **Treue,** zur **anständigen Begegnung** und zum **Beistand** verpflichtet. Die Beistandspflicht umfasst auch die Pflicht zur Mitwirkung im Erwerb des anderen Ehegatten, soweit dies zumutbar und nach den Lebensverhältnissen der Ehegatten üblich ist (vor allem in gewerblichen und bäuerlichen Klein- und Mittelbetrieben).

♦ Haushaltsführung
Die Ehegatten haben nach Kräften und nach der Gestaltung der Lebensgemeinschaft zur Deckung der angemessenen Bedürfnisse beizutragen, die Tätigkeit im Haushalt ist einer Berufstätigkeit gleichwertig. Sind **beide** Ehegatten **erwerbstätig,** so haben **beide** – entsprechend dem Gedanken der Partnerschaft – gemeinsam den **Haushalt zu besorgen.** Das Maß, in dem jeder Ehegatte bei der Haushaltsführung mitzuwirken hat, richtet sich nach seinen persönlichen Verhältnissen, besonders seinem Leistungsvermögen und seiner beruflichen Belastung. Ist nur ein Ehegatte erwerbstätig, so ist es die Aufgabe des anderen, den Haushalt zu führen.

♦ Familienname
Die Ehegatten können entweder einen **gemeinsamen Familiennamen** führen oder ihre zum Zeitpunkt der Eheschließung geführten Namen beibehalten. Führen sie einen gemeinsamen Namen, so ist dies der Familienname eines der Ehegatten, den die Verlobten vor oder bei der Eheschließung in öffentlicher oder öffentlich beglaubigter Urkunde als **gemeinsamen Namen** bestimmt haben.

Erfolgt **keine Bestimmung,** gilt der Familienname des **Mannes** als gemeinsamer.

Derjenige Verlobte, der den bisherigen Familiennamen des anderen als gemeinsamen Familiennamen zu führen hätte, kann vor oder bei der Eheschließung in öffentlicher oder öffentlich beglaubigter Urkunde erklären, dass er bei der Führung des gemeinsamen Familiennamens diesem seinen bisherigen Familiennamen unter Setzung eines Bindestrichs voran- oder nachstellt.

Führen beide Ehegatten ihren bisherigen Familiennamen weiter, muss der Familienname der aus der Ehe stammenden **Kinder** bestimmt werden. Dabei müssen Geschwister denselben

Namen bekommen. Erfolgt keine Bestimmung, erhalten die Kinder den Familiennamen des Vaters.

Ein **früherer Familienname** aus einer geschiedenen oder aufgehobenen Ehe darf nur wieder angenommen werden, wenn aus dieser früheren Ehe Nachkommen vorhanden sind.

♦ Wohnung

Es besteht der Grundsatz, dass Ehegatten **gemeinsam** leben und somit auch gemeinsam wohnen sollen. Bei einer Verlegung des Wohnsitzes hat derjenige, der dies gegen den Willen des anderen verlangt, berechtigte Gründe geltend zu machen. Trotz des Vorliegens solcher Gründe muss der andere Ehegatte nicht mitziehen, wenn er seinerseits zumindest Gründe von gleichem Gewicht für seinen Wunsch ins Treffen führen kann. Es kann daher auch zu einem **getrennten Wohnen** der Ehepartner kommen, doch soll dies eine **Ausnahme** sein.

Der auf die Wohnung angewiesene Ehegatte (oder ein naher Angehöriger) kann bei der Polizei oder bei Gericht beantragen, dem anderen das Verlassen der Wohnung aufzutragen, wenn dieser ihm durch einen körperlichen Angriff, eine Drohung mit einem solchen oder ein die Gesundheit beeinträchtigendes Verhalten das weitere **Zusammenleben unzumutbar** macht (so genanntes **Wegweisungsrecht** - gilt auch für Lebensgefährten). Gleichzeitig damit kann auch ein Rückkehrverbot für 7 bis 14 Tage verhängt werden.

♦ Schutz des Wohnbedürfnisses

Das Gesetz schützt ausdrücklich davor, dass ein Ehegatte durch einseitige Verfügung über die Wohnung die Lebensgrundlage des anderen gefährdet. Der Ehegatte, der über die von beiden benützte Wohnung **verfügungsberechtigt** (als Mieter oder Eigentümer) ist, hat alles zu unterlassen und vorzukehren, damit der auf die Wohnung angewiesene Ehegatte diese nicht verliert.

2. Vermögensrechtliche Wirkungen

♦ Vermögen

Grundsätzlich besteht **Gütertrennung,** d. h. durch den Eheabschluss werden die Vermögensverhältnisse nicht geändert und jeder Ehegatte haftet für seine Schulden selbst.

Allerdings gilt der Grundsatz, dass alles, was **während der Ehe** erworben wurde, **im Zweifel von beiden Ehegatten stammt,** unabhängig davon, ob nur ein oder beide Ehegatten erwerbstätig waren. Vom gesetzlichen Grundsatz der Gütertrennung kann man allerdings abweichen, indem z. B. die Ehegatten bei einem Notar eine Gütergemeinschaft vereinbaren.

♦ Unterhalt

Wer den gemeinsamen Haushalt führt und kein eigenes Einkommen hat, hat Anspruch auf Unterhalt durch den anderen Ehegatten, der außerhalb des Haushaltes berufstätig ist. Der Anspruch ist **gerichtlich durchsetzbar** und beträgt ca. 33 % des Nettoeinkommens des berufstätigen Ehepartners. Dieser Anspruch besteht auch dann, wenn ein Ehepartner aus gesundheitlichen Gründen seinen Beitrag nicht zu leisten vermag. Sind beide Teile berufstätig oder verfügen beide über eigene Einkünfte, so sind sie bei der Bemessung des Unterhaltsanspruchs zu berücksichtigen. Wird der gemeinsame Haushalt aufgelöst, so behält der den Haushalt führende Teil grundsätzlich seinen Unterhaltsanspruch.

♦ Schlüsselgewalt

Der Ehegatte, der den gemeinsamen Haushalt führt – also nicht nur die Frau – und **keine eigenen Einkünfte** hat, kann Rechtsgeschäfte des täglichen Lebens für den gemeinsamen Haushalt abschließen. Der andere Ehegatte haftet dafür.

♦ Anspruch auf angemessene Abgeltung

seiner Tätigkeit hat der Ehegatte, der im Betrieb des anderen mitarbeitet. Bei Bemessung dieser Abgeltung sind jedoch die gewährten Unterhaltsleistungen und die sonstigen Lebensverhältnisse der Ehegatten zu berücksichtigen. Der Anspruch auf Abgeltung verjährt in sechs Jahren ab dem Ende des Monats, in dem die Leistung erbracht wurde. In der Praxis wird diese Abgeltung häufig erst bei der Scheidung berechnet.

Zusammenfassung

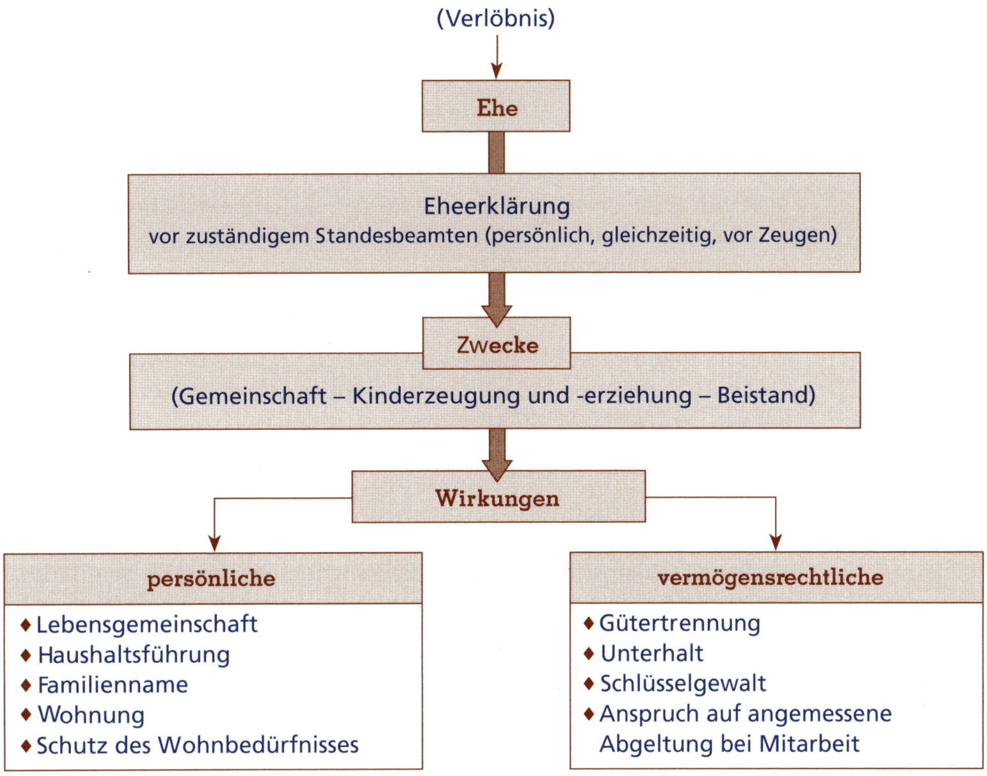

D. Auflösung der Ehe

Tod eines Ehegatten	Nichtigerklärung	Aufhebung	Scheidung
Häufigster Auflösungsgrund einer Ehe ist der Tod. Etwa jede zweite Ehe endet jedoch durch Scheidung. Dabei sind jährlich ca. 20.000 Kinder betroffen.	**Bei Vorliegen von**		
	Nichtigkeitsgründen	Aufhebungsgründen	Scheidungsgründen
	sind bei Eingehen der Ehe bereits vorhanden		entstehen während der Ehe
	Geltendmachen durch **Klage** beim Bezirksgericht, bei einvernehmlicher Scheidung Antrag im Außerstreitverfahren beim Bezirksgericht		

Bei den Gründen, die zur Nichtigerklärung oder Aufhebung einer Ehe führen können, handelt es sich um schwerwiegende oder leichtere Fehler, die eine Ehe mangelhaft machen.

Sowohl Nichtigerklärung als auch Aufhebung müssen durch richterliches Urteil erfolgen. Bis dahin ist auch die mangelhafte Ehe voll wirksam.

Die Mängel bestehen im Wesentlichen entweder aus Willensmängeln oder jedoch aus einem erfolgten Eheabschluss trotz Vorliegens von Eheverboten:

1. Nichtigkeitsgründe

- Formmangel (gesetzlich vorgeschriebene Form wurde nicht eingehalten)
- Mangel der Geschäfts- und Urteilsfähigkeit (Mangel der Geschäftsfähigkeit, Bewusstlosigkeit, Bewusstseinsstörung)
- Namens- und Staatsangehörigkeitsehe (Eingehung der Ehe nur zur Namensübertragung, zum Erwerb der Staatsangehörigkeit oder der Arbeits- und Aufenthaltserlaubnis)
- Doppelehe
- Verwandtschaft

War die Klage eines Ehegatten (bzw. des Staatsanwalts bei der Namens- und Staatsangehörigkeitsehe) erfolgreich, wird die Ehe behandelt, als hätte sie nie bestanden.

2. Aufhebungsgründe

sind im Wesentlichen Willensmängel.

- Mangel der Einwilligung des gesetzlichen Vertreters bei Minderjährigen
- Irrtum über die Eheschließung oder die Person des anderen Ehegatten
- Irrtum über Umstände, die die Person des anderen Ehegatten betreffen (z. B. Vorstrafen, Impotenz, nicht jedoch: mangelndes Vermögen!)
- arglistige Täuschung
- Zwang

War die Klage eines Ehegatten erfolgreich, gilt die Ehe vom Urteil an als aufgelöst.

Die Aufhebungsklage ist innerhalb eines Jahres ab Kenntnis der wahren Umstände, Wegfall des Zwanges usw. zu erheben.

3. Scheidungsgründe

Bei vielen Scheidungsgründen spielt das **Zerrüttungsprinzip** eine Rolle: Es bedeutet, dass die eheliche Gemeinschaft schon so zerbrochen ist, dass die Wiederherstellung einer dem Wesen der Ehe (Ehezwecke!) entsprechenden Lebensgemeinschaft nicht mehr erwartet werden kann.

(Im streitigen Ehescheidungsverfahren hat der Richter während des gesamten Verfahrens auf Chancen der Versöhnung der Ehepartner Bedacht zu nehmen!)

Scheidung wegen Eheverfehlungen

Hier wird die Ehe wegen Verschuldens eines der Ehepartner geschieden. Solche **Eheverfehlungen** sind z. B. Ehebruch; grundlose Verweigerung des Geschlechtsverkehrs, Misshandlungen etc. Frist für die Geltendmachung: 6 Monate ab Kenntnis des Scheidungsgrundes.

Scheidung aus anderen Gründen (Krankheiten)

- auf **geistiger Störung** beruhendes Verhalten, das zur Zerrüttung führte
- **Geisteskrankheit** (Aufhebung der geistigen Gemeinschaft)
- **ansteckende oder Ekel erregende Krankheit** (Heilung oder Beseitigung der Ansteckungsgefahr ist in absehbarer Zeit nicht zu erwarten)

Keine Scheidung darf erfolgen, wenn das Scheidungsbegehren sittlich nicht gerechtfertigt ist (wenn die Scheidung den anderen Ehegatten außergewöhnlich hart träfe). – „Härteklausel"

Auflösung der häuslichen Gemeinschaft

Nach **drei Jahren** kann man wegen tief greifender unheilbarer Zerrüttung die Scheidung begehren.
(keine Scheidung, wenn nach Überzeugung des Gerichtes eine Wiederherstellung der ehelichen Lebensgemeinschaft zu erwarten ist)

(keine Scheidung, wenn an der Zerrüttung der Kläger allein oder überwiegend schuld war und den Beklagten die Scheidung härter träfe als den Kläger die Abweisung) – „Härteklausel"

Nach **sechs Jahren** ist dem Begehren stattzugeben.

Einvernehmliche Scheidung	**Voraussetzungen:**	Scheidung erfolgt durch Beschluss
	♦ **Einvernehmen** über die Scheidung (gemeinsamer Scheidungsantrag) ♦ unheilbare **Zerrüttung** ♦ **Auflösung der ehelichen Lebensgemeinschaft** seit mindestens einem halben Jahr ♦ **schriftliche Vereinbarung** über die Obsorge für minderjährige Kinder, Aufenthaltsvereinbarung (d. h. bei wem das Kind leben soll) im Falle der beiderseitigen Obsorge der Eltern. ♦ **Aufteilung des Vermögens** und Einigung über gegenseitige Unterhaltsansprüche	

E. Vermögensrechtliche Ansprüche bei Scheidung der Ehe

1. Aufteilung des Vermögens

Gegenstand der Aufteilung ist bzw. sind

a) **das eheliche Gebrauchsvermögen,** das sind die beweglichen oder unbeweglichen Sachen, die dem Gebrauch beider Ehegatten gedient haben, z. B. Hausrat, Ehewohnung (auch dann, wenn sie ein Ehegatte eingebracht, geerbt oder geschenkt bekommen hat);

b) die **ehelichen Ersparnisse,** das sind Wertanlagen, die während aufrechter ehelicher Lebensgemeinschaft angesammelt wurden und die ihrer Art nach üblicherweise für die Verwertung bestimmt sind.

Der **Aufteilung** unterliegen **nicht** Sachen, die

a) **ein Ehegatte** in die Ehe **eingebracht, geerbt** oder **geschenkt** bekommen hat (Ausnahme: Hausrat und Ehewohnung);

b) dem **persönlichen Gebrauch** eines Ehegatten allein oder der **Ausübung seines Berufes** dienen;

c) zu einem **Unternehmen** gehören;

d) Anteile an einem **Unternehmen** sind, **außer** es handelt sich um **bloße Wertanlagen.**

2. Unterhaltsansprüche

Diese haben

- ♦ der **schuldlos oder aus minderem Verschulden geschiedene Ehepartner:**
  Der allein oder überwiegend schuldig geschiedene Ehepartner muss ihm „den nach den Lebensverhältnissen der Ehegatten angemessenen" Unterhalt leisten; dies allerdings nur dann, wenn der Berechtigte diesen Unterhalt aus den Erträgnissen seines Vermögens oder einer Erwerbstätigkeit, die von ihm „den Umständen nach erwartet werden kann", nicht zu bestreiten vermag.
- ♦ **ausnahmsweise** auch der **allein oder überwiegend schuldig geschiedene** Ehepartner **(„Bedarfsunterhalt")**: Unterhalt ist in der Regel auch unabhängig vom Verschulden an der Scheidung nach dem Lebensbedarf des Berechtigten („Billigkeitsunterhalt") zu gewähren.
  Dieser **verschuldensunabhängige Unterhalt** ist für zwei Gruppen gedacht:
  - für **junge Mütter (oder Väter)**, die sich um die Kinder aus der gescheiterten Ehe kümmern und keinem bezahlten Beruf nachgehen können – sie sollen den Unterhalt in der Regel befristet bekommen; und
  - für **ältere Hausfrauen (oder -männer)**, die sich zwar nicht (mehr) um Nachwuchs kümmern, aber sich in Folge lang andauernder Ehe und mangelnder Berufsfähigkeit, hohen Alters oder mangelnden Gesundheitszustandes nicht selbst erhalten können.

Der **Unterhaltsanspruch erlischt oder vermindert** sich, wenn der Unterhaltsbedürftige besonders **schwer wiegende Eheverfehlungen** begangen hat (z. B. Straftaten), seine **Bedürftigkeit grob schuldhaft herbeigeführt** hat (z. B. Spielverluste im Casino) oder andere **schwer wiegende Gründe** vorliegen (z. B. ehrloser oder unsittlicher Lebenswandel; grobe Verletzung der ehelichen Beistandspflicht). Weiters erlischt der Anspruch, wenn der Berechtigte wieder heiratet; er ruht, wenn er eine Lebensgemeinschaft (= Wohnungs-, Wirtschafts- und Geschlechtsgemeinschaft) eingeht.

- das **Kind aus einer geschiedenen Ehe:**
  Für den Unterhalt des Kindes (zur Deckung der „den **Lebensverhältnissen** der Eltern angemessenen Bedürfnisse") haben die Eltern nach ihren Kräften anteilig beizutragen. Jener Elternteil, der den Haushalt führt, in dem das Kind lebt, hat dadurch seinen Beitrag geleistet, und der getrennt lebende Elternteil ist zur Zahlung eines Unterhaltsbeitrages verpflichtet. Der jeweils zu leistende Unterhalt hängt vom Alter und den Bedürfnissen des Kindes sowie vom Einkommen und den Sorgepflichten des Unterhaltsverpflichteten ab. Die Unterhaltspflicht besteht bis zur Selbsterhaltungsfähigkeit des Kindes.
  (Zur Obsorge für das Kind bei Scheidung der Eltern siehe S. 147.)

F. Gegenseitige Rechte und Pflichten von Eltern und Kindern

Leitgedanken: Die Eltern haben die „Obsorge" für das minderjährige Kind.

Sie haben das **„Wohl des Kindes"** zu fördern. Bei Beurteilung des Kindeswohles sind die **Persönlichkeit** des Kindes und seine **Bedürfnisse,** besonders seine **Anlagen, Fähigkeiten, Neigungen** und **Entwicklungsmöglichkeiten** sowie die **Lebensverhältnisse der Eltern** entsprechend zu berücksichtigen.

Eltern und Kinder haben **einander beizustehen,** die Kinder (auch volljährige) ihren Eltern **Achtung** entgegenzubringen.

Abgrenzung:

Eheliche Kinder	Uneheliche Kinder
Als **ehelich** gelten Kinder, ♦ die **während der Ehe** der Mutter mit dem Vater oder, ♦ wenn die Ehe durch den Tod des Ehemannes aufgelöst wurde, innerhalb von **300 Tagen danach** geboren werden. Hat ein Ehemann **ernsthafte Bedenken**, dass ein Kind seiner Ehefrau von ihm stammt, kann er innerhalb von zwei Jahren ab Kenntnis der Umstände, die für die Unehelichkeit sprechen, bei Gericht einen Antrag stellen, es möge festgestellt werden, dass das Kind nicht von ihm abstammt. Ab Feststellung gilt es dann als unehelich. Als **ehelich** gelten weiters Kinder, die legitimiert sind.	**Unehelich** sind Kinder, die ♦ von einer unverheirateten Mutter, ♦ nach Scheidung, Aufhebung oder Nichtigerklärung der Ehe ihrer Mutter, ♦ nach Ablauf des 300. Tages nach dem Tod des Ehemannes der Mutter geboren werden oder ♦ nach gerichtlicher Feststellung aufgrund des Antrags des Ehemannes der Mutter als unehelich gelten. **Vermutung der Vaterschaft:** Sie gilt für jeden Mann, der mit der Mutter innerhalb eines Zeitraumes von **300 bis 180 Tagen vor der Geburt** des unehelichen Kindes Geschlechtsverkehr hatte. Dieser Zeitraum ist der mögliche Empfängniszeitraum.

<table>
<tr><th>Eheliche Kinder</th><th>Uneheliche Kinder</th></tr>
<tr><td>Legitimation: Uneheliche Kinder erhalten die Rechtsstellung von ehelichen durch
♦ nachfolgende Ehe der Eltern,
♦ Akt des Bundespräsidenten, wenn die Ehe der Eltern nicht möglich ist.

Laut Fortpflanzungsmedizingesetz gilt die oben erwähnte Vermutung der Ehelichkeit auch bei künstlicher Befruchtung. Erfolgt diese unter Verwendung des Samens eines anderen Mannes, muss vorher der Ehemann der Mutter in einem Notariatsakt zugestimmt haben. In diesem Fall kann er die Ehelichkeit des Kindes nicht bestreiten und gilt als dessen Vater.</td><td>Feststellung der Vaterschaft:
♦ durch Anerkenntnis (freiwillig) in einer öffentlichen oder notariell beglaubigten Urkunde
♦ durch Entscheidung des Bezirksgerichtes aufgrund eines Antrags des Kindes, vertreten durch seinen gesetzlichen Vertreter oder durch das Jugendamt. Der Antrag richtet sich gegen den vermuteten Vater.
♦ Der vermutete Vater kann die gesetzliche Vermutung entkräften durch:
– den Beweis der Unwahrscheinlichkeit (z. B. medizinisches Gutachten),
– den Beweis der größeren Wahrscheinlichkeit der Vaterschaft eines anderen, für den ebenfalls die gesetzliche Vermutung zutrifft.</td></tr>
<tr><td colspan="2">Nach dem Fortpflanzungsmedizingesetz, das die Leihmutterschaft verbietet, gibt es eine eigene Mutterschaftsvermutung: Mutter ist die Frau, die das Kind zur Welt gebracht hat. Eine dennoch durchgeführte Leihmutterschaft führt zu keinerlei Rechten der Auftraggeberin.
Das Kind ist je nachdem, ob die Eltern verheiratet sind oder nicht, ehelich oder unehelich.</td></tr>
</table>

<table>
<tr><th>Rechte und Pflichten</th><th>Eheliche Kinder</th><th>Uneheliche Kinder</th></tr>
<tr><td>Name</td><td>Haben die Eltern einen gemeinsamen Familiennamen, so erhält diesen auch das Kind. Haben die Eltern keinen gemeinsamen Familiennamen, so erhält das Kind jenen Familiennamen, den die Eltern anlässlich der Eheschließung zum Familiennamen der aus der Ehe stammenden Kinder bestimmt haben. Dazu können sie nur den Familiennamen eines Elternteiles bestimmen. Mangels einer solchen Bestimmung erhält das Kind den Namen des Vaters.</td><td>Das Kind erhält den Familiennamen, den die Mutter zum Zeitpunkt der Geburt trägt.</td></tr>
<tr><td>Unterhaltsanspruch des Kindes</td><td colspan="2">Die Eltern haben zur Deckung der ihren Lebensverhältnissen angemessenen Bedürfnisse des Kindes unter Berücksichtigung seiner Anlagen, Fähigkeiten, Neigungen und Entwicklungsmöglichkeiten nach ihren Kräften anteilig beizutragen. Nachrangig besteht diese Verpflichtung auch für die Großeltern.
Der Unterhaltsanspruch vermindert sich, wenn das Kind eigene Einkünfte hat oder selbst erhaltungsfähig ist.</td></tr>
<tr><td>„Heiratsgut“, „Ausstattung“</td><td colspan="2">Unter „Heiratsgut“ versteht man das am Beginn der Ehe von der Frau eingebrachte Vermögen zur Erleichterung der ehelichen Wirtschaftsführung. Verfügt die Frau über kein ausreichendes Vermögen, sind die Eltern verpflichtet, ein Heiratsgut (Mitgift) zu stellen. Sind diese nicht in der Lage, geht die Verpflichtung auf die Großeltern der Braut über.
Das Heiratsgut kann von Eltern bzw. Großeltern verweigert werden, wenn sie sich aus triftigen Gründen (z. B. Vorstrafen) gegen einen Eheabschluss aussprechen.
Auch der Sohn hat einen Anspruch auf „Ausstattung“, wenn er in den Ehestand tritt.
Beide Ansprüche gelten jedoch nur für die erste Eheschließung.</td></tr>
</table>

<table>
<tr><th>Rechte und Pflichten</th><th>Eheliche Kinder</th><th>Uneheliche Kinder</th></tr>
<tr><td>Unterhaltsanspruch der Eltern</td><td colspan="2">Das Kind schuldet den Eltern und Großeltern unter Berücksichtigung seiner Lebensverhältnisse den diesen mangelnden Unterhalt.
Diese Unterhaltspflicht steht aber der eines Ehegatten, eines früheren Ehegatten sowie der von Vorfahren und von Nachkommen näheren Grades des Unterhaltsberechtigten nach. Durch das in Österreich bestehende Pensionssystem kommt die Unterhaltspflicht gegenüber den Eltern meist nicht zum Tragen.</td></tr>
<tr><td>Unterhaltsvorschuss</td><td colspan="2">Das Unterhaltsvorschussgesetz bestimmt, dass der Staat bei Uneinbringlichkeit der Unterhaltsbeiträge für minderjährige Kinder diese Beträge vorstreckt, sie aber später beim Unterhaltspflichtigen zwangsweise eintreibt.
Anträge auf Gewährung eines derartigen Vorschusses können bei dem als Pflegschaftsgericht zuständigen Bezirksgericht gestellt werden. Unterhaltsvorschüsse kommen zur Auszahlung, sobald sie vom Gericht mit Beschluss bewilligt wurden.
Den Antrag auf Gewährung eines Unterhaltsvorschusses kann der mit der Obsorge Betraute stellen, der den Unterhaltsberechtigten in Pflege hat.</td></tr>
<tr><td rowspan="5">Pflege und Erziehung („Obsorge")</td><td colspan="2">Die Betrauung mit der Obsorge für das Kind umfasst neben der gesetzlichen Vertretung in erster Linie Pflege und Erziehung:
Die Pflege umfasst besonders die Wahrung des körperlichen Wohles und der Gesundheit sowie die unmittelbare Aufsicht.

Die Erziehung umfasst besonders
♦ die Entfaltung der körperlichen, geistigen, seelischen und sittlichen Kräfte,
♦ die Förderung der Anlagen, Fähigkeiten, Neigungen und Entwicklungsmöglichkeiten des Kindes
♦ sowie dessen Ausbildung in Schule und Beruf. Das Ausmaß richtet sich nach den Lebensverhältnissen der Eltern.

Die Eltern haben bei der Pflege und Erziehung auch auf den Willen des Kindes zu achten, soweit dem nicht dessen Wohl oder ihre Lebensverhältnisse entgegenstehen.
Das minderjährige Kind hat die Anordnungen der Eltern zu befolgen. Zur Pflege ist bei Fehlen des Einvernehmens derjenige Elternteil berechtigt und verpflichtet, der den Haushalt führt, in dem das Kind betreut wird. Kommt zwischen den Eltern und den mündigen Minderjährigen keine Einigung über seine Ausbildung zustande, kann das Gericht zur Entscheidung angerufen werden.
Mit der Obsorge sind der Reihenfolge nach folgende Personen betraut:</td></tr>
<tr><td>♦ beide Eltern einvernehmlich
♦ ein Elternteil, wenn der andere</td><td>♦ Mutter
♦ Mutter und Vater gemeinsam, wenn es vereinbart wird und dem Wohl des Kindes entspricht
♦ Vater, dessen Vaterschaft festgestellt ist, wenn es vereinbart wird oder wenn die Mutter</td></tr>
<tr><td colspan="2">gestorben ist oder sein/ihr Aufenthalt seit mindestens 6 Monaten unbekannt ist oder ihm/ihr die Obsorge gerichtlich entzogen wurde.</td></tr>
<tr><td colspan="2">♦ Sind beide Elternteile in der oben beschriebenen Form betroffen, entscheidet das Gericht, welchem Großelternpaar (Großelternteil) Pflege und Erziehung zustehen sollen.</td></tr>
<tr><td>♦ Vormund (der vom Gericht bestellte nächste geeignete Verwandte)</td><td>♦ bis zu dieser Entscheidung Amtsvormundschaft (Jugendamt)</td></tr>
</table>

Rechte und Pflichten	Eheliche Kinder	Uneheliche Kinder
Vermögensverwaltung und gesetzliche Vertretung	Das Vermögen eines minderjährigen Kindes ist mit der „Sorgfalt ordentlicher Eltern" zu verwalten. Der Reihe nach sind zuständig: ♦ beide Eltern einvernehmlich ♦ ein Elternteil (wie bei Pflege und Erziehung) ♦ Vormund oder Sachverwalter (für Teilbereiche)	♦ Mutter ♦ festgestellter Vater bzw. Amtvormundschaft (wie bei Obsorge)

Gemeinsame Obsorge bei Scheidung der Eltern
Bei **Scheidung** (Aufhebung, Nichtigerklärung) der Ehe bleiben **beide Eltern** weiterhin mit der Obsorge betraut, wenn sie dem Gericht eine **Vereinbarung** vorlegen, bei welchem Elternteil sich das Kind hauptsächlich aufhalten soll.

Sie können auch vereinbaren, dass jener Elternteil, bei dem sich das Kind hauptsächlich aufhält, die alleinige Obsorge erhält.

Kommt eine – dem Kindeswohl entsprechende – Vereinbarung nicht zustande, bestimmt das Gericht, **welcher Elternteil alleine** mit der Obsorge zu betrauen ist.

Wird (gemäß Vereinbarung oder Gerichtsentscheid) nur ein Elternteil **alleine** mit der Obsorge betraut, hat der **andere** das **Recht**
- auf persönlichen Verkehr mit dem Kind,
- über wichtige Angelegenheiten des Kindes und Maßnahmen rechtzeitig informiert zu werden und
- sich diesbezüglich zu äußern. Die Äußerung ist zu berücksichtigen, wenn sie dem Kindeswohl besser entspricht.

G. Pflegekindschaft

Pflegeeltern haben von den mit der Obsorge betrauten Personen (z. B. Eltern, Vormund) das Recht zur Pflege und Erziehung einer minderjährigen Person übertragen bekommen.

Die gesetzliche Vertretung bleibt bei den Obsorgebetrauten, die auch weiterhin (neben den Pflegeeltern) zu Pflege und Erziehung berechtigt sind.

Bei den Pflegeeltern handelt es sich also um Personen, **die die Pflege und Erziehung des Kindes ganz – oder teilweise – besorgen und zu denen eine dem Verhältnis zwischen leiblichen Eltern und Kindern nahe kommende Beziehung besteht oder hergestellt werden soll.** Auf Antrag kann das Gericht den Pflegeeltern die Obsorge ganz oder teilweise übertragen, wenn es dem Wohl des Kindes entspricht. Eine lediglich vorübergehende Betreuung (z. B. bedingt durch Auslandsaufenthalt oder Krankheit der Eltern) fällt nicht unter den Begriff der Pflegekindschaft.

H. Adoption

Die Annahme an Kindes statt kommt durch **schriftlichen Vertrag** zwischen dem **Annehmenden** und dem **Wahlkind** sowie durch gerichtliche Bewilligung **(Bezirksgericht)** zustande.

Ein **„Wahlvater"** muss das **30.**, eine „Wahlmutter" das **28.** Lebensjahr vollendet haben; sie müssen grundsätzlich mindestens **18 Jahre älter** (unter Umständen 16) als das Wahlkind sein. Die gerichtliche Bewilligung wird nur erteilt, wenn zwischen den Vertragspartnern ein **echtes Eltern-Kind-Verhältnis** besteht oder hergestellt werden soll. Dies kann auch bei volljährigen Wahlkindern ein Anliegen sein (z. B. Übernahme eines Betriebes oder Bauernhofes). Kein berechtigtes Anliegen sind jedenfalls Umgehungsabsichten (z. B. Übernahme einer Mietwohnung, Steuerersparnis). Durch die Adoption entstehen die **gleichen Rechte,** wie sie **durch die eheliche Abstammung** begründet werden.

Wiederholungsfragen - Arbeitsaufgaben - Diskussionsanregungen

1. Welche familienrechtliche Beziehung liegt zwischen Herrn X und den aufgezählten Personen vor?

	Verwandtschaft direkte	Verwandtschaft Seitenlinie	Schwägerschaft	keine
Schwester	○	○	○	○
Bruder der Ehefrau	○	○	○	○
Mutter	○	○	○	○
Stiefmutter der Ehefrau	○	○	○	○
Vater der Ehefrau	○	○	○	○
Onkel	○	○	○	○
Sohn	○	○	○	○
Ehefrau des Schwagers	○	○	○	○

2. Welche Rechtsfolgen können durch die Auflösung einer Verlobung entstehen?

____

3. Kreuzen Sie die richtige Altersstufe an (vollendetes Lebensjahr).

	14	15	16	17	18	19	20	21
Ehemündigkeit								
herabgesetzte Ehemündigkeit								
Volljährigkeitsalter								
Sachwalterbestellung								
Deliktsfähigkeit								

4. Welche Voraussetzung für die Eheschließung muss bei minderjährigen Personen außer der Ehemündigkeit noch gegeben sein?

____

5. Mit welchen Eheverboten sind Nichtigkeitsfolgen verbunden?

__________ __________

6. Durch welche Pflichten ist die eheliche Lebensgemeinschaft insbesonders charakterisiert?

__________ __________ __________ __________

7. Wer hat für den Unterhalt der Familie zu sorgen?

____

8. Wer hat den Haushalt zu besorgen, wenn beide Ehegatten erwerbstätig sind?

____

9. Welcher Name gilt bei Ehegatten mangels besonderer Vereinbarung als gemeinsamer?

____

10. Beim Vermögen besteht grundsätzlich ____________________ .

Andere Regelungen müssten durch __________ *vereinbart werden.*

11. Welche Teile des Vermögens unterliegen der Aufteilung bei Auflösung einer Ehe?

__________ __________

12. *Unterliegen folgende Sachen und Vermögenswerte der Aufteilung?*

	Ja	Nein
Eigentumswohnung der Ehegatten	○	○
Bausparvertrag	○	○
Firmenwagen	○	○
Rasierapparat	○	○
Gesellschaftsanteil des Ehegatten an einer Gesellschaft, deren Geschäftsführer er ist	○	○
Aktien, die als Wertanlage gekauft wurden	○	○
Pelzmantel der Ehefrau	○	○
Farbfernsehgerät und DVD-Rekorder	○	○
Porzellansammlung, welche die Ehefrau von ihrer Mutter geerbt hat	○	○

13. *Welcher Grund für die Auflösung einer Ehe liegt vor?*

	Nichtigkeits-grund	Aufhebungs-grund	Scheidungs-grund
Doppelehe	○	○	○
Ehegatten sind Halbgeschwister	○	○	○
Ehemann verheimlichte, dass er schon vor der Eheschließung ein uneheliches Kind hatte	○	○	○
ein Ehegatte verlässt ohne triftigen Grund die gemeinsame Wohnung	○	○	○
ein Ehegatte war bei der Eingehung der Ehe stark alkoholisiert	○	○	○
Ehemann wird durch Drohungen zur Eheschließung bewogen	○	○	○

14. *Welche Gruppen von Scheidungsgründen gibt es?*

______________ ______________ ______________ ______________

15. *Versuchen Sie eine Beschreibung, was man unter „Zerrüttung" und was man unter „Härteklausel" versteht.*

16. *Wie kann eine Legitimation erfolgen?*

______________________ ______________________

17. *Auf welche Art kann die Vaterschaft zu einem unehelichen Kind festgestellt werden?*

______________________ ______________________

18. *Wie kann der vermutete Vater die für ihn sprechende Vermutung entkräften?*

______________________ ______________________

19. *In welchem Gesetz ist geregelt, dass der Staat für die Unterhaltsbeiträge (vorläufig) einspringt?*

____

20. *Welche Teilaufgaben umfasst der Begriff „Erziehung"?*

____

____

____

21. Wie alt muss ein Adoptivvater bzw. eine Adoptivmutter sein?

22. Ein Standesbeamter vergisst, die erfolgte Eheschließung in das Familienbuch einzutragen. Es kann daher keine Heiratsurkunde ausgestellt werden. Ist die Ehe gültig?

Begründen Sie die Antwort.

23. Eine ausschließlich im Haushalt tätige Ehefrau bestellt aus optischen Gründen eine Geschirrspülmaschine mit einer speziellen, teuren, goldfarbenen Metallisé-Lackierung. Wird der berufstätige Ehemann aus diesem Vertrag verpflichtet?

Kurze Begründung.

24. Ein Ehegatte wohnt während aufrechter Ehe in einem Haus, das aufgrund einer Erbschaft im Alleineigentum des anderen Ehepartners steht.

Würde die Scheidung für ihn bedeuten, dass er im Obdachlosenheim Unterkunft suchen müsste?

25. Ein Vorzugsschüler eines letzten Jahrganges der Handelsakademie möchte maturieren. Unter Hinweis auf ihre schlechten Vermögensverhältnisse wollen ihn seine Eltern als Angestellten in einem Betrieb unterbringen. Wie kann dieses Rechtsproblem gelöst werden?

III. Erbrecht

Die Rechtsfähigkeit des Menschen endet mit seinem Tod – was aber geschieht mit seinem ganzen Eigentum, mit seiner Wohnung, seinem Haus, seinem Auto? Und wer übernimmt etwaige Schulden?

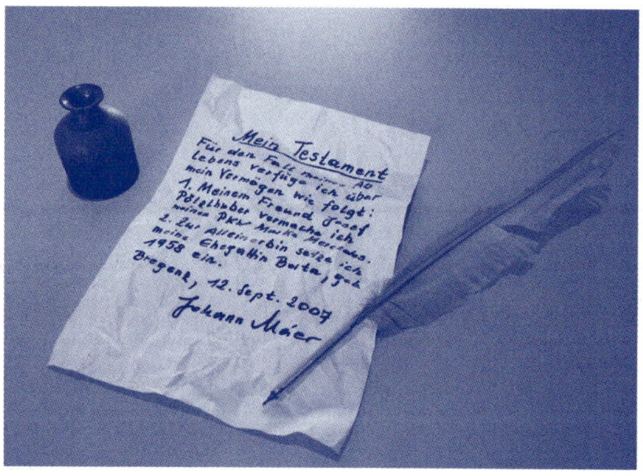

Wie kann man überhaupt Erbe werden? Kann man auch jemand anderem als dem Erben einzelne Sachen zukommen lassen? Wie verfasst man ein Testament – alleine oder bei einem Notar? Was geschieht mit dem Vermögen eines Verstorbenen, wenn er kein Testament hinterlassen hat?

Was geschieht, wenn es überhaupt keine Erben gibt? Kann man Verwandte enterben?

Wie sieht das Verfahren aus, in dem man Erbe wird?

Diese und ähnliche Fragen werden im folgenden Kapitel behandelt.

A. Einleitung und Grundbegriffe

In den meisten Fällen gelangt die Erbschaft (die man auch **Verlassenschaft** nennt) an den Ehepartner, an Kinder, nähere Verwandte oder dem Verstorbenen sonst nahe gestandene Personen.

Dadurch werden einerseits bedürftige Angehörige versorgt, andererseits wird innerhalb einer größeren Familie Vermögen gebildet. Natürlich können dadurch in einer Gesellschaft ungleiche Startbedingungen entstehen (z. B. einer beginnt als kleiner Angestellter in einem Unternehmen, ein anderer mit gleicher Ausbildung erbt gleich das ganze Unternehmen). Aufgabe des Staates ist es, hier mit der Steuergestzgebung (durch die er ja auch Einnahmen hat), einen Ausgleich zu schaffen.

Damit jemand Erbe werden kann, muss es einen so genannten Erbrechtstitel geben. Einschließlich des Testaments gibt es insgesamt drei Erbrechtstitel:

- **Erbvertrag:** ein Vertrag, in dem sich zwei Personen gegenseitig zu Erben einsetzen
- **Testament:** eine Erklärung und Hinterlassung des „letzten Willens"
- **Gesetz:** Im Gesetz ist festgelegt, welche Angehörige die Erbschaft erhalten, wenn es weder einen Erbvertrag noch ein Testament gibt.

Wenn es keinerlei gültigen Erbrechtstitel gibt und auch niemand vorhanden ist, der einzelne Stücke aus der Erbschaft erhält, fällt die Erbschaft (der so genannte **Nachlass**) an den Staat.

Zusätzlich kommt es aber manchmal vor, dass jemand, obwohl er als Erbe eingesetzt ist, die Erbschaft nicht antreten kann, weil er erbunfähig ist, d. h. einer der im Gesetz aufgezählten Gründe liegt vor.
Gegenüber dem Verstorbenen ist z. B. erbunfähig:

- wer gegen ihn ein nicht verziehenes **Verbrechen** begangen hat;
- wer eine letztwillige Verfügung (z. B. ein Testament) durch **Zwang oder Betrug** veranlasst oder verhindert hat, sie gefälscht oder verheimlicht hat;
- wer bereits zu Lebzeiten des Verstorbenen auf sein Erbrecht **verzichtet** hat (vor Gericht oder vor einem Notar);
- wer seine Pflichten, die zwischen **Eltern und Kindern** bestehen, bereits zu Lebzeiten des Verstorbenen grob **vernachlässigt** hat.

Den Erben nennt man auch **„Gesamtrechtsnachfolger"**, weil er sämtliche Rechte und Pflichten des Verstorbenen übernimmt (also auch die Schulden).

Daneben gibt es auch die Möglichkeit, einer anderen Person als dem Erben einzelne **Stücke** aus der Erbschaft zu vermachen. Dies kann z. B. eine goldene Uhr, ein Auto oder eine bestimmte Geldsumme sein. Der Erbe muss dann dem so genannten **Vermächtnisnehmer** diese Stücke oder die Geldsumme übergeben. Dies nennt man **Vermächtnis oder Legat**. Wird es in einem eigenen Schreiben festgelegt, nennt man dieses Schreiben, das – ähnlich den Testamenten – gewisse Formerfordernisse aufweisen muss, **Kodizill**.
Der Vermächtnisnehmer ist lediglich **„Einzelrechtsnachfolger"**, weil er nur in Bezug auf die übernommenen Stücke die Rechte und Pflichten des Verstorbenen übernimmt.

Das Recht einer bestimmten Person, einzelne Stücke aus dem Vermögen oder das gesamte Vermögen des Verstorbenen zu bekommen,

nennt man

Einzelrechtsnachfolge

Rechte und Pflichten nur bezüglich der erhaltenen Stücke

begründet durch **Vermächtnis**

Dem Berechtigten werden nur einzelne Stücke vermacht (Form: Kodizill).

Gesamtrechtsnachfolge

Der Berechtigte erhält allein als „Universalerbe" („Alleinerbe") oder gemeinsam mit anderen (Miterben) die gesamten Rechte und Pflichten des Verstorbenen.

begründet durch **Erbrechtstitel**

Erbvertrag
in Österreich nur gültig zwischen Ehegatten, über drei Viertel ihres Vermögens (Rest: Testament oder Gesetz) und in Form eines Notariatsaktes. Inhalt: gegenseitige Einsetzung zu Erben

Testament
eine letztwillige Verfügung, in der ein Erbe eingesetzt wird oder mehrere Erben eingesetzt werden

Gesetz
Die im ABGB festgelegte Erbfolge tritt ein, wenn weder Erbvertrag noch Testament vorliegt (oder darin nicht über alles verfügt wurde).

Achtung: Die drei Erbrechtstitel gelten genau in dieser Reihenfolge, d. h. liegen z. B. sowohl ein gültiger Erbvertrag als auch ein Testament vor – und beide stehen in Widerspruch zueinander –, so geht der Erbvertrag vor!

B. Testamente

Welche Gültigkeitserfordernisse bestehen für Testamente?
Weil es so viele sind, haben wir sie hier gegliedert hinsichtlich Inhalt, Person und Form:

Inhalt:
- Es muss über sämtliche **Vermögensrechte** des Verstorbenen verfügt werden.
- Unbedingt erforderlich ist die **Einsetzung eines Erben**. Dabei kann auch ein Nacherbe festgelegt werden, d. h. eine Person, auf die die Erbschaft als nächste übergehen soll. Der erste Erbe darf dann die Erbschaft zwar nutzen, sie aber nicht belasten oder veräußern.

- Die Erklärung muss **ausdrücklich**, überlegt und besonnen abgegeben werden. Nicht vorliegen darf daher Betrug oder wesentlicher Irrtum. Ein Sonderfall ist dabei der so genannte Motivirrtum. Er wird nur anerkannt, wenn das Motiv entscheidend war. Beispiel: Jemand setzt im Testament als Erbe eine Person ein, die ihm vermeintlich das Leben gerettet hat – in Wirklichkeit war es jedoch deren Zwillingsbruder.

Person des Verstorbenen:
- Handlungsfähige Personen ab vollendetem 18. Lebensjahr können testieren.
- Personen zwischen 14 und 18 sowie jene, denen ein Sachwalter bestellt ist, können nur mündlich vor Gericht oder vor dem Notar ein Testament formulieren.
- Personen, die unter Bewusstseinsstörungen leiden, können überhaupt nicht testieren (siehe oben bei Inhalt).

Form: siehe folgende Übersicht

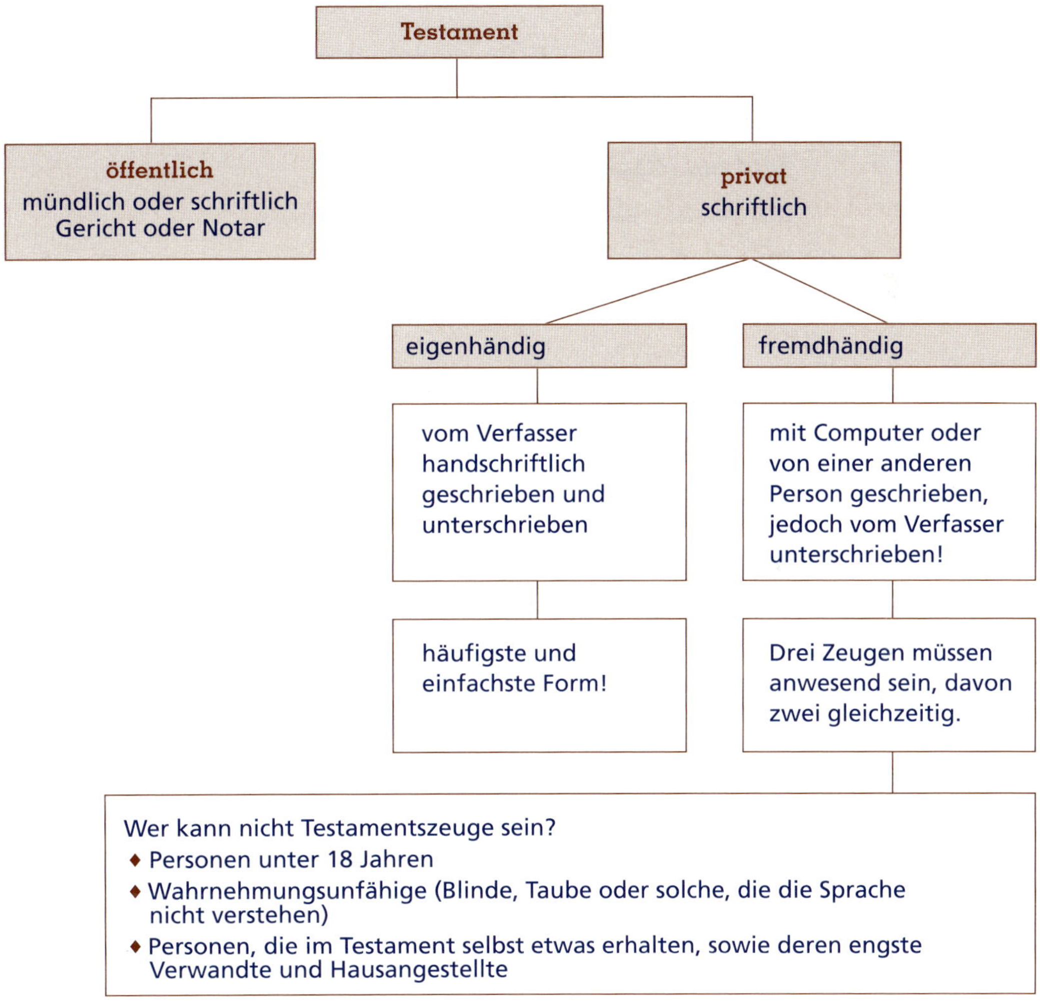

Zusätzlich gibt es noch eine weitere Unterscheidung:

ordentliche Testamente	außerordentliche Testamente
eine der in obiger Übersicht angeführten Formen	Sie werden auch **Nottestamente** genannt, da sie für Notsituationen vorgesehen sind (Seuchen, Seenot usw.): Wenn unmittelbar Gefahr besteht, dass jemand stirbt, bevor er auf ordentliche Weise seinen letzten Willen erklären kann, kann er mündlich oder schriftlich vor zwei fähigen Zeugen (siehe oben) testieren, die zugleich anwesend sein müssen. Ein derartiges Testament verliert drei Monate nach Wegfall der Gefahr seine Gültigkeit.

Beispiel für ein gültiges eigenhändiges Testament (enthaltend ein Vermächtnis)

Ich, Hermann Huber, geboren am 2. Mai 1943, Angestellter, 1010 Wien, Gonzagagasse 4/6, setze meine Ehegattin, Maria Huber, geboren am 4. März 1947, Frisörin, zu meiner Universalerbin ein. Meinen Puch-Roller, Baujahr 1954, vermache ich meinem Freund, Johann Weber,

1010 Wien, Kärntner Ring 4.

Dies habe ich eigenhändig geschrieben und unterschrieben.

Wien, am 3. April 1999.

Hermann Huber

Quelle: www.help.gv.at

Beispiel für ein gültiges fremdhändiges Testament (enthaltend ein Vermächtnis)

Ich, Walter Mayer, geboren am 8. März 1944, Kaufmann, 1040 Wien, Wiedner Hauptstraße 17, setze meine Ehegattin, Irene Mayer, geboren am 6. Jänner 1955, Hausfrau, zu meiner Universalerbin ein. Meine goldene Uhr vermache ich meinem langjährigen Geschäftspartner, Johann Wagner, 1030 Wien, Barichgasse 5.
Wien, am 3. April 1999

Walter Mayer

Johann Gruber als ersuchter Testamentszeuge

Isolde Meissner als ersuchte Testamentszeugin

Heinz Wallner als ersuchter Testamentszeuge

Quelle: www.help.gv.at

Beispiel für ein gültiges Nottestament

Nottestament

Niederschrift vom 9. 10. 2007 über das am 9. 10. 2007 erklärte Nottestament von Anna Mayer:

Frau Anna Mayer, Pensionistin, wohnhaft in 5020 Salzburg, Alpenstraße XY, hat uns heute an ihr Krankenbett in der Krankenanstalt gebeten und bei unserer gleichzeitigen Anwesenheit laut und deutlich folgende Worte an uns gerichtet:

„Ich fühle mich heute sehr schlecht und glaube, dass ich bald sterben werde. Ich bin aber im vollen Besitz meiner geistigen Kräfte und möchte, dass meine Nachbarin, Frau Elfriede Markus, für den Fall meines Todes meine Alleinerbin sein soll, da sie mich, bevor ich ins Spital kam, jahrelang aufopfernd gepflegt hat."

Als Testamentszeugen:

....	....
Beatrix Rugonig	*Maria Uhl*

Über die Art und den Ort der Aufbewahrung von Testamenten gibt es keine zwingenden Vorschriften. Damit man aber sichergeht, dass nach dem Tod das Testament noch vorhanden ist und gefunden wird, kann man es bei einem Notar, einem Rechtsanwalt oder bei Gericht hinterlegen. Die Hinterlegung wird dann im **zentralen Testamentsregister der Notariatskammer** eingetragen. Dieses Register wird im Todesfall abgefragt.
Jedes Testament kann vom Errichter jederzeit widerrufen werden; es gilt das zuletzt errichtete, daher ist die Beisetzung eines Datums empfehlenswert!

Nicht zu den Testamenten im engeren Sinne gehört die so genannte Patientenverfügung, bei der die Erbseinsetzung fehlt, die aber in Hinblick auf eine Spitalsbehandlung den Kranken oft zusätzlich ein Anliegen ist. Sie wird in der Bevölkerung auch als „Patiententestament" bezeichnet, weil sie eben auch eine letzte Verfügung beinhaltet.

Beispiel für eine Patientenverfügung

Ich, Walter Huber, geboren am 30.4.1935, 1050 Wien, Grüngasse 1, treffe für den Fall einer künftigen unmittelbar zum Tod führenden Krankheit oder Verletzung, einer nicht rückgängig zu machenden Bewusstlosigkeit, schwerer unheilbarer Dauerschädigung des Gehirns und des dauernden Ausfalls lebenswichtiger, nicht zu ersetzender Funktionen meines Körpers nachstehende Verfügung:

I. Ich wünsche, auf alle künstlichen lebensverlängernden medizinischen Maßnahmen zu verzichten.
II. Ich ersuche, alle Möglichkeiten der Schmerzlinderung ungeachtet der Gefahr allfälliger lebensverkürzender Nebenwirkungen zu nutzen.
III. Ich bitte um eine religiöse Sterbebegleitung.

Wien, am 13.11.2007
Walter Huber, eh.

Quelle: www.help.gv.at

C. Gesetzliche Erbfolge

Ist **kein** Erbvertrag und **kein** Testament vorhanden, so kommen nach dem ABGB (§730) der Ehegatte und jene Personen als Erben in Betracht, die mit dem Verstorbenen in nächster Linie verwandt sind. Ca. 70 % der Österreicher machen kein Testament, sodass die gesetzliche Erbfolge eintritt.

- **Ehegatten:** Neben den Verwandten hat zunächst der überlebende Ehegatte ein gesetzliches Erbrecht. Wie viel er erhält, hängt aber davon ab, welche sonstige Verwandte noch vorhanden sind.
  Er erhält:

neben Verwandten der 1. Linie **(Kindern)** ein **Drittel**,
neben Verwandten der 2. Linie **(Vorfahren)** zwei **Drittel**

der Erbschaft.
Sofern der Ehegatte nicht rechtmäßig enterbt worden ist, gebührt ihm noch zusätzlich das so genannte **gesetzliche Vorausvermächtnis**: Er hat das Recht, weiter in der Ehewohnung zu wohnen und die zum Haushalt gehörenden beweglichen Sachen zu verwenden, soweit dies zur Fortführung der bisherigen Lebensverhältnisse nötig ist.

- **Verwandte:**
  Die gesetzliche Verwandtenerbfolge beruht auf einem **Liniensystem**:

  Die **1. Linie** bildet der Verstorbene mit seinen Nachkommen (Kinder, Enkel usw.), zur

  2. Linie gehören die Eltern des Verstorbenen und deren Nachkommen (dies sind die Geschwister, Neffen und Nichten des Verstorbenen), zur

  3. Linie zählt man seine Großeltern und deren Nachkommen (diese sind die Onkeln und Tanten des Verstorbenen), während von der

4. Linie nur mehr die Urgroßeltern des Verstorbenen in Betracht kommen.

Angehörige der nächstfolgenden Linie sind immer dann Erben, wenn aus der vorhergehenden Linie **niemand vorhanden** ist oder niemand erbt. Innerhalb einer Linie schließt der nähere Verwandtschaftsgrad den entfernteren aus. Dies trifft aber nur auf lebende Mitglieder einer Linie zu: Verstorbene werden durch ihre eigenen Nachkommen **repräsentiert**. Diese erhalten zusammen immer jenen Teil, der auf den durch sie vertretenden Vorfahren entfallen wäre; z. B. ein Verstorbener hatte 2 Söhne, von denen einer – mit 2 Kindern – bereits längere Zeit tot ist. Seine beiden Kinder teilen sich den Erbteil ihres vorverstorbenen Vaters.
Ausnahme bzw. Grenze der Repräsentation: Sind die Eltern und Geschwister des Verstorbenen bereits verstorben, dann können Nichten und Neffen des Verstorbenen nicht in den Erbteil Ihres Vorfahren eintreten und der Ehegatte erhält alles.

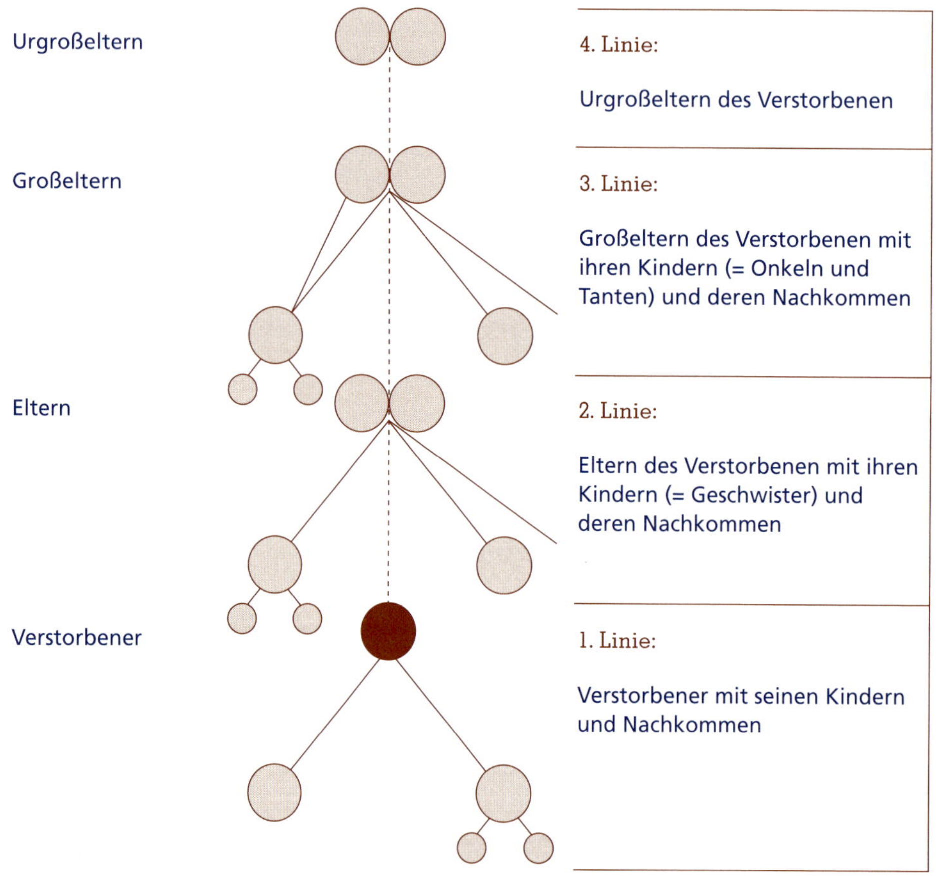

D. Pflichtteil

Da der letzte Wille des Erblassers maßgeblich ist, kann er, auch wenn er verheiratet ist und Kinder hat, eine familienfremde Person zum Erben einsetzen. Eine volle Verwirklichung dieses **Grundsatzes der Testierfreiheit** würde aber von vielen nahen Angehörigen als ungerecht empfunden werden. Daher ist die Freiheit der Erbseinsetzung zugunsten bestimmter Angehöriger eingeschränkt und das Gesetz sichert der Familie wenigstens **einen Teil der Erbschaft**.

Der Ehegatte und bestimmte Verwandte haben einen Pflichtteilsanspruch, man nennt sie **Noterben** oder **Pflichtteilsberechtigte**. Der Anspruch ist jedoch kein Erbrecht, sondern eine Forderung auf Geldabfindung gegen den oder die Erben.

Der Anspruch beträgt:

für den **Ehegatten** und **Nachkommen** die **Hälfte**,
für **Vorfahren ein Drittel** dessen, was ihnen nach **gesetzlicher Erbfolge** zugefallen wäre.

Herabsetzung des Pflichtteils auf die Hälfte durch letztwillige Verfügung: Der Pflichtteil eines Elternteiles oder Kindes kann herabgesetzt werden, wenn zu **keiner Zeit ein Naheverhältnis** vorlag, wie es in der Familie zwischen Eltern und Kindern gewöhnlich besteht. Diese Herabsetzung steht jedoch nicht zu, wenn der Verstorbene den persönlichen Verkehr mit dem Pflichtteilsberechtigten grundlos abgelehnt hatte (Beweis!).

Hat aber der sonst Pflichtteilsberechtigte einen Enterbungsgrund gesetzt, ist er vom Pflichtteil **vollständig ausgeschlossen** – außer, der Verstorbene hat ihm bereits zu Lebzeiten nachweislich verziehen. Eine Enterbung kann aber nur aus den im **Gesetz aufgezählten Enterbungsgründen** stattfinden:

- Der Verstorbene wurde im **Notfall im Stich** gelassen;
- der Pflichtteilsberechtigte führt beharrlich ein **anstößiges Leben** oder wurde zu einer mehr als 20-jährigen Freiheitsstrafe verurteilt;
- er hat gegen den Verstorbenen zu dessen Lebzeiten eine **strafbare Handlung** begangen, die mit mindestens einjähriger Freiheitsstrafe bedroht ist;
- er hat die **eheliche Beistandspflicht** gegenüber dem Verstorbenen verletzt;
- er hat – gegenüber dem Verstorbenen – seine Pflichten aus dem Rechtsverhältnis zwischen **Eltern und Kindern** verletzt.

E. Verfahren

Niemand darf eigenmächtig über die Erbschaft verfügen, sondern es muss ein gerichtliches Verfahren stattfinden, die **Verlassenschaftsabhandlung**. Ein Notar als **Gerichtskommissär** (d. h. als Beauftragter des Gerichts) führt das Verfahren durch. Mit einem **Einantwortungsbeschluss** des Gerichts wird das Verfahren beendet und der Erbe wird (oder die Erben werden) Eigentümer der Erbschaft.

Dieses Verfahren bietet verschiedene Vorteile:

- Es verbietet eigenmächtiges Verhalten und vermeidet **Streit** unter den Erben,
- es garantiert dem Staat die **Erbschaftssteuer**,
- es sorgt für Ordnung im **Grundbuch**,
- es garantiert den **Pflegebefohlenen** Obsorge und Vertretung.

Bei geringfügigen Erbschaften unterbleibt die Verlassenschaftsabhandlung. Sind keine Erben vorhanden oder lehnen die Erben die Erbschaft ab, fällt sie an den Staat.

Tod
Totenbeschau

Die nächsten Angehörigen erhalten beim Standesamt des Sterbeortes die **Sterbeurkunde** und benachrichtigen den Arbeitgeber oder die Pensionsstelle des Verstorbenen.

Todesfallaufnahme
durch den Notar. Dabei werden sämtliche persönlichen und finanziellen Verhältnisse des Verstorbenen ermittelt, seine erbberechtigten Verwandten und deren Personaldaten, die aufgefundenen Testamente usw.

Unbekannte Gläubiger werden in einem Gerichtsedikt aufgefordert, sich zu melden. (www.edikte.justiz.gv.at)

voraussichtliche **Aktiva über € 4.000,–**
Der Notar führt die Abhandlung durch, eröffnet das Testament, ermittelt die Erben.

voraussichtliche **Aktiva unter € 4.000,–**
Keine Verlassenschaftsabhandlung. Die Erbschaft wird **„armutshalber abgetan"**, die Aktiva werden den Erben oder Gläubigern überlassen.

Erbantrittserklärung
Die Erben erklären, ob sie die Erbschaft ausschlagen oder **annehmen**. Im letzteren Fall gibt es zwei Möglichkeiten.

Bedingte Erbantrittserklärung

Der Erbe haftet für Schulden des Verstorbenen nur **betragsbeschränkt** bis zum Wert der übernommenen Erbschaft (z. B. Wert: € 12.000,– Schulden: € 16.000,–, der Erbe haftet bis € 12.000,–).

Der Wert der Haftung muss durch Errichtung eines **Inventars** ermittelt werden (Sachverständige, Kosten, Dauer).

Unbedingte Erbantrittserklärung

Der Erbe haftet für sämtliche Schulden des Verstorbenen **unbeschränkt**, auch mit seinem Privatvermögen.
Achtung: Die Erbantrittserklärung kann **nicht** widerrufen werden!

Kein Inventar, der Erbe bekräftigt in Eidesform **(Vermögenserklärung)** den Wert der Erbschaft. Falscher Eid ist strafbar.

Einantwortungsbeschluss des Gerichts
erfolgt, nachdem alle Verpflichtungen aus dem Testament erfüllt sind (Vermächtnisse, Erbteilung unter mehreren Erben usw.). Der Erbe kann damit über die Erbschaft verfügen.

Erbschaftssteuer: Diese läuft mit 31.7.2008 aus (Urteil des Verfassungsgerichtshofes). Ob es eine Neuregelung geben wird, ist derzeit nicht sicher.

Wiederholungsfragen – Arbeitsaufgaben – Diskussionsanregungen

1. *Das Recht einer Person, aus einer Erbschaft nur ganz bestimmte Einzelstücke zu erhalten, nennt man:*

   ____

2. *Wenn jemand die Erbschaft allein erhält, so bezeichnet man ihn als:*

   ____

3. *Die Erbrechtstitel sind folgende*

   __________ __________ __________

4. *Für den Inhalt eines gültigen Testaments ist unbedingt erforderlich die:*

   ____

5. *Wodurch könnte der freie Wille des Erblassers – bezüglich Inhalt des Testaments – beeinträchtigt werden?*

   __________ __________ __________

6. *Nur vor Gericht können testieren:*

   _______________ _______________

7. *Bei den schriftlichen privaten Testamenten gibt es:*

   _______________ _______________

8. *Das häufigste private Testament ist das:*

   ____

9. *Kreuzen Sie an, wer nicht Testamentszeuge sein kann:*

   ○ *eine Person unter 18 Jahren*
   ○ *die beim Verstorbenen angestellte Raumpflegerin*
   ○ *der Rechtsanwalt des Verstorbenen*
   ○ *der Bruder des Testamentserben*
   ○ *sein englischer Freund, der nicht deutsch spricht*

10. *Für welche Situationen gibt es außerordentliche Testamente?*

    ____

    Wie lange haben sie Gültigkeit? ______________________________

11. *Welches Testament gilt, wenn mehrere gültige vorliegen?*

    das ______________________________

12. *Von welchem System ist die gesetzliche Erbfolge beherrscht?*

    vom ______________________________

13. *Kreuzen Sie an, wie hoch die gesetzliche Erbquote des überlebenden Ehegatten ist:*

    neben Kindern: ○ 1/4 ○ 1/2 ○ 1/3

    neben Vorfahren: ○ 1/2 ○ 2/3 ○ 3/4

14. *Kreuzen Sie die richtige Quote des Pflichtteils an*

	für Nachkommen und den Ehegatten	*für Vorfahren*
1/3 der gesetzlichen Erbquote	○	○
1/2 der gesetzlichen Erbquote	○	○
1/4 der gesetzlichen Erbquote	○	○

15. *Gesetzliche Enterbungsgründe sind z. B.:*

______________________ ______________________

______________________ ______________________

16.

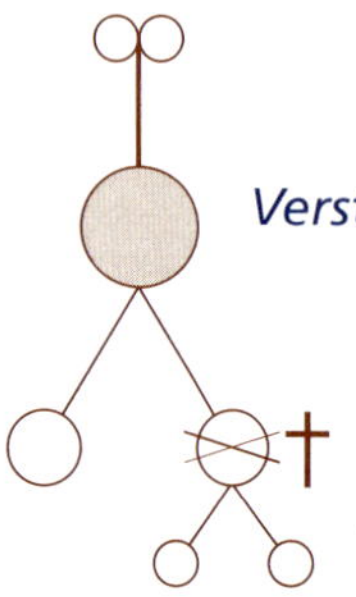

Verstorbener

Beim Todeszeitpunkt des Verstorbenen lebten noch dessen Eltern, eines seiner Kinder und zwei Enkel (Kinder seines verstorbenen Kindes):

Wie groß ist für jede Person

	die gesetzliche Erbquote	*der Pflichtteil*
Vater	________	________
Mutter	________	________
Kind	________	________
Enkel	________	________
Enkel	________	________

17.

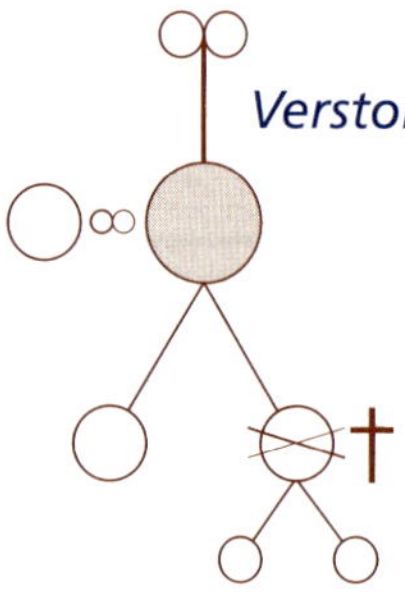

Verstorbener

Gleicher Fall wie 16., die Ehegattin lebt noch

Wie groß ist für jede Person:

	die gesetzliche Erbquote	*der Pflichtteil*
Vater	________	________
Mutter	________	________
Ehegattin	________	________
Kind	________	________
Enkel	________	________
Enkel	________	________

18. *Das Verlassenschaftsverfahren wird durchgeführt vom:*

____

19. *Wenn kein(e) Erbe(n) vorhanden ist (sind) oder er (sie) die Erbschaft ausschlägt (ausschlagen), bekommt die Erbschaft:*

____

20. Vervollständigen Sie den Gang eines Verlassenschaftsverfahrens.

Nach dem Tod beantragen die Angehörigen die ______________________

beim ______________________, anschließend erfolgt die ______________________

sowie u. U. ein Gerichtsedikt ______________________.

Der Notar als Gerichtskommissär führt sodann die ______________________ durch,

wenn die voraussichtlichen Aktiva die Summe von __________ Euro übersteigen.

Der Erbe muss die ______________________ abgeben.

Er hat dabei zwei Möglichkeiten:

Entweder er entscheidet sich für die ______________________.

oder für die ______________________

Wenn alle Verpflichtungen erfüllt sind, erfolgt durch das Gericht

der ______________________.

21. Kreuzen Sie die richtige Antwort an:

Durch die bedingte Erbserklärung wird das Verfahren:

○ *verlängert*	○ *kostengünstiger*
○ *verkürzt*	○ *teurer*

IV. Sachenrecht

Gibt es einen Unterschied zwischen Besitz und Eigentum? Gelten Tiere auch als Sachen?

Kann man die unzähligen Sachen einteilen? Wer schützt meinen Besitz? Wie läuft ein Besitzstörungsverfahren ab? Bin ich in meinem Eigentum beschränkt? Wie kann ich mich gegen störende Nachbarn rechtlich zur Wehr setzen? Kann ich mir ein herrenloses Haustier aneignen? Wenn ich einen Gegenstand finde – habe ich einen Anspruch auf Finderlohn? Wenn mir jemand eine Sache verkauft, die nicht ihm gehört – muss ich sie zurückgeben? Wie erwirbt man überhaupt Eigentum an Sachen? Wie funktioniert das Grundbuch und wie komme ich zu einem Grundbuchsauszug? Was sind Servituten? Was ist eine Eigentumswohnung?

Solche wichtige und alltägliche Fragen werden im vorliegenden Kapitel behandelt.

A. Einleitung und Grundbegriffe

Die Vorschriften des Sachenrechts sind von großer gesellschaftspolitischer Bedeutung. Sie regeln die Frage, wem die Sachen (Rechtsobjekte) gehören, wer sie beherrschen und darüber verfügen darf. Dies trifft besonders für den Begriff des Eigentums zu. Es hängt jeweils von der Ideologie ab, die hinter der Verfassung eines Staates steht, ob dem Einzelnen über bestimmte Güter ein absolutes Herrschaftsrecht zusteht oder ob dieses Herrschaftsrecht beschränkt ist.

Die Rechtsordnungen der Staaten müssen danach trachten, dass die grundsätzlich anerkannten Eigentumsrechte des Einzelnen die Interessen seiner Mitbürger und der Allgemeinheit nicht zu stark beeinträchtigen, denn die **schrankenlose Freiheit des einen** würde zu einer **Beschränkung der Freiheit anderer** führen.

Die Herrschaft des Berechtigten muss von anderen respektiert werden, sie kann gegen jedermann, der den Berechtigten in der Ausübung seines Rechtes stört, verteidigt und durchgesetzt werden. Deshalb müssen die Sachenrechte und ihre Beziehung zum Berechtigten erkennbar sein (Grundsatz der **Publizität**, z. B. beim Grundbuch).

Das Sachenrecht, also jener Teil des Zivilrechts, der sich mit den Rechtsverhältnissen an Sachen beschäftigt, ist im ABGB geregelt, darüber hinaus gibt es für einzelne Rechte jedoch **Sondergesetze,** wie z. B. das Wohnungseigentumsgesetz.

Sachenrecht	Schuldrecht
Beziehung von Person zur Sache. Recht gegen „alle", d. h. gegen unbestimmten Personenkreis	Beziehung von Person zu Person. Recht gegen eine Person oder mehrere Personen (Schuldner)
geht daher alle an	geht nur Gläubiger und Schuldner bzw Vertragsparteien an
strafrechtlicher Schutz Vertrauensschutz Form (insbesondere Öffentlichkeitsform)	kein strafrechtlicher Schutz kein Vertrauensschutz Formlosigkeit und Vertragsfreiheit

Im rechtlichen Sinn ist alles eine **Sache,** was von der **Person verschieden** ist und von ihr **gebraucht** bzw. verwendet wird.

1. Einteilung der Sachen

Je nach ihrer Beschaffenheit kann man die Sachen einteilen, wobei besonders die folgenden Gegensatzpaare für die rechtliche Behandlung der Sache wichtig sind (siehe z. B. die Wirkung der Einteilung bewegliche – unbewegliche Sachen auf das Grundbuch!).

bewegliche – unbewegliche	körperliche – unkörperliche	vertretbare – unvertretbare
können ohne Schaden an einen anderen Ort gebracht werden – oder nicht	können mit den Sinnen wahrgenommen werden – oder nicht	können jederzeit durch gleichartige ersetzt (vertreten) werden – oder nicht
Bücher, Autos – Grundstücke	Tiere, Luft, Häuser – Rechte	Schuhe, Bücher – ein Bild von Dürer

Sachen

verbrauchbare – unverbrauchbare	freistehende – öffentlich-private	Hauptsachen – Nebensachen
ihr hauptsächlicher Zweck liegt im Verbrauch – oder nicht	jedermann kann sie sich aneignen – oder nicht, weil sie der Öffentlichkeit oder einer Privatperson gehören	die Sachen selbst mit sämtlichen Bestandteilen – oder die Sachen, die in wirtschaftlichem Zusammenhang mit der Hauptsache stehen
Lebensmittel, Benzin – Werkzeug, Kleidung	Luft, Mücken – öffentliche Straßen – Privatautos	Auto – Werkzeug, Reserverad

2. Inhaber – Besitzer – Eigentümer

Während in der Umgangssprache des täglichen Lebens diese drei Begriffe nicht unterschieden werden, haben sie im Rechtsleben eine unterschiedliche Bedeutung.

Man bezeichnet als:

♦ **Inhaber**

wer eine Sache (in seiner tatsächlichen Gewalt) hat, sie jedoch nicht für sich behalten will. Er hat **keinen Besitzwillen** und ist jederzeit bereit, die Sache wieder herzugeben (z. B. Garderobier; redlicher Finder).

♦ **Besitzer**

wer aufgrund eines Rechtstitels (z. B. Miete) oder einer Tatsache (z. B. Diebstahl) eine Sache hat und sie (für eine bestimmte Zeit oder für immer) für sich behalten will. Er **hat den Besitzwillen** (z. B. Mieter, Dieb).

Die Rechtsordnung berücksichtigt hier die Bedürfnisse des täglichen Lebens und schützt den **Besitzer einer Sache** durch die Möglichkeit der **Besitzstörungsklage:** Wer in seinem Besitz gestört wird, kann innerhalb von 30 Tagen beim Bezirksgericht klagen, wobei nur über die Tatsache des Besitzes und die erfolgte Störung ermittelt wird.

Unter **Besitzstörung** versteht man **jeden unbefugten eigenmächtigen Eingriff** in den Besitz eines anderen, wodurch sich für diesen ein wirklicher oder möglicher Schaden ergibt. Eigenmacht liegt nur dann nicht vor, wenn der Eingriff vom Besitzer gestattet wird oder gesetzlich gedeckt ist (z. B. polizeiliche Verfolgungsmaßnahmen).

Der Besitzer hat das Recht, seinen Besitz im Wege der Selbsthilfe zu verteidigen, falls behördliche Hilfe zu spät käme. Der behördliche Schutz wird in einem besonders geregelten und raschen **Besitzstörungsverfahren** verwirklicht, wobei der Kläger in diesem Verfahren lediglich seinen **bisherigen** (ruhigen) **Besitz** und die **Störung** durch den Beklagten **beweisen** muss. Ob der Besitz zu Recht besteht oder nicht, wird in diesem Verfahren nicht geprüft. So ist also das Besitzstörungsverfahren lediglich auf die **Wiederherstellung des vorigen Zustandes und die Unterlassung künftiger Eingriffe** gerichtet.

Die Frage, ob der Besitz zu Recht besteht, ist in einem eigenen Verfahren abzuklären. Vorteil des Besitzstörungsverfahrens ist also eine **rasche** Erledigung, die besonders dann von Vorteil ist, wenn Eigentümer und Besitzer verschiedene Personen sind: z. B. der Eigentümer eines Gartens befindet sich in den USA, der Pächter möchte sich gegen eine Besitzstörung zur Wehr setzen.

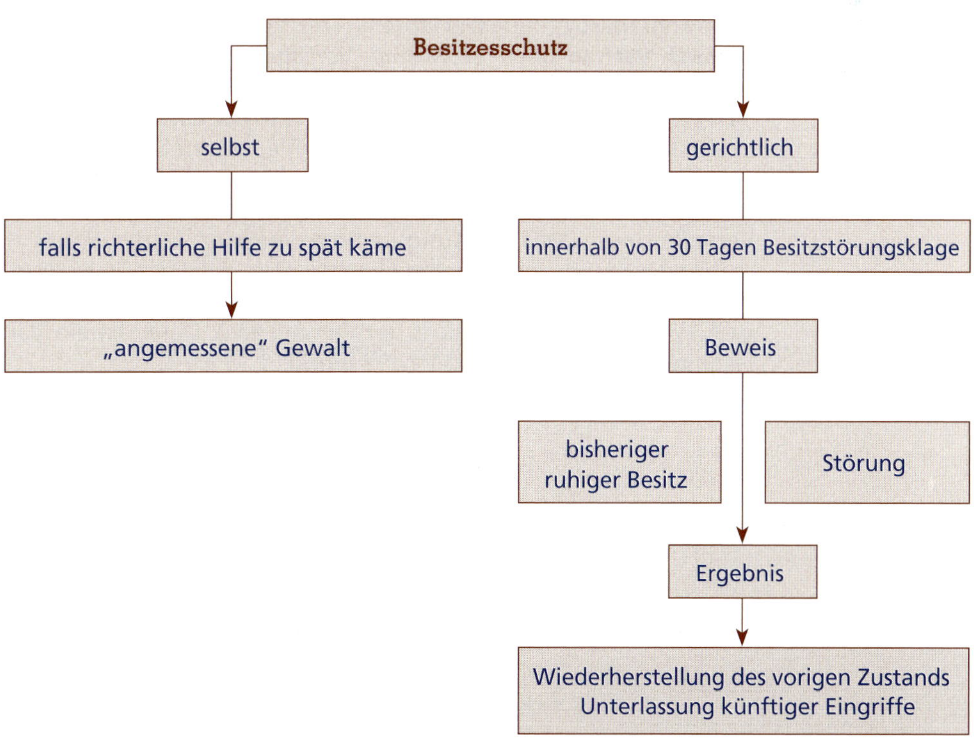

♦ **Eigentümer**
wer aufgrund eines Rechtstitels ein Vollrecht an einer Sache hat. Er kann grundsätzlich mit dieser Sache machen, was er will und jeden anderen davon ausschließen. Da jedoch eine vollständige Ausnutzung des Eigentumsrechtes fremde Interessen schädigen könnte, gibt es **Beschränkungen des Eigentums.**

Eigentumsbeschränkungen im öffentlichen Interesse:

Enteignung: Entziehung des Eigentums aufgrund eines Gesetzes und gegen Entschädigung, wenn öffentliches Interesse vorliegt.
Einschränkungen des Eigentums durch Bauvorschriften, Denkmalschutz, Naturschutz u. a.

Eigentumsbeschränkungen im privaten Interesse:

♦ **Nachbarliche Beschränkungen:**
- **Schädigende Einwirkungen vom Nachbargrundstück**: Der Eigentümer eines Grundstückes kann dem Nachbarn die von dessen Grund ausgehenden Einwirkungen durch Abwässer, Rauch, Gase, Wärme, Geruch, Lärm und Erschütterungen **(= Immissionen)** untersagen, wenn sie das **ortsübliche Maß** überschreiten.
  Das Klagerecht gegen Immissionen steht zwar nach dem Gesetz nur dem Grundeigentümer zu, aber nach heutiger Rechtsprechung hat ein Mieter oder Pächter ebenfalls ein Untersagungsrecht.
  Die Klage geht auf Unterlassung und Wiederherstellung, Setzen von Maßnahmen zur Beseitigung der Einwirkung, gegebenenfalls Schadenersatz.

- **Entzug von Licht und Luft durch Pflanzen** des Nachbarn: Jeder Grundstückseigentümer hat einen Unterlassungsanspruch gegen den Nachbarn, dessen Pflanzen ihm Luft und Licht entziehen, wenn dieser Entzug das ortsübliche Maß überschreitet und zu unzumutbarer Beeinträchtigung führt.

♦ **Veräußerungs- und Belastungsverbote**
Das Veräußerungsverbot untersagt die Übertragung, das Belastungsverbot die Beschränkung des Eigentums (durch ein Pfandrecht oder ein Nutzungsrecht). Derartige Verbote können entstehen:
- **durch Gesetz** (z. B. bei Eigentumswohnungen, deren Errichtung durch öffentliche Mittel gefördert wurde),
- **durch Richterspruch** (z. B. kann der Richter dem Schuldner – im Fall eines bevorstehenden Zwangsvollstreckungsverfahrens – die Veräußerung bestimmter Sachen verbieten),
- **durch Vertrag oder letztwillige Verfügung:** Sie verpflichten nur den ersten Eigentümer, nicht dessen Erben oder sonstige Rechtsnachfolger. Gegen Dritte wirken sie nur, wenn sie ins Grundbuch eingetragen werden (z. B. ein Vater, der seinen Sohn als leichtfertig kennt, vermacht ihm das Wohnhaus der Familie, belastet es jedoch mit einem Veräußerungs- und Belastungsverbot).

Veräußerungs- und Belastungsverbote kommen in der Praxis nur an Liegenschaften und meist **gemeinsam** vor: Dies vor allem deshalb, weil jede Belastung, insbesondere die Verpfändung, letztlich zur Veräußerung führen kann (denn das Grundstück wird gerichtlich versteigert, wenn die Schulden nicht bezahlt werden). Daher ist ein Veräußerungsverbot ohne Belastungsverbot zumeist nicht zielführend.

3. Arten des Besitzes

rechtmäßig – unrechtmäßig	redlich – unredlich	echt*) – unecht
Der Besitzer hat einen gültigen Rechtstitel – oder nicht.	Er glaubt, einen solchen Rechtstitel zu haben – oder nicht.	Er hat die Sache weder durch Gewalt oder List noch durch Bittleihe erlangt – oder schon.
z. B. Mieter, Käufer – Dieb, Räuber	z. B.: er hält sich für den Mieter – er weiß, dass sein Mietvertrag ungültig ist	z. B. Käufer, Pächter – Räuber, Betrüger oder jemand, der die Leihsache nach Widerruf der Leihe nicht zurückgibt

*) Nur der echte Besitzer kann Besitzesschutz in Anspruch nehmen!

4. Arten des Eigentumserwerbs

Arten

Ursprünglicher Eigentumserwerb	Abgeleiteter Eigentumserwerb
Der Erwerb erfolgt unabhängig vom Recht eines Vormannes, oder die Sache hatte bisher keinen Eigentümer.	Das Eigentum wird vom Recht eines Vormannes „abgeleitet". Es wird von einer Person auf eine andere übertragen.

◆ **Arten des ursprünglichen Eigentumserwerbs:**

a) Aneignung
An freistehenden („herrenlosen") Sachen kann jeder wenigstens beschränkt Geschäftsfähige Eigentum erwerben.

Aneignung ⇩ Sachen

ursprünglich herrenlose	nachträglich herrenlose	„ansprüchige"
freistehende Sachen (immer seltener!) können im Eigentum erworben werden	können – falls der frühere Eigentümer seinen Besitzwillen aufgegeben hat – im Eigentum erworben werden	können nur aufgrund einer besonderen Berechtigung im Eigentum erworben werden
	Sonderregelungen für Haustiere und gezähmte Tiere*)	jagdbare Tiere, Fische (Jagd-, Fischereiberechtigung), Bodenschätze (Bergwerksberechtigung)

*) Sie können nicht angeeignet werden, solange ihr Eigentümer Gewalt über sie hat. Diese Gewalt gilt im Zweifel als verloren, wenn ein Tier über 42 Tage ausgeblieben ist (gesetzliche Vermutung!). Bei Bienen gilt diese Vermutung dann, wenn ihre Spur durch 2 Tage nicht mehr verfolgt werden kann.

b) Fund:
Finden heißt, eine verlorene Sache an sich zu nehmen. **Verloren** ist eine Sache dann, wenn sie aus der Gewalt ihres früheren Inhabers (ohne dessen Willen) gekommen ist. Solange sich aber der Inhaber in unmittelbarer Nähe befindet, ist eine Sache wegen der Wahrscheinlichkeit der Wiedererlangung nicht verloren (sondern lediglich verlegt). In den Räumen einer Be-

hörde, in der Eisenbahn oder Straßenbahn zurückgelassene Sachen sind nicht gewahrsamsfrei und daher auch kein Gegenstand des Fundes.

Finder können nur natürliche Personen sein. Jemand, der einen Fund nicht an den Eigentümer zurückgibt oder nicht im Sinne der Fundvorschriften handelt, begeht eine gerichtlich strafbare Handlung (Unterschlagung)!

Das Ausmaß der Pflichten des Finders richtet sich nach dem **Wert des Fundgegenstandes:**
- Funde bis zum Wert von EUR 10,– müssen nicht bekannt gegeben werden, dürfen jedoch bei Nachfrage des Eigentümers nicht verheimlicht werden.
- Funde im Wert von EUR 10,– bis EUR 40,– müssen **ortsüblich bekannt gegeben** werden (z. B. Anschlag im Stiegenhaus, wenn die Sache dort gefunden wurde).
- Funde im Wert von mehr als EUR 40,– müssen der **Behörde** (Polizei, Fundamt, Gemeindeamt) angezeigt werden. Diese ist zur Bekanntmachung verpflichtet.

Meldet sich der Verlustträger nicht binnen **einem Jahr,** erwirbt der Finder das **Recht, die Sache zu benützen** (er wird Besitzer).

Nach einer Frist von **drei Jahren,** die mit dem Tag der Kundmachung zu laufen beginnt, wird der Finder **Eigentümer,** weil das Gesetz annimmt, dass sich der bisherige Eigentümer seines Rechtes „verschwiegen" habe.

Finderlohn: Meldet sich der Verlustträger vor Ablauf der Verjährungsfrist oder kann ihn der Finder ausfindig machen, hat der Finder einen (klagbaren) Anspruch auf Finderlohn.

Der Finderlohn beträgt
10% bis zu einem Wert des Fundgegenstandes von EUR 2.000,–
5% vom Mehrbetrag (z. B. Finderlohn bei einer Sache von EUR 2.500,–: EUR 225,–)

c) Ersitzung:
Erwerb eines Rechtes durch eine bestimmte Art des Besitzes, der für eine gewisse Zeit ausgeübt werden muss. Der Besitz muss **rechtmäßig, redlich und echt** sein.

Frist:
3 Jahre bei beweglichen Sachen, 30 Jahre bei unbeweglichen Sachen.
6 Jahre bei beweglichen Sachen, 40 Jahre bei unbeweglichen Sachen, wenn eine Sache ersessen werden soll, die einer juristischen Person gehört.
An Rechten, die ersessen werden können, kommen in Frage: das Eigentumsrecht oder Dienstbarkeiten.

d) Erwerb durch guten Glauben: Angenommen, jemand verkauft mir eine Sache, obwohl er gar nicht deren Eigentümer ist (z. B. ein geliehenes Fahrrad). Muss ich dann die Sache zurückgeben oder erlange ich Eigentum? In welchen Fällen also ist es möglich, **Eigentum auch vom Nichteigentümer zu erwerben** – es kann doch niemand mehr Rechte übertragen, als er selbst hat?

Wenn der Erwerber **gutgläubig** und **entgeltlich** eine **bewegliche** Sache auf eine der nachfolgenden Arten erwirbt, dann wird er Eigentümer der Sache:

Gutgläubiger Erwerb	Anmerkungen
bei einer **öffentlichen Versteigerung**	Versteigerung muss mit behördlicher Ermächtigung und unter ordnungsgemäßer Bekanntmachung erfolgen.
von einem **Unternehmer** im gewöhnlichen Betrieb seines Unternehmens	Gilt für alle Geschäfte des Unternehmers, die zum Betrieb seines Unternehmens gehören. Es genügt die Annahme des Erwerbers, der Unternehmer sei befugt, über die Sache zu verfügen.
von **jemandem**, dem der Eigentümer selbst die Sache **anvertraut** hat	„Vertrauensmann" Der Eigentümer hat ihn ja selbst ausgewählt, es trifft ihn somit der Nachteil, wenn diese Person nicht seinen Erwartungen entspricht.

Der Erwerber wird also in allen 3 Fällen Eigentümer der veräußerten Sache, auch wenn z. B. der Verkäufer gar nicht verfügungsberechtigt war. Die **Gutgläubigkeit** des Erwerbers ist ausgeschlossen, wenn er schon aus der Natur der Sache, dem auffallend geringen Preis oder den persönlichen Eigenschaften seines Vormannes oder aus anderen Umständen Verdacht in Bezug auf die Verfügungsberechtigung hätte schöpfen können.

Weitere Arten des ursprünglichen Eigentumserwerbs sind noch der **Schatzfund** (der Entdecker und der Grundeigentümer teilen sich das Eigentum) und die gutgläubig erfolgte **Vermengung und Vereinigung** fremder, vertretbarer Sachen mit den eigenen in der Form, dass sie nicht mehr unterschieden werden können.

♦ **Arten des abgeleiteten Eigentumserwerbs:**

Es gilt der Grundsatz, dass niemand mehr Rechte übertragen kann, als er selbst hat, d. h. man kann nur so viele Rechte erwerben, wie auch der Vormann hatte.

a) Bei **beweglichen** Sachen wird das Eigentum unmittelbar erworben, wenn der Übergeber Eigentümer ist, ein gültiger **Rechtstitel** vorliegt (z. B. Kaufvertrag, Schenkung) und die Sache übergeben und übernommen wird.

b) Zur Übertragung des Eigentums an **unbeweglichen** Sachen muss der neue Eigentümer darüber hinaus im Grundbuch „einverleibt" werden. Grundlage für diese **Einverleibung** ist – wie bei beweglichen Sachen – ein Rechtstitel (siehe oben).

Rechtserwerb

Ursprünglich, stützt sich nicht auf einen Vormann	**Abgeleitet** vom Recht eines Vormannes
Aneignung	Erwerb **beweglicher Sachen:** Gültiger Rechtstitel + Übergabe (körperlich oder durch Zeichen)
Fund	
Ersitzung	Erwerb **unbeweglicher Sachen:** Gültiger Rechtstitel + Übergabe + Eintragung in das Grundbuch
Erwerb durch guten Glauben	
Schatzfund, Vermengung, Vereinigung	

B. Das Grundbuch

Das Grundbuch bietet eine verlässliche und umfassende Informationsmöglichkeit über eine Liegenschaft. Es werden aber auch das Eigentumsrecht und andere Rechte, die ein Grundstück oder ein Gebäude betreffen, erst mit der Aufnahme in das Grundbuch **(„Einverleibung")** voll wirksam.

Während man früher durch Einblick in das „Hauptbuch" Klarheit gewinnen konnte, in dem die Grundbuchsbeamten alle Eintragungen handschriftlich vornahmen, kann heute bei jedem Bezirksgericht und – kostenpflichtig – aus dem Internet (z. B. www.jusline.at) ein Ausdruck aus der **Datenbank** angefordert werden.

Dazu braucht man jedoch die **Einlagezahl,** unter der die Liegenschaft gespeichert ist, oder zumindest die **genaue Adresse**.

Ist beides nicht bekannt, können diese Angaben mit Hilfe von so genannten **„Hilfsverzeichnissen",** die beim zuständigen Bezirksgericht aufliegen oder gespeichert sind, erhoben werden.

Notare und viele Rechtsanwälte sind direkt an die Grundstücksdatenbank angeschlossen und können so von ihren Kanzleien aus Auskunft erhalten.

1. Organisation des Grundbuchs

Es wird von den Bezirksgerichten auf dem Weg der Datenverarbeitung geführt.

Es besteht aus der **Grundstücksdatenbank** (früher Hauptbuch) und aus der **Urkundensammlung.**

Die Grundstücksdatenbank enthält die Einlagen der einzelnen Grundstücke. Eine Einlage **(EZ = Einlagezahl)** fasst jene drei Abschnitte zusammen, unter denen Eintragungen bezüglich einer Liegenschaft gemacht werden:

********************* A-Blatt = Gutsbestandsblatt *********************
(unterteilt in A1- und A2-Blatt)
Grundstücksnummer, Bezeichnung des Grundstückes, Adresse, Flächengröße in m2; Bestandteile, Kulturart (z. B. Acker, Wiese, Baugrund); mit dem Eigentum an der Liegenschaft verbundene Rechte

********************** B-Blatt = Eigentumsblatt **********************
Name des Eigentümers und eventuelle Beschränkungen seiner Handlungsfähigkeit wie z. B. Minderjährigkeit; Konkurs; Höhe der Eigentumsanteile am Grundstück

*********************** C-Blatt = Lastenblatt ***********************
alle die Liegenschaft belastenden Rechte wie Pfandrechte (Hypotheken), Dienstbarkeiten, Belastungs- und Veräußerungsverbote

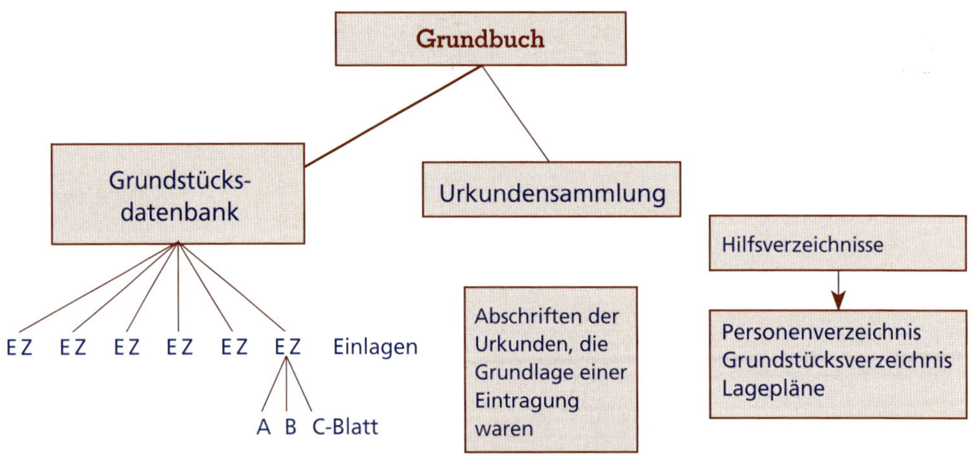

2. Verfahren in Grundbuchssachen

Wenn Sie eine Eigentumswohnung kaufen möchten, sollten Sie zuvor im Grundbuch nachsehen, ob die Wohnung belastet und ob der als Verkäufer Auftretende tatsächlich auch der Eigentümer ist. Falls alle Angaben zu Ihrer Zufriedenheit ausfallen, sollten Sie dennoch den Kaufpreis erst erlegen, wenn Sie als neuer Eigentümer im Grundbuch eingetragen sind.

Da dieser Vorgang in der Praxis mehrere Wochen dauern kann, behilft man sich mit Hilfskonstruktionen: Dazu gehört die **Anmerkung einer Rangordnung** für die beabsichtigte Veräußerung im Grundbuch. Diese ist auf Betreiben des Verkäufers zu beantragen und gilt für die Dauer eines Jahres. Wird die Liegenschaft dann auf den Käufer übertragen, erfolgt die Eintragung ins Grundbuch (B-Blatt) in jenem Rang, der angemerkt wurde, d. h. es kann ihm **kein anderer Käufer zuvorkommen.**

Der Eigentumsübergang sowie Beginn und Ende aller mit einer Liegenschaft verbundenen Rechte erfolgt durch **„Einverleibung"**. Darunter versteht man, dass nach Antrag und gerichtlicher Bewilligung (durch Beschluss) die entsprechenden Daten in die Grundstücksdatenbank aufgenommen werden. Gelöschte (nicht mehr gültige) Eintragungen scheinen im Datenausdruck nicht mehr auf.

3. Prinzipien des Grundbuchrechts

Publizitätsprinzip	Jeder kann einen Datenausdruck anfordern bzw. in alte Grundbücher Einblick nehmen. Aus Gründen des Interesses der Öffentlichkeit ist hier der Datenschutz durchbrochen.
Eintragungsprinzip	Es gilt nur das, was eingetragen (einverleibt) ist. Dieser Grundsatz ist in einigen wenigen Fällen durchbrochen (Ersitzung, Einantwortung im Erbrecht).
Vertrauensprinzip	Wer auf die Richtigkeit des Grundbuchstandes vertraut, wird in seinen Rechten geschützt.
Prioritätsprinzip	Der Rang der Eintragung bestimmt sich nach dem genauen Zeitpunkt des Einlangens des Gesuches beim Grundbuchsgericht.
Antragsprinzip	Die Bewilligung der Eintragung erfolgt grundsätzlich auf Antrag, in einigen Fällen von Amts wegen. Die Bewilligung oder Abweisung erfolgt durch Beschluss (Rechtsmittel möglich).

4. Grunderwerbssteuer und Nebenkosten

Der Erwerb des Eigentums an einer Liegenschaft unterliegt der Grunderwerbssteuer (derzeit 3,5%).

Zusätzlich entstehen häufig noch andere Kosten: z. B. Maklerprovision, Notargebühren, Eintragungsgebühren. Häufig werden diese Kosten (zusammen etwa 9 bis 11% des Kaufpreises) vom Erwerber einer Liegenschaft nicht einkalkuliert!

Beispiel für Datenausdruck (verkleinert)

```
GRUNDBUCH 01302 Fünfhaus                                EINLAGEZAHL    56
BEZIRKSGERICHT Fünfhaus
****************************************************** ABFRAGEDATUM  2006-01-11
Letzte TZ  5318/2005
************************************** A1 **************************************
   GST-NR  G BA (NUTZUNG)            FLÄCHE  GST-ADRESSE
   .79       GST-Fläche                 868
             Baufl.(Gebäude)            666
             Baufl.(befestigt)          202  Clementinengasse 24
                                             Clementinengasse 22
************************************** A2 **************************************
************************************** B ***************************************
   5 ANTEIL: 1/10
     Gulnerits   Michael
     GEB: 1966-03-29 ADR: Clementineng. 24/1/1/1a   1150
      a 5318/2005 Schenkungsvertrag 2005-10-28 Eigentumsrecht
      b 5318/2005 Belastungs- und Veräußerungsverbot
   6 ANTEIL: 9/10
     Gulnerits   Ernst
     GEB: 1939-10-13 ADR: Karl-Leeder-G. 5   1140
      a 834/1980 Einantwortungsurkunde 1979-07-12, Kaufvertrag 1979-12-17
          Eigentumsrecht
      b 3464/1985 Einantwortungsurkunde 1985-08-23 Eigentumsrecht
      c 3464/1985 Zusammenziehung der Anteile
      d 5318/2005 Adressenänderung
************************************** C ***************************************
   1  a 374/1898
          REALLAST zur Ausführung von Adaptierungen und
          Trottoirpflasterungen für Gemeinde Wien
   2  a 834/1980 Pfandurkunde 1980-03-10
          PFANDRECHT                                Höchstbetrag 1,320.000,--
          für Meinl Bank Gesellschaft mbH
   4    auf Anteil B-LNR 5
      a 5318/2005
          BELASTUNGS- UND VERÄUSSERUNGSVERBOT
          gem § 364c ABGB für Ernst Gulnerits, geb 1939-10-13
********************************** HINWEIS ***********************************
           Eintragungen ohne Währungsbezeichnung sind Beträge in ATS
 für den Amtsgebrauch ******** 2006-01-11 15:55,15912 BJ ********** ZEILEN:   39
```

C. Das Pfandrecht

1. Begriff und Arten

Das Pfandrecht ist das Recht eines Gläubigers, aus einer Sache Befriedigung zu erlangen, wenn seine Forderung zur bestimmten Zeit vom Schuldner nicht erfüllt wird.

Die Sache, an der dem Gläubiger dieses Recht zusteht, wird Pfand genannt. Welche Sachen kommen als Pfand in Frage?

Pfand

bewegliche Sachen	unbewegliche Sachen	unkörperliche Sachen
Sie werden **Faust- oder Handpfand** genannt. Vom Gläubiger werden sie in Verwahrung genommen, er darf sie ohne Zustimmung des Schuldners nicht benutzen und haftet für Beschädigung und Verlust.	Sie werden **Hypothek** genannt und müssen im Grundbuch (C-Blatt) einverleibt werden. Zur besonderen Sicherheit können auch mehrere Liegenschaften für eine Forderung haften (Simultanhypothek).	Sämtliche **vermögenswerten Rechte** kommen hier in Betracht (z. B. A hat gegenüber dem B eine Geldforderung und verpfändet sie seinerseits dem C als Sicherheit für den Betrag, den er ihm schuldet).

2. Rechtstitel für das Pfandrecht

a) Gesetz
Das Pfandrecht braucht nicht gesondert vereinbart zu werden, sondern steht dem Gläubiger kraft Gesetzes zu (z. B. gesetzliches Pfandrecht des Vermieters an den eingebrachten Sachen des Mieters zur Hereinbringung der Mietzinsforderung; des Rechtsanwaltes an den bei Gericht erlegten Beträgen).

b) Rechtsgeschäft
Aufgrund eines Vertrages oder einer letztwilligen Verfügung steht dem Gläubiger das Pfandrecht zu (z. B. der Schuldner verpfändet dem Gläubiger sein Kraftfahrzeug).

c) Behördliche Verfügung
Aufgrund einer (gerichtlichen) Entscheidung kommt es zur Pfändung von Sachen, wenn der Verpflichtete nicht freiwillig leistet (Exekutionsverfahren). Das Vollstreckungsorgan kennzeichnet das Pfandobjekt und beschreibt es im Pfändungsprotokoll (bei unbeweglichen Sachen: Einverleibung ins Grundbuch).

3. Folgen

- **Erfüllt der Schuldner seine Verbindlichkeit,** erlischt das Pfandrecht. Der Pfandgläubiger ist verpflichtet, die Pfandsache **zurückzugeben**. Bei einer **Hypothek** kann der Schuldner beantragen, dass sie nach Bezahlung der Schuld im Grundbuch **gelöscht** wird.

- **Erfüllt der Schuldner seine Verbindlichkeit nicht,** kann der Gläubiger eine ihm verpfändete Sache auch außergerichtlich verwerten. Er muss dabei ab Fälligkeit der Forderung dem Schuldner den **Verkauf der Sache androhen** und darf sie erst einen **Monat danach** verkaufen. Ein Verkauf hat durch eine gerichtliche Versteigerung zu erfolgen, Sachen mit einem Börsenpreis (Wertpapiere) oder **Marktpreis** können auch **freihändig** (ohne Versteigerung) verkauft werden. Eine verpfändete Forderung kann der Gläubiger nach Fälligkeit einziehen. In allen Fällen verbleibt ein allfälliger Überschuss dem Schuldner.

D. Sonstige Begriffe des Sachenrechts

1. Dienstbarkeiten (Servituten)

Der Eigentümer einer („dienenden") Sache ist verpflichtet, zum Nutzen eines anderen hinsichtlich seiner Sache etwas **zu dulden oder zu unterlassen.**

Dienstbarkeiten

- **Grunddienstbarkeiten** – Der jeweilige Eigentümer des herrschenden Grundstücks ist berechtigt.
  - **Felddienstbarkeit** – wie Wegerechte, Weiderechte, Leitungsrechte
  - **Gebäudedienstbarkeit** – wie Bauvorteile, Ableitung des Regenwassers zum Nachbarn
- **Persönliche Dienstbarkeiten** – Eine bestimmte Person ist berechtigt.
  - **Gebrauchsrecht** – einer Sache
  - **Fruchtgenuss** – Gebrauch und Nutzung einer Sache
  - **Wohnrecht** – Gebrauch einer Wohnung

Beispiele für Grunddienstbarkeiten

Felddienstbarkeit

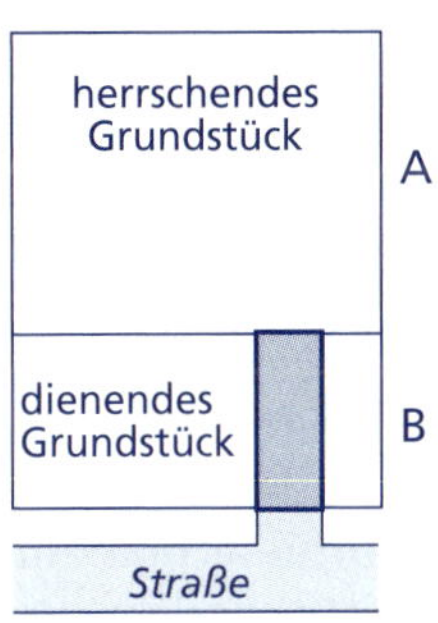

B verpflichtet sich, dem A ein Wegerecht einzuräumen.

Gebäudedienstbarkeit

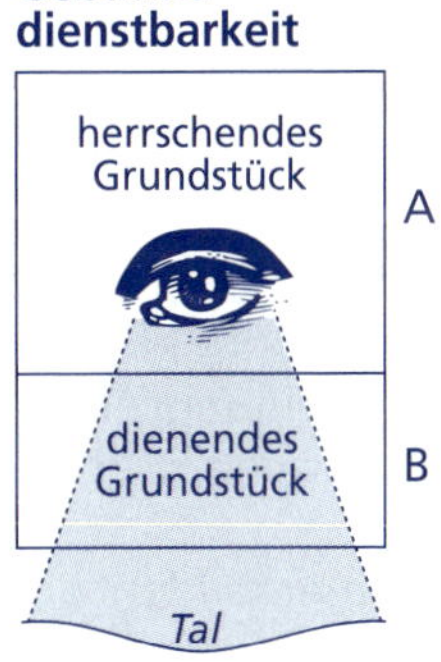

B verpflichtet sich, eine gewisse Bauhöhe nicht zu überschreiten, um A die Aussicht in das Tal nicht zu nehmen.

Beispiele für persönliche Dienstbarkeiten

Gebrauchsrecht – Wohnrecht:

Jemand kann, wann immer es seine persönlichen Bedürfnisse verlangen, ein bestimmtes Kraftfahrzeug – eine bestimmte Wohnung – gebrauchen.

Fruchtgenuss:

Jemand darf einen Wald nutzen (z. B. Holz sammeln und einzelne Bäume – nicht jedoch den ganzen Wald – schlägern) oder von einer Kuh Milch beziehen.

Dienstbarkeiten können durch Vertrag oder letztwillige Verfügung (z. B. Testament) begründet werden. Grunddienstbarkeiten werden im Grundbuch einverleibt. Dadurch wird nicht nur der Vertragspartner des Servitutsberechtigten, sondern auch der **jeweilige** Grundstückseigentümer gebunden.

Dienstbarkeiten enden z. B. durch Untergang der dienenden Sache, Enteignung, Vereinigung der beiden Grundstücke, Tod eines persönlich Berechtigten.

2. Reallasten

Der Eigentümer einer („dienenden") Liegenschaft **ist zu aktiven Leistungen** verpflichtet. Berechtigt ist entweder eine bestimmte Person oder der jeweilige Eigentümer einer anderen Liegenschaft.

Die wichtigste Reallast ist das im Grundbuch eingetragene **Ausgedinge**. Es kommt in der Landwirtschaft vor. Der Übernehmer (= Sohn oder Tochter des Bauern) verpflichtet sich, an den Übergeber eines Gutes (= den alten Bauern) auf Lebzeiten Geld- und Naturalleistungen zu erbringen.

E. Das Wohnungseigentum

Sämtliche Miteigentümer einer Liegenschaft schließen einen schriftlichen Vertrag (**Wohnungseigentumsvertrag**), mit dem die selbstständigen Räumlichkeiten des Hauses den einzelnen Miteigentümern zur **ausschließlichen Nutzung** (Wohnen oder Betrieb) und **alleinigen Verfügung** (Verkaufen, Schenken, Vererben, Verpfänden, Vermieten uam.) zugeordnet werden.
Durch Eintragung dieses Wohnungseigentumsvertrages ins **Grundbuch** entsteht **Wohnungseigentum.**

Der Miteigentumsanteil, mit dem das Wohnungseigentum an einem bestimmten Objekt verbunden wird, richtet sich nach dem **Nutzwert** des Objekts. Dieser wird aus der **Nutzfläche** und der sonstigen Beschaffenheit des Objekts ermittelt. Die Größe der Miteigentumsanteile ist von Bedeutung für die Aufteilung der Kosten des Hauses (z. B. Betriebskosten wie Wasser, Rauchfangkehrer, Müllabfuhr und Reparaturkosten).

Gegenstand des Wohnungseigentums kann nicht nur eine Wohnung sein, sondern z. B. auch eine Garage, ein Kfz-Abstellplatz oder ein Geschäftsraum. An jenen Teilen der Liegenschaft, die der allgemeinen Benützung dienen (z. B. Stiegenhaus, Waschküche), kann kein Wohnungseigentum begründet werden.

Der **Anteil**, mit dem Wohnungseigentum verbunden ist, ist unteilbar und steht nur **einer Person** oder zwei natürlichen Personen (im Verhältnis 1:1)zu, die eine so genannte **Eigentümerpartnerschaft** bilden. Diese beiden Personen haften für alle Verbindlichkeiten, die sich aus dem gemeinsamen Wohnungseigentum ergeben, **solidarisch** (d. h. jeder für alles) und dürfen über das Wohnungseigentum nur gemeinsam verfügen.

Sämtliche Wohnungseigentümer bilden die **Eigentümergemeinschaft**, die in Angelegenheiten der Verwaltung der Liegenschaft eine **juristische Person** darstellt (also klagen und geklagt werden kann). Sie wird im Allgemeinen vom bestellten Verwalter **vertreten**. Die Willensbildung in der Eigentümergemeinschaft erfolgt zumeist in der **Eigentümerversammlung** durch Mehrheitsbeschluss. Die Minderheit kann gegen solche Beschlüsse das Gericht anrufen.

Häufig werden Wohnungsanlagen von Firmen von vornherein zu dem Zweck errichtet, um sie als Wohnungseigentum an Interessenten zu vergeben. Hierbei hat der Bewerber – nach Entrichtung der vereinbarten Beträge – das unabdingbare Recht, dass ihm der Organisator nach Vollendung der Anlage die ihm zugesagte Wohnung verschaffe. Zum Schutz des Wohnungseigentumsbewerbers gibt es zahlreiche Bestimmungen im Wohnungseigentumsgesetz, im **Bauträgervertragsgesetz 1997** und im **Konsumentenschutzgesetz** (siehe auch Seite 200).

F. Das Baurecht

Unter Baurecht versteht man das dingliche, veräußerliche und vererbliche Recht, auf oder unter der Bodenfläche eines **fremden Grundstückes** ein **Bauwerk zu haben.**

Der Zweck des Baurechtes besteht darin, dass jemand – auch wenn er nicht Eigentümer eines Grundstückes ist – auf seine Kosten ein Gebäude errichten und Räumlichkeiten schaffen kann. Jemand anderer bleibt Eigentümer der Liegenschaft. Durch diese Rechtseinrichtung können freie Grundstücksflächen optimal genützt werden.

Der **Bauberechtigte** ist Eigentümer des Bauwerkes und zugleich Nutznießer des Grundstückes. Das Baurecht wird für eine bestimmte Dauer bestellt, die einen Zeitraum von **10 bis 100 Jahren** umfassen kann. Nach Ablauf dieses Zeitraumes ist das Grundstück zurückzustellen und das Bauwerk geht in das Eigentum des Grundeigentümers über. Ob und in welcher Höhe der Bauberechtigte für das Bauwerk entschädigt wird, hängt vom Vertrag ab. Wurde keine Entschädigung vereinbart, muss der Grundeigentümer den Bauberechtigten für ein Viertel des noch vorhandenen Bauwertes entschädigen.

Auf der Grundlage eines Baurechts kann an den errichteten Wohnungen auch Wohnungseigentum begründet werden (= Baurechtswohnungseigentum).

Das Baurecht gilt als unbewegliche Sache und entsteht durch Verbücherung im C-Blatt der belasteten Liegenschaft sowie in einer eigenen **Baurechtseinlage.** Es kann veräußert, vererbt, verpfändet und gepfändet werden. Das Entgelt für ein Baurecht kann in einer einmaligen Leistung oder in wiederkehrenden Leistungen **(= Bauzins)** bestehen.

Wiederholungsfragen – Arbeitsaufgaben – Diskussionsanregungen

1. *Gegen wen können Sachenrechte, gegen wen Schuldrechte durchgesetzt werden?*

   Sachenrechte gegen ______________________________

   Schuldrechte gegen ______________________________

2. *Kreuzen Sie die richtige(n) Bezeichnung(en) an:*

	verbrauchbare Sache	*unverbrauchbare Sache*	*bewegliche Sache*	*nnbewegliche Sache*	*vertretbare Sache*	*unvertretbare Sache*
Buch	○	○	○	○	○	○
Haus	○	○	○	○	○	○
elektrischer Strom	○	○	○	○	○	○
Ölgemälde	○	○	○	○	○	○

3. *Auf welche drei Arten sind Eigentumsbeschränkungen möglich?*

   ______________ ______________ ______________

4. *Kreuzen Sie die richtige Bezeichnung an:*

	Inhaber	*Besitzer*	*Eigentümer*
Räuber	○	○	○
Garderobenfrau	○	○	○
Mieter	○	○	○
Person, die im Typenschein eines Kfz eingetragen ist	○	○	○

5. *Immissionen können nur verhindert werden, wenn sie das* ______________ *übersteigen.*

6. *Auf welche Art kann gutgläubig Eigentum vom Nichteigentümer erworben werden?*

   ______________ ______________ ______________

7. *Kreuzen Sie die richtige Bezeichnung an:*

	ursprünglicher Eigentumserwerb	*abgeleiteter Eigentumserwerb*
Fund eines Schatzes	○	○
Eintragung ins Grundbuch	○	○
Ersitzung	○	○
Erwerb in öffentlicher Versteigerung	○	○

8. *Aus welchen Teilen besteht das Grundbuch?*

______________________ ______________________

9. *Aus welchen Teilen besteht eine Grundbuchseinlage?*

______________________ ______________________

____

10. *Wodurch erfolgt der Eigentumsübergang?*

____

11. *Das Grundbuchsrecht richtet sich nach folgenden Prinzipien: (Beispiele)*

______________ ______________ ______________

12. *Wie nennt man ein Pfand an beweglichen, wie an unbeweglichen Sachen?*

bewegliche Sachen *unbewegliche Sachen*

______________________ ______________________

13. *Wie bezeichnet man das Pfand, bei dem mehrere Liegenschaften haften?*

____

14. *Ein Pfandrecht kann festgelegt werden durch:*

______________ ______________ ______________

15. *Der Inhalt einer Servitut besteht in einem* ______________________ *oder*

______________________ .

16. *Das Recht, eine Sache zu gebrauchen und zu nutzen, bezeichnet man als*

____ .

17. *Wenn der Eigentümer einer Liegenschaft zu aktiven Leistungen verpflichtet ist, nennt man dies*

____ .

18. *Vergleichen Sie die Übersicht über die Einteilung der Sachen und versuchen Sie anzugeben, welches Gegensatzpaar für welche Rechtsfragen Bedeutung haben könnte (z. B. bewegliche – unbewegliche Sachen: Bedeutung für Eigentumserwerb).*

19. *Das Wochenendhäuschen war bislang eine Insel der Ruhe und Erholung – plötzlich aber installiert der Nachbar eine Kegelbahn und hat ständig lärmende Gäste. Was kann man tun?*

20. *An einem Wintertag dringt Schmelzwasser, anstatt durch die Dachrinne abzufließen, in den Nachbargrund ein und verursacht an den Außen- und Innenwänden des Nachbarhauses erhebliche Schäden.*

Wie kann sich der Nachbar rechtlich zur Wehr setzen?

21. *Ein Juwelier kauft ein gestohlenes Armband und verkauft es einem Kunden. – Ein Pfuscher übernimmt eine Stereoanlage zur Reparatur und verkauft sie. – Ihre Freundin verkauft Ihren Hund, den sie ihr vor ihrem Urlaub zur Pflege übergeben haben. - Ein Dieb stiehlt Ihr Auto und verkauft es. In welchen Fällen erwirbt der Käufer Eigentum?*

22. *Die siebzigjährige Eigentümerin eines Grundstücks wird unter Sachwalterschaft gestellt. Wird diese Tatsache ins Grundbuch eingetragen? Wenn ja, wie und warum?*

V. Schuldrecht

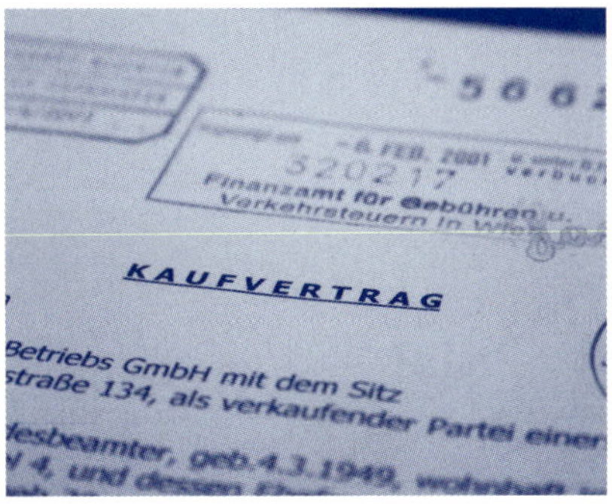

Kann ein Schuldverhältnis nur durch einen Vertrag entstehen oder gibt es noch andere Möglichkeiten? Was ist überhaupt ein Rechtsgeschäft und welche sind die Voraussetzungen für dessen Abschluss? Gibt es eine Anfechtung wegen Irrtums? Kann ich nur bestimmte Verträge abschließen oder bin ich in meiner Gestaltung frei? Was ist Wucher? Gilt Schweigen als Zustimmung? Was gilt für Fax- oder Internetbestellungen? Was ist eine Pönale? Was ist eine Bürgschaft? Was geschieht, wenn ein Vertragspartner seine Verpflichtungen nicht einhält? Was ist Garantie, was Gewährleistung? Wie kann ich Mängel geltend machen?
Wie wird ein Kaufvertrag abgeschlossen, wie ein Mietvertrag, wie ein Werkvertrag? Wie kann es zum Schadenersatz kommen? Muss ich für Schäden einstehen, die ich selbst gar nicht verursacht habe? Haften Gastwirte für die Garderobe ihrer Gäste?

Solche und ähnliche wichtige Fragen, die sich im Alltag ergeben können, werden im vorliegenden Kapitel behandelt.

A. Einleitung und Grundbegriffe

Die Beteiligten an einem Schuldverhältnis heißen **Schuldner** (die Person, die zu einer Leistung verpflichtet ist) und **Gläubiger** (die Person, die das Anrecht auf die Leistung hat). Sowohl auf Schuldner- als auch auf Gläubigerseite kann dabei eine Mehrheit von Personen auftreten.

Ob Ausbildung, Geschäftsleben, Beruf, Ruhestand, der Mensch wird im ganzen Leben vom Bereich des Schuldrechtes umgeben.

In vielen Fällen wird er Schuldner einer Leistung, ebenso häufig Gläubiger. Die jeweiligen Schuldverhältnisse entstehen entweder aufgrund seines Willens (Rechtsgeschäfte) oder aufgrund eines vom Gesetz festgelegten Tatbestandes (z. B. durch eine Schadenszufügung, bei der der Schädiger Schuldner der Schadenersatzleistung wird, der Geschädigte Gläubiger).

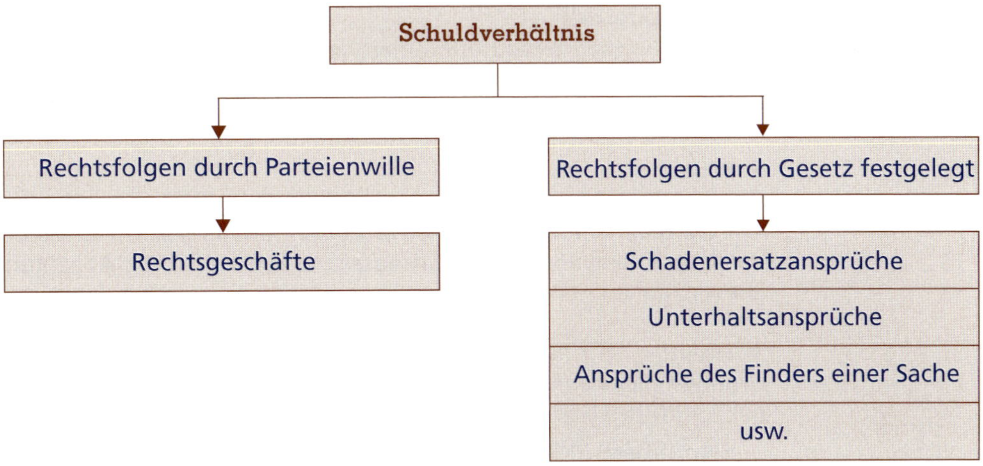

B. Rechtsgeschäfte

Durch sie kann der Mensch unter Beachtung der Rechtsordnung nach eigenem Willen seine Lebensverhältnisse gestalten. Er verpflichtet sich z. B. einem anderen gegenüber zu einer Leistung oder kündigt einen bestehenden Mietvertrag, kauft Wertpapiere oder errichtet ein Testament. Die Rechtsgeschäfte werden oft auch als **„Verträge"** bezeichnet, wenn zwei oder mehrere Vertragspartner vorliegen.

Rechtsgeschäfte sind somit **Willenserklärungen** von Personen.

Sie sind gerichtet auf **rechtliche Folgen**

die von der **Rechtsordnung** anerkannt sind.

1. Voraussetzungen für Rechtsgeschäfte

Voraussetzungen

- **Geschäftsfähigkeit** dessen, der seinen Willen erklärt (siehe Seite 131).
- **Fehlerfreie Willenserklärung:** Es darf **nicht** vorliegen: wesentlicher Irrtum, wenn der Erklärende ohne ihn das Geschäft nicht abgeschlossen hätte (der Irrtum bezieht sich also auf einen Hauptpunkt des Geschäfts) – Furcht (Drohung) oder Zwang – List (Betrug). In solchen Fällen wäre das Geschäft **nichtig (ungültig)** oder zumindest **anfechtbar**. Bei zwei- oder mehrseitigen Geschäften müssen die Willenserklärungen **übereinstimmen**.
- **Möglichkeit und Erlaubtheit des Inhalts:** z. B. unmöglich: A verkauft B den Planeten Mars; unerlaubt: A verspricht B Geld, wenn dieser C ermordet.
- **Wahl der Form:** Allgemein herrscht der Grundsatz der Formfreiheit, in bestimmten Fällen bestimmt jedoch das Gesetz Formvorschriften (z. B. aus Gründen der Beweissicherung, des Schutzes vor Übereilung).

2. Vertragsfreiheit

Dieser Grundsatz bedeutet Freiheit beim Abschluss von Verträgen hinsichtlich Form und Inhalt (weiters auch hinsichtlich des Vertragspartners und des Zeitpunktes und Ortes des Abschlusses).

♦ **Form:**

Grundsätzlich kann jedes Rechtsgeschäft in jeder beliebigen Form abgeschlossen und aufgelöst werden. Aus verschiedenen Gründen gibt es jedoch für eine Reihe von Rechtsgeschäften Ausnahmen von diesem Grundsatz, z. B. Schriftform: Abzahlungsgeschäft; Mündlichkeit: Ehevertrag vor dem zuständigen Standesbeamten; Mitwirkung des Notars: Erbverträge.

♦ **Inhalt:**

Grundsätzlich kann auch der Inhalt eines Rechtsgeschäftes von den Vertragspartnern frei und beliebig festgelegt werden.

Die Grenzen dieser Freiheit befinden sich allerdings dort, wo der betreffende Vertragsinhalt gegen das **Gesetz** oder **gegen die guten Sitten** verstoßen würde.

Vorliegen kann z. B. ein Verstoß gegen das **Wuchergesetz:** Wucher liegt vor, wenn jemand beim Vertragspartner **Leichtsinn, Unerfahrenheit, Gemütsaufregung, Verstandesschwäche oder dessen Zwangslage** ausnützt, um einen – im Verhältnis zur eigenen Leistung – unverhältnismäßig großen Vorteil zu erlangen.

ABGB: „Ein Vertrag, der gegen ein gesetzliches Verbot oder gegen die guten Sitten verstößt, ist nichtig."

Sittenwidrigkeit ist kein direkter Verstoß gegen ein Gesetz, sondern ein Verstoß gegen oberste Rechtsgrundsätze. Somit verstößt gegen die guten Sitten, was dem Rechtsgefühl der Rechtsgemeinschaft, also aller billig und gerecht Denkenden widerspricht (z. B. ein Vater verkauft seiner Tochter sein Haus zum halben Preis unter der Bedingung, dass sie ihr ganzes Leben nicht heiratet).

Eine weitere Einschränkung der Vertragsfreiheit besteht im so genannten **Zwang zum Vertragsabschluss (Kontrahierungszwang):** Der Allgemeinheit dienende **Verkehrs- oder Versorgungsunternehmen** (Bahn, Gas-, Wasserversorgung) müssen mit **jedem** Verträge abschließen, außer er ist nicht bereit, sich ihren allgemeinen Bedingungen zu unterwerfen. Eine ähnliche Einschränkung gibt es nach dem **Bundesgesetz zur Verbesserung der Nahversorgung** und der Wettbewerbsbedingungen. Strafbar ist dabei die Verweigerung des Verkaufs von **Waren, „die den notwendigen Bedürfnissen des täglichen Lebens dienen"** (Grundnahrungsmittel, Kohle, Heizöl, Treibstoff für Kfz). Ebenso Einschränkungen beim Arbeitsvertrag (siehe dort).

3. Arten und Abschluss von Rechtsgeschäften

a) Arten der Rechtsgeschäfte

Rechtsgeschäfte

Einseitige	Zweiseitige (mehrseitige)
Einseitige: Sie kommen durch die Willenserklärung **einer** Partei zustande, d. h. diese eine Partei ist durch ihre Erklärung allein bereits gebunden (z. B. Auslobung: „Wer mir meinen entlaufenen Hund wiederbringt, erhält eine Belohnung von 200 Euro."	**Zweiseitige (mehrseitige):** Bei diesen müssen **zwei oder mehrere übereinstimmende** Willenserklärungen vorliegen. Sie heißen Verträge (z. B. Kaufvertrag, Miete, Leihvertrag).

b) Vertragsabschluss

◆ **Antrag – Annahme**

Bei Verträgen ist zu beachten, dass sie nur zustande kommen, wenn sich die **Willenserklärungen decken.** Erklären die Parteien etwas Verschiedenes, dann ist ein Vertrag nicht entstanden.

Der **Antrag** muss innerhalb der vom Antragsteller bestimmten Frist **angenommen** werden. Ist keine Frist gesetzt worden, so kann ein unter **Anwesenden** oder fernmündlich gemachter Vertragsantrag **nur sofort,** der einem **Abwesenden** gemachte Antrag **nur bis zu dem Zeitpunkt** angenommen werden, zu dem der Antragsteller den Eingang der Antwort unter regelmäßigen Umständen **erwarten darf.** Verspätete Annahme gilt als neuer Antrag. **Antwortpflicht** besteht nicht.

◆ **Schweigen als Zustimmung ?**

Schweigen gilt **nicht** als Zustimmung. Das gleiche gilt auch für Unternehmer nach dem UGB (Unternehmensgesetzbuch, gültig seit 1.1.2007).

Die Rechtsordnung schafft hier also einen Schutz vor unzumutbaren Belästigungen (z. B. jemand bekommt ohne seinen ausdrücklichen Wunsch ein Buch zur Ansicht für fünf Tage zugesendet; ein Erlagschein für die Bezahlung liegt bei, ebenso ein Hinweis, dass bei Versäumung der Antwort bzw. Rücksendefrist das Buch als gekauft gilt). Der Empfänger von unbestellten Zusendungen ist nicht verpflichtet, diese zurückzusenden. Er kann sie sogar einfach wegwerfen. Erfolgt die unbestellte Zusendung der Ware aber offenbar aufgrund eines **Irrtums** (z. B. falsche Anschrift), so trifft den Empfänger die Verpflichtung, die Ware unbenutzt aufzubewahren und den Absender auf den Irrtum hinzuweisen.

♦ **Abgabe der Willenserklärung**
Die Willenserklärung, die für den Abschluss eines Rechtsgeschäftes maßgeblich ist, kann auf zweierlei Arten zustande kommen.

Willenserklärung

ausdrücklich	schlüssig (konkludent)
Direkte Erklärung durch Worte, Schrift, Zeichen, Gebärden (z. B. Handschlag oder Handheben bei einer Versteigerung).	Es werden Handlungen gesetzt, aus denen jedermann klar und deutlich den Willen zum Vertragsabschluss erkennen kann (daraus „schließen" kann – z. B. Einsteigen in die Straßenbahn).

♦ **Regelungen im Fernabsatz:**
Das **Fernabsatzgesetz 1999** gilt für Verträge, die ausschließlich unter Verwendung von **Fernkommunikationsmitteln** – also ohne körperliche Anwesenheit der Vertragsparteien – zustande kommen. Dazu gehören etwa Internet, Telefon und Fax (z. B. bei Katalogbestellungen). Näheres siehe Konsumentenschutz, Seite 200.

♦ **Elektronischer Rechts- und Geschäftsverkehr:**

- Das **E-Commerce-Gesetz 2001** bietet den rechtlichen Rahmen für den elektronischen Geschäfts- und Rechtsverkehr. Es gilt somit auch für das elektronisch unterstützte Kaufen und Verkaufen von Waren und Dienstleistungen (**Onlineshopping**). Das Gesetz enthält z. B. Vorschriften über die Zulassung und die Pflichten von Dienstanbietern, Verhaltensregeln für den elektronischen Verkehr. **International** gilt aber das so genannte **Herkunftslandprinzip:** Maßgebend ist das Recht des Landes, in dem sich der Anbieter niedergelassen hat.

- Das **Signaturgesetz 1999, geändert 2001,** regelt den rechtlichen Rahmen für die Erstellung und Verwendung von elektronischen Signaturen. Da ja eine E-Mail nicht unterschrieben werden kann, muss es Verfahren geben, über so genannte „Zertifizierungsstellen" eine verschlüsselte Unterschrift zu leisten. Eine **Signaturverordnung** ergänzt das Gesetz und regelt diesbezügliche Details.

4. Auslegung

„Auslegung" (Interpretation) bedeutet in der Rechtssprache die Erforschung des Sinnes von Gesetzestexten, aber auch von mündlichen oder schriftlichen Willenserklärungen. Bei der Auslegung von Verträgen ist nicht „an den Buchstaben zu haften", sondern die **Absicht der Parteien** zu erforschen und der Vertrag so zu verstehen, wie es der **Übung des redlichen Geschäftsverkehrs** entspricht.

So entspricht es z. B. dieser Übung, dass ein Händler, der Waren verkauft, die zu ihrer Verwendung bestimmte Kenntnisse voraussetzen, welche nicht von jedermann erwartet werden können, verpflichtet ist, dem Käufer die entsprechende Anleitung zu geben. Handelt es sich um eine schwieriger zu bedienende Maschine, so ist dem Käufer eine schriftliche Bedienungsanweisung (in deutscher Sprache) auszufolgen; unter Umständen kann es notwendig sein, den Käufer bzw. dessen „Leute" an der Maschine einzuschulen.

5. Erfüllung

Aufgrund eines Vertrages entstehen für die Vertragspartner Rechte und Pflichten. In vielen Fällen entspricht dem Recht des einen Partners – **Anspruch auf Leistung** – die **Pflicht des anderen zur Leistung.** Beispiele: Der Käufer hat anlässlich eines Kaufvertrages den Anspruch auf Übereignung der gekauften Sache, den Verkäufer trifft die Pflicht, dem Käufer das Eigentum an der Sache zu verschaffen. Der Verkäufer hat einen Anspruch auf Zahlung des Kaufpreises, der Käufer die Pflicht zur Zahlung. Der Vermieter hat einen Anspruch auf Zahlung des Mietzinses, der Mieter auf Benützung des Mietobjektes. Jeder Anspruch besteht so lange, bis er **erfüllt** worden ist. **Erfüllung** ist die **Leistung des Geschuldeten.**

Wenn nichts anderes vereinbart wurde, dann sind Verträge grundsätzlich **„Zug um Zug"** zu erfüllen, d. h. ein Vertragspartner muss seine Leistung nur so weit erbringen, als auch der andere seine Leistung erbringt. Bis zum Bewirken der Gegenleistung kann man die eigene

Leistung zurückbehalten. Wird eine Leistung bezahlt, kann jedenfalls eine **Quittung** (Zahlungsbestätigung) verlangt werden.

Erfüllung

Wo muss erfüllt werden? – **Erfüllungsort**	**Wann** muss erfüllt werden? – **Erfüllungszeit**	**Wie** muss erfüllt werden? – **Erfüllungsart**
Wenn darüber im Vertrag nichts festgelegt ist, ist dort zu leisten, wo der **Schuldner** zur Zeit des Vertragsabschlusses seinen Wohnsitz hatte.	Wenn keine Zeit vereinbart wurde, kann **jederzeit** Erfüllung verlangt bzw. geleistet werden (z. B. nach Mahnung).	Wie im Vertrag bestimmt oder **Leistung an Erfüllung statt:** Gläubiger nimmt eine andere Leistung an. **Hinterlegung**: Wenn der Gläubiger die Leistung nicht ordnungsgemäß annehmen will oder kann.
Im Zweifel sind Warenschulden Holschulden und Geldschulden Bringschulden (Gegenteil kann vereinbart werden). Ausnahmen: Schickschulden – beim Versendungskauf		**Aufrechnung** (Kompensation): Bei gleichartigen und fälligen Forderungen des Schuldners. – Erlöschen nur, soweit sich die Forderungen decken.

6. Mittel zur Erfüllungssicherung

Wird die Erfüllung eines Vertrages nicht „Zug um Zug" abgewickelt, geht derjenige, der eine **Vorausleistung** erbringt, das **Risiko** ein, dass der andere dann seinen Vertragsverpflichtungen nicht nachkommen kann oder will. Zur Absicherung dieses Risikos können **gewisse Vereinbarungen zur Sicherheit** der Erfüllung des Vertrages getroffen werden.

♦ **Angeld:**
Es wird bei Abschluss eines Vertrages von einer Partei gegeben und hat die Wirkung, dass die an der Nichterfüllung des Vertrages schuldlose Partei das ihr gegebene Angeld behalten bzw. den doppelten Betrag des dem Vertragspartner übergebenen Angeldes zurückfordern kann.

Unterscheide davon die **„Anzahlung"!** Diese ist **immer** ein Teil der Leistung.

♦ **Reugeld (Storno):**
Es wird vereinbart, dass der vom Vertrag zurücktretende Partner einen bestimmten Betrag zu zahlen hat. Dieser kann – wenn er übermäßig hoch ist – nachträglich vom Richter herabgesetzt werden **(= richterliches Mäßigungsrecht).** Unterscheide: Das Angeld wird **gegeben,** das Reugeld **vereinbart.**

♦ **Vertragsstrafe (Konventionalstrafe – „Pönale"):**
Die Vertragspartner vereinbaren: Wenn der Vertrag nicht oder nicht ordnungsgemäß erfüllt wird, muss der schuldige Partner einen bestimmten Betrag zahlen.

Die Vertragsstrafe ist also ein **pauschalierter Schadenersatz** und häufig bei Verträgen mit Berufsgruppen zu finden, bei denen die Ermittlung eines Schadenersatzbetrages **schwierig** wäre (z. B. bei Schauspielern, die eine Aufführung versäumen oder Baufirmen, die einen Fertigstellungstermin überschreiten).

Sie ist auch dann fällig, wenn kein Schaden entstanden ist. Andererseits kann auch ein höherer Schaden geltend gemacht werden (gegenüber Konsumenten jedoch nur, wenn dies eigens vereinbart wurde). Auch die Konventionalstrafe unterliegt dem richterlichen Mäßigungsrecht. Dies gilt auch für Unternehmer nach dem UGB seit 1.1.2007.

♦ **Bürgschaft:**
Der Bürgschaftsvertrag bedarf der **Schriftform** (gilt auch für Unternehmer nach dem UGB).

Der Bürge steht für die Schuld des Schuldners ein, er haftet dem Gläubiger. Je nach dem Zeitpunkt, zu dem der Gläubiger den Bürgen in Anspruch nehmen kann, unterscheidet man drei Arten von Bürgschaften:

Bürgschaft

Normalfall
Der Gläubiger kann den Bürgen erst dann in Anspruch nehmen, wenn er den Hauptschuldner vergeblich **gemahnt** hat. Diese Form gilt im Zweifel – d. h. wenn nicht ausdrücklich anderes vereinbart ist – immer. Auch für Unternehmer nach dem UGB seit 1.1.2007.

„Bürge und Zahler" (nach Vereinbarung!)
Er kann den Bürgen ebenso wie den Schuldner **sofort** in Anspruch nehmen. Es haften ihm somit zwei Personen gleichwertig.

Ausfallsbürgschaft („Schadlosbürgschaft" - nach Vereinbarung!)
Er kann den Bürgen erst in Anspruch nehmen, wenn er die **ergebnislose Zwangsvollstreckung** (nach Klage und Urteil) gegen den Hauptschuldner nachweisen kann.

Bei so genannten „Ehegattenhaftungen" als Bürgen gibt es ein richterliches Mäßigungsrecht nach dem Konsumentenschutzgesetz, wenn die Bank bei Abschluss des Kreditvertrages über die mangelnde Leistungsfähigkeit des Partners Bescheid wissen konnte

Nach Bezahlung der Schuld durch den Bürgen hat dieser einen klagbaren Rückgriffsanspruch gegen den Hauptschuldner in Höhe der beglichenen Forderung.

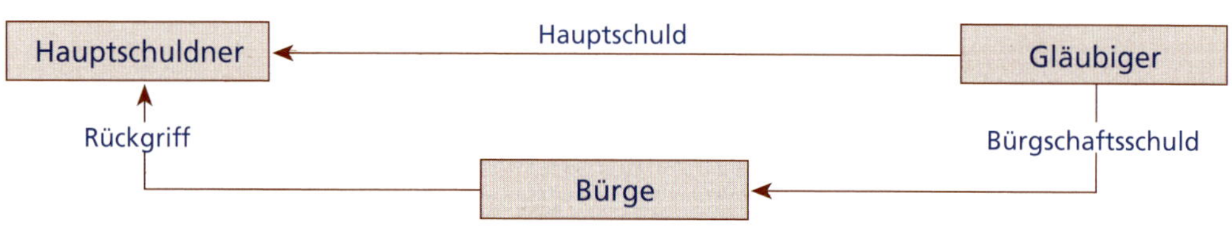

♦ **Bankgarantie:**
Bei einer Bankgarantie wird von einer Bank die Gewähr dafür übernommen, dass der Begünstigte von einem Dritten eine vertraglich vereinbarte Leistung erhält (z. B. Dienstleistung, Garantie). Bei Nichterbringung der Leistung kann die Bank auf Zahlung eines in der Garantie festgelegten Höchstbetrages in Anspruch genommen werden. Die Bankgarantie ist unwiderruflich und **abstrakt** (d. h. losgelöst vom zugrunde liegenden Geschäft – aus diesem kann es keine Einwendungen geben).

♦ **Wechsel:**
Er erleichtert die Kreditaufnahme im Wirtschaftsleben. Hat der Schuldner einen Wechsel akzeptiert (angenommen), so sind Einwendungen gegen das Bestehen seiner Schuld weitgehend unmöglich, der Gläubiger kann den Anspruch im Wechselprozess rasch durchsetzen, wenn der Verpflichtete bei Verfall des Wechsels nicht leistet. Der Wechsel bedeutet daher eine erhöhte Sicherheit für den Berechtigten, dass der Verpflichtete seine Leistung erbringt.

♦ **Pfandrecht:**
Dem Gläubiger wird eine bewegliche oder unbewegliche Sache verpfändet (siehe Kapitel Pfandrecht). Oft sind auch Gehaltsverpfändungen zur Besicherung von Bankkrediten üblich. Wird eine Liegenschaft verpfändet, muss die „Hypothek" im Lastenblatt (C-Blatt) der jeweiligen Grundbucheinlage einverleibt werden.

♦ **Eigentumsvorbehalt:**
Bei Kreditkäufen kann vereinbart werden, dass das Eigentum erst nach vollständiger Bezahlung des Preises auf den Käufer übertragen wird. Der Verkäufer **„behält" sich also das Eigentum bis zur Zahlung des letzten Teilbetrages „vor"**. Zahlt der Käufer nicht oder teilweise nicht, kann der Verkäufer die Sache unter Berufung auf sein Eigentum zurückverlangen.

♦ **Treuhandschaft:**
Bei der Übereignung von größeren Geldbeträgen - häufig beim Liegenschaftskauf - wird zur Vertragsabwicklung von den Vertragsparteien ein **unabhängiger Dritter** (z. B. Rechtsanwalt oder Notar) beauftragt, den Kaufpreis vom Käufer entgegenzunehmen. Der Treuhänder erhält den unwiderruflichen Auftrag, die Geldsumme erst dann an den Verkäufer auszuzahlen, wenn z. B. das Eigentumsrecht des Käufers im Grundbuch einverleibt ist. Der Treuhänder unterliegt besonderen Sorgfaltspflichten!

♦ **Abtretung von Forderungen (Zession):**
Ein Gläubiger tritt eine Forderung, die er gegenüber seinem Schuldner hat, an einen neuen Gläubiger ab. Ab der Verständigung des Schuldners kann dieser mit **schuldbefreiender** Wirkung nur mehr an den neuen Gläubiger zahlen.

Zahlt er an den alten Gläubiger, so ist diese Zahlung dem neuen Gläubiger gegenüber unwirksam; allerdings besteht ein Rückforderungsanspruch des Schuldners gegenüber dem alten Gläubiger. Im Wirtschaftsleben dient die Zession meist der Sicherung von größeren Forderungen.

Beispiele: Der Käufer einer Stereoanlage tritt einen Teil seiner Gehaltsansprüche gegenüber seinem Arbeitgeber an den Verkäufer ab; ein Unternehmer tritt seine Kaufpreisforderungen an seine Bank ab.

♦ **Sicherstellung bei Bauverträgen:**
Zur Verminderung von Insolvenzrisiken im Bau- und Baunebengewerbe wird der Werkbesteller („Bauherr") verpflichtet, **auf Verlangen und in angemessener Frist eine Sicherheit** von 20% des Entgelts (bei kurzfristig zu erfüllenden Verträgen 40%) für den noch ausstehenden Werklohn zu leisten. Diese Sicherstellung kann nicht ausgeschlossen werden. Als Sicherstellung können Bargeld, Bankeinlagen, Bankgarantien oder Versicherungen dienen.

7. Vertragsstörungen

♦ **Unmöglichkeit der Leistung**
bedeutet, dass der Schuldner die Leistung nicht erbringen kann. Wäre die Leistung schon bei Vertragsabschluss für jedermann unmöglich, entstünde überhaupt kein Schuldverhältnis.

Wird die Leistung **nach** Entstehen der Verpflichtung durch **Zufall** unmöglich, so erlischt die Verpflichtung, wenn es sich um eine **Stückschuld** handelt und der Schuldner nicht die Haftung für zufällige Unmöglichkeit übernommen hat. **Gattungsschulden** können jedoch nicht unmöglich werden (**Stückschuld:** das Pferd „Max", **Gattungsschuld:** ein Pferd). Finanzielle Unmöglichkeit – Zahlungsunfähigkeit – lässt einen Anspruch in keinem Fall untergehen.

♦ **Verzug:**
verursacht jener Vertragspartner, der durch sein **Verhalten** (er hält Zeit, Ort oder Art der Erfüllung nicht ein) **die Leistung verzögert**. Folgende Arten des Verzuges denkbar:

Verzug

Schuldner (Leistungsverzug)	**Gläubiger** (Annahmeverzug)
– Lieferant: Lieferverzug (s. a) – Kunde: Zahlungsverzug (s. b)	– Lieferant: Zahlung nicht angenommen (s. c) – Kunde: Ware nicht angenommen (s. d)

a) Lieferverzug
Wegen der verschiedenen Rechtsfolgen muss man unterscheiden:

- **„Einfache" Zeitgeschäfte (= Nichtfixgeschäfte):**
  Dazu gehört die überwiegende Mehrzahl der Verträge.
  Wenn der Vertrag von einem Teil nicht zur gehörigen Zeit, am gehörigen Ort oder auf die bedungene Weise erfüllt wird (wenn also Lieferverzug vorliegt), hat der Kunde zwei Möglichkeiten:
  1. Er kann **Erfüllung verlangen** und bei Verschulden auch Schadenersatz wegen Verspätung.
  2. Er kann eine **angemessene Nachfrist** zur Erfüllung setzen und nach deren fruchtlosem Verstreichen vom Vertrag zurücktreten. Bei Verschulden kann er überdies Schadenersatz wegen Nichterfüllung begehren.

- **Fixgeschäfte:**
  Bei diesen ist die Leistung eines Vertragspartners genau zu einer **bestimmten Zeit** oder innerhalb einer **bestimmten Frist** zu erbringen. Als vereinbart gilt, dass eine verspätete Erfüllung nicht mehr angenommen wird und der Kunde schon bei Vertragsabschluss für den Fall der Verspätung den Rücktritt erklärt.
  Das Vorliegen eines Fixgeschäftes ergibt sich häufig schon aus der Natur des Geschäftes (z. B. die Bestellung eines Christbaumes für den Abend des 24. Dezember; die Würstellieferung für einen Ball).
  Beim Fixgeschäft **braucht daher der Rücktritt nicht mehr erklärt zu werden**, falls der bedungene Zeitpunkt der Lieferung nicht eingehalten wurde. Bei Verschulden kann der Kunde Schadenersatz wegen Nichterfüllung verlangen.
  Der Schaden ergibt sich aus den Mehrkosten, die dem Kunden durch ein „Deckungsgeschäft" erwachsen, das er wegen des Verzuges vornehmen muss.
  Will hingegen der Kunde trotz Nichteinhaltung der fixen Zeit die **Erfüllung** des Vertrages durch den Lieferanten beanspruchen, muss er ihm **sofort** nach Eintreten des Termins bzw. bei Fristablauf **anzeigen,** dass er auf Erfüllung besteht.
  Aufgrund der Ausführungen über den Lieferverzug können wir Folgendes erkennen:
  Ein **Zeitgeschäft** wird durch die Setzung einer angemessenen **Nachfrist** und gleichzeitige **Androhung** des **Rücktritts** vom Vertrag in ein **Fixgeschäft** umgewandelt!

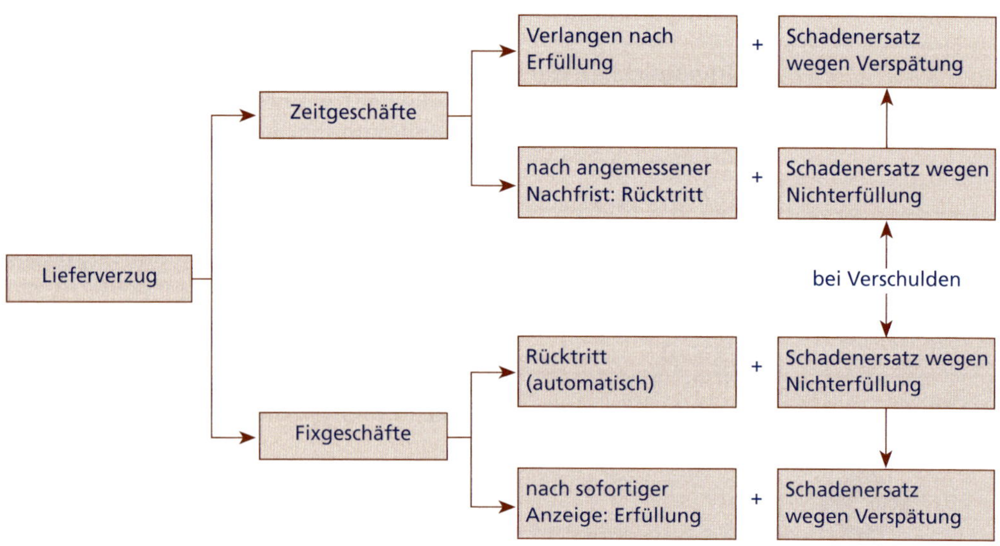

b) Zahlungsverzug
Es gilt, mit umgekehrtem Vorzeichen, dasselbe wie beim Lieferverzug. Ist ein bestimmter Zahltag nicht festgesetzt worden, muss der Lieferant den säumigen Kunden erst durch ein **Mahnschreiben** in Zahlungsverzug setzen (Gewährung einer angemessenen Nachfrist zur Zahlung). In der Praxis ergehen stets mehrere Mahnschreiben an den Schuldner.
Sodann kann der Lieferant unter allen Umständen vom Vertrag zurücktreten.

c) Annahmeverzug des Lieferanten
Der Kunde kann die Summe beim Bezirksgericht des Erfüllungsortes **hinterlegen** und wird auf diese Weise von seiner Verbindlichkeit befreit. Eine Verzinsung entfällt.

d) Annahmeverzug des Kunden
Bei Verzug geht die Gefahr des zufälligen Verlustes oder der Beschädigung der Ware auf den Kunden über. Der Lieferant kann für Rückfracht, Lagerkosten etc. Ersatz verlangen.

Er kann die Ware beim Bezirksgericht des Erfüllungsortes mit befreiender Wirkung hinterlegen. Ist die Ware zur gerichtlichen Hinterlegung ungeeignet (zu sperrig, zu schwer), kann sie bei einem Verwahrer (z. B. Lagerhaus, Spedition) hinterlegt werden.

♦ Gewährleistung
Die Gewährleistungsbestimmungen sind nur dann **zwingend,** wenn es sich um ein Rechtsgeschäft zwischen Unternehmern und **Verbrauchern** handelt. Sie gelten sowohl für Kaufverträge als auch für Werkverträge (siehe Seite 188) sowie weiters für Miet-, Pacht- und Leasingverträge, aber auch für Dienstleistungverträge (z. B. eine Reise).

Von der Gewährleistung ist die **Garantie** zu unterscheiden: Darunter verstehen wir eine freiwillig gegebene Zusage, dass während der Garantiefrist kein Mangel entsteht. Während die Gewährleistung nur Mängel erfasst, die der Sache im Zeitpunkt der Übergabe anhaften, greift die Garantie in der Regel auch dann, wenn die Ware später, also während der **Garantiefrist,** kaputt wird. Das muss jedoch nicht bedeuten, dass alle Leistungen aus der Garantie kostenlos sind, vielmehr muss man die Verpflichtungen (meistens des Herstellers) genau in den Garantiebedingungen nachlesen!

Entspricht eine Sache oder Leistung nicht dem Vertrag, so ist sie mangelhaft. Nun muss der Schuldner als Teil der Vertragserfüllung „Gewähr" dafür leisten, dass die von ihm erbrachte Leistung der Vertragsvereinbarung entspricht:

!

Der Übergeber einer Ware oder Erbringer einer Leistung haftet daher:
- für die **ausdrücklich vereinbarten** Eigenschaften (z.B ein Auto soll eine bestimmte Höchstgeschwindigkeit erreichen),
- für die **gewöhnlich vorausgesetzten** Eigenschaften (z. B. der Motor muss funktionieren).

Weiters hat er dafür zu sorgen, dass die Sache (oder Leistung) gemäß
- seiner Beschreibung,
- einer Probe oder einem Muster,
- der Natur des Geschäftes oder
- der getroffenen Vereinbarung entsprechend verwendet werden kann.

Die vertragsmäßige Leistung ist weiters auch danach zu beurteilen, was der Übernehmer aufgrund der **öffentlichen Äußerungen** des Übergebers oder Herstellers erwarten kann (z. B. Gebrauchsanleitung, Werbung – ausgenommen offenbar nicht ernst gemeinte Werbeaussagen wie z. B. „Red Bull verleiht Flügel ...").

Der **Gewährleistungsanspruch** (sowohl für Sach- als auch für Rechtsmängel) beinhaltet:

Vorrangige Ansprüche	
für den Übernehmer: ♦ in angemessener Frist ♦ mit möglichst wenig Unannehmlichkeiten bei Verschulden des Übergebers: Schadenersatz	♦ **Verbesserung** (Nachbesserung oder Nachtrag des Fehlenden) oder ♦ **Austausch der Sache** (kostenlos!) Der Übernehmer kann zunächst zwischen beiden Alternativen wählen. Ist die gewählte Alternative **nicht** oder nur mit unverhältnismäßig hohem Aufwand möglich, hat er einen Anspruch auf die andere.

↓

- wenn Verbesserung oder Austausch unmöglich oder
- nur mit unverhältnismäßig hohem Aufwand für den Übergeber durchzuführen wäre oder
- wenn der Übergeber Verbesserung oder Austausch verweigert oder verzögert oder diese
- dem Übernehmer erhebliche Unannehmlichkeiten (z. B. Stemmarbeiten) bereiten würde oder
- ihm aus triftigen Gründen, die in der Person des Übergebers liegen (z. B. Nachlässigkeit), die Verbesserung oder der Austausch unzumutbar wäre, gibt es

↓

Nachrangige Ansprüche	
bei Verschulden des Übergebers: Schadenersatz	♦ **Preisminderung** ♦ **Wandlung** (= Rückgängigmachen des Vertrages), sofern der Mangel nicht geringfügig ist Der Übernehmer kann – außer bei geringfügigen Mängeln – wählen.

Zeitpunkt des Bekanntwerdens des Mangels:
Der Gewährleistungsanspruch des Übernehmers erstreckt sich dabei auf Mängel:
- ♦ die bei der Übergabe der Sache vorhanden sind oder
- ♦ die innerhalb von 6 Monaten nach der Übergabe hervorkommen.

Hier gilt also die Vermutung, dass der Mangel schon bei der Übergabe vorhanden war. Beweisen muss der Übernehmer nur, dass der Mangel innerhalb von 6 Monaten aufgetreten ist. Ausnahme: Gebrauchs- bzw. Abnützungserscheinungen, unsachgemäße Verwendung etc. – ist dadurch der Übergeber der Meinung, dass die Sache bei der Übergabe in Ordnung war, muss er dies beweisen (Beweislastumkehr!).

♦ **Gewährleistungsfrist:**
Diese beginnt bei Sachmängeln mit der vollständigen Ablieferung der Sache beim Erwerber, bei Rechtsmängeln mit dem Tag, an dem der Mangel dem Übernehmer bekannt wird.

Bewegliche Sachen	2 Jahre
Unbewegliche Sachen	3 Jahre
Viehmängel	6 Wochen

Bei **Gebrauchtwaren** (Waren, die tatsächlich „gebraucht" wurden) kann eine Verkürzung der Frist bis zu einem Jahr ausgehandelt werden. Sonderregelung für **Gebrauchtwagen**: Verkürzung auf ein Jahr nur zulässig, wenn seit dem Tag der Erstzulassung bereits ein Jahr verstrichen ist. Wenn nicht: Zweijahresfrist!

Keine Gewährleistung gibt es bei **offenen Mängeln,** d. h. Mängeln, die für jedermann bei Vertragsabschluss erkennbar waren, bei Mängeln, die dem Erwerber schon bei Vertragsabschluss **bekannt waren,** und bei **Lasten,** die „aus den öffentlichen Büchern zu ersehen" sind, z. B. die Belastung einer Liegenschaft im Grundbuch.

Rückgriffsrechte und Schadenersatz:
Hat ein Unternehmer einem Verbraucher Gewähr geleistet, kann er die geleistete Gewähr von seinem Vormann (wenn auch dieser Unternehmer ist) auch nach Ablauf der Gewährleistungsfrist fordern. Derartige Ansprüche sind jedoch innerhalb von **2 Monaten** ab Erfüllung der eigenen Verpflichtung geltend zu machen.

Bei **Verschulden** des Übergebers bzw. eines seiner Vormänner kann statt Gewährleistung auch **Schadenersatz** begehrt werden. Auch im Falle des Schadenersatzes kann der Übernehmer zunächst nur die **Verbesserung** oder den **Austausch** verlangen, wenn dies nicht oder nur mit unverhältnismäßig großem Aufwand zu bewerkstelligen wäre, gibt es **Geldersatz.** Nach Ablauf von **zehn Jahren ab** Übergabe der Sache obliegt jedenfalls dem Übernehmer der Beweis des Verschuldens des Übergebers **(Beweislastumkehr).**

(Zum Schadenersatzrecht allgemein s. D. Schadenersatz.)

♦ **Verkürzung über die Hälfte** des wahren Wertes:
Hat bei zweiseitigen Geschäften ein Vertragspartner **nicht einmal die Hälfte** dessen, was er dem anderen geleistet hat, erhalten, kann er die **Aufhebung des Vertrages** und die Wiederherstellung des vorigen Zustandes verlangen. Der andere Vertragspartner kann jedoch den Vertrag aufrechterhalten, indem er dem Benachteiligten die **Differenz** zwischen dem gemeinen Wert der von ihm und der vom Benachteiligten erbrachten Leistung **ersetzt**. Beispiel: Ein Pkw weist einen Listenpreis von 6.000 Euro auf. Durch die Überredungskunst des Verkäufers zahlt der Käufer dafür 14.000 Euro. Er kann die Rückgängigmachung des Vertrages durchsetzen oder damit einverstanden sein, dass ihm der Verkäufer 8.000 Euro rückerstattet.

Die Verkürzung über die Hälfte kann – außer unter Unternehmern nach dem UGB - vertraglich nicht ausgeschlossen werden. Wenn sich in Verträgen für Verbraucher derartige Klauseln finden, sind sie unwirksam!

♦ **Ungerechtfertigte Bereicherung**
Manchmal kann es im Rechtsleben zu Vermögensverschiebungen kommen, für die es keinen rechtlichen Grund gibt (z. B. die irrtümliche Zahlung einer nicht bestehenden Schuld). Um die gestörte Vermögensverteilung wieder ins Gleichgewicht zu bringen, gibt es einen **Bereicherungsanspruch** (z. B. kann man die bezahlte Nichtschuld zurückfordern).

Die Voraussetzungen eines solchen Anspruches sind (Beweis!):
- Tatsache der Vermögensverschiebung
- Mangel eines rechtlichen Grundes

C. Wichtige Vertragstypen

1. Kaufvertrag

Der Kauf dient der Übertragung des Eigentumsrechts an einer **Sache gegen Geld.** Mit Einigung über **Sache und Preis** ist der Kaufvertrag geschlossen oder, wie man auch sagt, perfekt. Das heißt: entstanden, nicht aber erfüllt. Eine bestimmte Form ist nicht vorgeschrieben (Ausnahme Kaufvertrag zwischen Ehegatten: Notariatsakt). Der geschlossene, noch nicht erfüllte Kaufvertrag überträgt kein Eigentum. Ob und wann dies erfolgt, ist im Sachenrecht geregelt (**bewegliche Sachen:** Einigung und Besitzübertragung – **unbewegliche Sachen:** Einigung, Übergabe und Eintragung im Grundbuch, siehe Seite 167) und daher nicht an die Bezahlung des Kaufpreises gebunden.

Das **Eigentumsrecht** wird durch den Käufer erst mit der **Übergabe** des Kaufgegenstandes erworben. Wird eine Sache gegen eine andere gegeben, liegt ein **Tauschvertrag** vor.

Pflichten

Verkäufer

Der Verkäufer ist verpflichtet, das Kaufgut bis zum Zeitpunkt der Übergabe sorgfältig zu verwahren und dem Käufer das **Eigentumsrecht** an der Sache zu **verschaffen**. Es trifft ihn die Pflicht zur **Gewährleistung**.

Käufer

Der Käufer ist verpflichtet, den **Preis zu bezahlen**, und zwar im Zweifel Zug um Zug. Wenn er die Sache nicht rechtzeitig übernimmt, gerät er in Annahmeverzug.

Risikoübergang:

- Die Gefahr des zufälligen Untergangs oder einer zufälligen Verschlechterung der Ware geht normalerweise mit der **Übergabe** auf den Käufer über. **Bis zur Übergabe** trägt der **Verkäufer** das Risiko.
- Versendet der Verkäufer auf Verlangen des Käufers die verkaufte Sache nach einem anderen Ort als dem Erfüllungsort, **geht die Gefahr** auf den **Käufer über,** sobald der Verkäufer die Sache dem Spediteur, dem Frachtführer oder der sonst zur Ausführung der Versendung bestimmten Person oder Anstalt **ausgeliefert hat.**
  Hat aber der Käufer eine **besondere Anweisung** über die Art der Versendung erteilt und weicht der Verkäufer ohne zwingenden Grund davon ab, so haftet er dem Käufer für den daraus entstehenden Schaden.
  Auf jeden Fall trägt beim Versendungskauf der Käufer im Zweifel (d. h. mangels anderer Vereinbarung) die Transportkosten.

Besondere Arten des Kaufes

- **Kauf auf Probe**

Der Kauf wird unter der **Bedingung** abgeschlossen, dass der Käufer die Ware innerhalb einer bestimmten Frist genehmigt. Ist keine Frist vereinbart worden (Vertragsfreiheit!), so kann der Verkäufer dem Käufer eine angemessene Frist als Probezeit setzen.

- **Kauf nach Probe**

Dabei sind die Eigenschaften der Probe oder des Musters als zugesichert anzusehen. Lieferung einer anderen Ware bedeutet Nichterfüllung.

- **Kauf zur Probe**

Der Käufer kauft eine kleine Menge „zur Probe" und gibt die für ihn vollständig unverbindliche Erklärung ab, später weitere derartige Käufe zu tätigen.

- **Kauf mit Umtauschrecht**

Die gekaufte Ware kann gegen eine bestimmte Ersatzware umgetauscht werden. Ist Letztere nicht fixiert, dann ergibt sich die gleiche Rechtslage wie bei Ausstellung eines Gutscheins, der zum Einkauf in der Höhe des genannten Betrages berechtigt.

♦ **Spezifikationskauf („Kauf mit Vorbehalt näherer Bestimmung")**
Die gesamte Menge der verkauften Ware wurde wohl vereinbart, der Käufer hat sich jedoch die **näheren Bestimmungen** über Form, Maß, Farbe usw. vorbehalten. Nimmt er diese Bestimmung in angemessener Frist nicht vor, kann der Verkäufer zurücktreten. Der Verkäufer kann aber auch selbst die Bestimmung vornehmen, hat dabei jedoch den Käufer zu verständigen und ihm zugleich eine angemessene Frist zur Vornahme einer anderen Bestimmung zu setzen. Verstreicht auch diese Frist ungenutzt, gilt die Bestimmung des Verkäufers.

♦ **Kauf auf Raten – Abzahlungsgeschäfte nach Konsumentenschutzgesetz**
Dabei handelt es sich um Geschäfte, bei denen
- nach Erbringung der Leistung des Unternehmers außer der Anzahlung mindestens zwei Teilzahlungen erfolgen,
- das Gesamtentgelt von 25.000,– Euro nicht überschritten wird.

Aus der Erfahrung, dass der Abzahlungskäufer leicht unüberlegt handelt und das Abzahlungsgeschäft Risiken mit sich bringt, hat der Gesetzgeber durch zwingende Vorschriften in die Vertragsfreiheit der Vertragspartner eingegriffen. So kann z. B. die **Gewährleistung** geltend gemacht werden, solange der **Kaufpreis** noch nicht vollständig bezahlt ist (Fristverlängerung!).

Die Bestimmungen gelten auch für Geschäfte, bei denen der gleiche wirtschaftliche Zweck wie bei Abzahlungsgeschäften verfolgt wird

2. Bestandvertrag

Miete	Pacht
Die Sache lässt sich ohne weitere Bearbeitung gebrauchen. Zweck: **Konsumption**, es besteht keine Betriebspflicht.	Die Sache kann nur durch aktives Handeln benützt werden. Zweck: **Produktion**, es besteht zumeist Betriebspflicht.

Darunter ist entweder ein **Mietvertrag** oder ein **Pachtvertrag** zu verstehen. Beiden gemeinsam ist die **entgeltliche Gebrauchsüberlassung** einer unverbrauchbaren Sache auf ungewisse Zeit. Der „Bestandgeber" heißt entweder Vermieter oder Verpächter, der „Bestandnehmer" entweder Mieter oder Pächter. Da Miete und Pacht in mancher Hinsicht rechtlich unterschiedlich behandelt werden, ist die Unterscheidung für die Praxis außerordentlich wichtig.

Der Mietvertrag gehört zu den häufigsten Verträgen des Schuldrechts. Auf die Miete vieler Wohnungen, Wohnräume oder Geschäftsräume findet dabei das **Mietrechtsgesetz** Anwendung. Näheres siehe Seite 205.

Der Pachtvertrag setzt eine „Betriebspflicht" durch den Pächter voraus. Grundlage ist hier also, dass ein „lebendes Unternehmen" vom bisherigen Betreiber auf den nunmehrigen Pächter übergehen muss. Bei der Pacht eines Unternehmens sind daher nicht die Räumlichkeiten Vertragsgegenstand, sondern das darin betriebene **Unternehmen**! Die Frage, ob eine Miete oder Pacht vorliegt, ist daher nach der Vereinbarung zu beurteilen und nicht lediglich nach der Bezeichnung. Für eine Pacht spricht z. B. die Benützung eines „good will" (Kundenstock, guter Ruf im Geschäftsverkehr), die Verwendung eines Warenlagers, die Betriebspflicht usw.

Rechte und Pflichten aus dem Bestandvertrag

Rechte des Mieters, Pächters = Pflichten des Vermieters, Verpächters	**Pflichten des Mieters, Pächters** = Rechte des Vermieters, Verpächters
♦ **Unterbestandsrecht** Wenn es vertragsrechtlich gestattet ist, kann der Mieter oder Pächter die Sache weitervermieten (Untervermietung) oder weiterverpachten. ♦ Überlassung des **Gebrauches** ♦ **Instandhaltung** Der Pächter muss jedoch die gewöhnlichen Ausbesserungen selbst tragen.	♦ **Schonung** der Sache: Bei erheblich nachteiligem Gebrauch kann der Bestandgeber kündigen. ♦ Zahlung des **Zinses** ♦ **Rückstellung** der Sache nach Beendigung des Vertrages ♦ Gesetzliches **Pfandrecht** des Bestandgebers an den eingebrachten Sachen des Bestandnehmers

3. Arbeitsvertrag

Er kann ein **Dienstvertrag** (Arbeitsvertrag im engeren Sinn) oder ein **Werkvertrag** sein. Unterscheidungsmerkmale sind:

Dienstvertrag (im Arbeitsrecht „Arbeitsvertrag" genannt)	**Werkvertrag**
Der Dienstnehmer ist **weisungsgebunden** (persönliche Unterordnung).	Beide Vertragspartner bleiben **selbstständig.**
Der Dienstnehmer ist zur Sorgfalt verpflichtet, **Risiko** und Verantwortung für den Erfolg der Tätigkeit trägt der **Dienstgeber**.	Der **Hersteller** eines Werkes (Unternehmer) haftet für den **Erfolg.**
Der Dienstnehmer ist **persönlich** zur Arbeitsleistung verpflichtet.	Der Unternehmer unterliegt **keiner persönlichen** Arbeitspflicht.
Der Dienstnehmer verwendet die **Arbeitsmittel des Dienstgebers.**	Der Unternehmer verwendet **eigene Arbeitsmittel.**

Zum Schutz des wirtschaftlich schwächeren Dienstnehmers (Arbeitnehmers) gibt es eine Reihe von Gesetzen, die in ihrer Summe das **Arbeitsrecht** bilden. Im Abschnitt Arbeitsrecht wird der **Dienstvertrag** näher behandelt. Näheres siehe Seite 267.

Beim **Werkvertrag** haben die Vertragspartner folgende Rechte und Pflichten:

a) Rechte des Bestellers = Pflichten des Unternehmers
Der Unternehmer hat das Werk unter seiner persönlichen Verantwortung auszuführen. Liegen Mängel vor, gelten die Gewährleistungsbestimmungen, d. h. der Besteller hat

- ♦ vorrangige Ansprüche und
- ♦ nachrangige Ansprüche.

(Näheres siehe Seite 183, Gewährleistungsrecht.)

b) Pflichten des Bestellers = Rechte des Unternehmers
Nach Vollendung des Werkes ist das vereinbarte **Entgelt zu leisten.** Wurde der Preis vereinbart und sind unvorhergesehene Mehrkosten notwendig, gilt Folgendes: Bei Verträgen, bei denen ein **Pauschalentgelt** vereinbart wurde, trägt der Unternehmer die Mehrkosten. Wenn ein detaillierter **Kostenvoranschlag** dem Preis zugrunde gelegt wurde, ist zu unterscheiden:

- ♦ Hat der Unternehmer seinen Kostenvoranschlag **verbindlich** gestellt (im Zweifel **immer**), kann er die unvorhergesehenen Kosten dem Besteller nur verrechnen, wenn sie von diesem verschuldet wurden.
- ♦ Hat der Unternehmer seinen Kostenvoranschlag **ausdrücklich ohne Gewähr** erstellt und wird eine beträchtliche Überschreitung unvermeidlich (Toleranzgrenze nach der Rechtsprechung ca. 15%), so muss er dies dem Besteller – bei sonstigem Verlust jedes Ersatzanspruches auf Mehrkosten – vorher anzeigen. Der Besteller hat nun die Wahl, die Mehrkos-

ten zu bezahlen oder unter Vergütung des bisher Geleisteten vom Vertrag zurückzutreten.

- Im Zweifel ist die Erstellung von Kostenvoranschlägen **unentgeltlich.**
- Bei Werkverträgen im Baugewerbe und im Baunebengewerbe gibt es für den Besteller eine Pflicht zur Sicherstellung. Näheres siehe Seite 181.

4. Verwahrungsvertrag

Ein Verwahrungsvertrag entsteht, wenn jemand eine **fremde Sache** in seine **Obsorge** übernimmt. Der Verwahrer erwirbt weder Eigentum an der Sache noch ein Gebrauchsrecht. Er ist verpflichtet, die ihm anvertraute Sache vor Schaden zu bewahren und sie nach Ablauf der bestimmten Zeit im selben Zustand, in dem er sie übernommen hat, dem Hinterleger **zurückzustellen.** Der Vertrag kann **entgeltlich oder unentgeltlich** sein.

Gastwirte, die Fremde beherbergen (also nicht Cafetiers, Schankwirte, Unternehmer von Theatern usw.), ferner Besitzer von **Badeanstalten oder Garagen** haften – meistens betragsbeschränkt – im Fall der Beschädigung oder des Verlustes von eingebrachten Sachen. Die Haftung ist strenger als die des gewöhnlichen Verwahrens, denn es wird auch für Zufall gehaftet.

Näheres zur Gastwirtehaftung siehe Seite 194.

5. Darlehensvertrag

Der Darlehensgeber **übergibt** dem Empfänger vertretbare Sachen zum Zweck der Kreditgewährung. Der Empfänger wird Eigentümer der Sachen und muss die **gleiche Menge** gleichartiger Sachen nach gewisser Zeit **zurückgeben**. Die häufigste Form ist das **Gelddarlehen.** Meistens ist der Vertrag entgeltlich (Zinsen!). Ein Schuldschein, der die wesentlichen Punkte des Vertrages enthält, muss nicht ausgestellt werden.

6. Sonstige Verträge

♦ Schenkung

Der Schenker überlässt dem Beschenkten unentgeltlich eine Sache. Erfolgt die Schenkung durch wirkliche Übergabe **(Handschenkung),** ist sie formfrei, in allen anderen Fällen (so genanntes Schenkungsversprechen) muss ein **Notariatsakt** errichtet werden.

♦ Leihvertrag

Er unterscheidet sich vom Mietvertrag nur dadurch, dass die **Benützung der Sache unentgeltlich** ist. Der Entlehner muss an den Verleiher keine Gegenleistung erbringen, nach Ablauf der Zeit hat er die Sache **zurückzugeben** („Bringschuld").

♦ Leasing

Das ist ein Vertrag, bei dem ein Leasinggeber dem Leasingnehmer eine Sache **gegen Entgelt zum Gebrauch** überlässt. Der Vertrag dient insbesondere der Finanzierung von Investitionsgütern (Autos, Maschinen usw).

♦ Auftragsvertrag = Geschäftsbesorgungsvertrag

Der Beauftragte verpflichtet sich, für Rechnung des Auftraggebers Rechtshandlungen vorzunehmen (Handelsvertreter, Rechtsanwalt usw.).

♦ Bevollmächtigung (Vollmacht)

Der Bevollmächtigte kann für den Vollmachtgeber nach außen hin tätig werden, er ist direkter Stellvertreter und handelt im fremden Namen und auf fremde Rechnung. Je nach dem Inhalt unterscheidet man folgende Arten:

Vollmacht

Artvollmacht	Generalvollmacht	Spezialvollmacht
für eine bestimmte Art von Geschäften	zur Besorgung aller Geschäfte	für ein bestimmtes Geschäft

Der Unterschied zwischen Auftragsvertrag und Bevollmächtigung liegt darin, dass Ersterer die **Verpflichtung** (handeln müssen) zum Handeln beinhaltet, Letzterer die **Erlaubnis** (handeln dürfen). Im Unternehmensrecht gibt es besondere Arten der Vollmacht mit gesetzlich bestimmtem Inhalt (z. B. Prokura).

♦ **Versicherungsvertrag**
Gegen Entgelt (Prämie) verspricht der Versicherer dem Versicherungsnehmer eine bestimmte Leistung, wenn sich der Versicherungsfall (z. B. Eintritt eines Schadens) ereignet.

♦ **Kreditvertrag**
Durch diesen Vertrag wird der Kreditnehmer berechtigt, über bestimmte Leistungen gegen Zusicherung späterer Gegenleistungen zu verfügen: Kontokorrentkredit-, Bürgschafts- und Garantiekredit-, Akzeptkredit-, Diskontkredit-, Teilzahlungskreditvertrag usw. Wichtigste Punkte eines Kreditvertrages: Art des Kredites, Höhe der Kreditsumme, Form, Termin und Ort der Kreditleistung, Wertsicherungsklausel, Dauer und Kündigung des Kredites, Vergütung an den Kreditgeber (Verzinsung oder Ertragsbeteiligung), Deckung des Kredites (z. B. Hypothek), Rückzahlung, Auflösung des Vertrages.

♦ **Gesellschaftsvertrag**
Hier verpflichten sich die Vertragspartner, vermögenswerte Leistungen zu gemeinschaftlichem Nutzen zu vereinigen. Der Gesellschaftsvertrag kann auch Grundlage für das Entstehen einer juristischen Person sein (Aktiengesellschaft, Gesellschaft m. b. H.).

♦ **Lizenzvertrag:**
Das Recht, den Gegenstand einer patentierten Erfindung gewerbsmäßig herzustellen, wird (gegen Entgelt – Lizenzgebühr) überlassen.

Die **Praxis** bedient sich nicht immer reiner Vertragstypen. Die vertragschließenden Parteien haben ja, soweit nicht gesetzliche Bestimmungen entgegenstehen, das Recht, ihre Beziehungen nach Gutdünken zu regeln **(Vertragsfreiheit).**

D. Schadenersatz

Der Grundsatz, dass jemand, der anderen einen Schaden zufügt, für seine **Wiedergutmachung** einstehen muss, ist ein so elementarer Rechtssatz, dass er keiner weiteren Begründung bedarf. Dieser einfache Satz entfaltet sich jedoch zu einer umfangreichen und keineswegs problemlosen Angelegenheit. Schadenersatzfragen können zu den langwierigsten Prozessen führen.

1. Begriff und Voraussetzung

ABGB: „Schaden heißt jeder Nachteil, welcher jemandem an Vermögen, Rechten oder seiner Person zugefügt worden ist …" Der Geschädigte hat gegen den Schädiger einen **Schadenersatzanspruch,** wenn folgende Voraussetzungen vorliegen:

♦ **Eintritt des Schadens.** Dieser kann herbeigeführt werden durch:
- eine Handlung,
- eine Unterlassung eines anderen.

- **Kausalität** = Zusammenhang zwischen dem rechtswidrigen Verhalten des Schädigers (kann sowohl durch Handlungen als auch durch Unterlassungen bewirkt werden) und dem Eintritt des Schadens

  Bei der Beurteilung der Frage, ob Kausalität vorliegt, ist zu prüfen, inwieweit die Handlung bzw. Unterlassung des Schädigers **ursächlich** für den Eintritt des Schadens war. Dabei braucht man sich nur zu fragen, ob der Schaden entfiele, wenn die Handlung nicht gesetzt worden wäre. Oder – im Falle der Unterlassung – ob bei pflichtgemäßem Verhalten der Schaden nicht eingetreten wäre.
- **Rechtswidrigkeit** des schädigenden Verhaltens liegt bei einem Verstoß gegen Vertragsverpflichtungen oder unmittelbar gegen ein Gesetz vor.
- **grundsätzlich Verschulden** des Schädigers

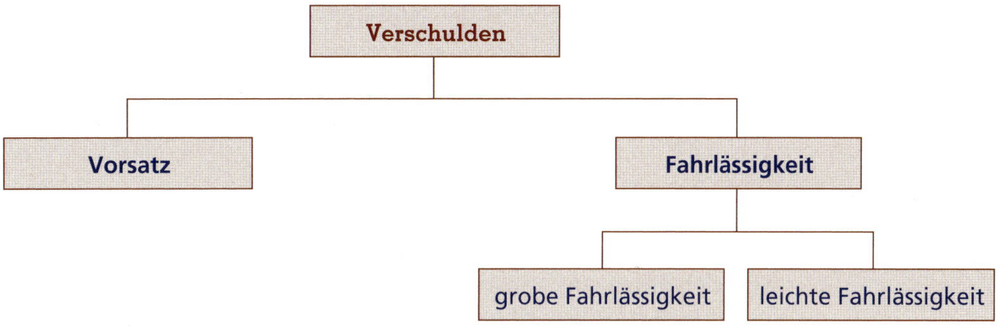

Ein Verschulden gibt es in folgenden Formen:

- **Böser Vorsatz:** Der Schaden wird mit Wissen und Willen zugefügt.
- **Fahrlässigkeit** ist schuldhafte Unwissenheit bzw. Mangel der gehörigen Aufmerksamkeit oder des gehörigen Fleißes.
  - **Grobe** Fahrlässigkeit: Sie ist bei **auffallender Sorglosigkeit** gegeben. Es handelt sich um Fehler, die einem sorgfältigen Durchschnittsmenschen nicht passieren dürfen. Beispiel: Jemand fährt mit einem Fahrzeug und weiß, dass die Bremsen defekt sind.
  - **Leichte** Fahrlässigkeit: Ist ein Verschulden zu bejahen, aber weder Vorsatz noch grobe Fahrlässigkeit gegeben, liegt leichte Fahrlässigkeit vor. Es handelt sich um Fehler, die auch einem sorgfältigen Durchschnittsmenschen passieren können. Beispiel: Ein Autofahrer vergisst beim Spurwechsel auf den Blinker.

In bestimmten Fällen ist ein Geschädigter jedoch vom Gesetz befugt, von jemand anderem als dem Verursacher des Schadens Schadenersatz zu begehren. Dazu siehe später (Haftung für fremdes Verschulden; Haftung ohne Verschulden).

2. Umfang der Ersatzpflicht

Der Grad des Verschuldens ist für den Umfang der Schadenersatzpflicht maßgebend (andere Regeln im Arbeitsrecht!):

Verschuldensart	Umfang der Schadenersatzpflicht
leichte Fahrlässigkeit	wirklich entstandener **Vermögensschaden**
grobe Fahrlässigkeit	wirklich entstandener **Vermögensschaden, entgangener Gewinn**
Vorsatz	wirklich entstandener **Vermögensschaden, entgangener Gewinn, Wert der besonderen Vorliebe** (Liebhaberwert – nur bei **vorsätzlichen strafbaren** Handlungen oder besonderer Bosheit)

Nach dem Unternehmensgesetzbuch umfasst **zwischen Unternehmern** der zu ersetzende Schaden immer (d. h. bei allen Verschuldensarten) auch den **entgangenen Gewinn**!

- **Umfang der Schadenersatzpflicht bei Körperverletzung:**

Heilungskosten, Schmerzengeld, Verdienstentgang; bei bleibenden Schäden: Rente

Der finanzielle Umfang dieser Ersatzpflicht würde für den Schädiger häufig zu Härten führen, die er mangels ausreichenden Vermögens überhaupt nicht bewältigen könnte. Daher erfolgt in vielen Bereichen aufgrund zwingenden Versicherungsrechts eine Verlagerung der wichtigsten Risiken auf die Gesamtheit der möglichen Betroffenen (Haftpflichtversicherung, Unfallversicherung usw.).

♦ **Umfang der Schadenersatzpflicht bei Verletzung eines Tieres:**
Wird ein Tier verletzt, so gebühren die (versuchten) Heilungskosten auch dann, wenn sie den Wert des Tieres übersteigen. Dies jedoch nur, wenn auch ein verständiger Tierhalter – hätte er sich in der Lage des Geschädigten befunden – diese Kosten aufgewendet hätte.

♦ **Haftung mehrerer Schädiger:**
Mehrere Schädiger haften je nach Verschuldensgrad: bei Vorsatz solidarisch (d. h. einer für alle), bei Fahrlässigkeit anteilsmäßig (wenn festgestellt werden kann, wer für welchen Schaden verantwortlich ist). Ein Mitverschulden des Geschädigten (z. B. bei einer Wirtshausrauferei) setzt die Ersatzpflicht der Schädiger herab.

♦ **Bemessung des Schadenersatzes:**
Der Schadenersatz soll grundsätzlich die Wiederherstellung des vorigen Zustandes bewirken. Wenn dies nicht möglich ist, muss Schadenersatz in Geld erfolgen.

♦ **Verjährung von Schadenersatzansprüchen:**
Schadenersatzansprüche verjähren **binnen 3 Jahren** ab Kenntnis des Geschädigten von **Schaden und Schädiger**, andernfalls nach 30 Jahren. Die Frist von **30 Jahren** gilt auch, wenn der Schaden durch eine vorsätzlich begangene, mit mehr als dreijähriger Freiheitsstrafe bedrohte gerichtlich strafbare Handlung herbeigeführt wurde.

♦ **Immaterielle Schäden**
Dies sind Schäden, die nicht das Vermögen einer Person betreffen, sondern Schäden in seiner Gefühlswelt, d. h. in seinem seelischen Bereich („**Gefühlsschaden**" - wie zum Beispiel Schäden an der körperlichen Unversehrtheit, Kränkungen oder Verletzungen der Ehre).

Grundsätzlich werden nur **materielle Schäden ersetzt**. Der einzige **immaterielle Schaden**, der zu **ersetzen** ist, ist das **Schmerzensgeld:**

Es handelt sich dabei um einen, je nach Verletzungsgrad, vom Gericht festzusetzenden **Pauschalbetrag**, der vom Schädiger zusätzlich zum Vermögensschaden geleistet werden muss. Sinn des Schmerzensgeldes ist es, die mit einer Körperverletzung verbundenen zusätzlichen immateriellen Folgen und Schäden (in erster Linie Schmerzen, aber auch Krankenhausaufenthalte, psychisches Leid, Trennung von der Familie) pauschal abzugelten. Die Höhe des Schmerzensgeldes ist **individuell nicht abgestuft**: Es ist zum Beispiel nicht möglich, dass jemand, der behauptet, besonders wehleidig zu sein, ein höheres Schmerzensgeld bezieht. Wohl ist das Schmerzensgeld aber von der Art und vom **Grad der Verletzung** abhängig. Auch dritten Personen kann in Ausnahmefällen Schmerzensgeld zuerkannt werden (z. B. den Eltern eines getöteten Kindes für die seelischen Qualen).

3. Haftung für fremdes Verschulden

♦ **Haftung für den Erfüllungsgehilfen**
Erfüllungsgehilfe ist eine Person, der sich ein Geschäftsinhaber (oder ein Privater) zur **Erfüllung** einer **vertraglichen Verpflichtung** bedient. Wer einem andern zu einer Leistung verpflichtet ist, **haftet** ihm für das Verschulden seines gesetzlichen Vertreters sowie der Personen, deren er sich zur Erfüllung bedient, **wie für sein eigenes.**

Der Erfüllungsgehilfe und die Haftung für den Erfüllungsgehilfen ist aus der arbeitsteiligen Wirtschaft nicht wegzudenken. Nur in den seltensten Fällen ist der Vertragspartner zur höchstpersönlichen Erbringung einer Leistung verpflichtet. Die meisten Betriebe beschäftigen **Arbeitnehmer.** Der Vertragsabschluss erfolgt mit dem Eigentümer des Betriebes, den auch die wirtschaftlichen Folgen des Vertrages treffen. Oft bekommt der Vertragspartner den Eigentümer des Betriebes überhaupt nicht zu Gesicht, sondern ein Angestellter schließt den Vertrag im Namen des Geschäftsherrn ab, ein anderer Angestellter erbringt die vereinbarte Leistung und ein dritter Angestellter nimmt die Zahlung entgegen. All dieser Angestellten hat sich der **Unternehmer zur Erfüllung eines Vertrages bedient.**

Wird dem Geschäftspartner im Zuge der Geschäftsabwicklung von dem Angestellten des Unternehmers ein Schaden zugefügt, so haftet der Unternehmer. Die Begründung dafür liegt darin, dass der Unternehmer üblicherweise wirtschaftlich stärker ist als seine Angestellten (oder entsprechend versichert ist) und damit dem Geschädigten auch **größere Sicherheiten** für die Befriedigung seiner Schadenersatzansprüche gegeben werden. Außerdem sollen die wirtschaftlichen Folgen des Vertrages nicht den Angestellten, sondern den Unternehmer treffen.

Der schadenersatzpflichtige Unternehmer hat gegen den Schädiger (seinen Angestellten) einen **Rückgriffsanspruch** wobei sich dessen Ausmaß im **Rahmen von Dienstverträgen** nach dem **Dienstnehmerhaftpflichtgesetz** richtet und vom Verschulden des Arbeitnehmers abhängt (Näheres dazu im Kapitel Arbeitsrecht, Seite 268).

♦ **Haftung für den Besorgungsgehilfen**

Besorgungsgehilfe ist eine Person, der sich ein Unternehmer (oder ein Privater) zur **Besorgung** seiner **Tätigkeiten** bedient. Es haftet derjenige, der sich einer **untüchtigen** oder **wissentlich einer gefährlichen Person** zur **Besorgung** seiner Angelegenheiten bedient, für den Schaden, den der Gehilfe **in dieser Eigenschaft** einem Dritten zufügt.

Der Besorgungsgehilfe fügt ebenso wie der Erfüllungsgehilfe einem Dritten einen Schaden zu. Während der Erfüllungsgehilfe dies im Zusammenhang mit der Erfüllung eines Vertrages seines Chefs tut, fügt der Besorgungsgehilfe **jemandem einen Schaden zu, der nicht Vertragspartner** des Unternehmers ist. Dabei haftet der Auftraggeber nur dann, wenn der Gehilfe **untüchtig**, d. h. für die Tätigkeit überhaupt nicht geeignet ist (z. B. keine Ausbildung) oder wenn er nach seinen menschlichen Eigenschaften als **gefährlich** anzusehen ist (z. B. Dieb, Betrüger, Brandstifter). Im letzteren Fall haftet der Auftraggeber nur, wenn ihm diese Eigenschaft bekannt war („**wissentlich**").

Die Haftung für den **Besorgungsgehilfen** ist daher nur eine ausnahmsweise und kommt relativ **selten** zum Tragen. Die Rückgriffsrechte sind dieselben wie beim Erfüllungsgehilfen.

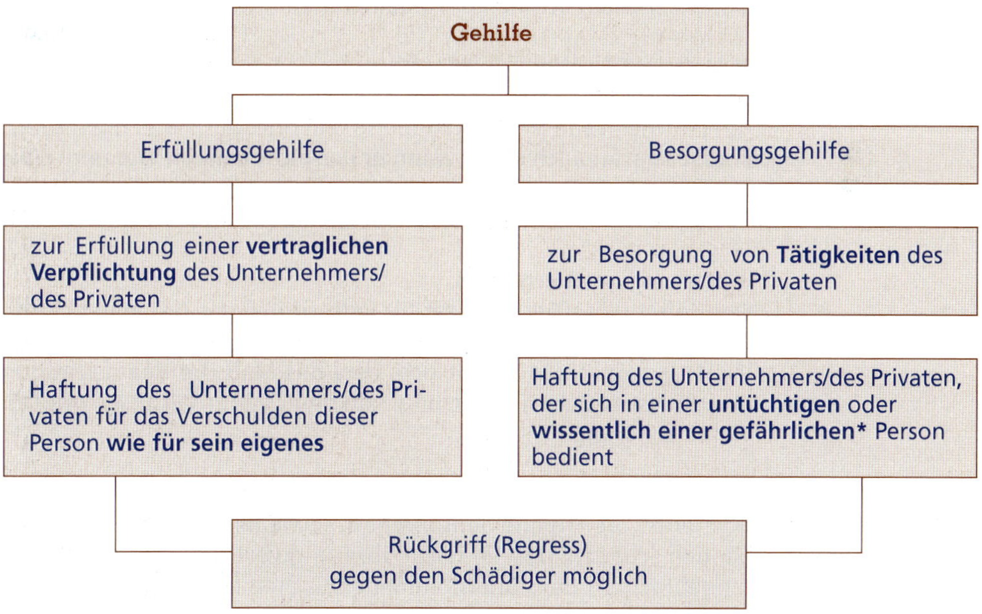

*) Ein Gehilfe ist nicht schon dann untüchtig, wenn er irgendeinen Fehler macht. Liegen jedoch ständige Fehler oder eine entsprechende Veranlagung vor, muss der Unternehmer daraus auf die Untüchtigkeit schließen. Für die Gefährlichkeit haftet der Unternehmer nur, wenn sie ihm bekannt war („wissentlich"). Z. B.: Es ist bereits zu Diebstählen durch den Gehilfen gekommen – und er stiehlt wieder.

Beispiele: Ein Installateur wird beauftragt, bei einem Kunden eine Wasserleitung zu reparieren. Der Installateur schickt seinen Gesellen und einen Lehrling zu dem Kunden. Aus Ungeschicklichkeit fällt dem Lehrling im Zuge der Arbeit das Werkzeug aus der Hand und beschädigt den Fliesenboden. Die **Schadenszufügung** durch den Lehrling erfolgte **im Zusammenhang mit der Erfüllung eines Vertrages,** der Lehrling ist **Erfüllungsgehilfe** des Installateurs, dieser haftet daher dem Kunden als Vertragspartner für das Verschulden des Lehrlings **wie für sein eigenes Verschulden.**

Am Heimweg vom Kunden ist der Lehrling ob seines Missgeschicks derart unkonzentriert, dass er mit seiner Werkzeugtasche an der Auslagenscheibe eines Spielzeuggeschäftes ankommt und diese zertrümmert. Der Installateur steht mit dem Spielzeughändler in keinerlei vertraglicher Beziehung, die **Schadenszufügung** durch den Lehrling erfolgte **ohne Beziehung auf einen Vertrag.** Der Lehrling ist hier nur jemand, dessen sich der Installateur zur Besorgung seiner Geschäfte bediente, also **Besorgungsgehilfe.** Der Installateur haftet nur, wenn er sich beim Lehrling einer **untüchtigen** oder **wissentlich einer gefährlichen Person** zur **Besorgung** seiner Angelegenheiten bediente, was in der Regel nicht der Fall sein wird.

♦ Haftung für Personen, die der Aufsicht unterliegen

Eltern und Lehrer haben die Aufsichtspflicht über die ihnen anvertrauten Kinder bzw. Unmündigen (Deliktsfähigkeit ab 14. Lebensjahr!), Pfleger die Aufsicht über Geisteskranke und Geistesschwache in ihren Anstalten. Mit der **Aufsichtspflicht** ist die Haftung für Schäden verbunden, die von den der Aufsicht unterstellten Personen anderen widerrechtlich zugefügt werden. Diese Bestimmung wäre sehr hart und würde Eltern und Pfleger erheblich belasten, wenn sie in jedem Fall einträte. Daher entfällt die Schadenersatzpflicht, wenn die entsprechenden Personen beweisen können, dass sie ihre Aufsichtspflicht **ordentlich** wahrgenommen haben. Hierbei ist zu berücksichtigen:

- die Gefährlichkeit der **Situation** oder Tätigkeit (z. B. Radfahren auf dem Gehsteig),
- die **Natur des Kindes** (z. B. lebhaft, verhaltensauffällig),
- die Situation des **Aufsichtspflichtigen** (z. B. eine Mutter hat mehrere Kinder zu beaufsichtigen).

4. Haftung ohne Verschulden

Grundsätzlich wird nur für schuldhaft zugefügten Schaden gehaftet. Es gibt aber auch Fälle, in denen die Haftung nicht durch ein Verschulden begründet sein muss. Wir sprechen dann von **Haftpflicht, Erfolgs- oder Gefährdungshaftung.** Haftpflichtvorschriften bezwecken in erster Linie den Schutz der Allgemeinheit.

♦ Haftung des **Wohnungsinhabers**:

Der Wohnungsinhaber haftet für den Schaden, der dadurch entsteht, dass etwas infolge seiner gefährlichen Lage aus der Wohnung fällt oder aus dieser hinausgegossen oder hinausgeworfen wird. Er haftet **auch dann, wenn er gar nicht daheim war** und z. B. seine Wohnung jemandem überlassen hat. Der Grund für diese strenge Haftung besteht darin, dass sich z. B. ein verletzter Passant nicht damit auseinandersetzen kann, was sich innerhalb der Wohnung ereignet hat.

♦ Haftung des **Tierhalters**:

Der Halter eines Tieres haftet für jeden durch das Tier angerichteten Schaden, sofern er nicht beweist, dass er für die **erforderliche Verwahrung und Beaufsichtigung** gesorgt hat. Aus dem Wort „erforderlich" ergibt sich, dass das Maß der Beaufsichtigung nicht immer gleich sein muss; es ist von der Tiergattung, von den Ortsverhältnissen und vom Charakter des einzelnen Tieres abhängig.

♦ Haftung der **Gastwirte, Badeanstaltenbetreiber, Garagenbesitzer:**

Gastwirte, die Fremde **beherbergen,** sowie Besitzer von Badeanstalten oder Garagen haften für den Schaden, den sie selbst, ihre Angestellten oder **ein- und ausgehende Fremde** an den eingebrachten oder übernommenen Sachen eines Gastes oder Reisenden in ihrem Haus, ihrer Anstalt oder bei einem Fahrzeug **verursachen** (ein Verschulden ist demnach nicht erforderlich). Haftungsbegrenzung: Euro 1.100,–, für Kostbarkeiten Euro 550,–. Gastwirte haben also die Haftung nur für jene Gäste zu übernehmen, die in dem Hotel, der Pension oder dem **Gasthof Quartier** bezogen haben. Für diese Gäste ist das fast überall angebrachte Schild „Für die Garderobe wird nicht gehaftet" bedeutungslos. Die Badeanstaltenbesitzer haften nur für die üblicherweise zu einem Badbesuch mitgebrachten Sachen.

♦ Haftung für **Schäden aus den Gefahren der Technik**

Da es bei den vorliegenden Fällen zu sehr hohen Schadensbeträgen kommen kann, hat hier wegen der besonderen Gefahren („Gefährdungshaftung") der **Schutz des Geschädigten** eine besondere Bedeutung:

- Das **Eisenbahn- und Kraftfahrzeughaftpflichtgesetz** gibt dem Geschädigten einen Anspruch gegen den **Halter** bzw. Betriebsunternehmer. Halter ist derjenige, der ein Kraftfahrzeug für eigene Rechnung betreibt und die Verfügungsgewalt darüber hat. Die Tatsache des eingetretenen Schadens und die Haltereigenschaft begründen bereits die Pflicht zum Schadenersatz. Der Umfang der Schäden, für die der Halter dem Geschädigten haftet, übersteigt oft seine finanzielle Leistungsfähigkeit. Das Gesetz macht es dem Halter daher zur Pflicht, zur Deckung eine Kraftfahrzeug-**Haftpflichtversicherung** abzuschließen.
- **Luftfahrzeughalter** müssen jeden durch Betriebsunfall entstandenen Schaden ersetzen.
- **Atomkraftwerkbetreiber:** Haftpflicht des Betreibers einer Reaktoranlage
- **Produkthersteller** haften nach dem Produkthaftungsgesetz für fehlerhafte und gefährliche Produkte (Näheres: Produkthaftungsgesetz siehe Seite 204).

Wiederholungsfragen – Arbeitsaufgaben – Diskussionsanregungen

1. *Schuldverhältnisse können entstehen aufgrund von:*

   ____________________ *oder* ____________________

2. *Voraussetzungen für ein gültiges Rechtsgeschäft sind:*

   ____________________ ____________________

   ____________________ ____________________

3. *Grundsätzlich kann man Rechtsgeschäfte beliebiger Form und beliebigen Inhalts abschließen. Man nennt dieses Prinzip:*

   ____

   Von diesem Prinzip gibt es jedoch Ausnahmen, von denen eine sogar einen Zwang zum Vertragsabschluss darstellt. Man nennt dies:

   ____

4. *Verträge kommen nur dadurch zustande, dass die Willenserklärungen:*

   ____

5. *Eine Willenserklärung kann auf zweierlei Arten erfolgen*

   ____________________ ____________________

   ***Nicht** als Zustimmung gilt jedoch das* ____________________ .

6. *Sonderregelungen gibt es für die Verwendung von Fernkommunikationsmitteln.*

   Hier gilt das __________ *gesetz und das* __________ *gesetz.*

7. *Bezüglich des Erfüllungsortes sind Schulden im Zweifel:*

   ____

   eigens vereinbaren müsste man ____________________

8. *Statt der im Vertrag vorgesehenen Erfüllung gibt es noch die Möglichkeit der*

   ______________ ______________ ______________ .

9. *Wird ein Betrag bei Vertragsabschluss von einer Partei zur Sicherung der Erfüllung gegeben, nennt man ihn* ____________________, *wird er bloß vereinbart, bezeichnet man ihn als* ____________________ .

   Ist der Betrag ein Teil des Kaufpreises, spricht man von ____________________ .

10. *Scheint die Schadenssumme für den Fall der Nichterfüllung eines Vertrages schwer zu ermitteln zu sein, kann man eine* ____________________ *vereinbaren.*

    Dem Inhalt nach ist sie ein ____________________ .

11. *Welche drei Arten der Bürgschaft gibt es?*

    ______________ ______________ ______________

12. *Wenn der Bürge erst nach ergebnisloser Zwangsvollstreckung des Hauptschuldners in Anspruch genommen werden kann, spricht man von:*

____

13. *Jener Vertragspartner, der durch sein Verhalten die Leistung verzögert, verursacht den ______________________________ .*

14. *Die Gewährleistungsbestimmungen des ABGB gelten dann zwingend, wenn es sich um ein Rechtsgeschäft zwischen ________________ und ________________ handelt. Der Übergeber einer Sache haftet für die ________________ und für die ________________ Eigenschaften. Weiters haftet er für die entsprechende Verwendung einer Sache z. B. gemäß ________________ oder ________________ .*

15. *Beim Gewährleistungsanspruch unterscheidet man zwischen zwei Arten von Ansprüchen und kann demgemäß fordern:*

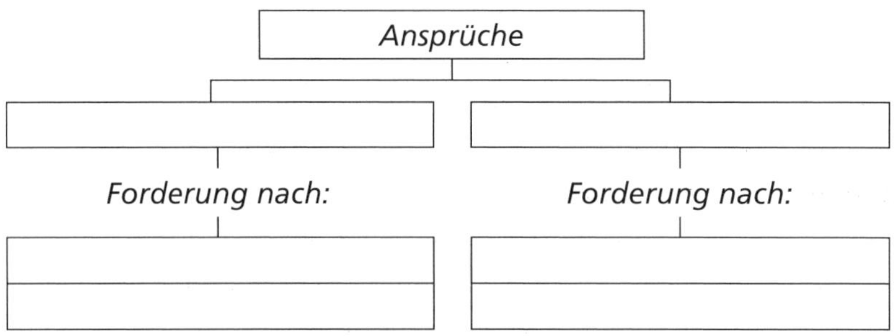

16. *Die Gewährleistungsfrist beträgt (bitte richtige Antwort ankreuzen!):*

	1 Jahr	*2 Jahre*	*3 Jahre*	*4 Jahre*
bewegliche Sachen	○	○	○	○
unbewegliche Sachen	○	○	○	○
	3 Wochen	*6 Wochen*	*3 Monate*	*6 Monate*
Viehmängel	○	○	○	○

17. *Ein Mann betritt eine kleine Tabaktrafik. Im Verkaufsraum befindet sich gerade niemand. Er hört in einem Nebenraum den Trafikanten telefonieren. Da er es eilig hat und den Preis der von ihm gewünschten Zeitung kennt, legt er eine Münze auf den Tisch, nimmt die Zeitung an sich und läuft hinaus.*

Was liegt vor?

○ *Kauf*

○ *Diebstahl*

○ *keines von beiden*

Prüfen Sie das Ergebnis, diskutieren und begründen Sie die richtige Lösung.

18. *Wodurch wird der Kauf perfekt?*

Durch Einigung über ____________ und ____________ .

19. *Welche vier Arten des Verzugs sind beim Kaufvertrag denkbar?*

______________________ ______________________

______________________ ______________________

20. *Bei Lieferverzug kann der Käufer wählen zwischen:*

______________________ ______________________

21. *Bei Annahmeverzug kann der Vertragspartner die Leistung beim ______________________ hinterlegen.*

22. *In welchem Gesetz sind Abzahlungsgeschäfte geregelt?*

    Im ______________________

23. *Abzahlungsgeschäfte sind Geschäfte, bei denen außer der Anzahlung mindestens ______________________ Teilzahlungen erfolgen, das Gesamtentgelt ______________________ nicht übersteigt und die Tilgungsfrist maximal ______________________ beträgt.*

24. *Wie nennt man den Kauf, bei dem sich der Käufer die nähere Bestimmung der Ware vorbehalten hat?*

    ____

25. *Zu den Bestandverträgen gehören der ______________________ und der ______________________ .*

26. *Bei welchem Vertrag besteht Produktionspflicht?*

    Beim ______________________

27. *Geben Sie drei Wesensmerkmale des Dienstvertrags an, und stellen Sie sie drei Wesensmerkmalen des Werkvertrags gegenüber:*

Dienstvertrag	*Werkvertrag*
______________	______________
______________	______________
______________	______________

28. *Geben Sie drei Pflichten des Mieters bzw. Pächters bei Bestandverträgen an:*

    ______________ ______________ ______________

29. *Im Zweifel sind Kostenvoranschläge:*

    ○ *verbindlich* ○ *entgeltlich*

    ○ *unverbindlich* ○ *unentgeltlich*

30. *Jemand macht Rast und speist in einem Hotelrestaurant. Er nimmt jedoch kein Zimmer, sondern will nach der Mahlzeit weiterfahren. Im Gastzimmer wird ihm sein Mantel gestohlen. Es befindet sich dort eine Tafel, dass für die Garderobe nicht gehaftet werde. Haftet der Wirt?*

    Kreuzen Sie die richtige Lösung an:

    ○ *Er haftet auf jeden Fall.* ○ *Er haftet wegen der Tafel nicht.*

    ○ *Er haftet auf keinen Fall.*

31. *Für ein Schenkungsversprechen ist ein ______________________ erforderlich.*

32. *Welche Arten der Vollmacht kennen Sie?*

    ______________ ______________ ______________

33. *Bei der Vollmacht ist der Bevollmächtigte ______________________ Stellvertreter.*

34. *Welche Voraussetzungen müssen vorliegen, damit ein Schadenersatzanspruch entsteht?*

    ______________ ______________

    ______________ ______________

35. Welche Verschuldensformen gibt es?

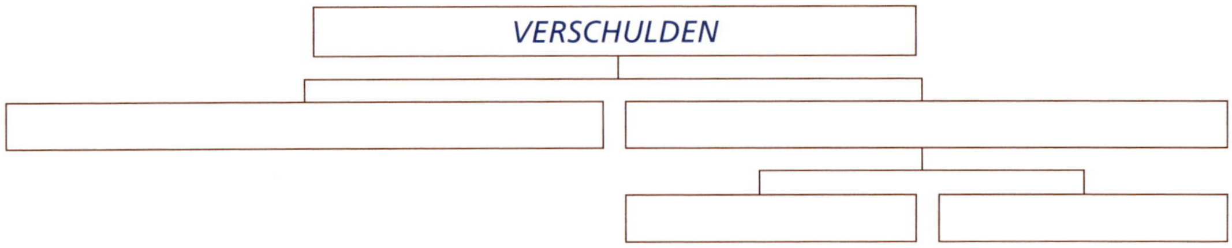

36. Wann muss der Liebhaberwert ersetzt werden?

bei ____________________ oder ____________________

37. Wie haften mehrere Schädiger?

bei Vorsatz ____________________

bei Fahrlässigkeit ____________________

38. Was muss man bei Körperverletzungen ersetzen?

____________________ ____________________

____________________ ____________________

39. Welche Arten der Haftung für fremdes Verschulden gibt es?

____________________ ____________________

40. Ein Mechanikergehilfe beschädigt während einer Probefahrt ein Kundenfahrzeug.

Wer haftet für den Schaden? ____________________

Um welche Haftungsart handelt es sich? ____________________

41. Nennen Sie vier Fälle von Haftung ohne Verschulden.

____________________ ____________________

____________________ ____________________

42. Diskutieren Sie die möglichen Folgen von zu viel Vertragsfreiheit und zu wenig Vertragsfreiheit.

43. Ein schwächlicher Mann droht einem Boxchampion für den Fall, dass er ihm nicht sein Motorrad verkauft, eine Ohrfeige an. Kann der Boxer den so zustande gekommenen Vertrag anfechten?

44. Erörtern Sie die Vor- und Nachteile des Kontrahierungszwanges.

45. Jemand steigt mit einer Gruppe von Fremden in die Straßenbahn ein. Als er dem Schaffner (Kontrollor) keine Fahrkarte vorweisen kann, benützt er die Ausrede, er sei irrtümlich eingestiegen und werde bei der nächsten Station wieder aussteigen. Wie ist dies rechtlich zu beurteilen?

46. Ein Schauspieler erscheint schuldhaft zu einer Aufführung nicht. Er wird zur Zahlung der vereinbarten Konventionalstrafe aufgefordert. Am Aufführungstag musste jedoch das Theater ohnehin wegen eines Bauschadens geschlossen bleiben. Ist er nun trotzdem zur Zahlung verpflichtet?

47. Auf der Suche nach einem Wurm wühlt ein Vogel im Erdreich eines vor einem Wohnungsfenster angebrachten Blumenkistchens. Die herunterfallende Erde beschmutzt das Kostüm einer Passantin. Wer haftet für den Schaden und warum?

VI. Konsumentenschutz

Muss ich einen Vertrag einhalten, wenn er auf der Straße abgeschlossen wurde? Kann ich von einem bereits geschlossenen Vertrag zurücktreten? Was kann ich machen, wenn eine per Internet bestellte Ware wochenlang nicht geliefert wird? Müssen sich Unternehmer an ihre Kostenvoranschläge halten? Können sie für die Erstellung von Kostenvoranschlägen eine Bezahlung verlangen? Gelten auch unzumutbare Bedingungen im „Kleingedruckten"?

Muss ich einen kaputten Kühlschrank zur Firma bringen, wenn ich Gewährleistungsansprüche geltend machen möchte? Was mache ich, wenn ich an einem Produkt einen lebensgefährlichen Fehler entdecke? Was unternehme ich, wenn ich durch ein fehlerhaftes Produkt einen Schaden erleide?

Diese und ähnliche Fragen werden im folgenden Kapitel ausführlich behandelt.

A. Einleitung

Unter Konsumentenschutz versteht man sämtliche Regeln, die den Verbraucher als zumeist wirtschaftlich schwächeren Vertragspartner vor Übervorteilung schützen sollen.

Das Bedürfnis nach Regeln für den Konsumentenschutz ergab sich erst in den letzten Jahrzehnten, in denen sich die Rechtsgeschäfte, mit denen der Konsument seinen Bedarf deckt, stark verändert haben:

- Das **Warenangebot** wurde ungeheuer vermehrt und kompliziert.
- Es kam zum **Massengeschäft** und zur **Entfremdung** zwischen Erzeugern und Verbrauchern.
- Durch den höheren Lebensstandard schlossen immer mehr Menschen **Geschäfte von größerer wirtschaftlicher Tragweite**.
- Die **Werbung** wurde vielfach aggressiver.
- Oft wurde die **Vertragsfreiheit** zum Nachteil des wirtschaftlich schwächeren Vertragspartners missbraucht.

B. Das Konsumentenschutzgesetz

1. Allgemeine Regeln

Die Vorschriften gelten für alle Rechtsgeschäfte zwischen **Unternehmern** und **Verbrauchern.**

Sie gelten also nicht für Rechtsgeschäfte, die Unternehmer für ihren Betrieb tätigen, für Rechtsgeschäfte zwischen Unternehmern (z. B. Großhändler – Händler) oder Verbrauchern untereinander (z. B. Kauf eines Pkw unter Privaten, aufgrund einer Anzeige im Internet).

2. Allgemeines Rücktrittsrecht

Wenn der Vertrag **außerhalb** der Geschäftsräumlichkeiten oder des Verkaufsstandes des Unternehmens abgeschlossen wurde, kann der Verbraucher zurücktreten (so genannte Haustürgeschäfte).

a) Frist: eine Woche

Die Frist beginnt mit der schriftlichen Vertragsausfertigung, ansonsten frühestens bei Zustandekommen des Vertrages. Die Vorschriften gelten auch dann, wenn der Unternehmer den Kunden im **Rahmen einer Veranstaltung** (z. B. Ausflugs- und Werbefahrten, Vorträge) in seine Geschäftsräume bringt.

b) Kein Rücktrittsrecht gibt es, wenn der Verbraucher:
- die Geschäftsverbindung selbst anbahnt (z. B. Aufforderung mit einem Brief)
- das Geschäft im Geschäftslokal oder im Verkaufsstand abschließt
- die Leistung sofort zu erbringen hat und das Entgelt geringfügig ist.

c) Form des Rücktritts
Erforderlich ist die Schriftform, die Absendung genügt jedoch für das Einhalten der Frist.

Form des Rücktritts

innerhalb der Rücktrittsfrist	schriftlich	Unterschrift des Bestellers
	ratsam: Einschreiben	

Das Rücktrittsrecht binnen einer Woche ist auch dort möglich, wo eine Geschäftsverbindung **außerhalb der Geschäftsräume angebahnt** wurde (z. B. Ansprechen auf der Straße), wenn auch der Vertrag innerhalb der Geschäftsräume abgeschlossen wurde.

d) Die Folgen des Rücktritts sind, dass das Empfangene Zug um Zug zurückzustellen ist (der Unternehmer muss Zinsen zahlen, der Verbraucher muss sich ein Entgelt für allenfalls erfolgte Benutzung abziehen lassen); bei Unmöglichkeit der Rückstellung hat ein Wertersatz zu erfolgen.

Folgen des Rücktritts

Unternehmer	Verbraucher
Rückerstellung des erhaltenen Geldes + Zinsen keine Stornogebühr	– Rückgabe der Ware – Ersatz für Benutzung – Wertminderung

3. Besonderes Rücktrittsrecht

Dabei handelt es sich um Rücktrittsrechte bei bestimmten, häufig vorkommenden Vertragsarten, wobei die Fristen für die Ausübung des Rücktritts unterschiedlich sind, z. B.:

- Rücktrittsrecht bei Nichteintritt wesentlicher Umstände, die der Unternehmer zusagte
- Rücktrittsrecht bei Timesharing-Verträgen (Unter „Timesharing" versteht man, dass sich eine Personengruppe die Nutzung einer Ferienwohnung aufteilt, sodass der Konsument nach dem Erwerb von entsprechenden Anteilen durch einen größeren Geldbetrag die Wohnung jährlich für einen bestimmten Zeitraum benützen kann.)
- Rücktrittsrecht bei Versicherungsverträgen
- Rücktrittsrecht von Wertpapiergeschäften
- Rücktrittsrecht bei Immobiliengeschäften (Miete, Kauf von Häusern, Grundstücken oder Eigentumswohnungen)

4. Verträge im Fernabsatz

Das **Fernabsatzgesetz,** dessen Bestimmungen in das **Konsumentenschutzgesetz** eingearbeitet wurden, gilt für Verträge, die ausschließlich unter Verwendung von **Fernkommunikationsmitteln** – also ohne körperliche Anwesenheit der Vertragsparteien – zustande kommen (z. B. durch Internet – „Onlineshopping", Telefon, Fax, Katalogbestellungen). Ausgenommen von den Vorschriften sind Finanzdienstleistungen, der Immobilienhandel, der Automatenverkauf und Versteigerungen. Es gilt dabei Folgendes:

♦ **Informationspflichten des Unternehmers:**
Person, Eigenschaften der Ware, Preis, Zahlung, Lieferbedingungen etc. Zusätzlich bestehen Schutzbestimmungen vor missbräuchlicher Verwendung von Kreditkarten.

♦ **Rücktrittsrecht des Verbrauchers:**
Gilt innerhalb von **sieben Werktagen** nach Erhalt der Ware oder nach Abschluss eines Dienstleistungsvertrages, **ohne Angabe von Gründen**. Folgen: Rückstellung der Ware, Rückerstattung der geleisteten Zahlung. Bei Kauf mittels Kreditfinanzierung gilt der Rücktritt automatisch auch für den Kreditvertrag.

♦ **Lieferfrist:**
Der Unternehmer hat die Bestellung spätestens nach **30 Tagen** auszuführen bzw. – wenn die Ware nicht lieferbar ist – dies dem Besteller **unverzüglich** mitzuteilen und geleistete Zahlungen zurückzuerstatten. Wird die Frist von 30 Tagen überschritten, verliert der Vertrag automatisch seine Gültigkeit.

5. Kostenvoranschläge

Sie sind nur dann entgeltlich, wenn vorher darauf hingewiesen wurde. Im Zweifel gilt der KVA als von der Unternehmerseite her **verbindlich** (siehe auch Werkvertrag, Seite 188) d. h. er muss sich genau an die darin genannten Summen halten.

Wird vom Unternehmer ein KVA erstellt, in dem ausdrücklich darauf hingewiesen wird, dass die **Richtigkeit nicht gewährleistet** ist, werden Kostenüberschreitungen bis zu etwa 15 % toleriert. Bei größeren Kostenüberschreitungen ist der Konsument sofort aufmerksam zu machen. Er kann dann die Mehrkosten in Kauf nehmen oder den Vertrag lösen und nur die bis zu diesem Zeitpunkt erbrachten Leistungen bezahlen.

Kostenvoranschläge sind grundsätzlich

- verbindlich
  - außer
  - Unverbindlichkeit vor Vertragsabschluss ausdrücklich vereinbart
    - **geringfügige** Überschreitungen (10–15 %) müssen akzeptiert werden
    - **beträchtliche** Überschreitungen müssen vorher angezeigt werden
- unentgeltlich
  - außer
  - Entgeltlichkeit vor Vertragsabschluss ausdrücklich vereinbart

6. Unzulässige Vertragsbestandteile

Man versteht darunter so genannte „Verbraucherfallen im Kleingedruckten" – auch in Allgemeinen Geschäftsbedingungen.

Ein Teil der Vorschriften des Konsumentenschutzgesetzes richtet sich vor allem gegen bestimmte Klauseln. Diese Klauseln werden von wenigen vor Vertragsabschluss gelesen, obwohl man ihrer Wirksamkeit kaum entgehen kann.

Diese Vertragsklauseln in Allgemeinen Geschäftsbedingungen oder Vertragsformularen sind ganz allgemein **nichtig**, wenn sie **einseitig** oder für den Verbraucher **ungewöhnlich, überraschend** oder **grob benachteiligend** sind, z. B. wenn die Schadenersatzpflicht bei Personenschäden vertraglich begrenzt wird.

Besondere **konsumentenschädliche Vertragsklauseln,** die das Konsumentenschutzgesetz einzeln anführt, sind für den Verbraucher nicht verbindlich.

Beispiele:
♦ Preiserhöhung vorbehalten.
♦ Bei Preiserhöhung gilt der Preis bei Lieferung.
♦ Reklamationen werden nur berücksichtigt, wenn sie anerkannt wurden.
♦ Gültigkeit von mündlichen Nebenabreden.

Andere Vertragsklauseln gelten nur, wenn sie im Einzelfall **ausdrücklich vereinbart** wurden.
Beispiele:
- ♦ Der Unternehmer kann jederzeit ohne Angabe von Gründen zurücktreten.
- ♦ Verzicht auf die Verkürzung über die Hälfte des wahren Wertes.

Im Übrigen gilt die EU-Bestimmung, dass Allgemeine Geschäftsbedingungen **klar und verständlich** abgefasst sein müssen.

7. Gewährleistung

Das gesamte Gewährleistungsrecht des ABGB und die Sonderbestimmungen des Konsumentenschutzgesetzes gelten zugunsten des Verbrauchers als **zwingend**. Dies gilt für sämtliche entgeltliche Verbrauchergeschäfte (z. B. Werkverträge).

Ort: Ist der Unternehmer nach ABGB verpflichtet, Mängel zu beheben oder Fehlendes nachzutragen (siehe Gewährleistung, Seite 184), so hat dies an folgendem Ort zu geschehen:
- am **Übergabeort** oder, wenn es der Verbraucher verlangt,
- an dem Ort, an dem die Sache sich für **gewöhnlich befindet,** sofern dieser im **Inland** und für den Unternehmer **nicht überraschend** ist, oder soferne die Sache **schwierig befördert** werden kann (unbeweglich, sperrig, schwer usw.),
- am **Ort des Unternehmers,** wenn dieser Gefahr und Kosten der Übersendung übernimmt und diese für den Verbraucher **zumutbar** ist.

8. Terminverlust

kommt häufig bei Abzahlungsgeschäften vor (siehe Seite 187). Man versteht darunter das Recht des Verkäufers, alle noch ausständigen Teilzahlungen zu verlangen, wenn der Käufer mit Teilzahlungen im Rückstand ist.

Terminverlust darf der Unternehmer **nur geltend machen,**
- ♦ wenn dieser **vereinbart wurde** und auch dann nur, wenn der Unternehmer selbst bereits seine Leistung erbracht hat
- ♦ wenn der Verbraucher mit seiner Leistung mindestens **sechs Wochen im Rückstand** ist und
- ♦ der Unternehmer den Verbraucher unter Androhung einer **Nachfrist** von mindestens zwei Wochen erfolglos gemahnt hat.

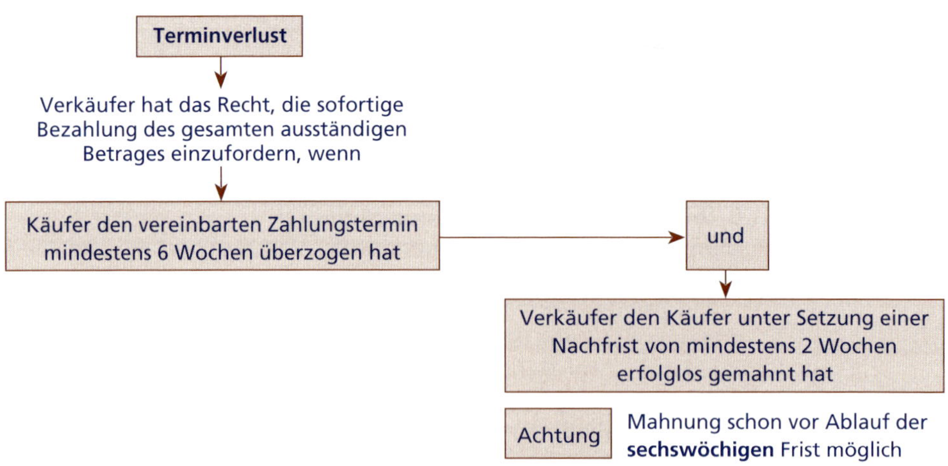

Beachte: Beim Abzahlungsgeschäft (Ratenkauf) kann der Verbraucher Gewährleistungsansprüche über die Gewährleistungsfrist hinaus bis zur Fälligkeit der letzten Teilzahlung (Rate) geltend machen (Vorteil!).

9. Verbandsklage

Während früher nur der Geschädigte klageberechtigt war, können nach dem Konsumentenschutzgesetz auch (wirtschaftlich stärkere) Verbände klagen, wenn Bestimmungen des Gesetzes verletzt wurden oder gegen die guten Sitten verstoßen wird. Dabei kann auch gegen Unternehmen vorgegangen werden, die ihren Sitz im Ausland haben.

Klageberechtigt sind:

Wirtschaftskammer Österreich	www.wko.at
Bundesarbeitskammer	www.arbeiterkammer.at
Österreichischer Landarbeiterkammertag	www.landarbeiterkammer.at
Landwirtschaftskammer Österreich	www.lk-oe.at
ÖGB	www.oegb.at
Verein für Konsumenteninformation	www.vki.or.at
Österreichischer Seniorenrat	www.seniorenrat.at

10. Sonstige Bestimmungen und Strafbestimmungen

- Für **Zeitschriftenabonnements** gilt: Die Kündigungsfrist darf maximal zwei Monate betragen. Bei Abschluss an der Wohnungstür: nachträgliche schriftliche Verständigung über Vertragsinhalt samt Hinweis auf das Rücktrittsrecht binnen einer Woche ab Eintreffen des Schreibens auf dem Postweg.
- Ergänzende Bestimmungen betreffen auch die Tätigkeit der **Kreditvermittler** (dem Kreditnehmer müssen Name und Anschrift des Kreditgebers bekannt gegeben werden; wenn der Kreditvermittler diese Pflicht verletzt, hat er keinen Provisionsanspruch).
- **Einhaltung von Gewinnzusagen:** wird beim Verbraucher durch die Zusendung der Eindruck erweckt, er habe einen Preis gewonnen, so ist dieser auch zu leisten und kann gerichtlich eingefordert werden.
- Weiters ist ein Schutz vor **konsumentenfeindlichen Gerichtsstandvereinbarungen** vorgesehen: Unzulässig sind Gerichtsstandvereinbarungen, durch die der Konsument, wenn er geklagt wird, gezwungen ist, seinen Prozess beim Gericht am Sitz des Unternehmers zu führen, womit bei großen räumlichen Entfernungen vor allem zeitliche und finanzielle Probleme verbunden sind. Für Prozesse aus Konsumentengeschäften ist jenes Gericht zuständig, in dessen Sprengel **der Verbraucher seinen Wohnsitz oder Arbeitsplatz** hat.
- **Strafbestimmungen** gelten für zahlreiche Vorschriften des Konsumentenschutzgesetzes (wie z. B., wenn bei Abzahlungsgeschäften die Ausstellung eines Ratenbriefes unterlassen wird). Es sind empfindliche Strafen vorgesehen.

11. Besondere Bestimmungen

Diese Regeln gelten nur für bestimmte Verträge und wurden im vorliegenden Buch bei diesen eingearbeitet (siehe Kapitel Schuldrecht).

C. Sonstige Einrichtungen und Regelungen zum Schutz der Verbraucher

1. Verein für Konsumenteninformation (www. vki.or.at)

In Österreich wird durch die Einrichtung des **Vereins für Konsumenteninformation** bereits ein Großteil der Streitfälle geregelt, ohne dass die Gerichte beschäftigt werden müssen.

Darüber hinaus wurden auf vielen Gebieten durch die jeweiligen Interessenvertretungen (also zwischen Unternehmens- und Konsumentenvertretern) **Schlichtungsstellen** als eine Art Zwischeninstanz errichtet.

2. Das Produktsicherheitsgesetz (PSG 2005)

Ziel dieses Gesetzes ist ein **umfassender Schutz der Verbraucher vor gefährlichen Produkten** durch allgemeine Normen, die angewendet werden können, wenn entsprechende Schutzbestimmungen in anderen Bundesgesetzen fehlen oder nicht ausreichen.

Das Gesetz enthält einen Katalog von **Schutzmaßnahmen.** Dieser zählt verwaltungspolizeiliche Maßnahmen auf, die vom zuständigen Bundesminister nach Befassung eines **Produktsicherheitsbeirates** entweder durch Verordnung oder für Einzelfälle vom Landeshauptmann durch Bescheid vorgeschrieben werden.

Der Verbraucher kann sich an einen der großen Verbände wenden (siehe Seite 203), der dann die entsprechenden Maßnahmen einleitet.

3. Das Produkthaftungsgesetz

Ergänzend zu den Regelungen des Produktsicherheitsgesetzes wird hier ausschließlich für die **Folgen** gehaftet, die sich aus der Benutzung von **fehlerhaften** Produkten ergeben (z. B. ein explodierender Kochtopf verursacht Schäden an der Kücheneinrichtung – der Kochtopf selbst muss nach diesem Gesetz nicht ersetzt werden!). Als Produkt gilt jede bewegliche Sache, auch Einzelteile. Der Beweis, dass das Produkt fehlerhaft war, muss nicht vom Konsumenten erbracht werden, sondern der **Hersteller** muss **beweisen**, dass sein Produkt **ordnungsgemäß** hergestellt wurde (Beweislastumkehr!).

Wird durch den Fehler eines Produktes ein Mensch getötet, am Körper verletzt oder an der Gesundheit geschädigt bzw. eine andere Sache beschädigt, so haftet der Hersteller bzw. Importeur des Produktes.

Dauer der Haftung: **10 Jahre** ab dem Tag, an dem das Produkt in Verkehr gesetzt wurde. Bei Sachschäden gibt es einen **Selbstbehalt** des Konsumenten. Der diesen Betrag übersteigende Schaden muss in voller Höhe ersetzt werden. Körperschäden müssen zur Gänze – ohne Selbstbehalt – ersetzt werden.

Wiederholungsfragen – Arbeitsaufgaben – Diskussionsanregungen

1. *Wo sind die meisten Regeln für den Konsumentenschutz enthalten?*

   Im ____

2. *Gründe für das Aufstellen derartiger Regeln waren:*

   ____________________ ____________________

   ____________________ ____________________

3. *Ein Unternehmer lädt zu einer Werbefahrt mit dem Autobus ein. Bei einem Zwischenstopp wird eine seiner Filialen besucht, die Schauräume mit Verkaufspulten hat. Ein Teilnehmer der Busfahrt kauft eine Perlenkette, möchte diese aber nach fünf Tagen nicht mehr.*

   Welche Rechte hat er?

   ○ *ein Rücktrittsrecht* ○ *kein Rücktrittsrecht*

   ○ *Rücktrittsrecht nur, wenn es vereinbart worden war* ○ *kein Rücktrittsrecht (wegen Ablauf der Frist)*

4. *Welche Angelegenheiten sind im Fernabsatzgesetz geregelt (Beispiele)?*

   ____

5. *Die Erstellung eines Kostenvoranschlages ist im Zweifel* ____________________

   und gilt im Zweifel für den Unternehmer als ____________________.

6. *Einseitige, grob benachteiligende Vertragsklauseln in Allgemeinen Geschäftsbedingungen oder Vertragsformularen*

   sind ______________________________.

   Konsumentenschädliche Vertragsklauseln gelten nur,

   wenn sie ______________________________.

7. *Welche Orte kommen für die Mängelbehebung bei der Gewährleistung unter Umständen in Frage?*

   ____________ ____________ ____________

8. *Bei Abzahlungsgeschäften kann vereinbart werden, dass – bei Aussetzen mehrerer Teilzahlungen – der ganze noch ausständige Rest fällig wird.*

   Man nennt dies ______________________________.

   Wie lange muss dabei der Verbraucher mit seiner Leistung im Rückstand sein?

   ____

9. *Welche Verbände sind beispielsweise nach dem Konsumentenschutzgesetz klageberechtigt?*

   ______________ ______________

   ______________ ______________

10. *Die gerichtliche Zuständigkeit richtet sich nach dem* ______________

    oder ______________ *des* ______________.

11. *Erörtern Sie, an welche Stellen sich ein Konsument in Österreich wenden kann, wenn er glaubt, in seinen Rechten verletzt worden zu sein.*

12. *Besprechen Sie die Art und Funktion dieser Stellen.*

13. *Geben Sie einen Überblick über Ziele und Einrichtungen des Produktsicherheitsgesetzes.*

14. *Geben Sie einen Überblick über Ziele und Einrichtungen des Produkthaftungsgesetzes.*

VII. Mietrecht

Viele Menschen bewohnen ein eigenes Haus. Die Mehrzahl der Menschen – vor allem im städtischen Bereich – bewohnt jedoch eine Mietwohnung. Welche Rechtsvorschriften gelten für diese Mietverhältnisse?

Gilt das Schutzgesetz für die Mieter (Mietrechtsgesetz) für alle Wohnungen? Auch für Geschäftslokale und Garagen? Was versteht man unter einer Untermietwohnung? Welcher Mietzins darf für eine Wohnung vereinbart werden? Kann der Hausbesitzer für eine Wohnung verlangen, was er will oder gibt es gesetzliche Obergrenzen?

Was bedeutet „Hauptmietzins" und was sind Betriebskosten? Gibt es befristete Mietverträge? Darf ich in einer Wohnung Änderungen und Verbesserungen vornehmen? Erhalte ich dafür einen Ersatz, wenn ich aus der Wohnung ausziehe? Wann darf der Hausbesitzer kündigen? Wann kann ich die Wohnung meiner Großmutter übernehmen?

Diese und ähnliche Fragen werden im folgenden Kapitel erörtert.

A. Begriff und Anwendungsbereich

Rechtsgrundlage für die Miete ist ein Mietvertrag, in dem sich der Vermieter verpflichtet, dem Mieter gegen Entgelt auf gewisse Dauer eine Wohnung zur Verfügung zu stellen. Den rechtlichen Rahmen für solche Mietverträge bilden grundsätzlich die Bestimmungen des **ABGB über Bestandverträge.** Diese Bestimmungen dürfen – mit wenigen Ausnahmen – im Vertrag außer Kraft gesetzt werden. Da jedoch einerseits Wohnen zu den Grundbedürfnissen des Menschen zählt, andererseits Vermieter und Mieter von Wohnungen häufig eine wirtschaftlich unterschiedliche Stellung aufweisen, fallen die meisten Mietverträge über Wohnungen und Geschäftsräumlichkeiten zusätzlich unter das **Mietrechtsgesetz.** Dieses Gesetz regelt insbesondere den **Kündigungsschutz** und die **Mietzinsobergrenzen** und enthält größtenteils einseitig zwingendes Recht, d. h. Vereinbarungen zuungunsten des Mieters – gegen die gesetzlichen Bestimmungen – haben keine Gültigkeit.

B. Mietrechtsgesetz

1. Geltungsbereich

!

Das Gesetz gilt für **Wohnungen, einzelne Wohnungsteile, Geschäftsräumlichkeiten aller Art** (also auch Magazine, Werkstätten, Kanzlei- und Büroräume) sowie **mitgemietete Haus- und Grundflächen** (also auch Hausgärten, Abstell-, Lade- und Parkflächen).

Von diesem Geltungsbereich sind Mietgegenstände **ausgenommen,**

♦ **für die das Mietrechtsgesetz überhaupt nicht gilt,**
z. B. Mietgegenstände im Rahmen eines Hotels oder einer Pension, in Gebäuden mit nicht mehr als zwei selbstständigen Mieteinheiten, in Heimen (z. B. Studentenheim), Ferienwohnungen und Dienstwohnungen.

♦ **für die das Mietrechtsgesetz nur in Teilen gilt** (nur der Kündigungsschutz),
z. B. wenn es sich um eine **Eigentumswohnung** in einem Gebäude mit Baubewilligung nach dem 8.5.1945 handelt; um Mietgegenstände in nicht geförderten **Neubauten** mit Baubewilligung nach dem 30.6.1953; um **Dachbodenausbauten** mit Baubewilligung nach dem 31.12.2001; um **Zubauten** mit Baubewilligung nach dem 30.9.2006.

2. Hauptmiete – Untermiete

Bei der Beurteilung der Frage, ob eine Hauptmiete oder Untermiete vorliegt, ist die Rechtsstellung des Vermieters von entscheidender Bedeutung:

Ist der Vermieter Eigentümer des Hauses oder der Eigentumswohnung, liegt ein Hauptmietvertrag vor.

Ist er selbst Hauptmieter der Wohnung und vermietet diese weiter, liegt ein Untermietvertrag vor. Dabei **hängen die Rechte des Untermieters von denen des Hauptmieters ab.** Wird z. B. der Hauptmieter rechtswirksam gekündigt, so verliert auch der Untermieter sein Mietrecht.

3. Erhaltung des Hauses und der Mietgegenstände:

Es ist Pflicht des Vermieters, Haus- und Mietgegenstände im **ortsüblichen Standard** zu erhalten und **Gefahren für die Gesundheit** der Bewohner im Haus und in den Mietgegenständen zu beseitigen. Soweit es möglich ist, sind vom Vermieter auch nützliche Verbesserungen durchzuführen.

4. Ausstattung der Wohnung

Das Mietrechtsgesetz unterscheidet die Wohnungen nach vier Ausstattungskategorien.

Die jeweilige Ausstattungskategorie richtet sich nach dem Zustand der Wohnung zum Zeitpunkt des Abschlusses des Mietvertrags. Die Wohnungen der Kategorien A bis C müssen in **brauchbarem Zustand** sein. Ist dies nicht der Fall, gilt die Wohnung als eine der Kategorie D.

Kategorie	Mindestausstattung
A	Mindestgröße 30 m², Zimmer, Küche oder Kochnische, Vorraum, WC und zeitgemäße Badegelegenheit, Warmwasser, automatische Heizung
B	keine Mindestgröße, sonst wie A, jedoch ohne automatische Heizung
C	mindestens eine Wasserentnahmestelle und ein WC in der Wohnung
D	Wasserentnahmestelle und/oder WC nicht in der Wohnung, sondern am Gang (so genannte „Bassena- oder Substandardwohnung")
D brauchbar	wie D, die Wohnung muss sich aber in einem brauchbaren Zustand befinden. Z. B. ist eine Wohnung mit einer veralteten Elektroanlage ohne Erdung für den Benutzer gefährlich und daher unbrauchbar.

5. Mietzinsobergrenzen

Welcher Mietzins darf vereinbart werden?

- Ein **freier** Mietzins: z. B. für Eigentumswohnungen, die nach dem Zweiten Weltkrieg errichtet wurden, sowie für Wohnungen in Ein- und Zweifamilienhäusern.
- Ein **angemessener** Mietzins: z. B. für Geschäftsräume und für nach dem Zweiten Weltkrieg errichtete Wohnungen; für Wohnungen der Kategorien A und B, die größer als 130 m² sind. Der **angemessene** Mietzins unterscheidet sich vom **freien** dadurch, dass er der richterlichen Überprüfungsmöglichkeit unterliegt.
- Ein **Richtwertmietzins:** Dieser gilt für alle anderen Wohnungen, mit Ausnahme jener der Kategorie D. Es handelt sich hier um einen Mietzins, der auf dem so genannten **Richtwert** beruht. Dieser Richtwert gilt für eine brauchbare Wohnung der Kategorie A mit einer Nutzfläche zwischen 30 m² und 130 m² in einem gut erhaltenen Haus in durchschnittlicher Wohnumgebung. Eine solche wird auch als **Normwohnung** bezeichnet.
  Der Richtwert wird jährlich vom Bundesminister für Justiz für jedes Bundesland festgesetzt und wird vom Grundkostenanteil sowie den Baukosten für geförderte Wohnungen errechnet. Für werterhöhende oder wertvermindernde Abweichungen vom Standard einer Normwohnung sind – ausgehend vom Richtwert – **Zuschläge** oder **Abschläge** vorzunehmen.

Beispiel: Richtwert für Wien ab 1. 4. 2007: € 4,63 pro m² und Monat. Als Abschlag für eine Wohnung der Ausstattungskategorie B werden 25% empfohlen, für eine Wohnung C 50%. Für die Ausstattungskategorie D gilt als Obergrenze € 0,73 pro m² bzw € 1,46 pro m², wenn die Wohnung in brauchbarem Zustand ist).

Wird ein Mietzins vereinbart, der über dem zulässigen liegt, kann der Mieter innerhalb von 3 Jahren ab Mietbeginn den Mietzins **vom Gericht herabsetzen** lassen und das zu viel Bezahlte zurückfordern.

6. Die Bestandteile des Mietzinses

Hauptmietzins	Für diesen gelten – von wenigen Ausnahmen abgesehen – die **Obergrenzen** der „Angemessenheit" oder des Richtwertzinses oder des Zinses für eine Wohnung der Ausstattungskategorie D bzw. D brauchbar.
Anteil an den Betriebskosten und öffentlichen Abgaben des Hauses	Dazu gehören Anteile an **Kosten** für Wasser, Kaminkehrung, Kanalräumung, Müllabfuhr, Schädlingsbekämpfung, Beleuchtung von allgemein zugänglichen Räumen, gesetzlich vorgeschriebene Versicherungen, Grundsteuer sowie Auslagen für die Hausbetreuung und die Hausverwaltung. Die **Höhe** des Kostenanteils richtet sich dabei nach der **Größe** der Wohnung im Verhältnis zur **Gesamtnutzfläche** des Hauses.
Anteil an besonderen Aufwendungen	z. B. Lift und Heizung
Umsatzsteuer	Der Steuersatz bei Wohnungen beträgt für den Hauptmietzins und die Betriebskosten 10 %, für Heizung, Möbel und Autoabstellplatz 20 %, bei Geschäftslokalen 0 % oder 20 % (Wahlrecht des Mieters).

7. Dauer und Beendigung des Mietvertrags

◆ **Befristete Mietverträge („Zeitmietverträge")**
Sie müssen schriftlich vereinbart werden und enden (ohne Kündigung!) mit dem Ablauf der vertraglich vereinbarten Zeit. Bei Wohnungen muss die ursprünglich vereinbarte Vertragsdauer und im Falle einer Verlängerung auch die Zeitdauer, um die verlängert wird, jeweils mindestens 3 Jahre betragen. Der höchstzulässige Hauptmietzins vermindert sich bei befristeten Hauptmietverträgen um 25 %.

◆ **Unbefristete Mietverträge**
Sie können unter Einhaltung bestimmter Fristen zu bestimmten Terminen von beiden Seiten gekündigt werden. Der Mieter genießt jedoch – falls der Mietgegenstand den Bestimmungen des Mietrechtsgesetzes unterliegt – Kündigungsschutz, d. h. der Mietvertrag kann **vom Vermieter** nur aus den im Gesetz aufgezählten **Gründen** und nur **gerichtlich** gekündigt werden.

Die häufigsten **Kündigungsgründe für den Vermieter** sind:
- ◆ Nichtbezahlung des Mietzinses
- ◆ nachteiliger Gebrauch der Wohnung (z. B. Verwüstung)
- ◆ rücksichtsloses und ungehöriges Verhalten gegenüber Mitbewohnern
- ◆ gänzliche Untervermietung der Wohnung ohne Zustimmung des Eigentümers
- ◆ Nichtbenützung der Wohnung (ausgenommen Abwesenheit aus Gesundheits- oder Berufsgründen)
- ◆ Tod des Mieters, ohne eintrittsberechtigte Personen zu hinterlassen

Solche **eintrittsberechtigte** Personen, die nach dem **Tod** des Mieters in dessen Mietverhältnis eintreten, ohne der Zustimmung des Vermieters zu bedürfen (Mitteilung jedoch erforderlich!), sind: Ehegatte, Lebensgefährte, Verwandte in gerader Linie, Adoptivkinder, Geschwister. Sie alle müssen mit dem verstorbenen Mieter bis zu dessen Tod in der Wohnung im **gemeinsamen Haushalt gelebt** und ein **dringendes Wohnbedürfnis** haben.

In gewissen Fällen gibt es auch einen **Eintritt unter Lebenden**, d. h. der Mieter darf dem oben erwähnten Personenkreis (ausgenommen: Lebensgefährte) die Wohnung ohne Zustimmung des Vermieters auch zu Lebzeiten überlassen. Allerdings müssen die Personen eine bestimmte Dauer (genauere Fristen enthält das Gesetz) nachweislich mit ihm im gemeinsamen Haushalt gelebt haben.

8. Verbesserungen an der Wohnung durch den Mieter

Grundsätzlich bedürfen Veränderungen oder Verbesserungen an der Wohnung der **Zustimmung** durch den Vermieter. Geplante Verbesserungen sind daher zu melden, Schweigen des Vermieters durch mehr als zwei Monate gilt allerdings als Zustimmung.

Erfolgt **keine Zustimmung,** dürfen nur **bestimmte** Verbesserungen vorgenommen werden (z. B. Etagenheizung, Telefon, Fernsehantenne, energiesparende Maßnahmen). Voraussetzung ist dabei jedoch, dass der Mieter die **Kosten selbst trägt,** die Arbeiten von **befugten Gewerbetreibenden** vornehmen lässt und das **äußere Erscheinungsbild** des Hauses **nicht beeinträchtigt** wird.

Finanzielle Ablöse der Verbesserung **(Investitionsablöse):**

Bei Beendigung seines Mietverhältnisses hat der Hauptmieter Anspruch auf Ersatz des Aufwandes, den er selbst getätigt oder seinem Vormieter abgelöst hat. Der Anspruch besteht aber nur für wesentliche Verbesserungen, die über sein Mietverhältnis hinaus von Nutzen sind. Ablösen ohne Gegenleistung sind jedoch verboten und können im Falle ihrer Bezahlung zurückgefordert werden.

Wiederholungsfragen – Arbeitsaufgaben - Diskussionsanregungen

1. *Wo sind die Regeln für die Miete von Wohnungen und Geschäftsräumlichkeiten enthalten?*

   im ______________________ und im ______________________

2. *Welche beiden Einrichtungen dienen dem Mieterschutz?*

   ______________________ ______________________

3. *Fällt die Miete der folgenden Objekte unter das vorliegende Gesetz?*

	ja	nein	teilweise
Rechtsanwaltskanzlei	○	○	○
mitgemieteter Parkplatz	○	○	○
Wohnung im Studentenheim	○	○	○
gemietete Suite im Hotel	○	○	○
Ferienwohnung	○	○	○
Wohnung im Einfamilienhaus	○	○	○

4. *In einer Zeitung finden Sie folgende Wohnung annonciert:*

   „70 m^2, Hauptmiete, Bad, WC, Einbauküche, 2 Räume mit Einzelöfen beheizt"

   Um welche Ausstattungskategorie handelt es sich, und welcher Hauptmietzins kann insgesamt verlangt werden?

   Kategorie ________ Hauptmietzins ________

   Was kann der Vermieter tun, um einen höheren Hauptmietzins zu erlangen?

   Er kann ______________________________________ .

5. *Aus welchen Teilen setzt sich der Mietzins zusammen?*

   ______________ ______________ ______________

6. *Was bedeutet „Kündigungsschutz" für den Mieter?*

   Er kann nur ______________________________ gekündigt werden.

   Außerdem müssen ______________________________ vorliegen.

7. *Nennen Sie vier häufige Gründe, durch die ein Mieter seine Wohnung verlieren kann:*

   ______________________ ______________________

   ______________________ ______________________

8. *Nennen Sie drei Arten von eintrittsberechtigten Personen:*

   ______________ ______________ ______________

9. *Unter welchen Voraussetzungen kann ein Mieter, der seine Wohnung aufgibt, eine Investitionsablöse verlangen?*

   ______________ ______________ ______________

10. *Eine ältere Dame möchte ihren Lebensabend im Pensionistenheim verbringen. Zwei Wochen vor ihrer Übersiedlung zieht ihr zwanzigjähriger Enkel, der einen eigenen Hausstand gründen möchte, in die Wohnung ein und meldet sich auch polizeilich an. Kann er einen Anspruch auf die Wohnung geltend machen?*

11. *Ein Mieter hat – aus persönlicher Vorliebe – in seiner Wohnung die Türstöcke auswechseln lassen und Rundbögen einbauen lassen, ohne den Vermieter zu benachrichtigen.*
    Bei Aufgabe der Wohnung verlangt er vom Vermieter seine Investition zum Zeitwert abgelöst. Der Vermieter verweigert dies und verlangt darüber hinaus die Wiederherstellung des vorigen Zustandes. Wer ist im Recht?

Gerichtsbarkeit

Normalerweise werden Löhne ausbezahlt, Schäden verbessert, die Verkehrsregeln eingehalten und Mitmenschen nicht verprügelt oder bestohlen, ohne dass es eines staatlichen Eingriffes bedarf. Was soll aber geschehen, wenn Menschen die Regeln verletzen?

Wie komme ich zu meinem Geld, wenn es mir mein Schuldner nicht zahlen möchte, wie stelle ich ab, dass mein Nachbar immer dann Lärm macht, wenn ich meine Ruhe haben will, wie wehre ich mich gegen ungerechtfertigte Forderungen?

Was passiert mir, wenn ich bei einem Autounfall jemanden verletzt habe, was geschieht, wenn mich jemand überfallen hat? Was geschieht mit dem Täter, wie komme ich zu meinem Schadenersatz?

Diese und ähnliche Fragen werden im folgenden Kapitel behandelt.

I. Einleitung und Grundbegriffe

Im demokratischen Staat ist die Stellung der unabhängigen, weisungsfreien **Richter** in der Verfassung verankert. Die Richter sind nur an die Gesetze und sonstigen Rechtsnormen gebunden und haben die schwierige Aufgabe, der Gerechtigkeit – soweit dies den Menschen möglich ist – Geltung zu verschaffen. Von ihren persönlichen Gefühlen lassen sich viele Menschen zu einer unbekümmert raschen Stellungnahme in Bezug auf manche Probleme des Alltags verleiten. Sie wissen nichts von den Schwierigkeiten, die sich für die Gerichtsbarkeit (und damit für die Richter) bei der Suche nach der Wahrheit und der objektiv zu treffenden **Bewertung** der Wahrheit ergeben.

Die **Strafgerichtsbarkeit** dient der Durchsetzung des **staatlichen Strafanspruchs.**

Jeder Person, die einer Straftat verdächtigt wird, muss ihre Schuld in einem eigenen Verfahren nachgewiesen werden. Solange dieser Nachweis nicht gelingt und keine rechtskräftige Verurteilung vorliegt, gilt diese Person als unschuldig. Dieser Grundsatz ist heute wegen der häufigen Zeitungsberichte in großer Aufmachung besonders wichtig.

Die **Zivilgerichtsbarkeit** dient der Durchsetzung **privatrechtlicher Ansprüche.**

Hat zum Beispiel der Käufer einer Sache aufgrund des Sachverhalts (z. B. ein bestimmter technischer Fehler an einem Gerät) und der Rechtslage einen Gewährleistungsanspruch und erfüllt der Verkäufer diesen Anspruch nicht freiwillig, so kann der Käufer beim zuständigen Gericht eine Klage einbringen. Ein weiteres Beispiel wäre, dass jemand einem anderen einen Schaden zufügt und sodann seinem gesetzlichen Auftrag, Schadenersatz zu leisten, nicht nachkommt.

II. Gerichte und Verfahrensgrundsätze

- **Ordentliche Gerichte:**
  Bezirksgerichte – Landesgerichte – Oberlandesgerichte – Oberster Gerichtshof
- **Außerordentliche Gerichte:**
  Verfassungsgerichtshof (VfGH), Verwaltungsgerichtshof (VwGH)

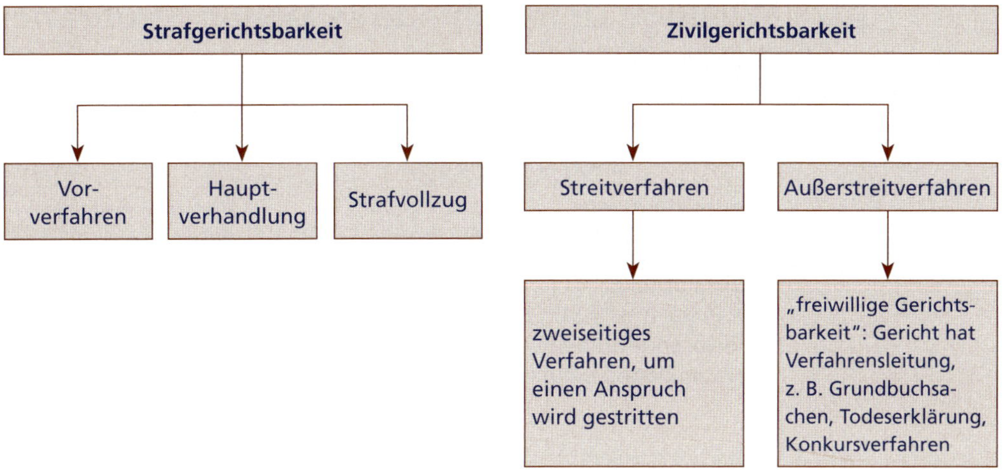

Verfahrensgrundsatz	Beschreibung
Öffentlichkeit und Mündlichkeit	Die Verhandlung vor dem erkennenden Gericht ist öffentlich und mündlich. Ausnahmen vom Grundsatz der Öffentlichkeit bestimmt das Gesetz (z. B. das zivilgerichtliche Verfahren in Ehesachen ist nicht öffentlich; im strafgerichtlichen Verfahren kann aus bestimmten Gründen die Öffentlichkeit ausgeschlossen werden: Sittlichkeit, Betriebsgeheimnisse usw.).
Laienbeteiligung	Das Volk hat an der Rechtsprechung mitzuwirken.
Waffengleichheit	Dem Richter ist die Auffindung des Rechts nur möglich, wenn beide Parteien vor Gericht mit **gleichen Mitteln** kämpfen können.
Ermittlung des Sachverhalts	Was nicht eindeutig **bewiesen** werden kann, kann nicht Grundlage einer Entscheidung sein.
Unmittelbarkeit	Entscheidungsgrundlage kann nur sein, was sich vor dem Gericht ereignet hat (Ausnahmen). Das Urteil darf nur von **Richtern** gefällt werden, die **an der gesamten mündlichen Verhandlung** teilgenommen haben.
Freie Beweiswürdigung	Das Gericht hat nach **freier Überzeugung** zu entscheiden, ob es aufgrund der durchgeführten Beweisaufnahme einen Sachverhalt oder eine Tatsachenbehauptung für erwiesen annimmt oder nicht. **Beweismittel**: Urkunden, Zeugen, Sachverständige, Augenschein, Vernehmung der Parteien
Überprüfbarkeit der Entscheidung	Die Parteien können die Entscheidung des Gerichts durch ein höheres Gericht nachprüfen lassen **(„Instanzenzug").**

Die aufgezeigten Verfahrensgrundsätze kennzeichnen die Gerichtsbarkeit in einem **demokratischen Staat.** Dazu gehört auch, dass die Richter in Ausübung ihres Amtes **unabhängig** (weisungsfrei), **unabsetzbar** und **unversetzbar** sind. Bei rechtswidrigem Verhalten sind sie jedoch absetzbar und versetzbar. Auf eigenen Wunsch können sie jederzeit versetzt werden.

III. Wichtige Unterschiede zwischen Strafgerichtsbarkeit und Zivilgerichtsbarkeit

Strafgerichtsbarkeit	Zivilgerichtsbarkeit
Rechtsgrundlage: **Strafprozessordnung**	Rechtsgrundlage **Zivilprozessordnung**
Offizialprinzip: Der Prozess wird von Amts wegen eingeleitet und vorangetrieben (wenige Ausnahmen: z. B. Privatanklagedelikte wie Ehrenbeleidigung).	**Parteiendisposition:** Die Parteien bestimmen über Einleitung, Gegenstand und Ende des Verfahrens. Setzen sie keine Handlungen, müssen sie mit Nachteilen für ihren Standpunkt rechnen. Sie können auch einen Vergleich schließen.
Ankläger (Staat, vertreten durch den **Staatsanwalt**). Die Öffentlichkeit (= der Staat) hat ein Interesse an der Überführung, Sicherung und Bestrafung des Täters. Der **Angeklagte** wird durch einen **Verteidiger** vertreten.	**Kläger** klagt (zumeist mit Hilfe eines Rechtsanwaltes) **Beklagten** wegen eines im Privatrecht begründeten Anspruchs. (Rechtsanwälte: „Klagevertreter und Beklagtenvertreter")
Der **wahre Sachverhalt** wird von Amts wegen festgestellt. Das Geständnis des Angeklagten genügt nicht.	Die Wahrheit wird mit Hilfe von **Beweisen**, die die **Parteien** beizubringen haben, festgestellt. Zugestandene Tatsachen bedürfen keines Beweises.
Relativ starke Laienbeteiligung; **Schöffen** und **Geschworene entscheiden.**	Laienbeteiligung geringer: Fachkundige Laien sind **Beisitzer** in Handelssachen sowie Arbeits- und Sozialrechtssachen.
Verurteilung mit Straffolgen (bedingt oder unbedingt) Folge: Täter vorbestraft, Ermahnung (Jugendstrafsachen) oder **Freispruch**	Urteil auf Leistung, Feststellung, Begründung oder Änderung eines Rechts
Rechtsmittelverfahren: zwei Instanzen	Rechtsmittelverfahren: zwei bis drei Instanzen

Häufig entspringt einer Straftat sowohl ein Strafverfahren als auch ein Zivilverfahren. Beispiele:

- **Schwere Körperverletzung:** Strafverfahren; um den Schadenersatz geht es in einem Zivilverfahren.
- **Einbruchsdiebstahl:** Strafverfahren; um den Ersatz des Wertes der gestohlenen Sachen (sofern sie nicht sichergestellt wurden) oder den beim Einbruch verursachten Schaden geht es in einem Zivilverfahren.

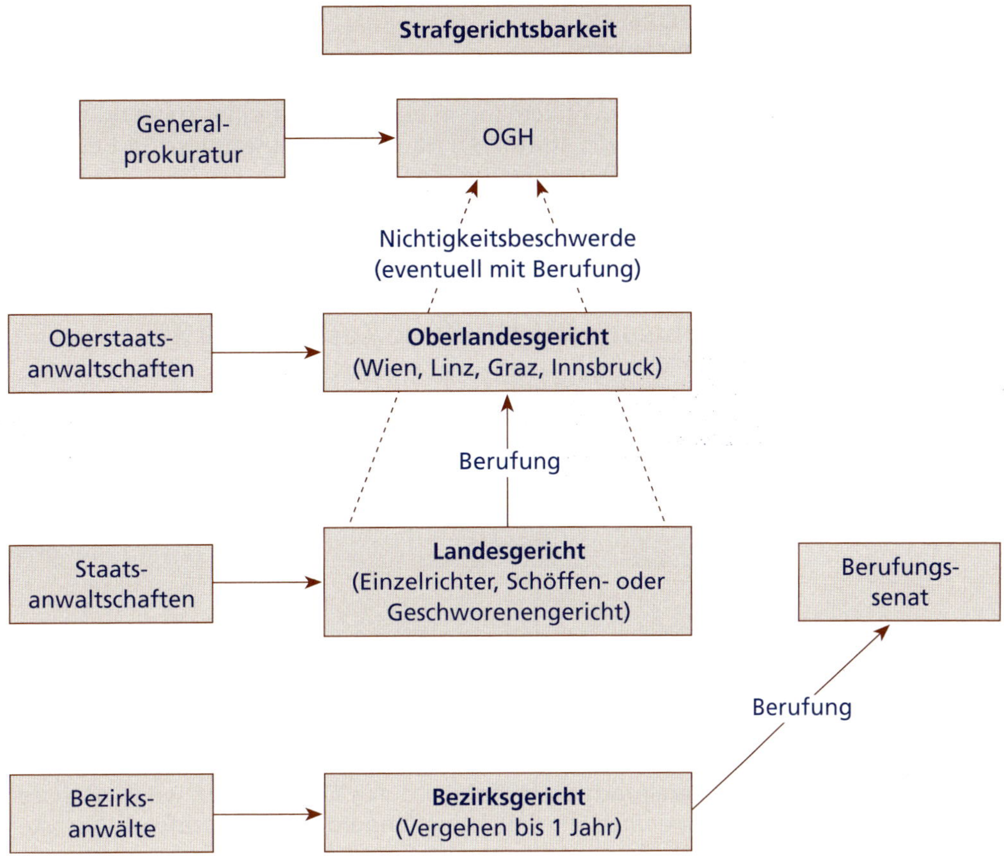
Strafgerichtsbarkeit
General-prokuratur
OGH
Nichtigkeitsbeschwerde (eventuell mit Berufung)
Oberstaats-anwaltschaften
Oberlandesgericht (Wien, Linz, Graz, Innsbruck)
Berufung
Staats-anwaltschaften
Landesgericht (Einzelrichter, Schöffen- oder Geschworenengericht)
Berufungs-senat
Berufung
Bezirks-anwälte
Bezirksgericht (Vergehen bis 1 Jahr)

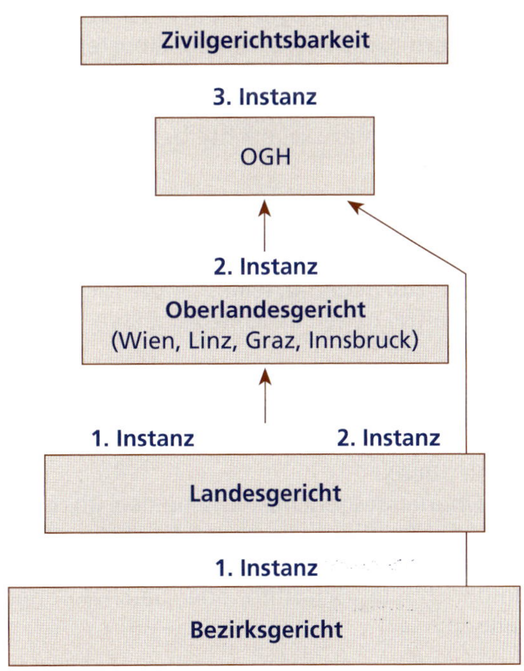
Zivilgerichtsbarkeit
3. Instanz
OGH
2. Instanz
Oberlandesgericht (Wien, Linz, Graz, Innsbruck)
1. Instanz
2. Instanz
Landesgericht
1. Instanz
Bezirksgericht

IV. Strafprozess

Was geschieht, wenn jemand in den Verdacht einer strafbaren Handlung gerät? Wer ist für die Verfolgung von strafbaren Handlungen zuständig? Gibt es andere Möglichkeiten als einen Schuldspruch oder Freispruch?

Diese und ähnliche Fragen werden im folgenden Abschnitt behandelt.

A. Gerichtsorganisation und Zuständigkeit

1. Sachliche Zuständigkeit

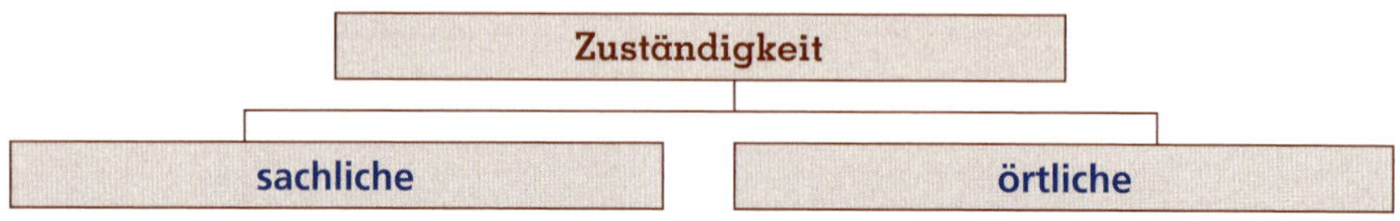

a) Die **Bezirksgerichte** führen das Strafverfahren bei gerichtlich strafbaren **Vergehen** mit einer Strafdrohung **bis zu einem Jahr** durch.

b) Die **Landesgerichte** sind berufen:
- als Ermittlungsgericht im Verfahren wegen Verbrechen und Vergehen durch Einzelrichter **(Haft- und Rechtschutzrichter);**
- im **vereinfachten Verfahren** durch Einzelrichter, wenn nach den Umständen des Falles anzunehmen ist, dass keine längere Freiheitsstrafe als höchstens fünf Jahre oder eine Geldstrafe zu verhängen ist;
- als **Schöffengericht** in einer Versammlung von **zwei Berufsrichtern** und **zwei Laienrichtern** (Schöffen) für alle Delikte (Verbrechen und Vergehen), die nicht im vereinfachten Verfahren oder durch ein Geschworenengericht abgeurteilt werden;
- als **Geschworenengericht** in einer Versammlung von **drei Berufsrichtern** und **acht Laienrichtern** (Geschworenen) zur Aburteilung aller Verbrechen, die mit einer Freiheitsstrafe von mehr als zehn Jahren bedroht sind;
- als **Rechtsmittelsenat** in einer Versammlung von **drei Berufsrichtern** bei Berufung gegen Urteile der Bezirksgerichte bei Vergehen mit einer Freiheitsstrafe bis zu einem Jahr.

c) Die **Oberlandesgerichte** und der **Oberste Gerichtshof** sind für die Überprüfung der Entscheidungen der Unterinstanzen zuständig. Das **Rechtsmittelverfahren** ist im Strafprozess wie folgt gestaltet:
Rechtsmittel gegen **Urteile** sind die **Nichtigkeitsbeschwerde** und die **Berufung.**
Rechtsmittel gegen **Beschlüsse** heißen **Beschwerden.**

Während mit Zivilsachen drei Instanzen beschäftigt werden können, sieht die Strafprozessordnung für Strafsachen nur zwei Instanzen vor:
- Über Berufungen gegen bezirksgerichtliche Urteile entscheiden die Landesgerichte (siehe oben);
- die Oberlandesgerichte entscheiden über Berufungen gegen Urteile der Landesgerichte und über Beschwerden gegen Beschlüsse dieser Gerichte;
- der Oberste Gerichtshof entscheidet über Nichtigkeitsbeschwerden gegen Urteile der Landesgerichte (als Schöffen- oder Geschworenengerichte) und die damit verbundenen Berufungen.

2. Örtliche Zuständigkeit

Die Aburteilung einer strafbaren Handlung steht in der Regel dem Gericht zu, in dessen Sprengel die Tat begangen wurde (Gerichtsstand des Tatortes).

B. Verfahren

Vorverfahren — Anklageerhebung Hauptverhandlung — eventuell Rechtsmittelverfahren — Strafvollzug

Die ersten Anhaltspunkte für eine Strafverfolgung werden gewöhnlich von der **Sicherheitsbehörde** ermittelt. Wenn dieser das Material als ausreichend erscheint, leitet sie den Akt an die Staatsanwaltschaft weiter. Der **Staatsanwalt** leitet das **Vorverfahren** und nimmt alle Untersuchungshandlungen vor, die zur Aufklärung des Sachverhalts notwendig sind. Der **Richter** ist in diesem Stadium für die Einhaltung der Grundrechte (Untersuchungshaft, Hausdurchsuchung, Telefonüberwachung etc.) zuständig.

Im Vorverfahren befindet sich der Beschuldigte entweder auf **freiem Fuß** oder in **Untersuchungshaft**. Diese darf nur bei **Fluchtgefahr, Verdunkelungsgefahr** (z. B. der Täter möchte die Tat nachträglich verheimlichen) oder **Wiederholungsgefahr** verhängt werden.

Nach Beendigung des Vorverfahrens kommt es entweder zur Einstellung des Verfahrens, oder der Staatsanwalt erhebt die Anklage.

In der Anklageschrift stellt er den Antrag auf Anordnung einer Hauptverhandlung vor dem zuständigen Gericht gegen einen bestimmten Beschuldigten wegen einer bestimmten Straftat.

Den **Ablauf der Hauptverhandlung** charakterisieren nachstehende Schlagworte: Aufruf der Sache – „Generalien" (= Alter, Beruf usw.) des Angeklagten – Beeidigung der Schöffen oder Geschworenen – Vortrag der Anklageschrift – Gegenäußerung der Verteidigung – Vernehmung des Angeklagten – Beweisverfahren (Ermittlung des Sachverhalts mit Hilfe der Beweismittel) – Schlussvorträge des Anklägers und des Verteidigers (Plädoyers) – Beratung des Gerichtes (Urteilsfällung) – Urteilsverkündung und Rechtsmittelbelehrung

Bei der **Strafzumessung** muss das Gericht alle Erschwerungs- und Milderungsgründe berücksichtigen, um die Strafe innerhalb des gesetzlichen Strafrahmens bei Wertung von Tat und Schuld richtig festzusetzen. Vom außerordentlichen Strafmilderungsrecht spricht man, wenn die Strafe unter dem gesetzlichen Mindestmaß festgelegt wird.

Wenn jemand einer Straftat verdächtig ist und er einsichtig ist und sich bereit erklärt, für die Folgen dieser Tat einzustehen (Schadensgutmachung; Bereitschaft, gemeinnützige Leistungen zu erbringen), kann der Staatsanwalt eine **Diversion** (außergerichtlicher Tatausgleich, Bezahlung einer Geldbuße, Leistung gemeinnütziger Arbeit) durchführen. Sobald diese erfolgt ist, kann er von einer weiteren Verfolgung absehen.

Die **bedingte Strafnachsicht** (ungenau: „bedingte Verurteilung") ist die Nachsicht der Vollstreckung einer ausgesprochenen Strafe. Nach Ablauf einer bestimmten Probezeit gilt die Strafe als verbüßt. Der Betreffende ist aber „vorbestraft".

Wird vom Verurteilten oder vom Staatsanwalt ein **Rechtsmittel** ergriffen (Rechtsmittelfrist 4 Wochen), schließt sich an das Verfahren erster Instanz das Rechtsmittelverfahren an. Die Entscheidung der zweiten Instanz ist endgültig. Wenn kein Rechtsmittel eingebracht wird oder bereits die zweite Instanz entschieden hat, kommt es zum **Strafvollzug.**

C. Jugendgerichtsgesetz

Es enthält Sonderbestimmungen im Bereich Strafrecht und Strafprozess. Grundgedanke ist, dass der jugendliche Täter vor allem gebessert und erzogen und in geordnete Verhältnisse zurückgeführt werden soll. Daher sollen die Maßnahmen nicht vorrangig der Vergeltung und Abschreckung dienen.

1. Jugendliche im Sinne des Gesetzes sind **Personen vom 14. bis zum 18. Lebensjahr.** Sie sind strafrechtlich verantwortlich, außer es liegen besondere Umstände vor (z. B. verzögerte Reife). Personen vom **18. bis zum 21. Lebensjahr** (so genannte **junge Erwachsene**) fallen auch in die Zuständigkeit der Jugendgerichte; bei den Strafen gelten die Obergrenzen von Erwachsenen, während es großteils keine Untergrenzen gibt.

2. Im Jugendstrafverfahren gelten zahlreiche Sondervorschriften. So kann in Fällen **minder schwerer Kriminalität** der Staatsanwalt von der Verfolgung überhaupt absehen und das Verfahren eingestellt werden. Es kann aber auch zu einer vorläufigen Verfahrenseinstellung auf Probe oder gegen Auflagen kommen, um Neben- und Spätwirkungen einer Verurteilung zu vermeiden.
   Das Gericht kann sich auch damit begnügen, den jugendlichen Rechtsbrecher ohne Rechtsfolge schuldig zu sprechen (Schuldspruch ohne Strafe).

3. **Außergerichtlicher Tatausgleich**
   Zeigt der Verdächtige Bereitschaft, für die Folgen der Tat einzustehen und allfällige Tatfolgen gutzumachen, kann das Verfahren ebenfalls eingestellt werden. Bewährungshelfer können zu diesem Zweck einen Versöhnungsversuch zwischen Täter und Opfer unternehmen (so genannter **Täter-Opfer-Ausgleich**) oder den Jugendlichen zur Erbringung gemeinnütziger Leistungen beziehungsweise Besuch von Kursen oder Sozialtrainings veranlassen.

4. **Halbierung des Strafausmaßes**
   Das Höchstmaß aller zeitlichen Freiheitsstrafen ist auf die Hälfte herabgesetzt.
   Statt lebenslanger Freiheitsstrafe ist, wenn der Jugendliche zum Zeitpunkt der Tatbegehung das 16. Lebensjahr noch nicht vollendet hatte, eine Freiheitsstrafe bis 10 Jahren, ansonsten eine solche bis zu 15 Jahren angedroht.

5. Der **Jugendstrafvollzug** ist ebenfalls auf die Grundgedanken des Jugendgerichtsgesetzes abgestimmt: **Erziehung vor Bestrafung**. Auch die Möglichkeiten der gerichtlichen Benachrichtigungen von eingeleiteten oder abgewickelten Strafverfahren sind eingeschränkt.

D. Tilgung

Die **Unbescholtenheit** einer wegen einer strafbaren Handlung rechtskräftig verurteilten Person kann durch Tilgung **wiederhergestellt** werden. Je nach Art der verhängten Strafe betragen die Tilgungsfristen 5, 10 oder 15 Jahre. Ein Leumundszeugnis ist der Nachweis, ob eine nicht getilgte „Vorstrafe" eingetragen ist oder nicht (Bescheinigung über Verurteilungen, „polizeiliches Führungszeugnis"). Bei rechtskräftiger Verurteilung zu einer lebenslangen Freiheitsstrafe ist eine Tilgung ausgeschlossen. Die Tilgung erfolgt kraft Gesetzes, ein Antrag muss daher nicht gestellt werden: automatische Tilgung im Strafregisteramt Wien.

V. Zivilprozess

Wie und wo kann ich meine Ansprüche geltend machen? Brauche ich dazu einen Rechtsanwalt? Was mache ich, wenn ich nicht genug Geld habe um einen Prozess zu führen? Ist mit einem Zahlungsbefehl oder einem Urteil schon alles erledigt oder kann ich etwas dagegen tun?

Wie setze ich mir zustehende Ansprüche durch, wenn der bereits verurteilte Schuldner nicht freiwillig zur Leistung bereit ist?

Diese und ähnliche Fragen werden im folgenden Abschnitt behandelt.

A. Gerichtsorganisation und Zuständigkeit

1. Sachliche Zuständigkeit

Das **Bezirksgericht** ist zuständig:

a) für Streitigkeiten über vermögensrechtliche Ansprüche, wenn der Streitwert € 10.000,– nicht übersteigt („Wertzuständigkeit")

b) **ohne Rücksicht** auf den **Wert** des Streitgegenstandes („Eigenzuständigkeit") für:
- Streitigkeiten über die Bestimmung oder Berichtigung von **Grenzen** unbeweglicher Güter
- Streitigkeiten wegen **Besitzstörung**
- Streitigkeiten aus **Miet-** oder **Pachtverträgen** über unbewegliche Sachen
- **Eheangelegenheiten** (Scheidung, Aufhebung, Nichtigerklärung)

c) im so genannten **„außerstreitigen Verfahren":** für Vormundschaft, Adoption, Pflegschafts-(Sachwalterschafts-)Sachen, Verlassenschaft, Grundbuch und Beglaubigung von Unterschriften oder Abschriften. Im Außerstreitverfahren gibt es keinen Kläger und Beklagten, nur Antragsteller und eventuell Antragsgegner.

Das **Landesgericht** ist zuständig:

a) allgemein für **Streitigkeiten über vermögensrechtliche Ansprüche,** wenn der **Streitwert € 10.000,– übersteigt** und nicht Eigenzuständigkeit des Bezirksgerichtes gegeben ist

b) als **„Handelsgericht"** (bzw. als **„Handelsgericht Wien")**
- wenn der Streitwert € 10.000,– übersteigt, für Streitigkeiten
- aus **Handelsgeschäften,** wenn die Klage gegen ein Unternehmen gerichtet und das Geschäft zugleich auf der Seite des Beklagten ein unternehmensbezogenes Geschäft ist;
- aus der Veräußerung eines Unternehmens;
- aus dem Firmenrecht;
- nach dem Aktiengesetz;
- die sich aus dem Wechsel- und Scheckverkehr ergeben.

Übersteigt der Streitwert in diesen Fällen den Wert von € 10.000,– nicht, dann sind die **Bezirksgerichte „in Handelssachen"** zuständig.
Ohne Rücksicht auf den Streitwert gehören vor die Handelsgerichte:
Angelegenheiten (Ansprüche) nach den Schutzvorschriften des wirtschaftlichen Wettbewerbs (rechtswidriger Gebrauch von Erfindungen, Mustern, Modellen, Marken, Streitigkeiten in Zusammenhang mit dem Gesetz gegen den unlauteren Wettbewerb und dem Urheberrechtsgesetz).

c) als **„Arbeits- und Sozialgericht"** (bzw. als **„Arbeits- und Sozialgericht Wien")**

◆ für aus dem Arbeitsverhältnis entspringende Streitigkeiten
- zwischen Arbeitgebern und Arbeitnehmern;
- zwischen Arbeitgebern oder Arbeitnehmern und Mitgliedern der Organe der Arbeitnehmerschaft im Zusammenhang mit deren Organtätigkeit;
- zwischen Arbeitnehmern im Zusammenhang mit der gemeinsamen Arbeit
- usw. (Näheres siehe ASGG § 50)

◆ für aus dem Sozialrecht entspringende Streitigkeiten,
- die den Bestand, den Umfang oder das Ruhen eines Anspruches auf Versicherungsleistung,
- die Pflicht zum Rückersatz einer zu Unrecht empfangenen Versicherungsleistung,
- die Ersatzansprüche der Träger der Sozialhilfe betreffen,
- über das Pflegegeld
- usw. (Näheres siehe ASGG § 65)

d) In **Außerstreitsachen** sind die Landesgerichte für die Todeserklärung und die Kraftloserklärung von Urkunden und als Handelsgerichte für die Führung des Firmenbuches zuständig.

Die **Oberlandesgerichte** und der **Oberste Gerichtshof** sind Rechtsmittelinstanzen.

2. Örtliche Zuständigkeit („Gerichtsstand")

a) Alle **Klagen,** die nicht aufgrund der Zuständigkeitsvorschriften unbedingt bei einem anderen Gericht eingebracht werden müssen, sind bei **dem sachlich zuständigen Gericht** einzubringen (Bezirksgericht bzw. Landesgericht), in dessen Sprengel der **Beklagte** seinen **Wohnsitz,** Sitz der Verwaltung (bei Personengesellschaften und juristischen Personen) oder gewöhnlichen Aufenthaltsort hat **(allgemeiner Gerichtsstand).**

b) **Besondere Gerichtsstände**

- ♦ Gerichtsstand der **Niederlassung des Klägers:** Protokollierte Kaufleute können Forderungen wegen Warenlieferungen und Leistungen gegen Kaufleute am Ort der eigenen Niederlassung einklagen.
- ♦ Gerichtsstand des **Erfüllungsortes:** Klagen auf Feststellung des Bestehens oder Nichtbestehens eines Vertrages, auf dessen Erfüllung oder Aufhebung sowie auf Entschädigung wegen Nichterfüllung oder nicht gehöriger Erfüllung können bei dem Gericht des Ortes erhoben werden, an dem der Vertrag nach Übereinkunft der Parteien vom Beklagten zu erfüllen ist.
- ♦ Der **„Fakturengerichtsstand"** ist ein Sonderfall und wird begründet, wenn die Faktura spätestens mit der Ware übersendet wird und z. B. die Klausel „Zahlbar und klagbar in Wien" enthält. Kläger und Beklagter müssen ein Handelsgewerbe betreiben, und es muss sich um eine Klage wegen einer Warenlieferung handeln. Wichtig ist, dass der Ort namentlich angeführt ist.
- ♦ Gerichtsstand der **Schadenszufügung.** Bei Verkehrsunfällen kann nicht nur am allgemeinen Gerichtsstand, sondern auch am Gerichtsstand der Schadenszufügung (= Unfallort) geklagt werden.
- ♦ **Vermögensgerichtsstand:** Der Wert des gesamten Vermögens darf nicht unverhältnismäßig geringer sein als der Wert des Streitgegenstandes.
- ♦ Gerichtsstand des **Ortes der Arbeitsleistung,** des Ortes der **Bezahlung des Arbeitsentgelts** usw. in arbeitsrechtlichen Streitigkeiten.
- ♦ Gerichtsstand des Wohnsitzes bzw. gewöhnlichen **Aufenthalts des Versicherten** in Sozialrechtssachen.

B. Übersicht über Instanzenzug und Gerichtsbesetzung

Dritte Instanz	**Oberster Gerichtshof**	
über Rechtsmittelentscheidungen der	Landes- und Handelsgerichte in 2. Instanz	Oberlandesgerichte in 2. Instanz
	durch den 5-Richter-Senat[1)]	
Zweite Instanz	**Landes-, Handelsgerichte**	**Oberlandesgerichte**
über Entscheidungen der	Bezirksgerichte	Landes- und Handelsgerichte Arbeits- und Sozialgerichte
	durch den 3-Richter-Senat[2)]	durch den 5-Richter-Senat[1)] durch den 3-Richter-Senat[3)]
Erste Instanz	**Bezirksgerichte**	**Landesgericht sowie LG als HG oder ASG**
Entscheidung von Rechtsstreitigkeiten	durch Einzelrichter	durch Einzelrichter
	♦ Streitwert bis € 10.000,– ♦ uneheliche Vaterschaft ♦ Unterhalt ♦ Besitzstörung ♦ Bestandsachen ♦ Ehesachen	♦ Streitwert bis € 50.000,– ♦ Wechsel bis € 50.000,–
		durch den 3-Richter-Senat[2)3)]
		♦ Streitwert (Wechsel) über € 50.000,– ♦ Amtshaftungssachen ♦ Arbeits- und Sozialrechtssachen
besondere Verfahrensarten	♦ Besitzstörungs-, ♦ Mandats- und Wechselverfahren	♦ Mandats- und ♦ Wechselverfahren über € 10.000,–

1) im ASG-Verfahren: 3 Berufsrichter, 2 Laienrichter, je einer aus dem Kreis der AG und AN
2) im ASG-Verfahren: 1 Berufsrichter, 2 Laienrichter, je einer aus dem Kreis der AG und AN
3) in Handelssachen: 2 Berufsrichter, 1 Laienrichter

C. Von der Klage bis zur Vollstreckung

Prinzipiell darf es nicht ausschließlich um das Gewinnen des Prozesses gehen, sondern um das Ergebnis, das mit einer gewissen Wahrscheinlichkeit erwartet werden kann. Deshalb muss man einerseits **im Recht sein und dies auch beweisen können** und andererseits die Chance haben, aufgrund des gewonnenen Prozesses den Anspruch erhalten zu können (also z. B. eine Forderung zumindest teilweise hereinzubringen).

1. Einleitung des Verfahrens

Mit der **Klage,** die der Kläger in der Regel schriftlich beim zuständigen Gericht einbringt (einreicht), begehrt er Rechtsschutz durch eine gerichtliche Entscheidung. Wesentlicher **Inhalt der Klage:** Gericht, Kläger, Beklagter, Streitwert, Darstellung des **Sachverhalts, Beweismittel** und ein **bestimmtes Klagebegehren** (Urteilsantrag). Beim Bezirksgericht kann die Klage auch mündlich zu Protokoll gegeben werden.

2. Gang des Verfahrens

Das Gericht erlässt aufgrund der Klage bei einem Streitwert bis € 30.000,–, sofern nur Zahlungsansprüche geltend gemacht werden, einen **Zahlungsbefehl** und stellt ihn dem Beklagten zu. Gegen den Zahlungsbefehl kann der Beklagte binnen 4 Wochen Einspruch erheben.

In diesem Fall tritt der Zahlungsbefehl außer Kraft und das Gericht setzt einen Verhandlungstermin an.

Übersteigt der Streitwert € 30.000,–, sind mit dem Zahlungsbegehren auch andere Ansprüche (Dienstzeugnis, Feststellung) verbunden oder werden nur andere Ansprüche (Dienstzeugnis, Feststellung) geltend gemacht, so trägt das Landesgericht (Streitwert über € 10.000,–) die **Klagebeantwortung** auf oder es ist vom Bezirksgericht (Eigenzuständigkeiten oder Streitwert unter € 10.000,–) sofort eine **Verhandlung** anzuberaumen.

Wird die Klagebeantwortung nicht rechtzeitig erstattet, so kann auf Antrag des Klägers ein **Versäumungsurteil** erlassen werden (dagegen kann binnen 14 Tagen Widerspruch erhoben werden, der den Inhalt einer Klagebeantwortung haben muss).

Mit der Zustellung der Klage wird die **„Streitanhängigkeit"** begründet.

Die erste Verhandlung ist die **vorbereitende Tagsatzung**. Sie hat eine verfahrensbeschleunigende und prozessökonomische Funktion. Es wird geklärt, ob überhaupt und zu welchen Beweisthemen ein Prozess geführt wird, während es erst in der **Tagsatzung zur mündlichen Streitverhandlung** regelmäßig zu Beweisaufnahmen kommt. Die Parteien **können** (bei den Bezirksgerichten bis zu einem Streitwert von € 4.000,– und bei allen Verfahren vor dem Arbeits- und Sozialgericht) oder **müssen** (über € 4.000,– und bei den anderen Gerichten: **Anwaltspflicht**!) sich (genauso wie im weiteren Verfahren) vertreten lassen.

Erscheinen beide Parteien zum Termin, so wird das Verfahren **streitig**. Erscheint nur eine Partei (meist der Kläger), so kann auf Antrag der erschienenen Partei ein **Versäumungsurteil** erlassen werden (dagegen kann kein Widerspruch erhoben werden). Erscheinen beide Parteien nicht (oder entfernen sie sich – vereinbarungsgemäß – ohne Antragstellung), so tritt **Ruhen des Verfahrens** ein. Das Verfahren kann in diesem Fall erst frühestens nach Ablauf von 3 Monaten fortgesetzt werden.

In der **mündlichen Streitverhandlung** wird das **Beweisverfahren** durchgeführt. Als **Beweismittel** stehen dabei **Zeugen**, **Urkunden**, **Sachverständige**, **Augenschein** und **Parteienvernehmung** zur Verfügung. Alle Beweismittel sind **gleichwertig**. Zeugen müssen vor Gericht erscheinen und aussagen und können auch zwangsweise vorgeführt werden. Sie haben ein Entschlagungsrecht in der Beantwortung einzelner Fragen und sind darüber vom Richter zu belehren. Parteien können nie zur Aussage gezwungen werden.

Durch **freie Beweiswürdigung** (Ausnahme: öffentliche Urkunden) stellt das Gericht den Sachverhalt fest. Auf den erwiesenen Sachverhalt müssen die passenden Rechtssätze angewendet werden. Die Entscheidung des Gerichtes ist nichts anderes als die logische Schlussfolgerung aus Sachverhalt und Rechtsnorm. Die Entscheidungen ergehen entweder in der Form des **Urteils,** das „im Namen der Republik" verkündet bzw. schriftlich ausgefertigt wird, oder des **Beschlusses.**

Der Zivilprozess kann durch einen **Vergleich** der Parteien jederzeit beendet werden, bevor eine Entscheidung gefällt wird.

Ablauf eines Zivilprozesses

<table>
<tr><td colspan="5">Klage</td></tr>
<tr><td colspan="2">Streitgegenstand nur Geldforderung bis € 30.000,–</td><td colspan="3">Streitgegenstand Geldforderung über € 30.000,– und/oder andere Forderung</td></tr>
<tr><td colspan="2">↓
Zahlungsbefehl</td><td colspan="3">↓
vorbereitende Tagsatzung (im Landesgericht nach Klagebeantwortung)
↓</td></tr>
<tr><td>Einspruch (im Landesgericht mit Klagsbeantwortung verbunden) →
Verfahren wird streitig</td><td>kein Einspruch → rechtskräftig und vollstreckbar</td><td>beide erscheinen: Verfahren wird streitig</td><td>nur Kläger erscheint (im Landesgericht: Beklagter erstattet keine Klagebeantwortung): Kläger kann Versäumungsurteil beantragen</td><td>niemand erscheint: Verfahren ruht</td></tr>
<tr><td colspan="2"></td><td></td><td>Widerspruch (nur gegen Versäumungsurteil wegen Nichterstattung der Klagebeantwortung; muss den Inhalt einer Klagebeantwortung haben)</td><td>Fortsetzungsantrag nach 3 Monaten</td></tr>
<tr><td colspan="2">↓</td><td>↓</td><td>↓</td><td>↓</td></tr>
<tr><td colspan="5">Tagsatzung zur mündlichen Streitverhandlung
nur Kläger erscheint zur ersten Verhandlung kann Versäumungsurteil beantragen
beide Parteien erscheinen zur ersten Verhandlung
↓
Beweisverfahren
↓</td></tr>
<tr><td colspan="2">Urteil</td><td colspan="3">Vergleich
rechtswirksam und vollstreckbar</td></tr>
<tr><td>Berufung
↓</td><td>keine Berufung → rechtskräftig und vollstreckbar</td><td colspan="3" rowspan="4"></td></tr>
<tr><td colspan="2">Berufungsentscheidung</td></tr>
<tr><td>Revision
↓</td><td>keine Revision → rechtskräftig und vollstreckbar</td></tr>
<tr><td colspan="2">Revisionsentscheidung rechtskräftig und vollstreckbar</td></tr>
</table>

D. Besondere Verfahrensarten

Besondere Verfahrensarten bezwecken im Wesentlichen die **Abkürzung** des Prozesses.

1. Besitzstörungsverfahren

Die Verhandlung kann schon am Tag der Klageeinbringung angeordnet werden und ist auf die Tatsache des letzten Besitzstandes und der erfolgten Störung zu beschränken. Die Entscheidung des Gerichts heißt **Endbeschluss.**

2. Mandatsverfahren

Wenn mit einer Klage Forderungen auf Geld oder andere vertretbare Sachen geltend gemacht werden, die durch **Urkunden** belegt sind, kann der Kläger beantragen, dass gegen den Beklagten ein **Zahlungsauftrag** – ohne vorhergehende mündliche Verhandlung – erlassen werde. Dieser beinhaltet die Aufforderung, die geltend gemachten Ansprüche zu befriedigen oder **Einwendungen** zu erheben. Erhebt der Gegner keine Einwendungen, wird der Zahlungsauftrag rechtskräftig und vollstreckbar. Werden Einwendungen erhoben, ist vom Gericht eine mündliche Streitverhandlung anzuberaumen. Für die Wirtschaft bedeutsam ist das **Wechselmandatsverfahren,** das für wechsel- und scheckrechtliche Rückgriffsansprüche angewandt werden kann. Die Leistungs- und Einwendungsfrist beträgt hier nur drei Tage (besondere Kürze – formelle Wechselstrenge!).

Das Gericht erlässt, ohne die Gegenseite vorher zu hören, ein **Leistungsgebot**. Ein wirklicher Prozess entsteht erst dann, wenn derjenige, der leisten soll, Einwendungen erhebt.

E. Rechtsmittelverfahren

Rechtsmittel im Zivilprozess ist jeder Parteienantrag, der auf **Überprüfung** und **Abänderung** oder **Aufhebung** der Entscheidung des Gerichtes einer unteren Instanz gerichtet ist. Die **Rechtsmittelfrist** beginnt mit dem Wirksamwerden (Verkündung oder Zustellung) der Entscheidung und beträgt grundsätzlich 4 Wochen (Berufung, Revision).

Im Allgemeinen werden in einem Rechtsmittel alle **Umstände** angeführt, die die behauptete **Fehlentscheidung verursacht** haben sollen.

Es kann
- Das **Verfahren nichtig** oder **mangelhaft** sein,
- die **Beweiswürdigung und/oder die Tatsachenfeststellung unrichtig** sein,
- eine **aktenwidrige Feststellung** vorliegen oder
- die **rechtliche Beurteilung** der Streitsache **falsch** sein.

Im Rechtsmittelverfahren herrscht Anwaltspflicht (ausgenommen im Arbeits- und Sozialgerichtlichen Verfahren). Das **ordentliche Rechtsmittel** gegen ein **Urteil erster Instanz** heißt **Berufung,** gegen ein **Urteil der zweiten Instanz Revision.** Der **Rekurs** ist das ordentliche Rechtsmittel gegen gerichtliche **Beschlüsse.** Ob ein Bezirksgericht oder ein Landesgericht erste Instanz ist, richtet sich nach den Zuständigkeitsvorschriften.

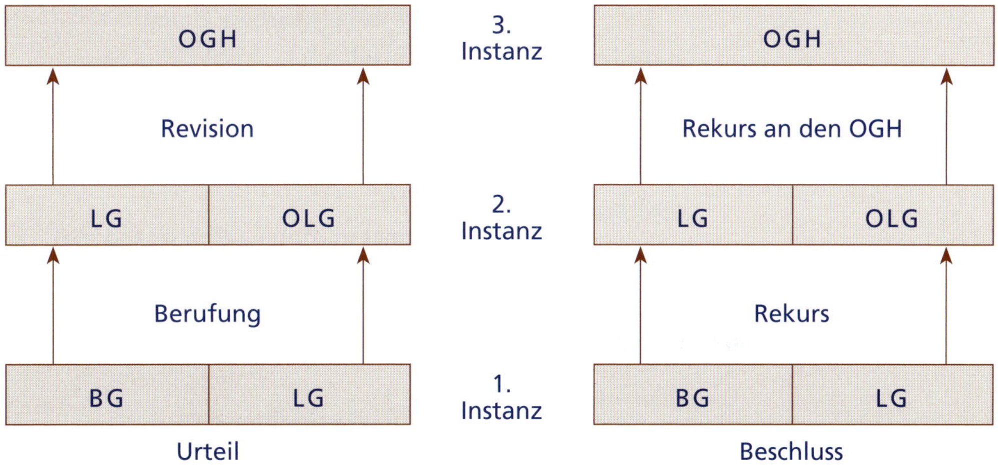

Für die Anrufung des Obersten Gerichtshofes gibt es Einschränkungen („**Revisionsbeschränkungen**“):
Der OGH kann nur angerufen werden

- bei **Rechtsfragen von erheblicher Bedeutung**, wenn der Streitwert € 4.000,– übersteigt oder nicht vermögensrechtlicher Natur ist oder eine Unterhaltsbemessung enthält.

Wird gegen eine Entscheidung kein Rechtsmittel ergriffen oder ist dagegen keines mehr möglich (z. B. gegen Entscheidungen des OGH), wird die Entscheidung **rechtskräftig** („sie erwächst in Rechtskraft“). Wenn der Leistungspflichtige der ihm durch die Entscheidung (Urteil oder Beschluss) auferlegten Verpflichtung dann nicht fristgerecht nachkommt, kann (zwangsweise) **vollstreckt** werden.

F. Vollstreckung (Exekution)

Die Prozessgegner heißen im Vollstreckungsverfahren „betreibende“ und „verpflichtete“ Partei. Grundlage für die Vollstreckung sind die **Exekutionstitel:** rechtskräftige und vollstreckbare Urteile, Beschlüsse, Zahlungsaufträge, Zahlungsbefehle, gerichtliche Vergleiche usw.

Die Vollstreckung in das bewegliche Vermögen erfolgt durch **Pfändung** und **Verwertung** (Verkauf) beweglicher Sachen. Wesentlich häufiger und einfacher ist die **Lohnpfändung** und **Überweisung** an die betreibende Partei. Bestimmte Sachen, die für den Verpflichteten unentbehrlich sind, sowie das finanzielle **Existenzminimum** sind der Vollstreckung entzogen. Die Exekution in das unbewegliche Vermögen des Verpflichteten findet durch zwangsweise Pfandrechtsbegründung, Zwangsverwaltung bzw. Zwangsversteigerung statt. Es gibt auch eine Exekution zur Erwirkung von Handlungen und Unterlassungen.

Exekution (Zwangsvollstreckung) = Durchsetzung urkundlich festgestellter Ansprüche auf Erbringung einer Leistung oder auf eine Unterlassung unter Anwendung staatlicher Zwangsgewalt.

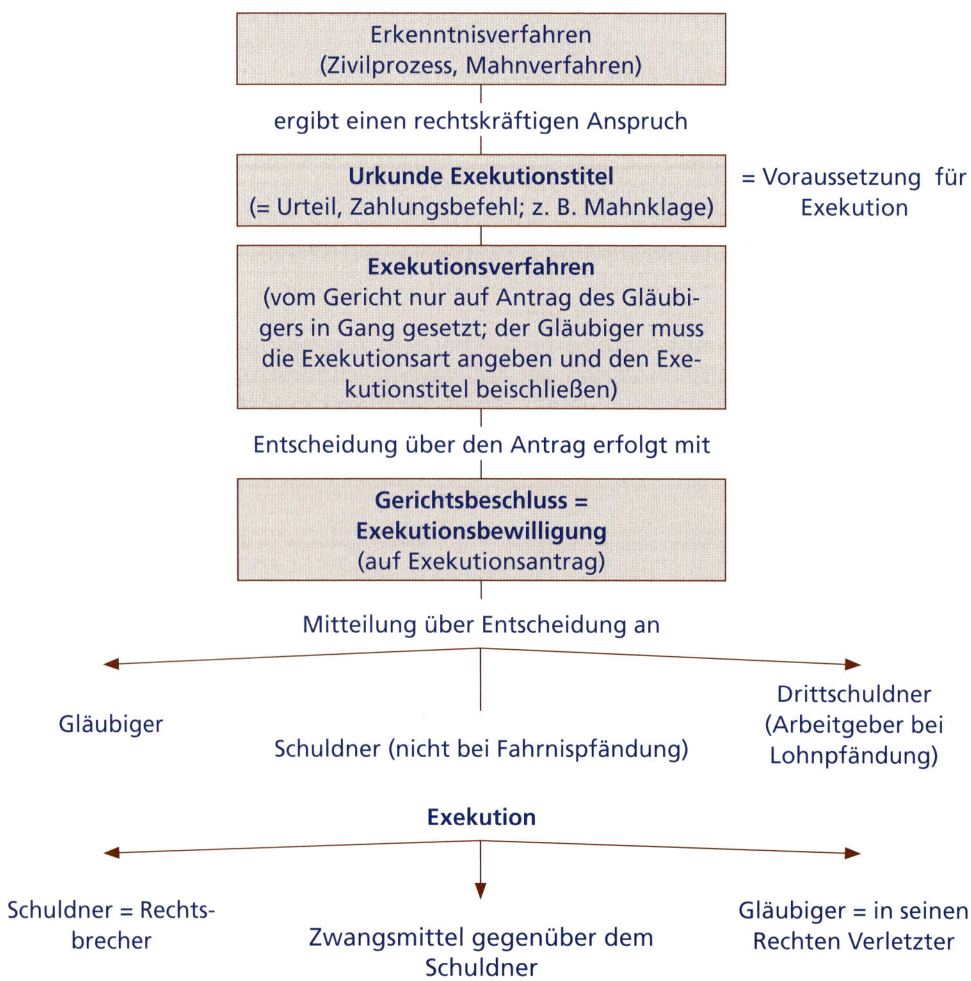

Zwangsmittel gegenüber dem Schuldner:

a) Pfändung, Verwahrung und Verkauf von beweglichen körperlichen Sachen (Fahrnissen), die sich in der Wohnung des Schuldners bzw. seinem Geschäftslokal befinden oder in Verwahrung anderer Personen sind
b) Pfändung und Überweisung eines Teiles des Arbeitseinkommens
c) Pfändung von unbeweglichen Gegenständen seines Eigentums. Zwangsversteigerung von Liegenschaften (Haus, Grund)
d) Pfändung von Forderungen (Forderungsexekution)

Wiederholungsfragen – Arbeitsaufgaben – Diskussionsanregungen

1. Einer der wichtigsten Rechtsgrundsätze im demokratischen Staat besteht darin, dass die Richter in Ausübung ihres Amtes ____________________ sind.

2. Die Strafgerichtsbarkeit dient der Durchsetzung ____________________, die Zivilgerichtsbarkeit der Durchsetzung ____________________ .

3. Welche Verfahrensgrundsätze gibt es?

____

4. Welche Unterschiede zwischen Strafgerichtsbarkeit und Zivilgerichtsbarkeit kennen Sie?

Strafgerichtsbarkeit	*Zivilgerichtsbarkeit*
____________________	____________________
____________________	____________________
____________________	____________________
____________________	____________________

5. Welche Beweismittel gibt es? ____________________

6. Ein Schöffengericht umfasst _____ Berufsrichter und _____ Schöffen, ein Geschworenengericht _____ Berufsrichter und _____ Geschworene.

7. Das Geschworenengericht ist zuständig zur Aburteilung aller Verbrechen, die mit einer Freiheitsstrafe von mehr als _____ Jahren bedroht sind.

8. Im Strafverfahren beantragt zunächst der Staatsanwalt die _____ . Danach kommt es zur _____ oder zur _____ des Verfahrens.

9. Die Nachsicht von der Vollstreckung einer ausgesprochenen Strafe unter Probezeit nennt man ____________________ .

10. Jugendliche im Sinne des Jugendgerichtsgesetzes sind Personen vom _____ bis zum _____ Lebensjahr.

11. Einen Schuldspruch ohne Strafausspruch bzw. unter Aufschub des Strafausspruches nennt man ____________________ .

12. Im Jugendgerichtsgesetz beträgt das Mindest- und Höchstmaß aller angedrohten zeitlichen Freiheitsstrafen ____________________ .

13. Die Wiederherstellung der Unbescholtenheit einer rechtskräftig verurteilten Person nennt man ____________________. Sie erfolgt ____________________ .

14. Versuchen Sie, das Rechtsmittelverfahren bei der Strafgerichtsbarkeit zu beschreiben.

____

15. *Vor welches Gericht gehören die aufgezählten Streitigkeiten?*

	Bezirksgericht	Landesgericht
Grenzstreitigkeiten	○	○
Mietzinsrückstand (betreffend eine Wohnung) von € 12.500,–	○	○
Ehescheidungsklage	○	○
Kaufpreisforderung über € 10.000,–	○	○
Besitzstörungsklage	○	○
Streitigkeit aus dem Arbeitsverhältnis	○	○

16. *Bis zu welchem Streitwert ist das Bezirksgericht zuständig?* ___________

17. *Welche der aufgezählten Angelegenheiten gehören in das Außerstreitverfahren der Gerichte?*

○ *Bestellung eines Vormundes*
○ *Einforderung von Pachtrückständen*
○ *Ansuchen um Gewerbeberechtigung*
○ *Kraftloserklärung von Urkunden*
○ *Verlassenschaftsabhandlungen*
○ *Ausstellung eines Reisepasses*
○ *Eintragung einer Hypothek im Grundbuch*

18. *Erklären Sie den Unterschied zwischen Wert- und Eigenzuständigkeit.*

____

19. *Wo wird eine Wechselklage eingebracht?* ___________________

20. *Was geschieht, wenn der Beklagte zur ersten Verhandlung nicht erscheint?*

____

21. *Was muss die Klage – außer der Bezeichnung von Kläger und Beklagtem sowie Gericht – noch enthalten?*

____

22. *Durch die Zustellung der Klage an den Beklagten wird die*

___________________ *begründet.*

23. *Gerichtliche Entscheidungen ergehen in der Form von*

___________________ *oder* ___________________ .

24. *In welcher Form wird eine Forderung von € 6.000,– geltend gemacht?*

____

25. *Was ist ein Rekurs?*

○ *Rechtsmittel gegen Urteile der II. Instanz*
○ *Rechtsmittel gegen Verwaltungsbescheide*
○ *Rechtsmittel gegen Beschlüsse der I. und II. Instanz*

26. *Ein Rechtsmittel ist auf* ______________ *und* ___________________

auf ___________________ *oder der Entscheidung des Gerichts gerichtet.*

27. *Die Rechtsmittelfrist beträgt:*

○ *1 Woche* ○ *14 Tage* ○ *4 Wochen*

28. *Wie heißt das ordentliche Rechtsmittel gegen Urteile der I. Instanz?*

____

29. Hier soll der Gang eines bestimmten Zivilprozesses nachvollzogen werden. In welcher Reihenfolge werden die nachfolgenden Tätigkeiten ausgeführt? Zeichnen Sie den richtigen Bearbeitungsweg mit Pfeilen an!

Klagseinbringung

mündliche Streitverhandlung

vorbereitende Tagsatzung

Urteil

Vollstreckung

Berufung

Bestätigung des Urteils

30. Ergänzen Sie die Gerichte der II. und III. Instanz!

I. Instanz	*II. Instanz*	*III. Instanz*
Bezirksgericht	____________	____________
Landesgericht	____________	____________

31. Was heißt „Rechtskraft einer Entscheidung"?

32. Welche Gründe können in einem Rechtsmittel angeführt werden, um eine Gerichtsentscheidung zu bekämpfen?

33. Was geschieht, wenn der Beklagte, der den Prozess verloren hat, die im Urteil auferlegte Leistung nicht freiwillig erbringt?

34. Worin liegt der Unterschied zwischen Pfändung und Verpfändung?

35. Welche Formen der Exekution gibt es?

VI. Konkurs und Ausgleich

Was passiert eigentlich, wenn ein Schuldner überhaupt nichts mehr zahlen kann? Spielt es dabei eine Rolle, wie der Schuldner in diese Situation gekommen ist? Was passiert jetzt mit den Schulden und dem verbliebenen Vermögen des Schuldners?

Diese Fragen werden im folgenden Abschnitt behandelt.

Kann ein Schuldner seiner Verpflichtung nicht nachkommen, wird der Gläubiger seine Ansprüche im Klageweg geltend machen und im nachträglichen Exekutionsverfahren seine Forderung hereinbringen. Hat der Schuldner nicht bloß Schwierigkeiten, einzelne Schulden zu bezahlen, sondern ist er außerstande, seine **sämtlichen** Verbindlichkeiten zu erfüllen, liegt **Zahlungsunfähigkeit** vor. Nach außen hin äußert sich diese in der **Zahlungseinstellung** (nicht bloß vorübergehend, sondern dauernd).

Dem Schuldner steht eine Vielzahl von Gläubigern gegenüber, einzelne Prozesse würden zu Unübersichtlichkeit und Zersplitterung führen. Ein geschlossenes Verfahren ist daher sinnvoller.

Rechtsquellen

- **Konkursordnung**
- **Ausgleichsordnung**
- **Anfechtungsordnung**

A. Der Konkurs

1. Allgemeines

Der Konkurs ist ein außerstreitiges Verfahren, wodurch das Vermögen des Schuldners („Gemeinschuldners") seiner Verfügung entzogen wird. Nach der gerichtlichen Auflösung des Schuldnervermögens wird der Erlös unter die Gläubiger **verhältnismäßig** aufgeteilt.

Der Antrag zur Einleitung des Konkursverfahrens kann vom Schuldner oder von einem oder mehreren seiner Gläubiger eingebracht werden.

Die Befriedigung der Gläubiger erfolgt mit einer **Quote,** die dem Verhältnis von Aktiva zu Passiva entspricht. **Für den Ausfall, den die Gläubiger im Konkurs erleiden, haftet der Schuldner auch noch nach dem Konkurs weiter;** meist ist dieser aber in der Folge uneinbringlich.

2. Organe des Konkursverfahrens

- Konkursgericht (das zuständige Landesgericht bzw. Handelsgericht)
- Konkurskommissär (ein vom Gericht bestellter Richter, der die Leitung des Verfahrens übernimmt)
- Masseverwalter (ein vom Gericht bestellter Rechtsanwalt, Notar oder Wirtschaftstreuhänder, der den Stand der Masse zu ermitteln hat, Aktiva sicherstellen muss und die Verbindlichkeiten des Gemeinschuldners zu prüfen hat)
- Gläubigerversammlung (wichtigstes Beschlussorgan)
- Gläubigerausschuss (bei umfangreichen Konkursen mit einer großen Anzahl von Gläubigern)

3. Verfahren

Der **Beschluss** des Gerichtes über die **Konkurseröffnung** ist an der Gerichtstafel anzuschlagen (Konkursedikt) und in bestimmten Zeitungen bzw. im Internet (www.edikte.gv.at) zu veröffentlichen. Im Konkursedikt werden die Gläubiger aufgefordert, ihre Forderungen innerhalb einer bestimmten Frist anzumelden, und es werden Ort, Zeit und Zweck der ersten Gläubigerversammlung sowie der **Prüfungstagsatzung** bekannt gegeben. Bei Letzterer werden die angemeldeten Forderungen geprüft.

4. Rangordnung der Ansprüche im Konkurs

a) Aussonderungsansprüche

Sachen, die nicht dem Gemeinschuldner gehören (von diesem gemietete, in Verwahrung genommene Gegenstände usw.), können die Eigentümer herausverlangen.

BEISPIEL: Zum Zeitpunkt der Konkurseröffnung hatte der Gemeinschuldner einen Pkw gemietet. Der Pkw muss natürlich an die Mietwagenfirma zurückgestellt werden (die Forderung der Mietwagenfirma auf Bezahlung der Mietwagenrechnung ist unabhängig davon zu behandeln und eine Konkursforderung).

b) Absonderungsansprüche

sind Ansprüche auf abgesonderte Befriedigung aus bestimmten Sachen des Gemeinschuldners, z. B. Pfandrechte.

BEISPIEL: Ein Gläubiger hat gegen den Gemeinschuldner eine Forderung. Durch das Gericht ließ er lange vor Konkurseröffnung eine Maschine des späteren Gemeinschuldners pfänden. Diese Maschine wird versteigert, er erhält den Versteigerungserlös, auch wenn die Maschine erst nach Beginn des Insolvenzverfahrens versteigert wurde.

c) Masseforderungen

Nach Durchführung der Aussonderung und Absonderung sind die Masseforderungen vor allen Konkursgläubigern zu befriedigen. Z. B.: Kosten des Konkursverfahrens, Forderungen aus Geschäften, die der Masseverwalter abgeschlossen hat oder in die er eingetreten ist; Ausgaben, Abgaben und Beiträge, die mit der Verwaltung der Masse verbunden sind.

BEISPIEL: Möbel des Gemeinschuldners werden über Auftrag des Masseverwalters durch eine Spedition ins Dorotheum geführt, um dort versteigert zu werden. Kein Spediteur würde sich bereit finden, diese Arbeit durchzuführen, wenn nicht durch das Gesetz sichergestellt wäre, dass seine Rechnung eine Masseforderung ist; ansonsten wäre dies ja eine Konkursforderung, und der Spediteur hätte keine Gewähr, ob aus der Verwertung des gemeinschuldnerischen Vermögens überhaupt etwas übrig bleibt.

d) Konkursforderungen
sind nicht verjährte Forderungen, die den Konkursgläubigern gegen den Gemeinschuldner im Zeitpunkt der Konkurseröffnung zustehen. Das für die Konkursforderungen zur Verfügung stehende Vermögen bildet eine gemeinschaftliche Konkursmasse (quotenmäßige Befriedigung).

Aussonderungsansprüch
↓
Absonderungsansprüche
↓
Masseforderungen
↓
Konkursforderungen

5. Die Verteilung des Konkursvermögens

Der Konkurs findet regelmäßig damit sein Ende, dass die Konkursmasse verteilt wird. Durch die Verteilung werden die Aussonderungs- und Absonderungsansprüche überhaupt nicht berührt; Masseforderungen befriedigt, sobald sie festgestellt und fällig sind; Absonderungsansprüche aus der Sondermasse und Konkursgläubiger aus der gemeinschaftlichen Masse befriedigt. Verteilungen dürfen aber erst nach der allgemeinen Prüfungstagsatzung vorgenommen werden.

6. Beendigung des eröffneten Konkurses

Der Konkurs ist durch Beschluss des Konkursgerichtes für aufgehoben (beendet) zu erklären:

- nach völliger Befriedigung sämtlicher Gläubiger (kommt praktisch nie vor);
- nach vollständiger Verteilung der Masse;
- bei Einverständnis sämtlicher Gläubiger, die Forderungen angemeldet haben, nach Ablauf der Anmeldefrist (Stiller Ausgleich);
- weil nur ein Gläubiger vorhanden ist;
- mangels kostendeckenden Vermögens.

Die Konkursaufhebung ist – wie die Konkurseröffnung – öffentlich bekannt zu machen.

Die Aufhebung des Konkurses gibt dem Gemeinschuldner die volle Verfügungsfreiheit über sein Vermögen zurück. Dem Konkursgläubiger steht das Recht zu, seinen Forderungsausfall gegen den Gemeinschuldner nach Beendigung des Konkurses durch Zwangsvollstreckung geltend zu machen, denn der Gemeinschuldner kann ja wieder neues Vermögen erworben haben.

Vor- und Nachteile des Konkursverfahrens

Vorteile	Nachteile
1. Zur Teilnahme am Verfahren bedarf es weder einer Klage noch eines Exekutionstitels; es genügt die Anmeldung der Forderung.	1. Für den einzelnen Gläubiger ist ein separates Vorgehen gegen den Schuldner nicht möglich.
2. Die Kosten des gesamten Verfahrens sind geringer.	2. Das Vermögen des Schuldners wird auseinandergerissen, veräußert und verteilt. Dabei kommt es zu erheblichen wirtschaftlichen Verlusten.
3. Mit dem Konkurs endet der Wettlauf der Gläubiger um den Rang an einem tauglichen Vermögensstück des Schuldners.	3. Es werden damit unter Umständen lebensfähige Wirtschaftsbetriebe zerstört.

7. Abweisung des Konkursantrages mangels kostendeckendem Vermögen

In zahlreichen Fällen kann ein Konkursverfahren deshalb nicht durchgeführt werden, weil ein „kostendeckendes Vermögen" nicht vorhanden ist.

8. Schuldenregulierungsverfahren und Privatkonkurs

Für überschuldete Privatpersonen gibt es ein eigenes Konkurs- und Schuldenregulierungsverfahren **(Privatkonkurs).** Dieses sieht eine quotenmäßige Befriedigung der Gläubiger vor.
Der Schuldner muss dabei einen Zahlungsplan vorlegen und den pfändbaren Teil seiner Einkünfte für sieben Jahre an einen Treuhänder abtreten. Während dieser sieben Jahre muss der Schuldner einer angemessenen Erwerbstätigkeit nachgehen; bei Arbeitslosigkeit muss er sich um eine Beschäftigung bemühen und darf keine zumutbare Tätigkeit ablehnen. Während dieser Zeit erworbene Erbschaften sind an den Treuhänder herauszugeben.

Das **Abschöpfungsverfahren** ist zu beenden, wenn nach mindestens 3-jähriger Laufzeit zumindest 50% oder nach Ablauf der 7 Jahre zumindest 10% der Forderungen befriedigt wurden. In diesem Fall ist der Schuldner von der Bezahlung der Restschuld befreit.

Bei geringfügiger Unterschreitung der 10-Prozent-Quote kann die Abschöpfung um weitere 3 Jahre verlängert werden und das Gericht nach Billigkeit eine Restschuldbefreiung erteilen.

Ein Abschöpfungsverfahren darf nur einmal innerhalb von 20 Jahren erfolgen.

B. Der Ausgleich

1. Allgemeines

Durch das Ausgleichsverfahren soll das Unternehmen des Schuldners erhalten bleiben und damit die Vernichtung seiner wirtschaftlichen Existenz vermieden werden.
Schuldner und Gläubiger vereinbaren, dass dem Schuldner ein Teil seiner Schuld nachgelassen wird. Der Schuldner kann weiterarbeiten, wird jedoch unter Aufsicht eines Ausgleichsverwalters und des Gerichtes gestellt. In der Ausgleichstagsatzung entscheidet sich, ob der Ausgleich angenommen wird oder nicht.
Einen Ausgleichsantrag kann nur der Schuldner stellen.

(Neben dem hier besprochenen gerichtlichen Ausgleich gibt es noch den **außergerichtlichen Ausgleich,** bei dem der Schuldner direkt an seine Gläubiger herantritt und sie ersucht, ihm einen Teil seiner Schuld nachzulassen oder zu stunden. Einem solchen Vergleich müssen jedoch **sämtliche Gläubiger** zustimmen.)

2. Organe des Ausgleichsverfahrens

- Ausgleichsgericht (Landesgericht bzw. Handelsgericht Wien)
- Ausgleichskommissär (Einzelrichter, der im Auftrag des Senats das Verfahren leitet)
- Ausgleichsverwalter (vom Gericht bestelltes Überwachungsorgan)
- Gläubigerversammlung

3. Verfahren

- **Ausgleichsantrag des Schuldners:**

Der Antrag bedarf der gerichtlichen Bestätigung. Zugleich mit dem Antrag hat der Schuldner einen Ausgleichsvorschlag und ein Vermögensverzeichnis vorzulegen sowie den Offenbarungseid anzubieten (= Eid, dass seine Angaben über den Aktiv- und Passivstand richtig und vollständig sind und dass er von seinem Vermögen nichts verschwiegen hat).
Im Ausgleichsvorschlag muss den Gläubigern eine **Quote** von mindestens 40 % ihrer Forderungen **binnen 2 Jahren** angeboten werden. Die **bevorrechteten** Forderungen, das sind Aussonderungs- und Absonderungsansprüche sowie Masseforderungen laut Konkursordnung, müssen **voll berichtigt** werden.

- **Ausgleichseröffnungsbeschluss und Edikt**

Die Prüfung durch das Gericht kann ergeben:
- Der Schuldner ist vertrauenswürdig, und es besteht die begründete Hoffnung, das Unternehmen wirklich zu sanieren. Die rechtlichen Wirkungen des Ausgleichs treten dann mit Anschlag des Edikts über die Eröffnung des Verfahrens an der Gerichtstafel ein.
- Die Voraussetzungen sind nicht gegeben, es kommt zu Ablehnung des Ausgleichsantrages und zur Eröffnung des Konkurses.

- **Ausgleichstagsatzung:**

Bei dieser entscheidet sich das weitere Schicksal des Ausgleichsantrages. Sie muss spätestens 90 Tage nach Verfahrenseröffnung stattfinden. Die Gläubiger stimmen ab, ob sie den Antrag des Schuldners annehmen wollen oder nicht (75 % der Forderungen und absolute Kopfmehrheit der anwesenden stimmberechtigten Gläubiger); nur ein von der Gläubigerversammlung **angenommener** Ausgleichsvorschlag bildet die Grundlage für die **gerichtliche** Bestätigung.

- **Bestätigung des Ausgleichs**

Der vom Gericht **bestätigte** Ausgleich ist für **alle** beteiligten Gläubiger verbindlich, sodass die nachgelassenen **Schulden** als für alle Zeit **getilgt** gelten. Hält jedoch der Schuldner die vereinbarten Ausgleichsraten nicht ein – gerät er in **Zahlungsverzug** –, so verliert er die **Vorteile** des Ausgleichs. Die Forderungen leben in voller Höhe wieder auf.

4. Zwangsausgleich

!

Der Gemeinschuldner kann im Laufe des Konkursverfahrens den Abschluss eines Zwangsausgleiches beantragen. Der Zwangsausgleich ist eine Vereinbarung mit den Gläubigern, die dem Gemeinschuldner Schuldenerlass und Stundung gewährt.

Inhalt des Ausgleichsvorschlages:

a) Aus- und Absonderungsansprüche sowie Masseforderungen müssen voll befriedigt werden.
b) Konkursgläubiger müssen mindestens 20 % – zahlbar binnen 2 Jahren ab Annahme des Zwangsausgleiches – erhalten.

Ein Zwangsausgleich ist nur zustande gekommen, wenn er von der Mehrheit der Konkursgläubiger beschlossen und vom Konkursgericht bestätigt ist. Die erforderliche Mehrheit ist die einfache Mehrheit der anwesenden stimmberechtigten Gläubiger und ¾ Summenmehrheit aller überhaupt zur Stimmführung berechtigten Forderungen. Stimmberechtigt ist jeder Gläubiger der Verlustgemeinschaft, dessen Forderungen festgestellt sind oder dem Stimmrecht zuerkannt ist. Gläubiger, deren Forderungen voll zu befriedigen sind, haben kein Stimmrecht. Im Zwangsausgleich kann vereinbart werden, dass sich der Schuldner einer autonomen Überwachung der Ausgleichserfüllungen durch einen Sachwalter der Gläubigerschaft unterwirft.

Der Ausgleich wird gegenüber dem Konkurs begünstigt, weil er sowohl für den **Schuldner** als auch für die **Gläubiger** wirtschaftlich vorteilhafter ist. Der **Zwangsausgleich** ist der im **Konkursverfahren** zustande gekommene Ausgleich.

Vergleich zwischen Konkurs und Ausgleich

Konkurs	Ausgleich
1. Antrag eines Gläubigers oder des Schuldners.	1. Antrag des Schuldners.
2. Vermögen des Schuldners wird verwertet.	2. Vermögen bleibt grundsätzlich erhalten.
3. Schuldner ist verfügungsunfähig, Verfügungen des Schuldners über das Massevermögen sind den Gläubigern gegenüber unwirksam.	3. Schuldner wird in seiner Geschäftsfähigkeit beschränkt, Zustimmung des Ausgleichsverwalters vielfach erforderlich.
4. Der Schuldner haftet für den Ausfall weiter.	4. Die Restschuld wird dem Schuldner erlassen.
5. Restforderungen meist uneinbringlich.	5. Schuldner durch Schulderlass zur Erfüllung motiviert.

C. Das Insolvenz-Entgeltsicherungsgesetz (IESG)

Es kommt immer wieder vor, dass zuweilen bei Insolvenzen so wenig Vermögen vorhanden ist, dass nicht einmal die Masseforderungen zum Zug kommen. Dies gilt insbesondere für den Fall, dass die Einleitung eines Insolvenzverfahrens vom Gericht „mangels die Verfahrenkosten deckenden Vermögens" abgewiesen wird.

Um derartigen Ausfällen entgegenzuwirken, gibt es das **Insolvenz-Entgeltsicherungsgesetz (IESG).**

Der Schutz, der durch das Gesetz gewährt wird, besteht darin, dass ein von der Insolvenz seines Dienstgebers betroffener Dienstnehmer, Pensionist oder Hinterbliebener aus einem Fonds seine Ansprüche bis zu einem bestimmten Höchstbetrag bevorschusst erhält und der Fonds in der Folge die Möglichkeit hat, anstelle des Betroffenen dieses Geld aus der Masse wieder zurückzubekommen.

Finanziert wird dieser Fonds – außer aus Rückzahlungen aus Insolvenzmassen – durch einen Zuschlag von 0,5% zum Arbeitgeberanteil am Arbeitslosenversicherungsbeitrag.

Der Dienstnehmer muss binnen sechs Monaten ab Eröffnung des Konkurs- oder Ausgleichsverfahrens oder ab Kenntnis von der Abweisung des Konkursantrages mangels kostendeckenden Vermögens den Antrag stellen, sonst ist der Anspruch verloren.

D. Die Anfechtungsordnung

Von der Anfechtungsordnung werden gewisse Rechtsgeschäfte betroffen, die zwar unter normalen Umständen durchaus zulässig, unter besonderen Umständen aber unzulässig sind, weil Vermögensteile des Schuldners beiseite geschafft wurden, um sie dem Zugriff der Gläubiger zu entziehen.

Wiederholungsfragen – Arbeitsaufgaben – Diskussionsanregungen

1. *Ist der Schuldner nicht in der Lage, seine sämtlichen fälligen und eingeforderten Geldschulden zu bezahlen, so ist er ______________ .*
2. *Der Konkurs ist ein*

   ○ *streitiges Verfahren* ○ *außerstreitiges Verfahren*
3. *Konkursgericht ist das zuständige ______________ , in Wien das ______________ .*
4. *Organe des Konkursverfahrens sind*

   ______________ ______________ ______________

   ______________ ______________ ______________
5. *Nennen Sie die einzelnen Stationen des Konkursverfahrens.*

   Ein Konkursantrag wird durch ______________ oder ______________ gestellt.

   Das Gericht veröffentlicht zunächst das ______________ .

   Die angemeldeten Forderungen werden in einer eigenen ______________ geprüft.

   Es gibt folgende Rangordnung:

   ______________ *z. B. Sachen, die nicht dem Gemeinschuldner gehören*

   ______________ *z. B. Pfandrechte*

   ______________ *z. B. Kosten des Konkursverfahrens*

   alle übrigen Forderungen ______________

   Der Konkurs findet durch die ______________ sein Ende.

   Die Aufhebung des Konkurses (Beendigung) erfolgt durch ______________ des Gerichts und wird öffentlich bekannt gemacht.

   Kommt der Schuldner wieder zu Vermögen, so kann der Gläubiger/können die Gläubiger seinen/ihren Forderungsausfall:

   ○ *durch Exekution geltend machen* ○ *nicht mehr geltend machen*
6. *Nachteile des Konkursverfahren sind beispielsweise:*

   ____
7. *Der Ausgleich hat den Vorteil, dass er die ______________ vermeidet.*

   Sein Wesen besteht in einer ______________ zwischen Schuldner und Gläubigern.

   Ein Ausgleichsantrag wird vom ______________ gestellt.
8. *Beim Ausgleich unterscheidet man zwischen ______________ und ______________ .*

9. *Nennen Sie die einzelnen Phasen des gerichtlichen Ausgleichsverfahrens: Zugleich mit dem Ausgleichsantrag ist dem Gericht ein ____________________ vorzulegen.*

Dabei müssen die bevorrechteten Forderungen voll befriedigt werden. Dazu gehören:

____

Den restlichen Gläubigern müssen mindestens folgende Quoten geboten werden: Kreuzen Sie die richtige(n) Lösung(en) an:

○ *40% der Forderungen binnen 12 Monaten*

○ *50% der Forderungen binnen 16 Monaten*

○ *60% der Forderungen binnen 12 Monaten*

○ *50% der Forderungen binnen 18 Monaten.*

Das Gericht prüft den Antrag, um festzustellen, ob der Schuldner ____________________ ist.

Kommt es zur Ablehnung des Ausgleichsantrags, wird der ____________________ eröffnet.

Wird der Antrag bewilligt, so kommt es spätestens ____________________ Tage nach der Eröffnung des Verfahrens zur ________________________ .

Dabei stimmen die Gläubiger ab, ob der Ausgleichsvorschlag angenommen wird. Der angenommene Vorschlag bedarf der gerichtlichen ____________________, wodurch der Ausgleich wirksam wird.

Die Gläubiger können ihren Forderungsausfall später durch Klage

○ *geltend machen* ○ *nicht mehr geltend machen.*

10. *Ein Zwangsausgleich kann nur im Rahmen eines ____________________ beantragt werden.*

Beim Ausgleichsvorschlag des Zwangsausgleichs müssen den Gläubigern folgende Quoten geboten werden:

Volle Befriedigung erhalten ____________________,

____________________ % innerhalb eines Jahres erhalten ____________________ .

11. *Um Ausfällen oder Verzögerungen bei Entgeltzahlungen vorzubeugen, wurde das ____________________ gesetz geschaffen.*

12. *Um zu verhindern, dass der Schuldner zum Nachteil der Gläubiger Vermögenswerte rechtsgültig beiseite schafft, bestehen zahlreiche Regelungen in der*

____

Strafrecht

I. Strafrecht

Wozu brauchen wir ein Strafrecht? Wann wird jemand bestraft? Was passiert, wenn ich mich gegen einen Überfall wehre? Welche Delikte gibt es überhaupt? Was geschieht mit besonders gefährlichen Menschen?

Diese und ähnliche Fragen werden im folgenden Abschnitt behandelt.

Das Strafrecht soll die Gesellschaft vor strafbaren Handlungen ihrer Mitglieder bewahren und Straftäter zur Verantwortung ziehen. Diente die Bestrafung früher vorwiegend dem Sühneprinzip, so liegen die heutigen Strafzwecke in erster Linie beim Schutz der Gesellschaft und ihrer Mitglieder. Daher stehen die Verhinderung von Beispielsfolgen **(Generalprävention)** sowie die Hinderung des Täters an weiteren Straftaten **(Spezialprävention)** im Vordergrund. Auch die Besserung des Täters und seine Wiedereingliederung in die Gesellschaft **(Resozialisierung)** gehört zu den heutigen Strafzwecken.

A. Allgemeines Strafrecht

1. Grundsätzliches

Strafbares Verhalten setzt, wer durch eine **Handlung** oder **Unterlassung** gesetzlich **geschützte Rechtsgüter** (z. B. Leben, Freiheit, Ehre, Eigentum) bedroht oder verletzt. Dieses Verhalten (Delikt) wird teils von Strafgerichten, teils von Verwaltungsbehörden (z. B. Bundespolizeibehörden, Bezirksverwaltungsbehörden) verfolgt und bestraft.

Unterschiede	
Verwaltungsstrafrecht	**Gerichtliches Strafrecht**

In der Folge wird nur das **gerichtliche Strafrecht** behandelt. Rechtsquellen sind das **Strafgesetzbuch (StGB) 1974** und seine **Nebengesetze** (Suchtmittelgesetz, Lebensmittelgesetz usw.).

2. Begriff und Voraussetzungen einer Straftat

Straftat	
Handlung, die	**Unterlassung,** die

- tatbestandsmäßig,
- rechtswidrig,
- schuldhaft und
- mit gerichtlicher Strafe bedroht ist.

3. Tatbestandsmäßigkeit

Tatbestand ist die genaue, jedoch abstrakte Beschreibung eines strafbaren Verhaltens im Gesetz.

BEISPIEL: § 127 StGB: Wer eine fremde bewegliche Sache einem anderen mit dem Vorsatz wegnimmt, sich oder einen Dritten durch deren Zueignung unrechtmäßig zu bereichern …

Rechtsfolge (Sanktion) ist die **Strafdrohung,** die mit dem Tatbestand verbunden ist.
BEISPIEL: § 127 StGB: ... ist mit Freiheitsstrafe bis zu sechs Monaten oder mit Geldstrafe bis zu 360 Tagessätzen zu bestrafen.
Tatbestandsmäßig ist ein tatsächliches Geschehen **(= Sachverhalt)** dann, wenn es einen gesetzlichen Tatbestand erfüllt.
BEISPIEL: Hans Dieb hat aus einem fremden Auto einen Fotoapparat an sich gebracht und ihn einem Hehler verkauft. Dieser Sachverhalt erfüllt den Tatbestand des § 127 StGB.
Kann ein Sachverhalt keinem Tatbestand untergeordnet (subsumiert) werden, ist keine Bestrafung möglich („Keine Strafe ohne Strafgesetz"). Auf das ethische oder moralische Fehlverhalten kommt es nicht an. Deshalb ergibt eine moralisch verwerfliche Handlungsweise nicht unbedingt auch einen gerichtlich strafbaren Tatbestand.

4. Rechtswidrigkeit

Rechtswidrigkeit liegt vor, wenn ein Verhalten gegen eine Rechtsvorschrift verstößt und kein Rechtfertigungsgrund gegeben ist.
Rechtfertigungsgründe sind z. B.:

- **Notwehr:** Jemand bedient sich der notwendigen Verteidigung, um einen gegenwärtigen oder unmittelbar drohenden rechtswidrigen Angriff auf Leben, Gesundheit, körperliche Unversehrtheit, Freiheit oder Vermögen von sich oder einem anderen abzuwehren.
- **Festnahmerecht** oder **Waffengebrauchsrecht** der Exekutive

5. Schuld

Strafbar ist nur, wer schuldhaft handelt. **Schuld** ist die innere Beziehung des Täters zur Tat.

a) Schuldformen

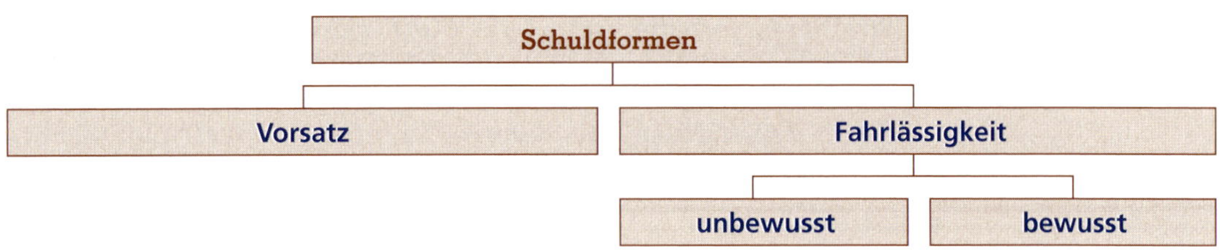

- **Vorsatz:**
Der Täter verwirklicht alle Umstände der Tat mit Wissen und Wollen und es ist ihm bewusst, dass sein Verhalten Unrecht darstellt.
- **Fahrlässigkeit:**
Der Täter will zwar den schädlichen Erfolg nicht bewusst, seine Schuld besteht aber in einer pflichtwidrigen Unvorsichtigkeit bzw. in unverantwortlichem Leichtsinn.
  - **Unbewusste Fahrlässigkeit:** Der Täter lässt die ihm zumutbare Sorgfalt außer Acht, zu der er nach den Umständen verpflichtet und nach seinen geistigen und körperlichen Verhältnissen befähigt ist, und er erkennt deswegen nicht das Unrechtmäßige seines Verhaltens.
  - **Bewusste Fahrlässigkeit:** Der Täter hält es für möglich, dass sein Verhalten ein Unrecht verwirklichen kann, er will es jedoch nicht.

b) Schuldunfähigkeit

Die genannten Personen besitzen nicht die Fähigkeit, das Unrecht der Tat einzusehen und dieser Einsicht gemäß zu handeln **(= Zurechnungsfähigkeit);** sie werden daher nicht bestraft.

c) Entschuldigungsgründe
Bei Vorliegen eines Entschuldigungsgrundes wird dem Menschen ein **rechtmäßiges Verhalten** von der **Rechtsordnung nicht** mehr **zugemutet.** Der wichtigste Entschuldigungsgrund ist der **entschuldigende Notstand:**

§ 10 StGB: Wer eine mit Strafe bedrohte Tat begeht, um einen unmittelbar drohenden bedeutenden Nachteil von sich oder einem anderen abzuwenden, ist entschuldigt, wenn der aus der Tat drohende Schaden nicht unverhältnismäßig schwerer wiegt als der Nachteil, den sie abwenden soll und in der Lage des Täters von einem mit den rechtlich geschützten Werten verbundenen Menschen kein anderes Verhalten zu erwarten war.

BEISPIEL: A, der auf einer Bergtour mit seiner erschöpften Tochter in einen Schneesturm gerät, bricht die Tür einer Almhütte auf, um dort auf die Bergrettung zu warten.

6. Strafen und vorbeugende Maßnahmen

a) Strafen

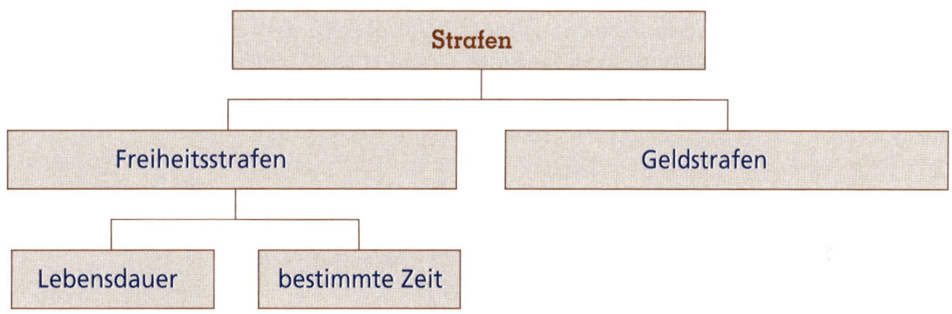

Freiheitsstrafen werden auf **Lebensdauer** oder auf **bestimmte Zeit** verhängt (mindestens einen Tag – maximal zwanzig Jahre), Geldstrafen werden nach der Schwere der Schuld in einer bestimmten Anzahl von **Tagessätzen** ausgesprochen. Bei der Festsetzung der Höhe des Tagessatzes wird auf die persönlichen Verhältnisse und die wirtschaftliche Leistungsfähigkeit des Täters Rücksicht genommen. Die jeweilige Geldstrafe ergibt sich aus der Multiplikation der Anzahl der Tagessätze mit der ermittelten Höhe des einzelnen Tagessatzes. Für den Fall der Uneinbringlichkeit der Geldstrafe ist eine Ersatzfreiheitsstrafe festzusetzen (zwei Tagessätze = 1 Tag). Anstelle von **Freiheitsstrafen** bis zu **sechs Monaten** können **Geldstrafen** verhängt werden, wenn für die Tat keine strengere Strafe als bis zu fünf Jahren angedroht und ein künftiges Wohlverhalten zu erwarten ist.

Mit der Strafe können verschiedene **Zwecke** verfolgt werden:
- Vergeltung
- Abschreckung der Allgemeinheit (Generalprävention)
- Abschreckung und Besserung des Täters (Spezialprävention)

Nach der Höhe der angedrohten Strafe unterscheidet das Gesetz zwischen **Verbrechen** – drei Jahre bis zwanzig Jahre und lebenslang – und **Vergehen.**

	Strafen	Vorbeugende Maßnahmen
Zweck	Vergeltung + General + Spezialprävention	Spezialprävention
Maßstab	Schuld des Täters	Besondere Gefährlichkeit des Täters
Übel	Ja (beabsichtigt)	Ja (nicht beabsichtigt)
Schuld	Erforderlich	Nicht erforderlich

b) Vorbeugende Maßnahmen
Sie sollen einen für die Gesellschaft gefährlichen Zustand einer Person ausschalten, werden aber wie die Strafe vom Strafrichter ausgesprochen und dienen ausschließlich der Spezialprävention. Das Gesetz sieht bei **geistig abnormen Rechtsbrechern** keine zeitliche Begrenzung vor, wobei eine jährliche Prüfung stattzufinden hat, ob eine weitere Anhaltung notwendig ist. In allen anderen Fällen sind Höchstdauer und Prüfungsintervall genau fixiert (Unterbrin-

gung in einer Anstalt für **entwöhnungsbedürftige Rechtsbrecher** und für **gefährliche Rückfallstäter).**

c) Nebenfolgen
Ein Geschenk oder eine andere Zuwendung von Geldeswert, die der Täter für die strafbare Handlung im Voraus oder im Nachhinein empfangen hat, ist für **verfallen** zu erklären. Ausnahme: Eine an der strafbaren Handlung nicht beteiligte Person hat einen Rechtsanspruch auf den Gegenstand.

Mit der Verurteilung wegen einer oder mehrerer mit Vorsatz begangener strafbarer Handlungen zu einer mehr als einjährigen Freiheitsstrafe ist bei Beamten der **Verlust des Amtes** verbunden. Nach der Gewerbeordnung kann jemand, der wegen bestimmter Delikte verurteilt worden ist, von **der Ausübung des Gewerbes** ausgeschlossen werden. Auch andere Gesetze kennen ähnliche Rechtsfolgen.

7. Stadien der Straftat

Der verbrecherische Wille soll in einem möglichst frühen Zustand bekämpft werden. Gedanken, Ideen reichen jedoch zur Bestrafung nicht aus. Grundsätzlich ist auch die **Vorbereitungshandlung** straflos (Beispiel: Hans Dieb, der einen Diebstahl beabsichtigt, kauft sich für die Durchführung des Verbrechens eine Leiter). Nur bei Verbrechen gegen den Staat sind bereits Vorbereitungshandlungen strafbar.

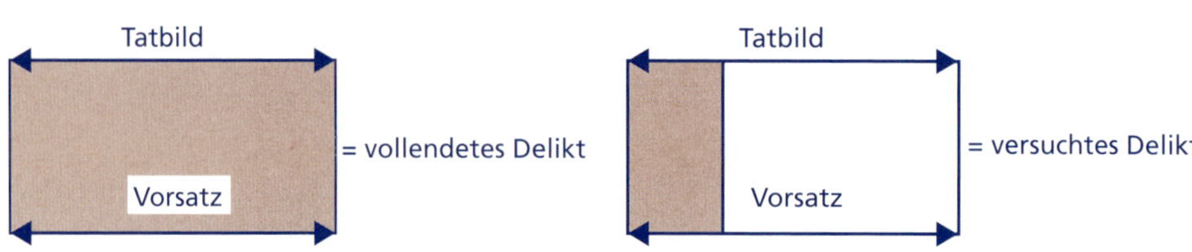

Das **versuchte Delikt** ist im Allgemeinen schon unter Strafdrohung gestellt. Versuch liegt vor, wenn der Täter eine Handlung begeht, die der Vollendung des Deliktes unmittelbar vorausgeht (Beispiel: Hans Dieb lehnt seine Leiter an eine Mauer, um über sie in ein fremdes Haus zu gelangen). Der Versuch wird milder bestraft als die vollendete Tat.

Wenn der Täter die Ausführung freiwillig aufgibt, wird er nicht bestraft **(Rücktritt vom Versuch).** Beispiel: Hans Dieb lässt von seinem Vorhaben ab, bevor er entdeckt wird. Handelt es sich um einen so genannten **beendeten Versuch** (d. h. der Täter glaubt, alles zur Vollendung der Tat Erforderliche getan zu haben), muss der Täter zusätzlich den Eintritt der Tatvollendung durch eigene Tätigkeit verhindern (z. B. der Attentäter entschärft die bereits deponierte Bombe).

8. Formen der Täterschaft

Alle an einer strafbaren Handlung **Beteiligten** werden rechtlich gleich behandelt, für alle besteht **dieselbe Strafdrohung.** Es gibt daher dieselbe Strafdrohung für den:

unmittelbaren Täter **Anstifter** und **Gehilfen**

1. **Unmittelbarer Täter** ist jeder, der eine Ausführungshandlung setzt, dessen Verhalten also einem Tatbestand entspricht.
2. **Anstifter** ist, wer vorsätzlich einen anderen zu einer Straftat veranlasst.
3. **Beihilfe leistet,** wer zur Ausführung einer Tat eines anderen beiträgt, ohne diese selbst unmittelbar auszuführen oder anzustiften.
4. Sind **mehrere Personen** an einer Tat beteiligt, so wird jeder nach seiner Schuld bestraft. Daraus folgt, dass jeder einzelne der an der Tat Beteiligten – unabhängig von der Verantwortung der anderen – ausschließlich für seine eigene Schuld haftet. Entschuldigungsgründe persönlicher Art wirken nicht zugunsten der übrigen Beteiligten (z. B. Geisteskrankheit, Strafunmündigkeit).

9. Vereinfachtes Schema der strafrechtlichen Fallprüfung

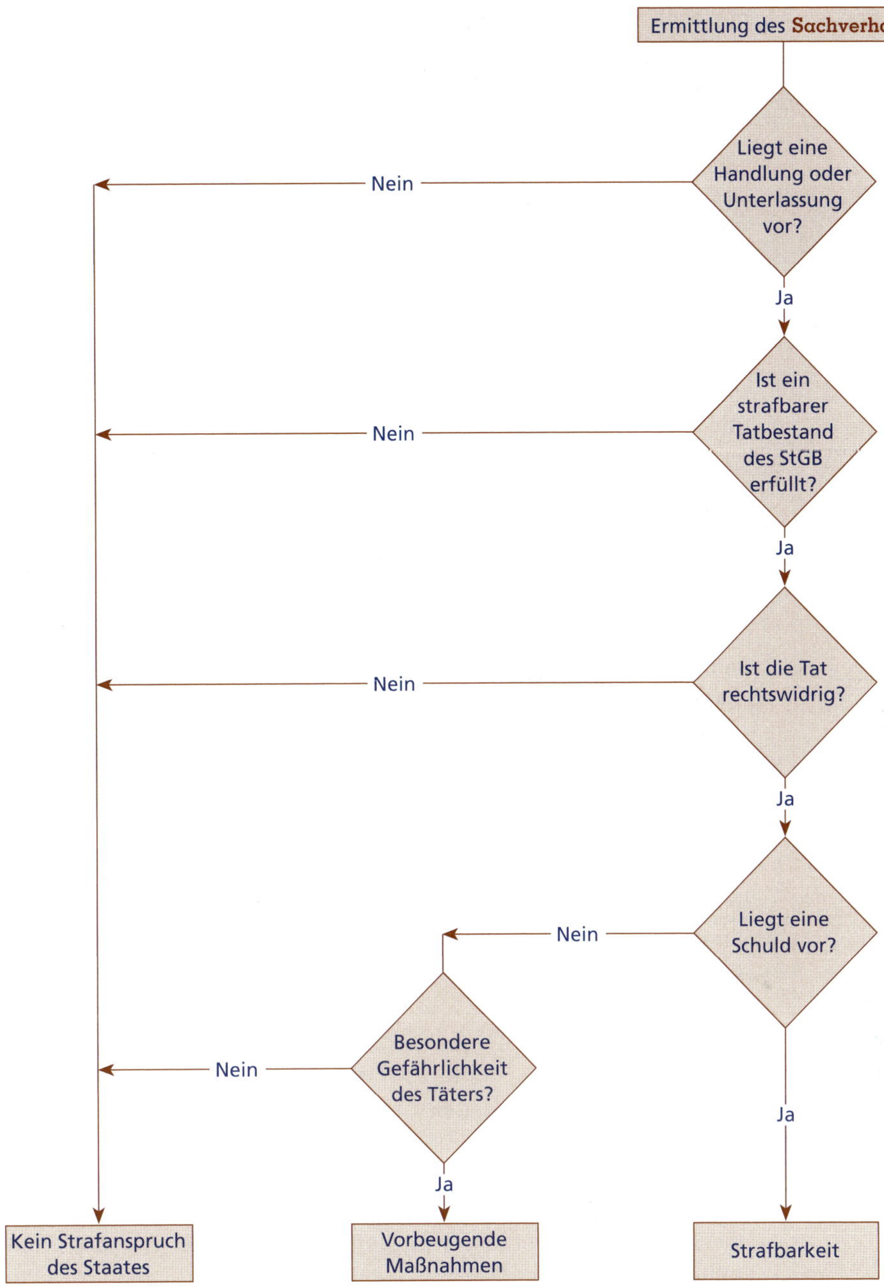

B. Besonderes Strafrecht

1. Allgemeines

Sowohl der **besondere Teil des Strafgesetzbuches** als auch die **strafrechtlichen Nebengesetze** wie Suchtgiftgesetz, Verbotsgesetz (Verbot nationalsozialistischer Umtriebe), Lebensmittelgesetz, Waffengesetz u. a. enthalten die **Tatbestände,** beschreiben also strafwürdige Verhaltensweisen und setzen die **Strafdrohungen (Sanktionen)** fest.

Einteilung der Strafbaren Handlungen

Verbrechen	Vergehen
♦ Vorsätzliche Handlungen, die mit lebenslanger oder mehr als dreijähriger Freiheitsstrafe bedroht sind.	♦ Alle übrigen strafbaren Handlungen.

Das StGB 1974 fasst mehr als 200 Vergehen und Verbrechen in 25 Abschnitten zusammen.

2. Übersicht

Abschnitte des StGB	Delikte
1. Strafbare Handlungen gegen Leib und Leben	Mord, Totschlag, fahrlässige Tötung, Körperverletzung, Raufhandel, Imstichlassen eines Verletzten, Unterlassung der Hilfeleistung
2. Schwangerschaftsabbruch	Schwangerschaftsabbruch
3. Strafbare Handlungen gegen die Freiheit	Freiheitsentziehung, Entführung einer willenlosen oder wehrlosen Frau, Entführung einer unmündigen Person, Sklavenhandel, Nötigung, gefährliche Drohung, Hausfriedensbruch, beharrliche Verfolgung (Stalking)
4. Strafbare Handlungen gegen die Ehre	Üble Nachrede, Beleidigung
5. Verletzung der Privatsphäre und bestimmter Berufsgeheimnisse	Verletzung des Briefgeheimnisses, des Fernmeldegeheimnisses, von Berufsgeheimnissen, eines Geschäfts- oder Betriebsgeheimnisses
6. Strafbare Handlungen gegen fremdes Vermögen	Sachbeschädigung, Diebstahl, Veruntreuung, Unterschlagung, Raub, Erpressung, Betrug, Untreue, betrügerische Krida, Hehlerei, Glücksspiel
7. Gemeingefährliche strafbare Handlungen	Brandstiftung, vorsätzliche Gefährdung durch Kernenergie, durch Sprengmittel, Gemeingefährdung, Gefährdung des Tier- und Pflanzenbestandes, Kurpfuscherei, Luftpiraterie
8. Strafbare Handlungen gegen den religiösen Frieden und die Ruhe der Toten	Herabwürdigung religiöser Lehren, Störung einer Religionsausübung, Störung der Totenruhe
9. Strafbare Handlungen gegen Ehe und Familie	Mehrfache Ehe, Verlassen eines Unmündigen, Verletzung der Unterhaltspflicht
10. Strafbare Handlungen gegen die sexuelle Integrität und Selbstbestimmung	Vergewaltigung, geschlechtliche Nötigung, sexueller Missbrauch einer wehrlosen oder psychisch beeinträchtigten Person oder von Unmündigen, Blutschande, Kuppelei, Zuhälterei, Zuführen zur Prostitution, sexuelle Belästigung
11. Tierquälerei	Tierquälerei
12. Strafbare Handlungen gegen die Zuverlässigkeit von Urkunden und Beweiszeichen	Urkundenfälschung, Verletzung von Grenzzeichen, Gebrauch fremder Ausweise
13. Strafbare Handlungen gegen die Sicherheit des Verkehrs mit Geld, Wertpapieren und Wertzeichen	Geldfälschung, Weitergabe von Falschgeld, Fälschung besonders geschützter Wertpapiere, Wertzeichenfälschung
14. Hochverrat und andere Angriffe gegen den Staat	Hochverrat, staatsfeindliche Verbindungen, Herabwürdigung des Staates und seiner Symbole
15. Angriff auf oberste Staatsorgane	Gewalt und gefährliche Drohung gegen den Bundespräsidenten, Nötigung verschiedener Organe der Gesetzgebung, Verwaltung und Gerichtsbarkeit
16. Landesverrat	Verrat von Staatsgeheimnissen, Ausspähung von Staatsgeheimnissen
17. Strafbare Handlungen gegen das Bundesheer	Beteiligung an militärischen strafbaren Handlungen, Wehrmittelsabotage
18. Strafbare Handlungen bei Wahlen und Volksabstimmungen	Wahlbehinderung, Täuschung bei einer Wahl oder Volksabstimmung, Bestechung bei einer Wahl, Verletzung des Wahlgeheimnisses

Abschnitte des StGB	Delikte
19. Strafbare Handlungen gegen die Staatsgewalt	Widerstand, tätlicher Angriff auf einen Beamten, Siegelbruch
20. Strafbare Handlungen gegen den öffentlichen Frieden	Landfriedensbruch, verbrecherisches Komplott, Bandenbildung, Ansammeln von Kampfmitteln, Aufforderung zum Ungehorsam gegen Gesetze, Verhinderung oder Störung einer Versammlung
21. Strafbare Handlungen gegen die Rechtspflege	Falsche Beweisaussage, Fälschung eines Beweismittels, Verleumdung, Befreiung von Gefangenen
22. Strafbare Verletzungen der Amtspflicht und verwandte strafbare Handlungen	Missbrauch der Amtsgewalt, Geschenkannahme durch Beamte, durch leitende Angestellte eines Unternehmens, Verletzung des Amtsgeheimnisses
23. Amtsanmaßung und Erschleichung eines Amtes	Amtsanmaßung, Erschleichung eines Amtes
24. Störung der Beziehungen zum Ausland	Hochverräterische Angriffe gegen einen fremden Staat, Herabwürdigung fremder Symbole, Neutralitätsgefährdung
25. Völkermord	Völkermord

3. Strafbare Handlungen gegen Leib und Leben

Lernen Sie anhand des Auszugs aus dem Bundesgesetzblatt „Strafbare Handlungen gegen Leib und Leben" den Text unseres Strafgesetzbuches und die Formulierung von Tatbildern und Strafdrohungen kennen.

21. Stück – Ausgegeben am 29. Jänner 1974 – Nr. 60

Besonderer Teil

Erster Abschnitt

Strafbare Handlungen gegen Leib und Leben

Mord

§ 75. Wer einen anderen tötet, ist mit Freiheitsstrafe von zehn bis zu zwanzig Jahren oder mit lebenslanger Freiheitsstrafe zu bestrafen.

Totschlag

§ 76. Wer sich in einer allgemein begreiflichen heftigen Gemütsbewegung dazu hinreißen läßt, einen anderen zu töten, ist mit Freiheitsstrafe von fünf bis zu zehn Jahren zu bestrafen.

Tötung auf Verlangen

§ 77. Wer einen anderen auf dessen ernstliches und eindringliches Verlangen tötet, ist mit Freiheitsstrafe von sechs Monaten bis zu fünf Jahren zu bestrafen.

Mitwirkung am Selbstmord

§ 78. Wer einen anderen dazu verleitet, sich selbst zu töten, oder ihm dazu Hilfe leistet, ist mit Freiheitsstrafe von sechs Monaten bis zu fünf Jahren zu bestrafen.

Tötung eines Kindes bei der Geburt

§ 79. Eine Mutter, die das Kind während der Geburt oder solange sie noch unter der Einwirkung des Geburtsvorganges steht, tötet, ist mit Freiheitsstrafe von einem bis zu fünf Jahren zu bestrafen.

Fahrlässige Tötung

§ 80. Wer fahrlässig den Tod eines anderen herbeiführt, ist mit Freiheitsstrafe bis zu einem Jahr zu bestrafen.

Fahrlässige Tötung unter besonders gefährlichen Verhältnissen

§ 81. Wer fahrlässig den Tod eines anderen herbeiführt

1. unter besonders gefährlichen Verhältnissen oder

2. nachdem er sich vor der Tat, wenn auch nur fahrlässig, durch Genuß von Alkohol oder den Gebrauch eines anderen berauschenden Mittels in einen die Zurechnungsfähigkeit nicht ausschließenden Rauschzustand versetzt hat, obwohl er vorhergesehen hat oder hätte vorhersehen können, dass ihm eine Tätigkeit bevorstehe, deren Vornahme in diesem Zustand eine Gefahr für das Leben, die Gesundheit oder die körperliche Sicherheit eines anderen herbeizuführen oder zu vergrößern geeignet sei, ist mit Freiheitsstrafe bis zu drei Jahren zu bestrafen.

Aussetzung

§ 82. (1) Wer das Leben eines anderen dadurch gefährdet, dass er ihn in eine hilflose Lage bringt und in dieser Lage im Stich läßt, ist mit Freiheitsstrafe von sechs Monaten bis zu fünf Jahren zu bestrafen.

(2) Ebenso ist zu bestrafen, wer das Leben eines anderen, der unter seiner Obhut steht oder dem er sonst beizustehen verpflichtet ist

(§2), dadurch gefährdet, dass er ihn in einer hilflosen Lage im Stich läßt.

(3) Hat die Tat den Tod des Gefährdeten zur Folge, so ist der Täter mit Freiheitsstrafe von einem bis zu zehn Jahren zu bestrafen. Körperverletzung

§ 83. (1) Wer einen anderen am Körper verletzt oder an der Gesundheit schädigt, ist mit Freiheitsstrafe bis zu sechs Monaten oder mit Geldstrafe bis zu 360 Tagessätzen zu bestrafen.

(2) Ebenso ist zu bestrafen, wer einen anderen am Körper mißhandelt und dadurch fahrlässig verletzt oder an der Gesundheit schädigt.

4. Vermögensdelikte

Strafbare **Handlungen,** die sich **gegen Vermögenswerte** richten, sind „Wirtschaftsdelikte". Ihre Urtypen sind Diebstahl, Veruntreuung, Sachbeschädigung, Betrug. Daneben lassen sich viele andere Delikte zu den Wirtschaftsdelikten zählen, vor allem auch solche, die nicht im Strafgesetzbuch, sondern in Spezialgesetzen (z. B. Devisengesetz, Lebensmittelgesetz, Finanzstrafgesetz) enthalten sind.

Im Folgenden werden **einige Delikte** besprochen.

♦ **Sachbeschädigung**
Wer (vorsätzlich) eine fremde Sache zerstört, beschädigt, verunstaltet oder unbrauchbar macht, ist mit Freiheitsstrafe bis zu sechs Monaten oder mit Geldstrafe bis zu 360 Tagessätzen zu bestrafen. Wird die Sachbeschädigung an bestimmten Sachen oder Einrichtungen begangen oder übersteigt der Schaden bestimmte Grenzen, kann die Strafdrohung bis zu fünf Jahren betragen. Die fahrlässige Beschädigung von Sachen erfüllt keinen strafrechtlichen Tatbestand.

♦ **Diebstahl**
Wer eine fremde, bewegliche Sache einem anderen mit dem Vorsatz wegnimmt, sich oder einen Dritten durch deren Zueignung unrechtmäßig zu bereichern, ist mit Freiheitsstrafe bis zu sechs Monaten oder mit Geldstrafe bis zu 360 Tagessätzen zu bestrafen. Bei Vorliegen besonderer Umstände sind höhere Strafsätze vorgesehen, z. B. Wert über € 2.000,–, Einbruch, Bandendiebstahl, Gesellschaftsdiebstahl.

♦ **Veruntreuung**
Wer ein Gut, das ihm anvertraut worden ist, sich oder einem Dritten mit dem Vorsatz zueignet, sich oder den Dritten dadurch unrechtmäßig zu bereichern, ist mit Freiheitsstrafe (w. o.) zu bestrafen. Wer ein Gut veruntreut, dessen Wert € 2.000– übersteigt, ist mit Freiheitsstrafe bis zu drei Jahren, wer ein Gut im Wert von über € 40.000,– veruntreut, mit Freiheitsstrafe von einem bis zu zehn Jahren zu bestrafen.

♦ **Unterschlagung**
Wer ein fremdes Gut, das er gefunden hat oder das durch einen Irrtum oder sonst ohne sein Zutun in seinen Gewahrsam geraten ist, sich oder einem Dritten mit dem Vorsatz zueignet, sich oder den Dritten dadurch unrechtmäßig zu bereichern, ist mit Freiheitsstrafen (w. o.) zu bestrafen. Bei einem höheren Wert des unterschlagenen Gutes (Grenzen € 2.000,– und € 40.000,–) sind höhere Strafsätze vorgesehen.

♦ **Betrug**
Wer mit dem Vorsatz, durch das Verhalten des Getäuschten sich oder einen Dritten unrechtmäßig zu bereichern, jemanden durch Täuschung über Tatsachen zu einer Handlung, Duldung oder Unterlassung verleitet, die diesen oder einen anderen am Vermögen schädigt, ist mit Freiheitsstrafe (w. o.) zu bestrafen. Wenn der Täter, der zur Täuschung eine falsche oder verfälschte Urkunde, ein anderes solches Beweismittel oder ein unrichtiges Messgerät benützt, einen € 2.000,– übersteigenden Schaden anrichtet oder einen Betrug in der Absicht begeht, sich durch dessen wiederkehrende Begehung eine fortlaufende Einnahme zu verschaffen, sind höhere Strafen vorgesehen.

♦ **Versicherungsmissbrauch**
Wer mit dem Vorsatz, sich oder einem anderen eine Versicherungsleistung zu verschaffen,
- eine versicherte Sache zerstört, beschädigt oder beiseite schafft,
- sich oder einen anderen am Körper verletzt oder an der Gesundheit schädigt, verletzen oder schädigen lässt, ist, wenn die Tat nicht als Betrug mit Strafe bedroht ist, mit Freiheitsstrafe bis zu sechs Monaten oder Geldstrafe bis zu 360 Tagessätzen zu bestrafen.
  Wer von der weiteren Verfolgung seines Vorhabens Abstand nimmt, bevor die Versicherungsleistung erbracht worden ist und bevor die Behörde von seinem Verschulden erfahren hat, ist nicht zu bestrafen.

♦ **Untreue**
Wer die ihm durch Gesetz, behördlichen Auftrag oder Rechtsgeschäft eingeräumte Befugnis, über fremdes Vermögen zu verfügen oder einen anderen zu verpflichten, wissentlich miss-

braucht und dadurch dem anderen einen Vermögensnachteil zufügt, ist mit Freiheitsstrafe (w. o.) zu bestrafen. Bei einem bestimmte Grenzen übersteigenden Schaden sind höhere Strafsätze anzuwenden.

♦ **Geldwucher**
Wer die Zwangslage, den Leichtsinn, die Unerfahrenheit oder den Mangel an Urteilsvermögen eines anderen dadurch ausbeutet, dass er sich oder einem Dritten für eine Leistung, die der Befriedigung eines Geldbedürfnisses dient, insbesondere für die Gewährung oder Vermittlung eines Darlehens oder für die Stundung einer Geldforderung oder die Vermittlung einer solchen Stundung einen Vermögensvorteil versprechen oder gewähren lässt, der in auffallendem Missverhältnis zum Wert der eigenen Leistung steht, ist mit Freiheitsstrafe bis zu drei Jahren zu bestrafen. Ebenso ist zu bestrafen, wer eine solche Forderung, die auf ihn übergegangen ist, wucherisch verwertet. Für Sachwucher ist eine analoge Regelung vorgesehen.

♦ **Betrügerische Krida**
Wer einen Bestandteil seines Vermögens verheimlicht, beiseite schafft, veräußert oder beschädigt, eine nicht bestehende Verbindlichkeit vorschützt oder anerkennt oder sonst sein Vermögen wirklich oder zum Schein verringert und dadurch die Befriedigung seiner Gläubiger oder wenigstens eines von ihnen vereitelt oder schmälert, ist mit Freiheitsstrafe von sechs Monaten bis zu fünf Jahren zu bestrafen. Wer durch seine Tat einen € 40.000,– übersteigenden Schaden herbeiführt, ist mit Freiheitsstrafe von einem bis zu zehn Jahren zu bestrafen.

♦ **Schädigung fremder Gläubiger**
Ebenso ist zu bestrafen, wer ohne Einverständnis mit dem Schuldner einen Bestandteil des Vermögens des Schuldners verheimlicht, beiseite schafft, veräußert oder beschädigt oder ein nicht bestehendes Recht gegen das Vermögen des Schuldners geltend macht und dadurch die Befriedigung der Gläubiger oder wenigstens eines von ihnen vereitelt oder schmälert.

♦ **Grob fahrlässige Beieinträchtigungen von Gläubigerinteressen.**
Mit Freiheitsstrafe bis zu zwei Jahren ist zu bestrafen, wer als Schuldner mehrerer Gläubiger kridaträchtig handelt, d. h.
- entgegen den Grundsätzen ordentlichen Wirtschaftens ein gewagtes Geschäft eingeht,
- mit seinen Vermögensverhältnissen oder seiner wirtschaftlichen Leistungsfähigkeit in auffallendem Widerspruch stehenden Aufwand treibt oder
- es unterlässt, Geschäftsbücher oder geschäftliche Aufzeichnungen oder Jahresabschlüsse (zu deren Erstellung er oder sie verpflichtet wäre) zu führen oder diese unordentlich führt.

♦ **Vollstreckungsvereitelung**
Ein Schuldner, der einen Bestandteil seines Vermögens verheimlicht, beiseite schafft, veräußert oder beschädigt, eine nicht bestehende Verbindlichkeit vorschützt oder anerkennt oder sonst sein Vermögen wirklich oder zum Schein verringert und dadurch die Befriedigung eines Gläubigers durch Zwangsvollstreckung vereitelt oder schmälert, ist mit Freiheitsstrafe bis zu sechs Monaten oder mit Geldstrafe bis zu 360 Tagessätzen zu bestrafen.

♦ **Hehlerei**
Mit Freiheitsstrafe bis zu sechs Monaten oder mit Geldstrafe bis zu 360 Tagessätzen ist zu bestrafen, wer
- den Täter einer mit Strafe bedrohten Handlung gegen fremdes Vermögen nach der Tat dabei unterstützt;
- eine Sache, die dieser durch sie erlangt hat, verheimlicht oder verhandelt;
- eine Sache, die ein anderer durch eine mit Strafe bedrohte Handlung gegen fremdes Vermögen erlangt hat, kauft, zum Pfand nimmt oder sonst an sich bringt, verheimlicht oder verhandelt;
- mit dem Vorsatz, sich oder einen Dritten unrechtmäßig zu bereichern, wissentlich den Erlös einer Sache, die ein anderer durch eine mit Strafe bedrohte Handlung gegen fremdes Vermögen erlangt hat, empfangen hat oder eine Sache an sich bringt, die aus dem Erlös einer solchen Sache angeschafft oder für eine solche Sache eingetauscht worden ist (so genannte „Ersatzhehlerei“).

Übersteigt der Wert der Sache bestimmte Beträge und wird die Hehlerei gewerbsmäßig betrieben, dann sind höhere Strafsätze vorgesehen.

Wiederholungsfragen – Arbeitsaufgaben – Diskussionsanregungen

1. *Vervollständigen Sie folgenden Merksatz.*

   Die Strafe verfolgt den Zweck der ______________________________ .

2. *Kann ein Verhalten mit Strafe belegt werden, das ein großes Unrecht darstellt, aber im StGB nicht aufscheint?*

   ○ *ja* ○ *nein*

3. *Vervollständigen Sie nachstehenden Merksatz!*

   Der ____________________ muss dem ____________________

   entsprechen, damit den Täter die Rechtsfolgen treffen können.

4. *Wann ist die Schuldfähigkeit eines Täters nicht gegeben?*

   ____

5. *Welche Folgen einer strafbaren Handlung oder Unterlassung kennt das Strafgesetz?*

   ____

6. *Welchen Zweck verfolgt eine vorbeugende Maßnahme? Kreuzen Sie an!*

   ○ *Vergeltung*

   ○ *den Täter zu hindern, ein neues Verbrechen zu begehen*

   ○ *Ausspruch eines Tadels*

   ○ *die Allgemeinheit abzuschrecken*

   ○ *Sicherheit der Allgemeinheit*

7. *Welche Person wird im Sinne des StGB als jugendlich bezeichnet? Kreuzen Sie an!*

   ○ *7–14 Jahre* ○ *14–18 Jahre* ○ *14–19 Jahre*

8. *Was versteht man unter einer bedingten Verurteilung? Kreuzen Sie die richtige Lösung an.*

   ○ *Es wurde kein Schuldspruch gefällt.*

   ○ *Die Strafe wurde endgültig nachgelassen.*

   ○ *Der Vollzug der Strafe ist aufgeschoben.*

9. *Wodurch wird die Unbescholtenheit einer wegen einer strafbaren Handlung rechtskräftig verurteilten Person wiederhergestellt?*

10. *In welchen Fällen kann es dazu kommen, dass ein „normaler, anständiger Mensch" mit der Strafgerichtsbarkeit Bekanntschaft macht?*

11. *Worin liegt der Unterschied zwischen Mord und Totschlag?*

12. *In welchem Zusammenhang könnte der OGH die folgende Entscheidung getroffen haben: „Die gewaltsame Wegnahme fremder Sachen gehört zu jenen Handlungen, deren grobe Rechtswidrigkeit normalerweise bereits von jedem Schulkind erfasst wird ..."?*

13. *A kauft sich ein Luftdruckgewehr. Um es auszuprobieren, schießt er auf Straßenlampen und beschädigt etliche. Welchen Tatbestand erfüllt dieser Sachverhalt?*

14. *Suchen Sie Argumente, die von Gegnern der Freiheitsstrafe gegen diese vorgebracht werden können, und diskutieren Sie darüber.*

15. *Diskutieren Sie über Argumente, die von Befürwortern der Todesstrafe genannt werden. Suchen Sie Argumente gegen die Todesstrafe. Formulieren Sie Ihre eigene Meinung.*

Gewerberecht

I. Gewerbeordnung

Wenn ich ein Gewerbe ausüben möchte: Welche Arten von Gewerben kommen überhaupt für mich in Frage? Welche Voraussetzungen und Fähigkeiten muss ich aufweisen? Muss ich für den Erhalt der Gewerbeberechtigung volljährig sein? Können Ausländer ein Gewerbe ausüben?

Wann muss ein Gewerbeinhaber seine Preise im Geschäftslokal aushängen? Wie erlange ich eine Gewerbeberechtigung und welche Behörden sind zuständig?

Solche und ähnliche Fragen werden nun behandelt.

A. Begriff des Gewerbes

Alle gesetzlich nicht verbotenen Beschäftigungen unterliegen den Bestimmungen der Gewerbeordnung, wenn sie **gewerbsmäßig** betrieben werden und nicht ausdrücklich ausgenommen sind.

1. Merkmale einer gewerbsmäßigen Tätigkeit

Man versteht darunter eine Tätigkeit, die
- **regelmäßig** (auch einmalige Handlungen, wenn auf eine Wiederholungsabsicht geschlossen werden kann),
- **selbstständig** (auf eigene Rechnung und Gefahr – im Gegensatz zu der Tätigkeit eines Arbeitnehmers),
- **erlaubt** (sie darf weder gegen die guten Sitten noch gegen ein Gesetz verstoßen) und
- **entgeltlich** (Gewinnabsicht) ist.

2. Tätigkeiten, die von den Bestimmungen der Gewerbeordnung ausgenommen und zumeist in anderen Bundesgesetzen geregelt sind:
die Land- und Forstwirtschaft und deren Nebengewerbe (Molkereien, Sägewerke u. a.); der Bergbau; Tätigkeiten der Rechtsanwälte, Notare, Ziviltechniker, Wirtschaftstreuhänder; die Ausübung des Arztberufes; der Betrieb von Bank- und Bauspargeschäften u. a. Für einen Großteil der ausgenommenen Tätigkeiten gelten **andere Gesetze**, die teilweise **strengere Regelungen** beinhalten.

B. Arten der Gewerbe

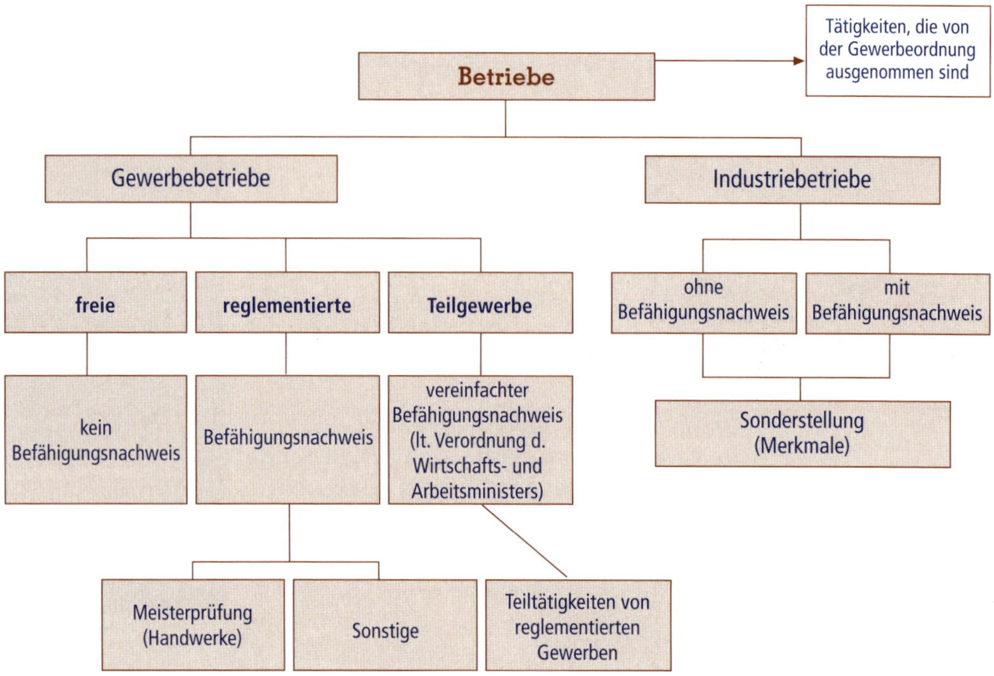

Gewerbefreiheit:
Alle Gewerbe können aufgrund einer **Anmeldung** bei der Gewerbebehörde sofort ausgeübt werden, wenn die allgemeinen und etwaigen besonderen Voraussetzungen (Befähigungsnachweis) erfüllt werden.

In bestimmten Fällen schreibt das Gesetz bei vereinzelten reglementierten Gewerben eine **Zuverlässigkeitsprüfung** vor. Bei diesen Gewerben darf mit der Ausübung erst nach Rechtskraft eines Feststellungsbescheides über das Vorliegen der Voraussetzungen begonnen werden.

1. Freie Gewerbe

Das Gesetz schreibt **keinen Befähigungsnachweis** vor. Alle Gewerbe, die nicht ausdrücklich unter den reglementierten Gewerben aufgezählt sind, sind freie Gewerbe **(Generalklausel).**

BEISPIELE: Handel, außer reglementierte Handelsgewerbe (Handel mit Medizinprodukten, Waffenhandel, Handel mit Feuerwerksartikeln), Mietwaschküchen, Fitnesscenter, Tankstellen, Dienstleistungen in der Datenverarbeitung und Kommunikationstechnik

2. Reglementierte Gewerbe

Der Wirtschafts- und Arbeitsminister hat für jedes reglementierte Gewerbe einen Befähigungsnachweis zu erlassen. Das Gesetz zählt Elemente dieses Befähigungsnachweises auf (Prüfung, Schulabschluss, Lehrabschlussprüfung, fachliche Tätigkeit, selbstständige Tätigkeit usw.)

Absolventen **berufsbildender mittlerer und höherer** Schulen haben Zugang zu verschiedenen reglementierten Gewerben. Je nachdem, wie speziell die Ausbildung an diesen Schulen ist, muss dabei entweder der Abschluss der betreffenden Schule nachgewiesen werden oder zusätzlich zum Abschluss eine fachliche Tätigkeit (diese ist zumeist verkürzt) oder neben Schulabschluss und fachlicher Tätigkeit eine Befähigungsprüfung und Unternehmerprüfung.

a) Handwerke

> Bei diesen ist als **Befähigungsnachweis** die **Meisterprüfung** inklusive des Prüfungsteiles „Unternehmerprüfung" vorgesehen. Wer volljährig ist, kann zur Meisterprüfung antreten. In der Praxis kann sie aber nur bei entsprechender Berufsausbildung bzw. Berufserfahrung bestanden werden.

Der **Befähigungsnachweis** wird auch erbracht durch:
- bestimmte Universitätsstudien und eine Tätigkeit in dem betreffenden Handwerk,
- die Ablegung der Matura einer berufsbildenden höheren Schule und eine fachliche Tätigkeit,
- den Abschluss einer Werkmeisterschule oder einer Fachakademie bei einer Körperschaft öffentlichen Rechtes (WIFI, BFI) und eine fachliche Tätigkeit,
- die Erfüllung der Voraussetzungen, die in der 3. EU-Anerkennungsrichtlinie enthalten sind: z. B. sechsjährige Tätigkeit als Selbstständiger oder Betriebsleiter.

Die Unternehmerprüfung entfällt bei Nachweis einer:
- Ausbildung, bei der unternehmerische Kenntnisse vermittelt werden (z. B. HAK),
- kaufmännischen Lehrabschlussprüfung,
- 3-jährigen selbstständigen Tätigkeit oder einer kaufmännisch leitenden Stellung.

Die Unternehmerprüfung ist nur einmal abzulegen und gilt sowohl für Handwerke als auch für andere reglementierte Gewerbe.

Die Bezeichnung **Meister** oder **Meisterbetrieb** dürfen nur Personen verwenden, die die **Meisterprüfung** erfolgreich abgelegt haben.

BEISPIELE: Damen- bzw. Herrenkleidermacher, Schuhmacher, Schlosser, Frisör, Mechaniker, Glaser, Tischler, Maler und Anstreicher, Bäcker, Konditor

Wer den Befähigungsnachweis für ein Handwerk erbringt, kann eine Zusatzprüfung für ein **verbundenes** Handwerk ablegen (z. B. Tischler – Bootbauer). Diese Zusatzprüfung gilt als Meisterprüfung im verbundenen Handwerk.

b) Sonstige reglementierte Gewerbe

> Bei diesen ist der Befähigungsnachweis in **anderer Form** als der Meisterprüfung zu erbringen. Je nachdem, ob die Gewerbeausübung von einer Genehmigung durch die Behörde abhängig ist, unterscheidet man:

- **Reglementierte Gewerbe ohne Rechtskraftvorbehalt:**

BEISPIELE: Bestatter, Fotografen, Fremdenführer, Fußpflege, Schönheitspflege, Versicherungsagenten

- **Reglementierte Gewerbe mit Rechtskraftvorbehalt:**

Sie dürfen erst ausgeübt werden, wenn der Befähigungsnachweis (fachliche Tätigkeit, Unternehmerprüfung etc.) erbracht wurde und das Vorliegen der Voraussetzungen inklusive Zuverlässigkeit von der Gewerbebehörde mit **rechtskräftigem Bescheid** festgestellt wurde, wobei die Gewerbebehörde innerhalb von drei Monaten zu entscheiden hat. Der Rechtskraftvorbehalt und die Zuverlässigkeitsprüfung gründen in den besonderen Gefahren, die mit der Ausübung solcher Gewerbe verbunden sein können.
BEISPIELE: Waffengewerbe, Baumeister, Zimmermeister, Gas- und Sanitärtechnik, Sicherheitsgewerbe (Bewachungsgewerbe), Berufsdetektive, Elektrotechnik

3. Teilgewerbe

Es handelt sich um Teiltätigkeiten von reglementierten Gewerben, für die ein vereinfachter Befähigungsnachweis vorgesehen ist.
BEISPIELE: Lehrabschlussprüfung, fachliche Tätigkeit, Kursbesuch
Insgesamt gibt es 23 Teilgewerbe, die durch Verordnung des Wirtschafts- und Arbeitsministers festgelegt sind.
BEISPIELE: Änderungsschneiderei, Fahrradtechnik

4. Individueller Befähigungsnachweis (bisher „Nachsichtsverfahren")
Wer den in der Befähigungsnachweisverordnung festgelegten Befähigungsnachweis nicht erbringt, jedoch auf andere Weise gleichwertige Kenntnisse, Fähigkeiten und Erfahrungen für eine ordnungsgemäße Gewerbeausübung erworben hat, kann bei der Gewerbebehörde (Bezirksverwaltungsbehörde) die **Anerkennung** der individuellen Befähigung beantragen. Dies ist auch für Teiltätigkeiten möglich. Der individuelle Befähigungsnachweis wird durch Bescheid festgestellt.

5. Verbundene Gewerbe
Wer ein Gewerbe ausübt, das mit einem oder mehreren anderen Gewerben zu einem verbundenen Gewerbe zusammengefasst ist, kann – wenn er den vollen Befähigungsnachweis für das Ausgangsgewerbe erbringt – uneingeschränkt im verbundenen Gewerbe tätig sein.
BEISPIELE: Tischler – Bootbauer, Damenkleidermacher – Herrenkleidermacher - Wäschewarenerzeugung

6. Sonderstellung der Industriebetriebe
Gewerbe können in der Form eines Industriebetriebes ausgeübt werden.
Ein Befähigungsnachweis ist im Allgemeinen nicht notwendig, außer bei einigen ausdrücklich aufgezählten Gewerben wie Baumeister, Herstellung von Arzneimitteln und Giften, Waffengewerbe usw.
Die Gewerbeordnung zählt verschiedene charakteristische Merkmale für die industrielle Betriebsform auf:

- Hoher Kapitaleinsatz
- Großer Maschinenpark
- Serienfertigung
- Arbeitsteiliges Verfahren
- Automation
- Leitende Tätigkeiten des Betriebsinhabers

Die angeführten Merkmale brauchen nicht alle vorzuliegen, doch müssen sie gegenüber den für eine andere Betriebsform sprechenden Merkmalen **überwiegen**.

Die Ausübung von Handelsgewerben, Verkehrsgewerben, Tourismusgewerben oder Gewerben, die individuell an Kundenbedürfnisse angepasste Leistungen erbringen, wie etwa Planung, Beratung, ist **nicht** in Form eines Industriebetriebes möglich.

C. Voraussetzungen für den Antritt eines Gewerbes

1. Allgemeine und besondere Voraussetzungen

a) Allgemeine und besondere Voraussetzungen der natürlichen Personen

Allgemeine	Besondere
♦ **Eigenberechtigung**, die mit dem 18. Lebensjahr gegeben ist ♦ Nichtvorliegen bestimmter **Ausschlussgründe**: – bestimmte Verstöße gegen das Strafgesetz, wenn Verurteilung noch nicht getilgt ist *) – mangels Kostendeckung nicht eröffnete Konkursverfahren, solange in der Insolvenzdatei einsehbar (3 Jahre) – Konkurseröffnung bei Versicherungsvermittlern ♦ **Österreichische Staatsbürgerschaft** oder Staatsbürgerschaft eines anderen EWR-Staates oder ♦ **Aufenthaltsbewilligung** zur Ausübung einer selbstständigen Erwerbstätigkeit	♦ kein Befähigungsnachweis für freie Gewerbe ♦ Befähigungsnachweis für reglementierte Gewerbe und Teilgewerbe ♦ Zuverlässigkeit bei reglementierten Gewerben mit Rechtskraftvorbehalt

*) z. B. Verurteilung: wegen betrügerischer Krida, Schädigung oder Begünstigung von Gläubigern, Beeinträchtigung von Gläubigerinteressen, Übertretungen des Suchtmittelgesetzes, wegen Finanzvergehen oder wegen einer sonstigen strafbaren Handlung mit Verurteilung zu einer drei Monate übersteigenden Freiheitsstrafe

b) Allgemeine und besondere Voraussetzungen der juristischen Personen
Neben natürlichen Personen sind auch juristische Personen (GmbH, AG, Körperschaften öffentlichen Rechts), eingetragene Gesellschaften des Unternehmensgesetzbuches (OG, KG) zur Gewerbeausübung berechtigt, soweit sie einen **gewerberechtlichen Geschäftsführer** bestellt haben. (So könnte z. B. auch die Republik Österreich das Konditorgewerbe ausüben, würde aber dafür einen Geschäftsführer benötigen.)

2. Betriebsanlagen

Die Gewerbeordnung (GewO) versteht darunter örtlich gebundene Einrichtungen, die der regelmäßigen Entfaltung einer gewerblichen Tätigkeit dienen. Eine behördliche Genehmigung für die Errichtung und den Betrieb ist erforderlich, wenn wegen der Maschinen, Geräte, Betriebsweise oder -ausstattung folgende Auswirkungen möglich sind:

- **Gefährdung des Lebens** und der **Gesundheit** des Gewerbetreibenden und seiner Arbeitnehmer, der Kunden oder Nachbarn
- **Beeinträchtigung** der Nachbarn durch Geruch, Lärm, Rauch, Staub oder Erschütterung
- **Beeinträchtigung der Religionsausübung** in Kirchen, **des Unterrichts** in Schulen, **des Betriebes** von **Kranken- und Kuranstalten**
- **Gefährdung** der Sicherheit und der Flüssigkeit **des Verkehrs**
- **Beeinträchtigung** der Reinheit **von Gewässern oder andere Umweltgefährdungen**

Die Genehmigungspflicht besteht auch dann, wenn diese angeführten Gefährdungen nicht vom Betriebsinhaber, sondern von Personen ausgehen, die den Betrieb in Anspruch nehmen (Kunden). Auch wesentliche **Änderungen und Erweiterungen** einer Betriebsanlage sind genehmigungspflichtig, wenn sich dadurch z. B. das Emissionsverhalten der Anlage u. a. für die Nachbarn oder die Umwelt nachteilig verändern würde (d. h. insbesondere neue bzw. zusätzliche Gefahren oder unzumutbare Belästigungen möglich wären).

Die Behörde hat bei Vorliegen der Genehmigungspflicht der Anlage oder deren Änderung eine **Augenscheinverhandlung** anzuberaumen, zu der alle Personen, die durch die zu errichtende Anlage betroffen sein könnten, zu laden sind. Bestehen Zweifel, ob eine Betriebsanlage genehmigungspflichtig ist, kann diese Tatsache in einem Feststellungsverfahren geklärt werden.

Darüber hinaus kann der Bundesminister für Wirtschaft und Arbeit im Einvernehmen mit dem Bundesminister für Land- und Forstwirtschaft, Umwelt und Wasserwirtschaft durch Verordnung Schutzeinrichtungen für Maschinen, Geräte und Ausstattung bezeichnen, damit die oben erwähnten Gefährdungen und Beeinträchtigungen vermieden werden.

Anpassungen der Betriebsanlage an den Stand der Technik sind genehmigungsfrei, der **Ersatz** von alten Maschinen, Geräten und Ausstattungen gegen neue, gleichartige, ist der Behörde anzuzeigen.

D. Umfang der Gewerbeberechtigung

Dieser bestimmt sich in erster Linie nach dem Wortlaut des angemeldeten Gewerbes im Zusammenhang mit den gesetzlichen Vorschriften.

Die Gewerbeordnung zählt auch die **sonstigen Rechte** auf, die allen Gewerbetreibenden zustehen. Bei der Ausübung dieser Rechte ist der wirtschaftliche Schwerpunkt und die Eigenart des Betriebes zu wahren. Soweit es Sicherheit erfordert, sind für die Ausübung dieser Rechte Fachkräfte einzusetzen.

- **Vor- und Vollendungsarbeiten**, die dazu dienen, das eigene Produkt oder die eigene Leistung absatzfähig zu machen; Leistungen anderer Gewerbe in geringem Umfang und wirtschaftlichem Zusammenhang mit dem vorliegenden Gewerbe
- für die Erbringung von Leistungen des eigenen Unternehmens notwendige **Maschinen** und Werksvorrichtungen anfertigen, diese in Stand halten und in Stand setzen
- **Verpackungen** für die eigenen Produkte herstellen
- **Aufstellen, Montage, Wartung** der hergestellten, verkauften oder vermieteten Gegenstände
- **Planen**

- als **Generalunternehmer** tätig sein, d. h. Gesamtaufträge entgegennehmen, wobei gewerberechtlich nicht zustehende Arbeiten an Subunternehmer vergeben werden
- Waren **kaufen, verkaufen oder vermieten**
- **Teilgewerbe** mit einem befähigten Arbeitnehmer ausüben
- unentgeltliche Ausschank etc.

E. Ausübung des Gewerbes

1. Der Inhaber der Gewerbeberechtigung

kann das Gewerbe entweder **persönlich** oder durch einen gewerberechtlichen **Geschäftsführer** (in fremdem Namen!) ausüben bzw. ausüben lassen.

Juristische Personen und eingetragene Personengesellschaften müssen einen Geschäftsführer bestellen, ebenso Personen, die keinen Wohnsitz im Inland oder im EWR-Raum haben.

Bei reglementierten Gewerben muss der gewerberechtliche Geschäftsführer den Befähigungsnachweis erbringen, den er sozusagen in den Betrieb einbringt.

Er muss in der Lage sein, sich im Betrieb entsprechend zu betätigen und dies auch tatsächlich tun:

- Bei Einzelunternehmern muss er **Dienstnehmer** des Unternehmens sein, der zumindest zur Hälfte der wöchentlichen Normalarbeitszeit beschäftigt ist.
- Bei eingetragenen Personengesellschaften kann der gewerberechtliche Geschäftsführer entweder Dienstnehmer oder unbeschränkt haftender, vertretungsbefugter **Gesellschafter** sein.
- Bei juristischen Personen wie z. B. Kapitalgesellschaften muss er entweder Dienstnehmer sein oder die Funktion eines Mitglieds des **Vorstandes** einer AG oder handelsrechtlichen **Geschäftsführers** einer GmbH innehaben.

2. Das Fortbetriebsrecht

Darunter versteht man das Recht, nach dem Tod des Gewerbeinhabers (wodurch normalerweise die Gewerbeberechtigung erlischt) einen Gewerbebetrieb **mit der Berechtigung des Verstorbenen** fortzuführen. Erbringen die Fortbetriebsberechtigten den erforderlichen Befähigungsnachweis nicht, ist ein Geschäftsführer zu bestellen. Von diesem Erfordernis kann eine Nachsicht erteilt werden, wenn mit der Weiterführung ohne Geschäftsführer keine Gefahr für Leben oder Gesundheit von Menschen verbunden ist.

Fortbetriebsrechte haben:

- die **Verlassenschaft als solche** (bzw. deren Vertreter)
- der **überlebende Ehegatte:** Das Recht zur Fortführung des Betriebes hat der überlebende Ehepartner. Er darf den Gewerbebetrieb fortführen, und zwar ohne zeitliche Beschränkung, also auch bei etwaiger Wiederverehelichung.
- **Kinder und Wahlkinder:** Bis zur Vollendung des **24. Lebensjahres** kann der Betrieb mit der Gewerbeberechtigung des Verstorbenen von den genannten Personen weitergeführt werden
- die **Konkursmasse**
- der **Zwangsverwalter** oder **Zwangspächter**

F. Standort

Die Gewerbeberechtigung lautet auf einen **bestimmten Standort** (Ort, Straße, Hausnummer). Soll der Standort **verlegt** oder **verändert** werden, ist dies der für den neuen Standort zuständigen Gewerbebehörde anzuzeigen.

Ebenso ist die Ausübung eines Gewerbes an einer weiteren Betriebsstätte der Behörde anzuzeigen. Unter **weiteren Betriebsstätten** versteht man jede weitere standortgebundene Einrichtung zum Zwecke der Entfaltung einer regelmäßigen Tätigkeit an einem anderen Ort als dem, auf den die Gewerbeberechtigung lautet.

Die Genehmigung der **Betriebsanlage** muss dagegen – soweit erforderlich! – an **jedem** Standort neu erwirkt werden.

G. Sammeln und Entgegennahme von Bestellungen

Die GewO regelt sehr genau das Sammeln und die Entgegennahme von Bestellungen auf Dienstleistungen und Waren bei Privatpersonen (z. B. vor der Wohnungstür), also außerhalb des Unternehmens des Gewerbeinhabers.

Für bestimmte Waren (z. B. Kosmetika, Schmuck, Lebensmittel, Textilien) ist diese Tätigkeit wegen der Täuschungsgefahr überhaupt verboten, für andere Waren ist das Sammeln und die Entgegennahme von Bestellungen nur **innerhalb des Verwaltungsbezirks** erlaubt, zu dem die Gemeinde des Firmenstandorts gehört. Dabei gibt es für den Verbraucher ein Rücktrittsrecht binnen einer Woche (Näheres siehe Kapitel Konsumentenschutzgesetz).

H. Namensführung – Geschäftsbezeichnung

Zur äußeren Geschäftsbezeichnung und bei der Abgabe der Unterschrift im geschäftlichen Verkehr hat der **nicht im Firmenbuch eingetragene Gewerbetreibende** seinen **Vor- und Familiennamen** zu verwenden. Auf Geschäftsbriefen und Bestellscheinen (auch Fax, E-Mail, Webseiten) ist zusätzlich der **Standort** der Gewerbeberechtigung anzugeben. Im übrigen Geschäftsverkehr und in Ankündigungen dürfen zwar Abkürzungen des Namens oder andere Bezeichnungen verwendet werden, die zur Kennzeichnung des Unternehmens geeignet sind und Unterscheidungskraft besitzen. Diese dürfen aber nicht zur Irreführung geeignet sein. Verboten ist die Angabe bloß einer Telefonnummer, eines Postfachs oder einer nicht kennzeichnungskräftigen E-Mail-Adresse.

Bei **Gesellschaften** tritt anstelle des Namens die im Firmenbuch eingetragene **Firma**. Diese dürfen auch im **Firmenbuch eingetragene Einzelunternehmer** anstatt ihres Vor- und Zunamens verwenden, wenn dieser in der Firma enthalten ist. Andernfalls müssen sie Vor- und Zunamen zusätzlich angeben.

Die Gewerbetreibenden sind verpflichtet, ihre **Betriebsstätte** mit einer äußeren Geschäftsbezeichnung zu versehen. Diese besteht aus dem
- **Vor- und Zunamen** bzw. der im Firmenbuch eingetragenen **Firma** und
- unmissverständlichen Hinweisen auf den **Gegenstand** und die **Art des Gewerbes.**

I. Betriebspflicht

Es besteht nach GewO keine allgemeine Verpflichtung für den Geweberechtsinhaber, sein Gewerbe auch tatsächlich auszuüben. Nur für einige Gewerbe besteht eine **indirekte Betriebspflicht** (z. B. für Rauchfangkehrer), weil das Ruhen oder die Einstellung vorher der Behörde anzuzeigen ist bzw. für die Weiterführung der erforderlichen Arbeiten durch einen anderen Gewerbetreibenden vorgesorgt werden muss. Jahreslanges Nichtausüben eines Gewerbes kann außerdem ein Grund für den Entzug der Berechtigung sein.

J. Erlöschen der Gewerbeberechtigung

1. Die Gewerbeberechtigung kann von der Behörde aus verschiedenen Gründen **entzogen** werden, beispielsweise wenn
   a) der Gewerbeinhaber **straffällig** wird (z. B. Verurteilungen nach dem Strafgesetz, Suchtgiftgesetz oder Finanzstrafgesetz), oder gewisse Delikte nach der Gewerbeordnung (z. B. unbefugte Gewerbeausübung oder Nichtgenehmigung einer Betriebsanlage) begeht;
   b) der Gewerbeinhaber das Gewerbe **5 Jahre lang nicht ausgeübt** hat und unbekannten Aufenthalts ist;
   c) der Gewerbeinhaber aus einem Drittstaat die **Aufenthaltsbewilligung** verliert;
   d) die Ausübung des in der Form eines Industriebetriebes angemeldeten Gewerbes untersagt wird, weil **kein Industriebetrieb** mehr vorliegt und der Befähigungsnachweis nicht erbracht wird.

2. Die Gewerbeberechtigung kann **vom Inhaber** zurückgelegt werden.

3. Ferner **endigt** die Gewerbeberechtigung z. B.
   - mit dem **Tod** der natürlichen Person oder mit dem **Untergang** der juristischen Person, die Gewerbeinhaber war;
   - mit **Zeitablauf** oder mit dem **Eintritt einer auflösenden Bedingung.**

K. Konsumenten- und Umweltschutz im Gewerberecht

1. Konsumentenschutz

Zum Schutz der Konsumenten vor Benachteiligung und Gefährdung besteht die Berechtigung (teilweise die Verpflichtung) der zuständigen Bundesminister/innen, auf verschiedenen Gebieten genauere Maßnahmen durch **Verordnung** festzulegen, z. B.:

- für Maßnahmen zur Vermeidung einer Gefährdung von Leben oder Gesundheit von Menschen
- für Maßnahmen zur Vermeidung von Vermögensschäden der Kunden bei bestimmten, in der Gewerbeordnung aufgezählten Gewerben
- über die Preisauszeichnungspflicht (die Preise sind in den Geschäftsräumlichkeiten ersichtlich zu machen) für bestimmte Gewerbe: Lebensmittelhandel, Gastgewerbe, Dienstleistungen (z. B. Friseur)

Das **Preisauszeichnungsgesetz** betrifft alle Waren und Leistungen, die von Gewerbetreibenden gegenüber **Verbrauchern** angeboten werden: Sachgüter, die sichtbar ausgestellt sind oder in den Geschäftsräumlichkeiten in anderer Weise zum Verkauf bereitgehalten werden, müssen mit dem verlangten Preis ausgezeichnet werden (gilt auch für Muster und Attrappen). Ausgenommen von dieser Pflicht sind z. B. Antiquitäten, Juwelen, Pelzwaren, Orientteppiche ab einem relativ hohen Preis. Alle Preise müssen so ausgezeichnet werden, dass sie ein **„durchschnittlich aufmerksamer Betrachter"** leicht lesen und zuordnen kann (genügt z. B. auch im Regal). Die Auszeichnung ist jedenfalls unzureichend, wenn der Konsument erst mühsam nach dem Preis suchen muss. Im Bereich der Dienstleistungen besteht eine Preisauszeichnungspflicht nur für die in der Verordnung (siehe oben) genannten Branchen.

Nicht die Gewerbeordnung, sondern **andere Gesetze** sind die Grundlage für weitere Verordnungen wie zum Beispiel:

Lebensmittelkennzeichnungsverordnung: Sie schreibt bei einem Großteil der von ihr erfassten Lebensmittel die Bekanntgabe einer Aufbrauchsfrist unter bestimmten Lagerbedingungen vor.

Qualitätsklassenverordnung: verschiedene Qualitätsklassen für Äpfel, Birnen, Eier, Pfirsiche, Zitrusfrüchte und Tafeltrauben u. a.

2. Auf dem Gebiet des Umweltschutzes

enthält die Gewerbeordnung einige Vorschriften (vgl. dazu Punkt C. 2. über die Genehmigung einer Betriebsanlage, Seite 247).

Die zuständige Behörde hat die Schließung des Betriebes, die Stilllegung von Maschinen oder sonstige Sicherheitsmaßnahmen zu verfügen:
a) in Fällen drohender Gefahr für das Leben oder die Gesundheit von Menschen,
b) in Fällen unzumutbarer Belästigung durch nicht genehmigte Betriebsanlagen.

L. Der Weg zur Gewerbeberechtigung

Entschluss
Voraussetzungen:
EU-Staatsbürgerschaft oder geeigneter Aufenthaltstitel, nicht einschlägig vorbestraft, kein Vorliegen eines eröffneten Konkurses

Beratung
Wirtschaftskammer
Gründerservice (www.gruenderservice.net)
Rechts-, Gewerbe-, Steuerabteilung

Wahl der Gesellschaftsform
wenn nötig – falls nicht die Form eines Einzelunternehmens gewählt wird

Gründung *)
Rechtsanwalt – Notar (je nach Form) unter Umständen: Eintragung ins Firmenbuch (z. B. GesmbH)

Überprüfung des Befähigungsnachweises *)
Wirtschaftskammer
Mitzubringen: Personalurkunden, Dienst-, Prüfungszeugnisse

Finanzamt
Steuernummer, UID-Nummer

Gewerbeberechtigung
Magistratisches Bezirksamt, Bezirkshauptmannschaft
Mitzubringen: Eidesstattliche Erklärung über Voraussetzungen, ggf. Firmenbuchauszug, persönliche Dokumente (Reisepass)

*) Juristische Personen müssen gegründet worden sein, bevor Schritte zur Erlangung einer Gewerbeberechtigung unternommen werden können.

Die Anmeldung ist auch über das Internet möglich (www.help.gv.at)!

1. Behörden

Zuständig sind die **Bezirksverwaltungsbehörden** (Bezirkshauptmannschaften und Magistrate der Städte mit eigenem Statut, in Wien: Magistratisches Bezirksamt).

Bei ihnen werden die **Gewerbeanmeldungen** erstattet und Ansuchen um Anerkennung der **individuellen Befähigung** eingebracht. Sie führen die **Zuverlässigkeitsprüfung** bei reglementierten Gewerben mit Rechtskraftvorbehalt durch, sie führen das **Gewerberegister,** das in Abteilungen für die einzelnen Gewerbegruppen zerfällt, und sie sind für die Untersuchung und Bestrafung der **Übertretungen** zuständig. Außer der Verhängung von **Geldstrafen** sind die Behörden bei Vollziehung der Straferkenntnisse und sonstigen Anordnungen berechtigt, alle zur Sicherung des Erfolges nötigen Maßregeln zu ergreifen, wie: Beschlagnahme von Waren und Werkzeugen, Außerbetriebsetzung von Maschinen, Schließung von Betriebsstätten. Anmeldungen und Anzeigen können auch auf **elektronischem Weg** eingebracht werden.

In **zweiter Instanz** entscheidet der **Landeshauptmann** bzw. in Gewerbestrafsachen und Betriebsanlagesachen der **Unabhängige Verwaltungssenat** (UVS) als Berufungsinstanz.
Nur mehr in sehr wichtigen Angelegenheiten ist der **Bundesminister für Wirtschaft und Arbeit** in erster Instanz zuständig (Angelegenheiten militärischer Waffen).

Gegen Entscheidungen der ersten Instanz kann grundsätzlich die Oberbehörde angerufen werden, nach Erschöpfung des Instanzenzuges besteht noch die Möglichkeit einer Beschwerde beim **Verwaltungsgerichtshof.**

2. Verfahren zur Erlangung der Gewerbeberechtigung

a) Anmeldungsverfahren

Eine Gewerbeanmeldung muss enthalten:
- die genaue **Bezeichnung** des Gewerbes
- den in Aussicht genommenen **Standort**
(Zwei oder mehrer Gewerbe – ausgenommen verbundene Gewerbe – dürfen in einer Anmeldung nicht zusammengefasst werden.)

Ferner sind anzuschließen:

- Urkunden über die allgemeinen Voraussetzungen: gültiger Reisepass oder Staatsbürgerschaftsnachweis, Geburtsurkunde, allenfalls Heiratsurkunde, Erklärung über das Nichtvorliegen von Ausschlussgründen
- Urkunden über die besonderen Voraussetzungen (Befähigungsnachweis)
- bei juristischen Personen und eingetragenen Gesellschaften (OG, KG) Firmenbuchauszug (nicht älter als sechs Monate)

Die Gewerbebehörde prüft sodann die gesetzlichen Voraussetzungen. Liegen sie vor, trägt sie die Anmeldung ins Gewerberegister ein. Die Ausübungsbefugnis beginnt aber bereits mit dem Tag der Gewerbeanmeldung, sofern alle Voraussetzungen vorliegen. Wird ein individueller Befähigungsnachweis erbracht, beginnt die Ausübungsbefugnis erst mit rechtskräftiger Feststellung der individuellen Befähigung. Der Gewerbeinhaber erhält einen Auszug aus dem Gewerberegister als Urkunde.

b) Genehmigungsverfahren – Verfahren bei reglementierten Gewerben mit Rechtskraftvorbehalt

Vor Eintragung ins Gewerberegister hat die Behörde die Zuverlässigkeit zu prüfen und mit Bescheid festzustellen, dass die Voraussetzungen vorliegen. Die Ausübungsbefugnis entsteht erst mit Rechtskraft des Feststellungsbescheides über das Vorliegen der Voraussetzungen.

c) Anzeigeverfahren

Bestimmte Tatsachen müssen (unabhängig vom bereits bestehenden Recht zur Ausübung des Gewerbes) der Behörde angezeigt werden (z. B. Standortverlegung, Gewerbeausübung in einer weiteren Betriebsstätte).

Wiederholungsfragen – Arbeitsaufgaben - Diskussionsanregungen

1. *Welche Eigenschaften muss eine Tätigkeit aufweisen, wenn sie „gewerbsmäßig" sein soll?*

2. *Nennen Sie Tätigkeiten, für die die Gewerbeordnung nicht anwendbar ist.*

3. *Geben Sie einen Überblick über die Gewerbearten.*

4. *Welche allgemeinen Voraussetzungen müssen Sie erfüllen, um ein Gewerbe ausüben zu dürfen?*

5. *Was versteht man unter einem freien Gewerbe? (Beispiele)*

6. *Was ist der Befähigungsnachweis bei Handwerkern?*

7. *Was benötigen Sie, um ein reglementiertes Gewerbe auszuüben?*

8. *Für welche Gewerbe benötigt man eine Unternehmerprüfung, und wann kann diese entfallen?*

9. *Warum benötigen einige reglementierte Gewerbe eine Zuverlässigkeitsprüfung und dürfen erst nach Rechtskraft des Feststellungsbescheides ausgeübt werden?*

10. *Zählen Sie einige für einen Industriebetrieb charakteristische Merkmale auf.*

11. *Wann benötigen Betriebsanlagen eine behördliche Genehmigung?*

12. *Durch welche Person kann der Inhaber einer Gewerbeberechtigung sein Gewerbe ausüben lassen?*

13. *Was versteht man unter einem Fortbetriebsrecht?*

14. *Nennen Sie einige Gründe für das Erlöschen einer Gewerbeberechtigung.*

15. *Unter welcher Voraussetzung dürfen Ausländer aus Drittstaaten Gewerbe ausüben?*

16. *Diskutieren Sie die Begriffe „völlige Gewerbefreiheit" und „eingeschränkte Gewerbefreiheit" und versuchen Sie, jeweilige Vor- und Nachteile im Zusammenhang mit diesen Begriffen herauszuarbeiten. Gehen Sie dabei von einem länderweisen Vergleich aus, z. B. USA-Österreich.*

17. *Erörtern Sie die Frage, bei Vorliegen welcher Straftaten eine Gewerbeberechtigung nicht erlangt werden kann. Diskutieren Sie den Sinn einer derartigen Bestimmung.*

18. *Versuchen Sie eine Auflistung jener Konsumentenschutzbestimmungen, mit denen sich ein Gewerbeberechtigter beim Betrieb seines Gewerbes auseinandersetzen muss.*

19. *Stellen Sie sich vor, Sie wollten die Erlangung einer Gewerbeberechtigung anstreben. Welche einzelnen Schritte müssten Sie unternehmen, um dieses Ziel zu erreichen?*

Besondere Gebiete des Wirtschaftsrechts

I. Datenschutz und Datenschutzgesetz (DSG)

Permanentüberwachung von Telefonverbindungen, e-Mail und SMS gefährden Grundfreiheiten – Wirtschaftsspionage wird auf Knopfdruck möglich – Redaktions-, Anwalts- und Ärztegeheimnis gehen verloren - massive wirtschaftliche Belastung droht. Welche Daten dürfen nun verwendet und weitergegeben werde? Wie erfahre ich, welche Daten über mich gespeichert sind? Wie kann ich mich gegen unbefugte Weitergabe wehren?

Diese und ähnliche Fragen werden im folgenden Kapitel behandelt.

A. Grundrecht auf Datenschutz

„**Jedermann hat Anspruch auf Geheimhaltung der ihn betreffenden personenbezogenen Daten**, soweit er daran ein schutzwürdiges Interesse, insbesondere im Hinblick auf Achtung seines Privat- und Familienlebens, hat." Mit diesen Worten beginnt das **Datenschutzgesetz (DSG)**. Damit ist ausdrücklich ein **verfassungsmäßiges Grundrecht** verankert. Ausgesagt wird damit vorerst einmal, dass Daten über Personen einer besonderen Geheimhaltungspflicht unterliegen, gleich ob es sich um hand- oder maschinenschriftliche Aufzeichnungen, Bilder, Tonaufzeichnungen oder Computerdaten handelt.

Beschränkungen des Rechtes auf Datenschutz sind nur zur Wahrung berechtigter Interessen eines anderen zulässig. Damit wird eine **Interessenabwägung** angeführt, die sich durch das ganze Gesetz zieht. Es ist also in jedem Einzelfall zu entscheiden, „welches Interesse **überwiegend** ist", das des Betroffenen oder das des Datensammlers, im Gesetz **„Auftraggeber"** genannt. Und vor allem dieses überwiegende Interesse muss dann durchgesetzt werden.

Hier sind drei Fragen von Bedeutung, und zwar:
- Der **Erfassungsschutz:** Es dürfen nur Daten erhalten, ermittelt oder vom Betroffenen erfragt werden, die für einen von der Rechtsordnung anerkannten Zweck notwendig sind.
- **Übermittlungen** dürfen nur vorgenommen werden, wenn dafür ein von einem Gesetz anerkannter Übermittlungsgrund vorliegt.
- Die **Durchsetzung** des Anspruches auf Geheimhaltung und Ahndung seiner Verletzung erfolgen gegenüber einer Behörde durch die Datenschutzkommission und durch den Verfassungsgerichtshof, gegenüber Privaten durch die ordentliche Gerichtsbarkeit.

B. Bestimmungen über automationsunterstützt verarbeitete Daten

Fast alle Bestimmungen des DSG beziehen sich ausschließlich auf **„automationsunterstützt verarbeitete Daten"**[1], d. h. auf Daten, die im Laufe ihres Datenlebens zumindest einmal über ADV verarbeitet werden, also zum Beispiel auf die e-card, deren Angaben in den Rechnern der Sozialversicherung gespeichert werden. Wegen dieser späteren ADV-Verarbeitung fallen sie bereits unter die Bestimmung des DSG, aber natürlich auch die Daten in Computer-Speichern selbst oder der Meldezettel, der in der Meldekartei, die Versicherungspolizze, die in den Rechnern der Versicherung landet, und, für Arbeitnehmer besonders wichtig, die Angaben in

1 Automationsunterstützte Datenverarbeitung (ADV) umfasst nicht nur den Computer, sondern auch die mittlere Datentechnik und Bereiche der automatischen Textverarbeitung.

Personalakten, soweit sie in einer ADV-Anlage gespeichert beziehungsweise verarbeitet werden. Ebenfalls eine Besonderheit des österreichischen Gesetzes ist allerdings, dass nicht nur Daten von so genannten **natürlichen Personen,** also von Menschen, besonders geheim zu halten sind, sondern auch von **juristischen Personen** sowie handelsrechtlichen **Personengesellschaften** (OHG, KG). Damit stehen also auch die Firmendaten unter besonderem Schutz.

Ausgenommen vom DSG sind:
- Datensammlungen zum „Schutz der **verfassungsmäßigen Einrichtungen**",
- für „Zwecke der **Strafrechtspflege**",
- zur „Sicherung der **Einsatzbereitschaft des Bundesheers**" sowie für „Zwecke der **umfassenden Landesverteidigung**".

C. Zulässigkeit der Ermittlung und Verarbeitung und die Rechte der Betroffenen

Das DSG regelt sowohl im **öffentlichen** als auch im **privaten Bereich** im Wesentlichen folgende Schritte:
- **Wann** ist die **Ermittlung** und **Verarbeitung** bestimmter personenbezogener Daten zulässig?
- **Wem** muss die Tatsache einer solchen **Datensammlung mitgeteilt** werden?
- **Welche** behördlichen beziehungsweise betrieblichen **Maßnahmen** müssen zur Einhaltung des Datenschutzes **durchgeführt** werden?
- Das Recht des Betroffenen, eine Auskunft über **„seine" Daten** zu **erhalten** sowie **falsche** Daten **richtig stellen** und überflüssige oder ungesetzlich gespeicherte Daten **löschen** zu lassen.
- Den **Rechtsschutz** des Betroffenen im Schadensfall.
- Die Rechte des Betriebsrates.

D. Internationaler Datenverkehr

Das DSG enthält auch Bestimmungen über den **internationalen** Datenverkehr (Beispiel: Personaldatenaustausch mit ausländischer Konzernzentrale). Darin wird im Wesentlichen festgelegt, dass derartige Übermittlungen der besonderen **Bewilligung** durch die Datenschutzkommission bedürfen, sofern in den entsprechenden Ländern nicht gleichwertige Gesetze in Kraft sind.

E. Datenschutzkommission, Datenschutzrat, Datenverarbeitungsregister

Das DSG beschreibt die **Aufgaben** dreier **Datenschutzinstitutionen:**

Datenschutzkommission **Datenschutzrat** **Datenverarbeitungsregister**

- Die **Datenschutzkommission** ist jene Stelle, die vor allem Beschwerden über eventuelle Verletzungen des Datenschutzes im **öffentlichen** Bereich zu behandeln hat. Sie besteht aus vier Mitgliedern. Klagen über Verletzungen des DSG im privaten Bereich dagegen sind beim **Landesgericht** einzubringen.
- Der **Datenschutzrat,** der sich vor allem aus Vertretern der Interessenvertretungen und der Parteien zusammensetzt, hat im Wesentlichen die Aufgabe, die **Durchführung** des Datenschutzes zu **beobachten** und die zuständigen Behörden darüber und über **Verbesserungsvorschläge** zu beraten.
- Beim **Datenverarbeitungsregister** müssen alle **Computer-Personaldateien** im öffentlichen Bereich **gemeldet** werden. Darüber hinaus müssen dort auch die Privatunternehmen automatengestützt verarbeitete Daten registrieren lassen. Jedermann kann in das Register Einsicht nehmen!

F. Datenschutz im Betrieb

1. Das Datengeheimnis

a) Die erste praktische Befassung des Arbeitnehmers mit dem Datenschutzgesetz ergibt sich häufig mit der Aufforderung des Arbeitgebers, eine Verpflichtung auf das Datengeheimnis zu unterschreiben.
Die diesbezügliche gesetzliche Bestimmung, § 20 DSG, lautet:

DATENGEHEIMNIS

§ 20. (1) Daten aus Datenverarbeitungen, die ausschließlich aufgrund einer berufsmäßigen Beschäftigung anvertraut wurden oder zugänglich geworden sind, dürfen unbeschadet sonstiger Verschwiegenheitspflicht nur aufgrund einer ausdrücklichen Anordnung des Auftrags- oder Arbeitgebers oder dessen Vertreters übermittel werden (Datengeheimnis).

(2) Auftraggeber und Dienstleister haben sich von ihren Mitarbeitern vertraglich ausdrücklich zusichern zu lassen, dass sie Daten aus Datenverarbeitungen nur aufgrund der Anordnungen gemäß Abs. 1 übermitteln werden und dass sie das Datengeheimnis auch nach Beendigung des Mitarbeiterverhältnisses zum Auftraggeber oder Dienstleister einhalten werden.

(3) Den Arbeitgeber trifft die Verantwortung für die Vollständigkeit und die datenschutzrechtliche Zulässigkeit der Übermittlungsanordnungen sowie darüber hinaus auch dafür, dass die Mitarbeiter über die für sie geltenden Übermittlungsanordnungen ausreichend informiert sind.

(4) Aus der Verweigerung der Ausführung eines Auftrages, der gegen § 18 verstoßen würde, darf dem Mitarbeiter kein Nachteil erwachsen.

(5) In einem behördlichen Verfahren kann sich niemand seiner Zeugungspflicht unter Berufung auf das Datengeheimnis entschlagen.

!

Auftraggeber ist in diesem Zusammenhang das Unternehmen, das Daten selbst automationsunterstützt verarbeitet oder das die automationsunterstützte Verarbeitung von Daten bei einem anderen Unternehmen (Dienstleister) in Auftrag gibt.
Dienstleister ist ein Unternehmen, das Daten im Rahmen eines Datenverarbeitungsauftrages für ein anderes Unternehmen verwendet.
Verwenden ist das Ermitteln, Verarbeiten, Benützen, Übermitteln und Überlassen von Daten. **Übermitteln** von Daten ist jede Weitergabe von automationsunterstützt verarbeiteten Daten an außerhalb des Unternehmens Stehende. Ausgenommen vom Übermittlungsbegriff sind nur Überlassungen an einen Dienstleister sowie die Weitergabe von Daten an den Betroffenen selbst und den Auftraggeber.

Die **Verantwortung für die Zulässigkeit der Datenübermittlung** soll nicht beim Arbeitnehmer liegen, der letztlich den faktischen Übermittlungsvorgang vornimmt (zum Beispiel der ein Informationsersuchen telefonisch beantwortet oder der ein Magnetband verschickt), sondern bei dessen Vorgesetzten und schließlich bei der Unternehmensleitung. Das Datengeheimnis verpflichtet, innerbetrieblich eine Hierarchie der Verantwortung für Datenübermittlungen auszubauen und festzulegen. Es verlangt eine Umschreibung, welcher Arbeitnehmer oder welche Arbeitnehmergruppe welche Datenarten an wen übermitteln darf und welche nicht. Da schuldhafte unzulässige Übermittlungen gerichtlich strafbar sind, kommt dem Datengeheimnis und seinen innerbetrieblichen Folgerungen große Bedeutung zu.

b) Zusicherung des Datengeheimnisses

Was das Datengeheimnis ist, sagt das DSG. Für den Arbeitnehmer besteht das Datengeheimnis allerdings nur aufgrund **vertraglicher Verpflichtungen** mit dem Unternehmen, das ihn beschäftigt.

Eine **„Zusicherung"** der Wahrung des Datengeheimnisses sollte wie folgt formuliert sein:

Zusicherung der Wahrung des Datengeheimnisses

____

Zuname Vorname Abteilung

Ich sichere zu, dass ich alle automationsunterstützt verarbeiteten personenbezogenen Daten, die mir aufgrund meiner berufsmäßigen Beschäftigung anvertraut werden oder zugänglich werden beziehungsweise wurden, nur aufgrund einer ausdrücklichen, schriftlichen Anordnung eines zuständigen Vorgesetzten und dem Dienstgeber Verantwortlichen übermitteln werde.

Ich habe zur Kenntnis genommen, dass die Pflicht zur Wahrung des Datengeheimnisses auch nach Beendigung meiner Tätigkeit bei ________fortbesteht. Mir ist bekannt, dass eine Verletzung dieser Geheimhaltungsverpflichtung gerichtlich strafbar ist.

(Firma)

____

Ort, Datum Unterschrift des Mitarbeiters

c) Datengeheimnis und strafrechtliche Folgen

Ein Hinweis auf die strafrechtlichen Folgen in der Erklärung zum Datengeheimnis bezieht sich auf die Bestimmungen des DSG.

2. Die Ermittlung und Verarbeitung von Personaldaten

Das Datengeheimnis betrifft alle in einem privaten Unternehmen automationsunterstützt verarbeiteten personenbezogenen Daten. Unbeachtlich ist dabei, ob solche Daten im Rechenzentrum vorhanden sind oder in anderen Bereichen des Unternehmens. Es schützt damit zum Beispiel Daten über Kunden, über Lieferanten, über sonstige betriebsfremde Personen, über Konkurrenzunternehmen und natürlich auch Daten über das Personal des Unternehmens.

3. Die Übermittlung von Personaldaten

a) Rechtsgrundlagen der Übermittlung

Welche Daten an welche Empfänger von wem übermittelt werden dürfen, ist eine Kernfrage des Datenschutzes.

♦ Gesetze

Auch hier gilt wieder, dass zunächst Übermittlungen zulässig sind, soweit der Arbeitgeber gesetzlich dazu verpflichtet ist. Hier sind zu nennen: die Übermittlung von Daten an das Finanzamt, an die Gebietskrankenkasse, im Zuge eines gerichtlichen Verfahrens (z. B. Drittschuldnerexekution, Lohnpfändung), der Arbeitnehmerliste an die Arbeiterkammer.

♦ Berechtigter Zweck des Auftraggebers

Übermittlungen sind weiters zulässig, soweit sie zum berechtigten Zweck des Rechtsträgers gehören, d. h. soweit er die Übermittlung zur Erfüllung von mit dem betroffenen Arbeitnehmer eingegangenen Verpflichtungen braucht. Ein unproblematisches Beispiel ist die Weitergabe von mit der Auszahlung von Geldleistungen zusammenhängenden Daten an die Kreditunternehmung, bei der der Arbeitnehmer ein Konto hat.

♦ Interessen eines Dritten

Der dritte gegebene Übermittlungsgrund bezieht sich auf Übermittlungen, die **„zur Wahrung überwiegend berechtigter Interessen eines Dritten notwendig sind"**. Der Arbeitgeber muss also prüfen, ob ein Dritter an diesen Daten ein berechtigtes, d. h. ein von der Rechtsordnung anerkanntes, nicht bloß wirtschaftliches Interesse hat und die Übermittlung für die Wahrung dieses berechtigten Interesses notwendig ist. Weiters muss eine Interessenabwägung erfolgen, es ist also in jedem Einzelfall zu entscheiden, welches Interesse überwiegend ist. Aus diesen drei Voraussetzungen zeigt sich, dass die Zulässigkeit solcher Übermittlungen kaum generell beurteilt werden kann, sondern nur im Einzelfall, abhängig vom Empfänger und von den Datenarten, die übermittelt werden sollen.

Die Verantwortung für die Zulässigkeit der Übermittlung trägt wie in allen Fällen der Auftraggeber der Datenverarbeitung, in unserem Fall also der Arbeitgeber.

♦ **Zustimmung der Betroffenen**

Der vierte Fall von zulässiger Übermittlung ist gegeben, wenn der **„Betroffene ausdrücklich und schriftlich zugestimmt hat“,** wobei ein schriftlicher Widerruf solcher Zustimmungen jederzeit möglich ist.

♦ **Statistische Daten**

Für statistische Daten, die keine Identifizierung des Betroffenen möglich machen, gelten die Übermittlungsbeschränkungen des § 18 DSG nicht.

b) Strafbestimmungen

Vorsätzliche rechtswidrige Übermittlungen sind wie beim Geheimnisbruch gerichtlich strafbare Handlungen.

4. Wie kann der Arbeitnehmer beziehungsweise der Betriebsrat erfahren, welche Personaldaten vom Arbeitgeber automationsunterstützt verarbeitet werden?

Wenn der Arbeitgeber Daten der Arbeitnehmer automationsunterstützt verarbeitet (z. B. Lohnbuchhaltung, Personalführung), so ist er als Auftraggeber verpflichtet, beim Datenverarbeitungsregister (1010 Wien, Hohenstaufengasse 3) die Registrierung zu beantragen.

Bei der Registrierung sind die Kreise der betroffenen Personen (zum Beispiel Arbeitnehmer, freiberufliche Mitarbeiter, Familienangehörige von Arbeitnehmern) anzugeben, die Datenarten sowie ob und an wen regelmäßige oder systematische Übermittlungen stattfinden (z. B. an die Gebietskrankenkasse für ...).

Bei Übermittlungen und Mitteilungen von Daten an den Betroffenen muss eine **Datenverarbeitungsregister-Nummer** beigefügt werden (zum Beispiel „DVR: 1234567“). Aus der Angabe einer solchen Nummer, z. B. auf dem Bezugszettel, kann daher ebenfalls die Tatsache der AD-Verarbeitung von Personaldaten erkannt werden. Kehrt diese DVR-Nummer in der Folge auf einer Werbezuschrift wieder, so ist daraus zu schließen, dass die Werbung vom Arbeitgeber ihren Ausgang genommen hat.

Die Einsichtnahme in das Register ist kostenlos und steht jedem frei. Aus der Eintragung einer Verarbeitung in das Datenverarbeitungsregister kann noch nicht auf deren Rechtmäßigkeit geschlossen werden.

5. Die Rechte des Arbeitnehmers und des Betriebsrats auf Auskunft, Richtigstellung und Löschung von Personaldaten

Die generelle Kenntnis darüber, dass der Arbeitgeber Personaldaten automationsunterstützt verarbeitet, wird im Wege der Information oder durch Einsichtnahme in das Register gegeben sein. Für die Beantwortung der Frage, welche Daten nun über den einzelnen Arbeitnehmer tatsächlich verarbeitet werden (Inhalt der Daten), sieht das DSG das Auskunftsrecht des Betroffenen vor.

G. Bestimmungen für den öffentlichen Bereich

Ermittlung, Verarbeitung und Übermittlung von automationsunterstützt verarbeiteten Daten ist im **öffentlichen** Bereich im Wesentlichen dann zulässig, wenn dies gesetzlich vorgeschrieben oder zur Erfüllung gesetzlich übertragener Aufgaben erforderlich ist bzw. eine Übermittlung (an andere öffentliche Organe) **„für den Empfänger zur Wahrnehmung der ihm gesetzlich übertragenen Aufgaben eine wesentliche Voraussetzung"** bildet.

Es ist offensichtlich, dass diese Formulierung aus der Sicht des Betroffenen sehr wohl „überdehnt" ausgelegt werden kann. Nicht zulässig ist also eine Ermittlung von Daten, die zwar **„gut verwendbar",** aber keinesfalls unbedingt erforderlich sind. Außerdem müssen alle öffentlichen Computer-Personaldateien (mit einigen problematischen Ausnahmen, vergleiche weiter oben) beim Datenverarbeitungsregister gemeldet werden. Benachrichtigungspflicht des Betroffenen besteht nicht.

Wiederholungsfragen – Arbeitsaufgaben – Diskussionsanregungen

1. *Auf welche Weise ist der Anspruch auf Geheimhaltung personenbezogener Daten, soweit sie ein schutzwürdiges Interesse betreffen, durch das DSG geschützt?*

   Kreuzen Sie an.

   ○ *Vertrag* ○ *Gesetz* ○ *Verordnung* ○ *Bundesverfassung*

2. *Sind automationsunterstützt verarbeitbare Daten nur dann geschützt, wenn sie in einem Computer gespeichert sind?*

   ○ *ja* ○ *nein*

3. *Sind Beschränkungen des Grundrechts auf Datenschutz zulässig?*

   ○ *ja* ○ *nein*

   Wenn Sie die Frage mit „Ja" beantworten, geben sie mögliche Gründe an!

4. *Ist der Austausch personenbezogener Daten im automationsunterstützten internationalen Datenverkehr bei Vorliegen besonderer betrieblicher Bedeutung grundsätzlich frei?*

   ○ *ja* ○ *nein*

5. *Welche Behörde ist bei einer allfällig notwendigen Bewilligung zuständig?*
6. *Unter welchen Voraussetzungen ist eine Bewilligung nicht erforderlich?*
7. *Nennen Sie drei Datenschutzinstitutionen des DSG.*
8. *Welche Daten aus der Datenverarbeitung fallen unter das Datengeheimnis?*
9. *Ist jeder Arbeitnehmer aufgrund des Betriebsgeheimnisses automatisch zur Geheimhaltung von Daten aus der Datenverarbeitung verpflichtet?*

   ○ *ja* ○ *nein*

   Worauf gründet sich diese Verpflichtung? ______________________________

10. *Welche Folgen hat die Verletzung des Datengeheimnisses?*
11. *Nennen Sie die Rechtsgrundlage der Personaldatenübermittlung und -verarbeitung.*
12. *Reicht für die Rechtmäßigkeit der Ermittlung und Verarbeitung von Daten die Behauptung der Notwendigkeit für das Unternehmen aus?*

    ○ *ja* ○ *nein*

13. *Wenn bei der Einführung von technischen Systemen zur Kontrolle der Arbeitnehmer die Menschenwürde verletzt wird, reicht dann die Zustimmung des Betriebsrates aus?*

    ○ *ja* ○ *nein*

    Überlegen und diskutieren Sie die Begründung Ihrer Entscheidung.

14. Wie kann ein Arbeitnehmer bzw. der Betriebsrat erfahren, welche Personaldaten vom Arbeitgeber automationsunterstützt verarbeitet werden?

Durch Einsichtnahme in das ______________________________.

Die Einsicht ist ______________ und steht ________________ frei.

Vervollständigen Sie die Merksätze.

15. Nennen Sie die Rechte des Arbeitnehmers bezüglich automationsunterstützter Personaldaten.

16. Diskutieren Sie die Problematik des Grundrechts auf Datenschutz.

17. Welchen Umfang hat die automationsunterstützte Datenverarbeitung (ADV)?

18. Welche Daten aus Datenverarbeitungen fallen unter das Datengeheimnis?

19. Diskutieren Sie den Zweck der gesetzlichen Bestimmungen betreffend das Datengeheimnis.

II. Schutz des Wettbewerbs

Welche Handlungen sind bei ehrlicher Konkurrenz erlaubt, welche verboten? Wie kann ich mich gegen unseriöse Konkurrenten zur Wehr setzen? Haftet ein Unternehmer für falsche Ankündigungen? Kann sich ein anderes Unternehmen meines Namens bedienen? Was ist ein Kartell und wie werden Kartelle überprüft?

Diese und ähnliche Fragen werden im vorliegenden Kapitel behandelt.

A. Einleitung

Der **freie Wettbewerb** liegt im Wesen der Marktwirtschaft; er ist die Antriebskraft der wirtschaftlichen Tätigkeit. Die wirtschaftliche Freiheit ist aber nur dann geschützt, wenn die Unternehmen keinen zügellosen Kampf gegeneinander führen dürfen. Wohl gewährt die Rechtsordnung grundsätzlich keinen Schutz gegen Konkurrenz. Von diesem Prinzip gibt es **notwendige Ausnahmen,** die der Lenkung und Steuerung zum Zweck des allgemeinen Wohls und dem Schutz der Interessen des Einzelnen dienen.

B. Gesetz gegen den unlauteren Wettbewerb

1. Begriff

Im Gesetz gegen den unlauteren Wettbewerb besteht eine Generalklausel, durch die alle möglichen unlauteren Handlungen erfasst werden:

„Wer im geschäftlichen Verkehr zu Zwecken des Wettbewerbs Handlungen vornimmt, die **gegen die guten Sitten** verstoßen, kann auf **Unterlassung** und **Schadenersatz** in Anspruch genommen werden." Darunter fallen z. B. die Belästigung potenzieller Kunden durch Telefonwerbung, Fax oder E-Mail, weiters Verstöße gegen Rechtsvorschriften (wie Preisauszeichnungspflicht usw.).

2. Spezialtatbestände
Neben dieser Generalklausel werden folgende Tatbestände angeführt:

♦ **Irreführung** durch **Ankündigung**
zu Wettbewerbszwecken im Geschäftsverkehr. Die Ankündigung muss geeignet sein, bei den „angesprochenen Kunden" falsche Vorstellungen über das Angebot hervorzurufen (z. B. „reine Seide", wenn es ein Mischgewebe ist). Offenbare Reklameübertreibungen fallen nicht darunter, sehr wohl jedoch das Anlocken von Kunden durch einige besonders billige Warenangebote, wobei aber dann, wenn eine solche Ware verlangt wird, erklärt wird, sie sei „soeben ausgegangen".

♦ **Herabsetzung eines Unternehmens**
(„Anschwärzung", z. B. Behauptung mangelnder Reinlichkeit bei der Erzeugung von Lebensmitteln). Ein Preisvergleich (selbst unter Nennung des Konkurrenten) ist jedoch möglich, sofern er sachlich vorgenommen wird und den Konkurrenten nicht unnötig bloßstellt.

♦ **Gebrauch von Kennzeichen**
anderer Unternehmen, wenn dadurch die Möglichkeit der Verwechslung gegeben ist. Dies gilt auch dann, wenn die Zeichen nicht besonders geschützt sind: z. B. der Missbrauch der so genannten Geschäfts- oder Etablissementbezeichnung wie etwa „Gasthof zur Post".

♦ **Geben und Nehmen von Schmiergeldern**
Aktive und passive Bestechung von Arbeitnehmern: z. B. für Verrat von Geschäftsgeheimnissen oder für Begünstigungen anderer Art.

♦ **Missbrauch anvertrauter Vorlagen**
Missbrauch eines Vertrauensverhältnisses: z. B. technische Zeichnungen werden von einer Kopieranstalt an den Konkurrenten des Kunden weitergegeben.

Neben den zivilrechtlichen Folgen (Verurteilung zu Unterlassung und Schadenersatz) können sich in einzelnen Fällen auch strafrechtliche Konsequenzen ergeben.

3. Verwaltungsrechtliche Tatbestände
Untersagt und als Verwaltungsdelikt strafbar sind insbesondere:

♦ das **Schneeballsystem:** Der Kunde erhält Begünstigungen, wenn er weitere Kunden zuführt;
♦ der Vertragsabschluss wird vom Ergebnis einer **Verlosung** abhängig gemacht;
♦ der Hinweis, die Ware stamme aus einer **Konkursmasse** (auch wenn es stimmt!);
♦ die fälschliche **Anmaßung** von **Auszeichnungen** und **Vorrechten** (z. B. bestimmter Befähigungen).

4. Sonstige Bestimmungen
Nach dem Gesetz können auch auf verschiedenen Gebieten Verordnungen erlassen werden, wie zum Beispiel:

♦ Verordnungen über **Kennzeichnungsvorschriften:** für bestimmte Waren und Dienstleistungen (z. B. Beschreibung der Ware oder Leistung, Maß, Zeit und Beschaffenheit; Beigabe einer deutschsprachigen Betriebsanleitung)
♦ Verordnungen über die **Grundpreisauszeichnung:** Da gleiche Waren oft in verschiedenen Gewichtseinheiten abgepackt angeboten werden, kann vorgeschrieben werden, dass auf der Verpackung auch der Grundpreis dieser Ware (z. B. Kilopreis) angegeben werden muss, um Preisvergleiche zu erleichtern.
♦ **Verordnungen zur Verpackung:** Für bestimmte Waren kann eine bestimmte Verpackungsart oder die Einhaltung eines bestimmten Verhältnisses zwischen Verpackungsgröße und Füllmenge vorgeschrieben werden (z. B. zur Vermeidung so genannter „Mogelpackungen").

Für **2007 ist ein neues Gesetz** geplant, mit dem – angeglichen an die EU-Richtlinien – **irreführende und aggressive Geschäftspraktiken** unterbunden werden sollen.

C. Rechtsschutz der Firma und der Person

1. Nach dem **Unternehmensgesetzbuch** (UGB 2007) muss die Firma zur Kennzeichnung eines Unternehmers geeignet sein und **Unterscheidungskraft** besitzen. Demnach ist derjenige, der eine Firmenbezeichnung unbefugt gebraucht, vom Firmenbuchgericht zur Unterlassung des Gebrauchs durch **Ordnungsstrafen** anzuhalten. Unbefugter Gebrauch ist gegeben, wenn er gegen firmenrechtliche Grundsätze verstößt.
2. Im **Allgemeinen Bürgerlichen Gesetzbuch** (ABGB) heißt es: Wird jemand durch unbefugten Gebrauch seines Namens (Decknamens) beeinträchtigt, so kann er auf **Unterlassung** und, bei Verschulden, auf **Schadenersatz** klagen. Auch **Domains** sind namensrechtlich geschützt. Bei ihnen kann eine Verwechslungsgefahr bereits bei nicht vollständiger Zeichenidentität gegeben sein.

3. Nach dem **Gesetz gegen den unlauteren Wettbewerb** (UWG) und dem **Markenschutzgesetz** kann verlangt werden, dass im geschäftlichen Verkehr die Benützung des Namens, der Firma, Geschäftsbezeichnungen, Marken und Warenausstattungen, deren sich ein anderer – auch befugterweise, jedoch in einer zur Verwechslung geeigneten Art – bedient, verboten wird (Klage auf Unterlassung und, bei Verschulden, auf Schadenersatz möglich). Auch hier sind **Domains** von der Regelung des UWG betroffen. Daneben kann auch das so genannte **„Domain-Grabbing"** nach der Generalklausel des UWG sittenwidrig sein: Darunter versteht man, dass jemand die Marke oder den Namen eines anderen oder eines Unternehmens auswählt, sich als Domain registrieren lässt und solcherart in das Schutzrecht des Anderen eingreift. Der Andere kann dann unter seinem Domainnamen nicht mehr geschäftlich tätig werden („Domainblockade").

4. **Nach dem ABGB** und dem Urheberrecht **sind auch Abbildungen von Personen geschützt:** Bildnisse von Personen dürfen – wenn dadurch berechtigte Interessen des/der Abgebildeten verletzt würden – weder öffentlich ausgestellt noch auf eine andere Art, durch die sie der **Öffentlichkeit** zugänglich gemacht werden, verbreitet werden. Ausgenommen davon sind jene Fälle, in denen eine Zustimmung des/der Abgebildeten vorliegt. Diese wird jedenfalls angenommen, wenn die abgebildete Person aus den Umständen, unter denen die Abbildung vorgenommen wird, den Zweck der Veröffentlichung entnehmen kann (z. B. bei Filmaufnahmen drängt sich eine Passantin ins Bild; bei einer Modeschau wird ein Kleid vorgeführt).

D. Sonstige Regelungen zum Schutz des Wettbewerbs

♦ **Kartellgesetz:**
Nach dem seit 1. 1. 2006 gültigen „Gesetz gegen Kartelle und andere Wettbewerbsbeschränkungen" sind alle Vereinbarungen, Beschlüsse und abgestimmte Verhaltensweisen verboten, die eine **Verhinderung, Einschränkung oder Verfälschung des Wettbewerbs** bezwecken oder bewirken. Ausgenommen sind z. B. lediglich Preisempfehlungen, in denen ausdrücklich auf die Unverbindlichkeit hingewiesen wird, oder Bagatellkartelle (Marktanteil österreichweit unter 5 % bzw. auf einem räumlichen Teilmarkt unter 25 %).

Ab einem bestimmten Umsatzerlös sind Zusammenschlüsse der **Bundeswettbewerbsbehörde oder dem Bundeskartellanwalt** zu melden und das Kartellgericht (Berufsrichter, fachkundige Laienrichter) prüft das Kartell und stellt fest, ob der geplante Zusammenschluss untersagt oder nicht untersagt wird (2. Instanz: Kartellobergericht). Im Falle eines Verstoßes gegen das Gesetz sind empfindliche Geldbußen vorgesehen. Zusätzlich strafbar nach dem Strafgesetzbuch sind so genannte Bieterabsprachen bei der öffentlichen Vergabe von Aufträgen.

♦ **Preisauszeichnungsgesetz:**
siehe Gewerbeordnung, Seite 250. Waren und Dienstleistungen, die dem gewerblichen Verkehr unterliegen, müssen – von Ausnahmen abgesehen – mit dem verlangten Preis ausgezeichnet werden.

♦ **Bundesgesetz zur Verbesserung der Nahversorgung und der Wettbewerbsbedingungen:**
Hier besteht ein allgemeines, an den Einzelhändler gerichtetes Verbot, Waren an die Konsumenten unter dem Einstandspreis zu verkaufen.

Wiederholungsfragen – Arbeitsaufgaben - Diskussionsanregungen

1. *Welche Rechtsvorschriften schützen beispielsweise den fairen Wettbewerb?*

2. *Welche Spezialtatbestände umschreibt das Gesetz gegen den unlauteren Wettbewerb? Zählen Sie einige Beispiele auf.*

3. *Was versteht man unter Domain-Grabbing, was unter Mogelpackungen?*

4. *Nach welchen Gesetzen ist die Firma geschützt?*

5. *In welchem Gesetz werden Firmenzusammenschlüsse geregelt, mit denen ein Missbrauch der Marktmacht verbunden sein könnte?*

Arbeitsrecht

Die Mehrheit der Menschen ist gezwungen, ihren Lebensunterhalt durch eigene Arbeit zu verdienen. Nur wenige können von den Einkünften ihres Vermögens leben.

Unter welchen Bedingungen wird heute Arbeit verrichtet? Welche Rechte und Pflichten haben dabei Chefs und Untergebene? Welche Rechtsvorschriften regeln das Arbeitsverhältnis?

Wie kann man überhaupt ein Arbeitsverhältnis eingehen? Welche Vereinbarungen kann man treffen? Was ist zulässig – was ist nicht zulässig? Wie werden Menschen in der Arbeit geschützt? Wie viel Urlaub steht uns zu? Wie kann ein Arbeitsverhältnis beendet werden?

Diese und ähnliche Fragen werden im folgenden Kapitel behandelt.

Das Arbeitsrecht regelt die rechtlichen Beziehungen zwischen jener Mehrheit der Bevölkerung, die ihren Lebensunterhalt durch Anbieten der eigenen Arbeitskraft gegen Entgelt, in wirtschaftlicher und persönlicher Unterordnung verdienen, und ihren Arbeitgebern.

Es ist ein relativ junges Rechtsgebiet, dessen Entwicklung mit den sozialen Phänomenen einzelner Epochen der jüngeren Zeitgeschichte einhergeht. Die industrielle Revolution und ihre nachteiligen Entwicklungen, der wirtschaftliche Aufschwung und auch die Krisen in Gewerbe, Handel, Bergbau und Industrie vor allem am Anfang des 20. Jahrhunderts führten mehr und mehr dazu, dass ursprünglich ausschließlich im ABGB geregelte Rechte und Pflichten des Dienst- bzw. Werkvertrages durch zusätzliche arbeitsrechtliche Normen ergänzt und erweitert wurden. Das Arbeitsrecht präsentiert sich nicht als geschlossenes Rechtsgebiet, sondern untergliedert sich mehrere Teilbereiche.

Individualarbeitsrecht (Arbeitsverhältnis)	Kollektives Arbeitsrecht (Arbeitsverfassung)
♦ **Arbeitsvertragsrecht**	♦ **Betriebsverfassungsrecht**
♦ **Arbeitnehmerschutzrecht**	♦ **Berufsverfassungsrecht**

Arbeitgeber und Arbeitnehmer stehen einander zwar meist rechtlich gleich gegenüber, **wirtschaftlich** besteht jedoch in der Regel eine **Abhängigkeit des Arbeitnehmers** vom Arbeitgeber, d. h. normalerweise ist der Arbeitgeber wirtschaftlich der wesentlich Stärkere. Dies ist schon deshalb der Fall, da nahezu alle Arbeitnehmer auf die Einkünfte aus ihrem Arbeitsverhältnis angewiesen sind, um daraus ihren Lebensunterhalt zu finanzieren. Damit der Arbeitgeber den wirtschaftlich schwächeren Arbeitnehmer nicht unter Druck setzen kann, gibt es eine Reihe von Arbeitnehmerschutzvorschriften.

Je nach Art des Dienstverhältnisses sind die Rechte und Pflichten beider Teile entweder überhaupt zur Gänze im Gesetz geregelt – wie dies im öffentlichen Dienst der Fall ist – oder aber das Gesetz gibt Mindestvorschriften vor, die für jedes Dienstverhältnis gelten und von denen zwar **zugunsten** des Arbeitnehmers abgegangen werden kann, nicht aber zu dessen Lasten.

Im gesamten Arbeitsrecht gilt also das **Günstigkeitsprinzip**, d. h. vom Gesetz abweichende Vereinbarungen zwischen Arbeitgeber und Arbeitnehmer haben nur insoweit Gültigkeit, als der Arbeitnehmer dadurch günstiger gestellt ist als im Gesetz.

Stufenbau der Rechtsvorschriften im Arbeitsrecht

GESETZE

VERORDNUNGEN

Kollektivverträge

Betriebsvereinbarungen

Dienstverträge

Der Reihe nach gelten daher im Arbeitsrecht:

Gesetz – Kollektivvertrag – Betriebsvereinbarung – Dienstvertrag

Für den öffentlichen Dienst (Dienstverhältnisse zu Gebietskörperschaften) gilt dies nur mit Einschränkungen, weil der Inhalt dieser Dienstverhältnisse zur Gänze auf Gesetzen beruht. Es kann aber auch im öffentlichen Dienst immer nur zugunsten, nie aber zulasten des Dienstnehmers vom Gesetz abgegangen werden (z. B. Verkürzung oder Verzicht auf die Probezeit, Wartezeit beim Urlaub etc.).

I. Dienstverhältnis

Die heutige Arbeitswelt kennt viele Arten von Dienstnehmern und dienstnehmerähnlichen Rechtsverhältnissen. Wann ist mein Vertrag ein Dienstvertrag, wann ein Werkvertrag, was gilt eigentlich, wenn meinem Arbeitsverhältnis ein „Werkvertrag" zugrunde liegt. Wie weit wirkt sich das Günstigkeitsprinzip auf meine Arbeit aus?

A. Begriffsbestimmungen

♦ Dienstvertrag und öffentlich-rechtliches Dienstverhältnis (Beamte)
Wenn sich jemand (vertraglich oder aufgrund eines öffentlich-rechtlichen Ernennungsaktes) verpflichtet, für einen anderen auf gewisse Zeit Arbeitsleistungen gegen Entgelt zu erbringen, so entsteht ein Dienstverhältnis. Die beiden am Dienstverhältnis beteiligten Parteien bezeichnet man als Arbeitgeber oder Dienstgeber und Arbeitnehmer oder Dienstnehmer. Die wesentlichste Pflicht des Arbeitnehmers ist seine Arbeitspflicht, die des Arbeitgebers ist die Pflicht zur Entlohnung des Arbeitnehmers. Daneben gibt es eine Reihe anderer Verpflichtungen des Arbeitnehmers, wie die Treuepflicht und die Verschwiegenheitspflicht etc., sowie Pflichten des Arbeitgebers, wie die Fürsorgepflicht und die Pflicht, Urlaub gegen Entgelt zu gewähren.

Die wesentlichen Merkmale eines Dienstverhältnisses sind:
- die **Bereitstellung der eigenen Arbeitskraft** (persönlich)
- unter **Leitung und Verfügung des Dienstgebers** (in Bezug auf Arbeitszeit, -ort, -stelle)
- die **Arbeit für einen anderen,** d. h. dass der wirtschaftliche Erfolg dem Dienstgeber zugute kommt
- die Verwendung von **Arbeitsmitteln des Dienstgebers** sowie die Einordnung unter seine Organisation oder in einen Betrieb
- die persönliche Weisungsgebundenheit
- die **wirtschaftliche Abhängigkeit** vom Dienstgeber
- die **Haftung** (nur) für die **Sorgfalt** der Arbeitsleistung

Dienstgeber ist jede juristische oder natürliche Person, die im Rahmen eines Dienstverhältnisses über die Arbeitskraft einer anderen Person verfügen kann.

Dienstnehmer ist jeder, der zur persönlichen Arbeitsleistung für einen anderen verpflichtet ist, d. h. unselbstständig berufstätig ist.

♦ **Werkvertrag und freier Dienstvertrag**

Übernimmt jemand gegen Entgelt die Herstellung eines Werkes (= bestimmter Erfolg), entsteht ein Werkvertrag. Dies ist eine zivilrechtliche Vertragsform, bei der ein Auftragnehmer als selbstständiger Unternehmer oder in Form der freiberuflichen Tätigkeit für einen Auftraggeber eine Leistung erbringt (Näheres siehe Privatrecht).

Beim freien Dienstvertrag handelt es sich im Kern um einen Dienstvertrag, d. h. es stellt jemand seine persönliche Arbeitskraft zur Verfügung, er ist jedoch nicht persönlich abhängig, d. h. der Dienstgeber hat keinen unmittelbaren Einfluss darauf, welche konkrete Arbeit ausgeführt werden soll oder auf welche Art und Weise dies geschehen soll.

B. Einteilung der Dienstnehmer und der Dienstverhältnisse

Das österreichische Arbeitsrecht kennt keinen einheitlichen Arbeitnehmerbegriff. Teils sind die Unterschiede zwischen den einzelnen Arbeitnehmergruppen historisch gewachsen und heute überholt, teils sind jedoch branchenspezifisch Unterschiede notwendig.

In den letzten Jahren hat es immer wieder Angleichungen zwischen den einzelnen Arbeitnehmergruppen gegeben (z. B. Abfertigungen für alle mit Ausnahme der Beamten, einheitliche Entgeltfortzahlung für Arbeiter und Angestellte). Die unterschiedlichen Gegebenheiten der einzelnen Branchen machen jedoch eine unterschiedliche Regelung notwendig (z. B. Unmöglichkeit gleicher Kündigungsfristen und Kündigungstermine für Arbeiter und Angestellte in der Baubranche, da die einen witterungsabhängig und die anderen kontinuierlich in der Planung und Verwaltung tätig sind).

1. Unterscheidung nach der Person des Dienstnehmers

Danach unterscheidet man Arbeiter, Angestellte und Lehrlinge. Keine Dienstnehmer im engeren Sinn sind Heimarbeiter, die aber aus sozialen Gründen den Dienstnehmern weitgehend gleichgestellt sind.

♦ **Arbeiter**

Arbeiter sind alle Dienstnehmer, die sich weder in Ausbildung befinden noch Angestellte sind.

♦ **Angestellte**

Angestellte sind alle Dienstnehmer, die aufgrund eigener gesetzlicher Vorschriften (Angestelltengesetz, Journalistengesetz, Schauspielergesetz etc.) als solche bezeichnet werden.

Angestellte nach dem **Angestelltengesetz** verrichten kaufmännische Dienste, höhere nicht kaufmännische Dienste (z. B. Dienstnehmer in Beratungsberufen wie Architekturbüro, Patentanwaltskanzlei; fast alle Gesundheitsberufe sowie im gewerblichen Bereich die Meister) oder Kanzleidienste. Aufgrund vertraglicher Vereinbarung können auch Arbeiter in das Angestelltenverhältnis übernommen werden.

♦ **Lehrlinge**

Lehrlinge sind Personen, die aufgrund eines Lehrvertrages bei einem Lehrherrn einen Lehrberuf im Arbeiterbereich (z. B. Bäcker, Koch, Schlosser, Tischler) oder im Angestelltenbereich (z. B. Bürokaufmann, Verkäufer, Buchhändler) erlernen. Die einzelnen Lehrberufe (über 200) sind in der Lehrberufsliste zum Berufsausbildungsgesetz aufgezählt.

♦ **Heimarbeiter**

Heimarbeiter sind Personen, die, ohne Gewerbetreibende nach den Bestimmungen der Gewerbeordnung zu sein, in der eigenen Wohnung oder einer selbst gewählten Arbeitsstätte im Auftrag und für Rechnung von Personen, die Heimarbeit vergeben, mit der Herstellung, Bearbeitung, Verarbeitung oder Verpackung von Waren beschäftigt sind.

2. Unterscheidung nach der Person des Dienstgebers
Danach unterscheidet man privatwirtschaftliche und öffentliche Dienstverhältnisse.

♦ **Privatwirtschaftliche Dienstverhältnisse**
Bei privatwirtschaftlichen Dienstverhältnissen ist der Dienstgeber entweder eine natürliche Person oder eine juristische Person mit Ausnahme der Gebietskörperschaften.

♦ **Dienstverhältnisse im öffentlichen Dienst**
Öffentlich Bedienstete sind alle Personen, die in einem Dienstverhältnis zu einer Gebietskörperschaft (Bund, Land oder Gemeinde) stehen. Sie werden dabei aufgrund eines privatrechtlichen Vertrages als **Vertragsbedienstete** oder aufgrund eines einseitigen Ernennungsaktes des Dienstgebers (**Pragmatisierung**) als **Beamte** angestellt.

II. Arbeitsvertragsrecht

Wie kommt ein Arbeitsverhältnis zustande? Was sind seine wesentlichen Inhalte? Wie, wann und von wem kann es aufgelöst werden? Welche finanziellen Folgen hat eine bestimmte Art der Auflösung eines Dienstverhältnisses? Sind nach Ende eines Dienstverhältnisses sämtliche Verpflichtungen erloschen?

Diese und ähnliche Fragen werden im folgenden Kapitel behandelt.

A. Dienstvertrag

Der Dienstvertrag ist eine privatrechtliche Vereinbarung, in der sich jemand gegen Entgelt zur Leistung von Arbeit für einen anderen verpflichtet. Als zweiseitiges Rechtsgeschäft kommt er durch übereinstimmende Willenserklärung der Vertragspartner zustande. Grundsätzlich ist der Arbeitsvertrag formfrei, deshalb kann er mündlich, schriftlich oder durch schlüssiges Verhalten (konkludent) abgeschlossen werden.

Voraussetzung für den Abschluss eines Arbeitsvertrages:
- aufseiten des **Dienstgebers** die volle Geschäftsfähigkeit;
- aufseiten des **Dienstnehmers** gilt Folgendes:
  Mündige Minderjährige, die nicht mehr der Schulpflicht unterliegen, können sich selbstständig zu Arbeitsleistungen verpflichten. Aus wichtigen Gründen (z. B. Verfolgung von Erziehungszielen) haben die gesetzlichen Vertreter auch gegen den Willen des Minderjährigen ein vorzeitiges Lösungsrecht.
  Nur bei **Lehrverträgen** oder sonstigen Ausbildungsverträgen ist die Zustimmung des gesetzlichen Vertreters notwendig.
  Schulpflichtige Personen (Kinder im Sinne des Kinder- und Jugendlichen-Beschäftigungsgesetzes) dürfen, von bestimmten Ausnahmen abgesehen, nicht beschäftigt werden.
  Ausländische Dienstnehmer aus Staaten außerhalb des EWR[2] benötigen eine Beschäftigungsbewilligung, die unter Berücksichtigung der Bedürfnisse der österreichischen Wirtschaft und der Lage des Arbeitsmarktes vom Arbeitsmarktservice erteilt wird.
  Bei einer **Beschäftigung ohne Beschäftigungsbewilligung** ist der Arbeitsvertrag rechtlich nichtig. Trifft den Dienstgeber ein Verschulden an der illegalen Beschäftigung, hat der ausländische Dienstnehmer Anspruch auf Schadenersatz.

B. Rechte und Pflichten aus dem Dienstvertrag

Das Dienstverhältnis ist eine Rechtsbeziehung zwischen Dienstgeber und Dienstnehmer, mit Rechten und Pflichten, wobei zumeist des einen Recht des anderen Pflicht ergibt und umgekehrt.

2 Die volle Freizügigkeit für Arbeitnehmer aus Ungarn, Slowakei, Slowenien, Tschechische Republik, Polen, Estland, Lettland und Litauen ist derzeit noch nicht gegeben und erfolgt spätestens bis 1.5.2011. Gleiches gilt für Arbeitnehmer aus Bulgarien und Rumänien bis längstens 1.1.2014.

Dienstnehmer-Pflichten (= Rechte des Dienstgebers)	**Dienstgeber-Pflichten** (= Rechte des Dienstnehmers)
Arbeitspflicht (Sorgfaltspflicht, Haftpflicht)	**Entgeltpflicht** (Bezahlung, Entgeltfortzahlung, Beurlaubung)
Treuepflicht Verschwiegenheitspflicht, Konkurrenzverbot	**Fürsorgepflicht** (Dienstnehmerschutz, Arbeitszeitschutz, Gleichbehandlungsgebot)

1. Dienstnehmer-Pflichten (= Rechte des Dienstgebers)

♦ Arbeitspflicht

Der Dienstnehmer ist verpflichtet, die mit ihm vereinbarten Dienste **persönlich** zu leisten. Zeit, Ort, Art und Umfang der Arbeitsleistung sind durch den Arbeitsvertrag bestimmt. Im Rahmen des Vertrages wird die Tätigkeit des Dienstnehmers durch Anordnungen und Weisungen des Dienstgebers näher bestimmt. Ist der Dienstnehmer durch Krankheit oder Unfall an der Arbeitsleistung verhindert, so hat er unverzüglich selbst oder durch eine dritte Person die Arbeitsverhinderung bekannt zu geben und auf Verlangen des Dienstgebers eine ärztliche Bestätigung vorzulegen.

♦ Sorgfalts- und Haftpflicht

Der Dienstnehmer ist verpflichtet, seine Arbeitspflicht nach besten Kräften und mit der notwendigen Sorgfalt zu erbringen. Berufsrechtliche Bestimmungen über Berufsbild und die verschiedenen Tätigkeitsbereiche sind dabei einzuhalten. Soweit der Dienstnehmer die Sorgfalt, die ein durchschnittlicher Mensch leisten würde, außer Acht gelassen hat, haftet er nach dem **Dienstnehmerhaftpflichtgesetz** für jenen Schaden, den er dem Dienstgeber oder einem Dritten zugefügt hat. Das Ausmaß der Schadenersatzpflicht richtet sich nach dem Grad des Verschuldens (Vorsatz, grobe Fahrlässigkeit, leichte Fahrlässigkeit, entschuldbare Fehlleistung). Zusätzlich kann eine strafrechtliche Verantwortlichkeit oder eine Verwaltungsstrafe hinzutreten.

Schädiger	**Schadenszufügung**	
(bei Erbringung der Dienstleistung)	dem **Dienstgeber selbst**	**dritten**, außenstehenden **Personen**
Dienstnehmer in privatrechtlich organisierten Unternehmen	Dienstnehmerhaftpflichtgesetz (DNHG)	Dienstnehmerhaftpflichtgesetz
	– Bei **„entschuldbarer Fehlleistung"** haftet der Dienstnehmer überhaupt nicht. („wenn der Eintritt des Schadens lediglich bei außerordentlicher Aufmerksamkeit des Dienstnehmers vorhersehbar gewesen wäre") – Bei **Fahrlässigkeit** kann das Gericht die Ersatzpflicht mäßigen oder **erlassen** („minderer Grad des Versehens"). – Bei **Vorsatz** Haftung nach **ABGB** (unbegrenzt). – Ansprüche nach DNHG erlöschen binnen 6 Monaten.	

♦ Treuepflicht

Der Dienstnehmer ist verpflichtet, alles zu unterlassen, was seinem Dienstgeber und dessen betrieblichen Interessen schadet. Dazu zählen unter anderem:

- Die Verpflichtung zur Wahrung von **Geschäfts- und Betriebsgeheimnissen.**
- Das Verbot, auch berechtigte **Kritik** an innerbetrieblichen Vorgängen nach außen (z. B. in die Medien) zu tragen; Kritik im Rahmen der vorgesehenen Form – Beschwerde bei Dienstgeber, Betriebsrat, Gewerkschaft, Arbeiterkammer, Arbeitsinspektorat oder Strafanzeige wegen Missständen – ist hingegen keine Verletzung der Treuepflicht.
- Das Verbot der (pflichtwidrigen) Annahme von **Geschenken** (ausgenommen bloße Aufmerksamkeiten von geringem Wert).
- Die Verpflichtung, vom Dienstgeber im Rahmen der Fürsorgepflicht zur Verfügung gestellte **Schutzmaßnahmen** einzuhalten (Verwendung von Schutzkleidung, Schutzbrillen, Verabreichung von Schutzimpfungen).

♦ **Konkurrenzverbot**
Der Dienstnehmer darf ohne Bewilligung des Dienstgebers weder ein selbstständiges Unternehmen betreiben noch im Geschäftszweig des Dienstgebers unselbstständig beruflich tätig werden. Eine **Nebenbeschäftigung** bedarf einer ausdrücklichen Bewilligung.

♦ **Verschwiegenheitspflicht**
Der Dienstnehmer ist zur Verschwiegenheit über die ihm aus seiner dienstlichen Tätigkeit bekannt gewordenen Tatsachen verpflichtet. Er hat die Geschäfts- und Betriebsgeheimnisse zu wahren. Die Verschwiegenheitspflicht gilt nicht gegenüber Vorgesetzten und Mitbediensteten im Rahmen der gemeinsamen Arbeit.

2. Dienstgeber-Pflichten (= Rechte des Dienstnehmers)

♦ **Entgeltpflicht**
Zum Entgelt gehört alles, was der Dienstnehmer als Vergütung für seine Arbeit vom Dienstgeber erhält. Die Höhe des Entgelts (Lohn, Gehalt, Bezug) richtet sich nach der individuellen Vereinbarung zwischen Dienstgeber und Dienstnehmer, mindestens jedoch nach Kollektivvertrag, selten nach der Ortsüblichkeit. Wenn nichts anderes vereinbart ist, so erfolgt die Entlohnung im Angestelltenbereich am Letzten eines jeden Monats im Nachhinein; im Arbeiterbereich erfolgt die Lohnauszahlung je nach Kollektivvertrag wöchentlich oder monatlich im Nachhinein.

♦ **Entgeltfortzahlung**
Der Dienstnehmer hat ein Recht auf Entgeltfortzahlung bei Arbeitsverhinderung infolge von Krankheit oder Unfall, aber auch bei kurzfristiger Arbeitsverhinderung aus persönlich wichtigem Grund.

♦ **Beurlaubung**
Der Dienstnehmer hat das Recht auf Erhaltung seiner Arbeitskraft. Deshalb ist nach dem Urlaubsgesetz – Näheres siehe dort (Seite 278 f) – jährlich ein Erholungsurlaub zu gewähren.

♦ **Fürsorgepflicht**
Der Dienstgeber hat den Arbeitsplatz und die Arbeitsvorgänge so einzurichten, dass schutzwürdige Interessen des Dienstnehmers (Leben, Gesundheit, körperliche Unversehrtheit, Sittlichkeit und Eigentum) möglichst nicht gefährdet werden. Der Dienstgeber hat daher insbesondere für die Sicherheit am Arbeitsplatz zu sorgen.

BEISPIELE: Veranlassung der Schneeräumung im Winter, Zurverfügungstellen von Schutzkleidung, Schutzhelmen, Schutzbrillen etc. sowie versperrbarer Kästen und hygienischer Umkleideräume und Sanitäranlagen, Absicherung von Gerüsten, Sicherheitsmaßnahmen in den Gebäuden, bei den Betriebsmitteln, Veranlassung der Wartung der Betriebsfahrzeuge

♦ **Beistellung von Dienstkleidung**
Wenn zur Verrichtung der Arbeit eine Dienstkleidung erforderlich ist oder vom Dienstgeber verlangt wird, so ist diese vom Dienstgeber beizustellen.

C. Das Recht auf Beschäftigung

Jeder Dienstnehmer hat die Verpflichtung, die mit ihm vereinbarten Leistungen zu erbringen und die ihm angeordneten Arbeiten zu verrichten. Daraus ergibt sich aber keinesfalls der Umkehrschluss, dass der Dienstnehmer auch das Recht hat, eine bestimmte Arbeit zu machen. Dienstnehmer haben im allgemeinen **kein Recht auf Beschäftigung.**

Das einzige während eines Dienstverhältnisses **immer** bestehende Recht ist das **Recht auf Entlohnung.** Bleibt das Dienstverhältnis aufrecht und ist der Dienstnehmer arbeitsbereit, dann ist er unabhängig davon, ob der Dienstgeber ihn beschäftigen kann oder will, zu entlohnen.

Ein **Recht auf Beschäftigung** haben nur einige wenige Dienstnehmergruppen, wie **Schauspieler, Lehrlinge** und einige andere **in Ausbildung befindliche Dienstnehmer.** Das hat mit der Besonderheit des Schauspielerberufes einerseits zu tun, andererseits beim Lehrling mit der Tatsache, dass bei diesem weniger die Arbeitsleistung als der Ausbildungszweck im Vordergrund steht. Dies gilt auch für Turnusärzte, Notariatskandidaten, Rechtsanwaltsanwärter und alle anderen Berufsgruppen, bei denen eine bestimmte Praxiszeit in einem Dienstverhältnis für die spätere Niederlassung Voraussetzung ist.

Ein Recht auf Beschäftigung haben auch Schüler, die nach schulrechtlichen Vorschriften Ferialpraxis bei einem Arbeitgeber absolvieren.

D. Inhalte des Dienstvertrages

Der Dienstvertrag regelt insbesondere jene Inhalte, die sich für die Vertragsparteien nicht automatisch aus dem Gesetz, Kollektivvertrag etc. ergeben können. Unverzichtbare Bestandteile jedes Dienstvertrages sind daher:

- **Beginn-Zeitpunkt** des Dienstverhältnisses
- **Arbeitsort**
- **Dauer** (befristet/unbefristet)
- **Art der Tätigkeit** bzw. Verwendung
- **Entgelt** (Grundentgelt bzw. weitere Entgeltbestandteile)
- **Beschäftigungsausmaß** (Voll- oder Teilzeitbeschäftigung)

Darüber hinaus können von den Vertragspartnern **weitere Inhalte** in den schriftlichen Dienstvertrag aufgenommen werden, z. B. Urlaubsausmaß, Bezeichnung anzuwendender Normen (Kollektivvertrag, Betriebsvereinbarung), geänderte Kündigungsfristen.

Dem Dienstnehmer ist am Beginn des Dienstverhältnisses ein schriftlicher Dienstvertrag oder ein „Dienstzettel" mit den wesentlichen Inhalten eines Dienstvertrages auszuhändigen.

E. Dauer der Dienstverhältnisse

1. Dienstverhältnis auf Probe

Beim Dienstverhältnis auf Probe kann das Dienstverhältnis während einer Probezeit von jedem der beiden Vertragsteile jederzeit **ohne Angabe von Gründen** und **ohne Einhaltung einer Frist aufgelöst** werden. Die Probezeit beträgt bei Angestellten höchstens einen Monat, und bei Arbeitern je nach Kollektivvertrag meist bis zu 14 Tage, bei Lehrlingen höchstens 3 Monate. Die Vereinbarung von längeren Probezeiten ist unwirksam.

2. Befristetes Dienstverhältnis

Beginn und Ende des Dienstverhältnisses sind schon bei Vertragsabschluss vereinbart, daher **endet** der Dienstvertrag **durch Zeitablauf**. Während der bestehenden Vertragszeit kann das Dienstverhältnis nicht gekündigt werden (außer es wurde ausdrücklich das Gegenteil vereinbart), eine einvernehmliche Lösung ist aber jederzeit möglich. Jeder der beiden Teile ist überdies berechtigt, aus wichtigem Grund das Dienstverhältnis vorzeitig aufzulösen (Entlassung, Austritt). Eine Aneinanderreihung von mehreren befristeten Dienstverhältnissen (so genannter **Kettendienstvertrag**) ist nur in begründeten Ausnahmefällen zulässig (Karenzvertretung, bestimmtes Arbeitsprojekt etc.). Dient das Dienstverhältnis Ausbildungszwecken, so ist auch eine mehrmalige Verlängerung der Befristung möglich.

3. Unbefristetes Dienstverhältnis

Der Beginn des Dienstverhältnisses ist vereinbart, die **Vertragsbeziehung** wird **auf Dauer** eingegangen. Das Dienstverhältnis endet durch Tod des Dienstnehmers, einvernehmliche Lösung, Kündigung (durch Dienstgeber oder Dienstnehmer), Entlassung oder Austritt. In der Praxis kommen Probezeit, befristetes und unbefristetes Dienstverhältnis häufig in Kombination vor. So kann beispielsweise vereinbart werden, dass das Dienstverhältnis vorerst auf einige Monate befristet ist und danach in ein unbefristetes Dienstverhältnis übergeht, sofern keiner der beiden Vertragspartner eine Erklärung abgibt. Der erste Monat wird dabei gleichzeitig als Probezeit vereinbart.

F. Entgelt

Zum Entgelt zählen alle Leistungen des Dienstgebers, die in Geld bewertet werden können:

- **(Grund-)Lohn** bzw. **Gehalt**
- **Sonderzahlungen** („Urlaubsgeld“; „Weihnachtsgeld“)
- **Überstundenvergütungen**
- **Abgeltung von erschwerenden Arbeitsumständen** (Gefahr/Erschwernis)
- **Prämien, Belohnungen, Remunerationen**
- **Sachbezüge**
- **Abfertigung** (bei Beendigung des Dienstverhältnisses, soferne ein Anspruch besteht)
- **Pensionskassenbeiträge** (bei laufendem Dienstverhältnis)

G. Entgeltfortzahlung

1. Entgeltfortzahlung bei Krankheit oder Unfall

Bei Arbeitsverhinderung wegen Krankheit oder Unfall hat der Dienstnehmer Anspruch auf Entgeltfortzahlung, wenn diese Verhinderung vom Dienstnehmer nicht vorsätzlich oder grob fahrlässig herbeigeführt wurde. Der Anspruch auf Entgeltfortzahlung besteht auch bei Kur- und Erholungsaufenthalten. Eine Arbeitsverhinderung ist unverzüglich (d. h. ohne schuldhafte Säumnis) vom Dienstnehmer selbst mündlich, schriftlich oder durch Boten dem Dienstgeber bekannt zu geben und auf sein Verlangen eine Bestätigung durch Arzt, Krankenhaus, oder Krankenkasse über Beginn und voraussichtliche Dauer vorzulegen. Die Ursache der Arbeitsverhinderung muss nicht bekannt gegeben werden.

Je nach bisheriger Dauer des Dienstverhältnisses erhält der Dienstnehmer bei Krankheit **sechs bis zwölf Wochen die volle Entlohnung** und danach weitere **vier Wochen** die **halbe Entlohnung**. Während der Fortzahlung des vollen Entgelts durch den Dienstgeber zahlt die Krankenkasse kein Krankengeld, während der Fortzahlung des halben Entgelts zahlt die Krankenkasse das halbe Krankengeld. Dauert die Krankheit über die genannten Fristen hinaus an, so zahlt die Krankenkasse das volle Krankengeld bis zu 26 Wochen, unter bestimmten Umständen bis zu 52 Wochen.

2. Entgeltfortzahlung bei kurzzeitiger Arbeitsverhinderung (Dienstfreistellung)

Bei kurzzeitiger Arbeitsverhinderung aus anderen wichtigen, seine Person betreffende Gründen (Arztbesuch, Vorladung durch Behörde, Wohnungswechsel, Tod naher Angehöriger, Eheschließung, Ausübung des Wahlrechtes ...) hat der Dienstnehmer **Anspruch auf Entgeltfortzahlung**. Die Arbeitsverhinderung muss behauptet werden, der Dienstgeber kann einen Nachweis verlangen. Nähere Regelungen sind oft in Kollektivverträgen enthalten.

3. Entgeltfortzahlung bei Arbeitsverhinderung in der Risikosphäre des Dienstgebers

Ist der **Dienstnehmer zur Arbeitsleistung bereit** und wird er durch Umstände, die in die Risikosphäre des Dienstgebers fallen (z. B. bei Ausfall von Arbeitsgeräten, Mangel an Arbeitsmaterialien, Auftragsmangel, vorübergehende Stilllegung des Betriebes, ...), an der Arbeitsleistung gehindert, so hat der Dienstgeber das Entgelt vertragsgemäß zu leisten.

4. Ende der Entgeltfortzahlung mit Auflösung des Dienstverhältnisses

Der Anspruch auf Entgeltfortzahlung im Falle der Krankheit endet grundsätzlich mit Ende des Dienstverhältnisses.

Erfolgt eine Kündigung oder ungerechtfertigte Entlassung **während eines Krankenstandes**, so endet der Entgeltfortzahlungsanspruch mit Ende des Krankenstandes, auch wenn dieses erst nach Beendigung des Dienstverhältnisses gelegen ist. Allerdings ist auch hier der Entgeltfortzahlungsanspruch mit der gesetzlichen (je nach Dienstzeit sechs bis zwölf Wochen volles Entgelt, danach vier Wochen halbes Entgelt) oder kollektivvertraglichen Maximaldauer beschränkt.

H. Auflösung von Dienstverhältnissen

Auflösung

Tod	sofort	Zeitablauf	Einvernehml. Lösung	Kündigung	Entlassung	Austritt
Dienstnehmer	Probedienstverhältnis	Befristung	Auflösungsvertrag	Termine, Fristen	durch Dienstgeber	durch Dienstnehmer

1. Tod des Arbeitnehmers

Der **Tod** des **Arbeitnehmers beendet alle Dienstverhältnisse**, da die Pflicht zur **Arbeitsleistung** eine **höchstpersönliche Verpflichtung** des **Arbeitnehmers** ist.

Bei Tod des **Arbeitgebers** bleibt das Dienstverhältnis **aufrecht**, da die **Verpflichtungen des Arbeitgebers** (insbesondere Entgeltzahlung) keine höchstpersönliche Verpflichtungen sind und **auf den Nachlass** und in weiterer Folge **auf die Erben übergehen**. Der Vertreter des Nachlasses und in weiterer Folge der Erbe hat darüber zu entscheiden, ob der Betrieb fortgeführt oder eingestellt wird. Will der Erbe – oder auch der Dienstnehmer selbst – das Dienstverhältnis nicht mehr fortführen, so muss dieses auf andere Art (siehe die weiteren Beendigungsmöglichkeiten im Folgenden) beendet werden.

2. Sofortige Auflösung

Die Beendigung eines Dienstverhältnisses durch sofortige Auflösung gibt es nur beim **Dienstverhältnis auf Probe.**

3. Zeitablauf

Die Beendigung eines Dienstverhältnisses durch Zeitablauf gibt es nur bei **befristeten Dienstverhältnissen.** Die Beendigung tritt durch den Ablauf der vereinbarten Dauer von selbst ein, ohne dass es einer weiteren Erklärung seitens des Dienstgebers oder des Dienstnehmers bedarf.

4. Einvernehmliche Lösung

Dienstgeber und Dienstnehmer **vereinbaren** einen (allenfalls neuen) Endtermin für das Dienstverhältnis. Inhaltlich ist die einvernehmliche Lösung ein Auflösungsvertrag.

5. Kündigung

Die Kündigung ist die Auflösung des Dienstverhältnisses unter Einhaltung einer **Kündigungsfrist** zu einem bestimmten **Kündigungstermin**. Die Kündigung kann mündlich oder schriftlich erfolgen.

Inhaltlich stellt die Kündigung die einseitige Umwandlung eines ursprünglich unbefristeten in ein befristetes Dienstverhältnis dar, d. h. ein Teil legt durch die Kündigung einseitig den Endzeitpunkt für das Dienstverhältnis fest. **Bis zum Kündigungstermin** bleibt das Dienstverhältnis mit allen Rechten und Pflichten **aufrecht.**

Die Kündigung ist die einseitige und empfangsbedürftige Willenserklärung des Dienstgebers oder Dienstnehmers, ein Dienstverhältnis zu einem bestimmten, in der Zukunft gelegenen, Termin beendigen zu wollen. Da sie in Rechte und Pflichten des Vertragspartners eingreift, muss sie diesem zur Kenntnis gebracht werden. Die Weigerung, eine Kündigung in Empfang zu nehmen, hindert allerdings nicht daran, dass die Kündigung dem Gekündigten zugeht.

♦ **Kündigungsfrist**

Unter **Kündigungsfrist** versteht man die Zeit, die zwischen dem Ausspruch der Kündigung und dem Ende des Dienstverhältnisses liegen muss. Die Dauer der Kündigungsfrist ist

- im **Arbeiterbereich** für beide Seiten äußerst kurz. So beträgt sie nach ABGB meist 14 Tage, kann aber durch Kollektivvertrag verlängert oder verkürzt werden. So gibt es beispielsweise für Maler und Glaser in den ersten 20 Dienstjahren keine Kündigungsfrist, danach beträgt sie 3 Tage.
- Im **Angestelltenbereich** nach dem Angestelltengesetz ist die Kündigungsfrist auf **Arbeitgeberseite** immer von der bisherigen Dauer des Dienstverhältnisses abhängig, für den **Angestellten** beträgt die Kündigungsfrist einen Monat.

Kündigungsfristen nach dem Angestelltengesetz	
Dienstzeit	**Kündigungsfrist**
bis 2 Jahre	6 Wochen
ab 2 Jahre	2 Monate
ab 5 Jahre	3 Monate
ab 15 Jahre	4 Monate
ab 25 Jahre	5 Monate

♦ **Kündigungstermin**

Unter Kündigungstermin versteht man jenen Zeitpunkt, zu dem das Dienstverhältnis beendet wird.

Im **Arbeiterbereich** ist oft der letzte Arbeitstag einer Kalenderwoche Kündigungstermin. Nach dem **Angestelltengesetz** gibt es **gesetzliche** Kündigungstermine: für Dienstgeberkündigungen nur zum jeweiligen Quartalsende (31.3., 30.6., 30.9. und 31.12.) und für Dienstnehmerkündigungen nur jeweils zum Monatsletzten. **Vertraglich** können sowohl für Dienstgeber als auch für Dienstnehmer zusätzliche Kündigungstermine zu jedem Monatsletzten und zum 15. jedes Monats vereinbart werden.

Die Verkürzung oder Verlängerung von Fristen sowie die Vereinbarung anderer Kündigungstermine ist durch vertragliche Regelung zulässig, sofern dies für den Dienstnehmer günstiger ist.

Grundsätzlich müssen Kündigungsgründe nicht vorliegen, doch muss eine Kündigung immer frist- und termingerecht erfolgen.

♦ **Fristwidrige Kündigung und Kündigungsentschädigung**

Als fristwidrig bezeichnet man alle Kündigungen mit zu kurzer Frist oder zu frühem Termin. Das Dienstverhältnis wird jedenfalls zum angegebenen früheren Zeitpunkt beendet. Die fristwidrige Kündigung durch den Dienstgeber wird wie eine **ungerechtfertigte Entlassung** behandelt. Der Dienstnehmer erhält für jenen Zeitraum, der bis zur ordnungsgemäßen Kündigung verstreichen hätte müssen, einen Schadenersatz in der Höhe seiner vertraglichen Ansprüche als **Kündigungsentschädigung**. Eine Arbeitsleistung hat er nach dem Kündigungstermin nicht mehr zu erbringen.

Übersteigt der Zeitraum, für den der Dienstgeber die Kündigungsentschädigung zahlen muss, **drei Monate,** so muss sich der Arbeitnehmer für diesen Zeitraum das anrechnen lassen, was er inzwischen verdiente oder absichtlich zu verdienen unterlassen hat.

Die fristwidrige Kündigung durch den Dienstnehmer wird wie ein **unbegründeter vorzeitiger Austritt** behandelt. Wenn dem Dienstgeber ein Schaden (beispielsweise Mehraufwand durch die Notwendigkeit der Leistung von Überstunden durch andere Dienstnehmer oder Einsatz von Leiharbeitskräften zum Ersatz des fristwidrig kündigenden Dienstnehmers) entsteht, so hat er einen Anspruch auf Schadenersatz.

◆ **Kündigungsanfechtung**

Nach dem Arbeitsverfassungsgesetz hat der Betriebsinhaber vor jeder Kündigung eines Dienstnehmers den Betriebsrat zu verständigen, der innerhalb von fünf Arbeitstagen dazu Stellung nehmen kann. Wird der Betriebsrat nicht verständigt oder die Kündigung vor Ablauf der Fünftagefrist (außer der Betriebsrat hat bereits Stellung genommen) ausgesprochen, so ist die Kündigung rechtsunwirksam.

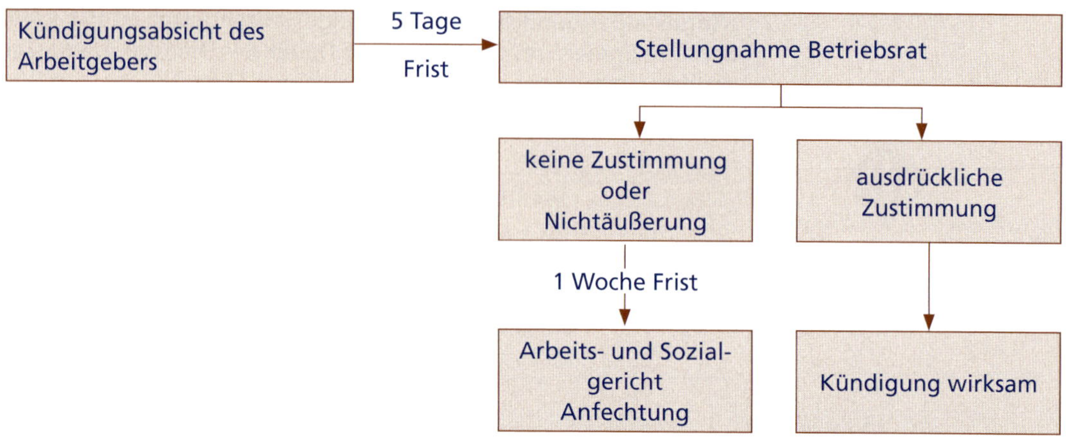

Hat der Betriebsrat einer Kündigung **nicht ausdrücklich zugestimmt,** so kann diese Kündigung **innerhalb einer Woche** beim **Arbeits- und Sozialgericht angefochten** werden.

Die Kündigung ist für rechtsunwirksam zu erklären, wenn sie aus verpönten Motiven (z. B. wegen der Zugehörigkeit zur Gewerkschaft oder wegen einer Betriebsratstätigkeit in der Vergangenheit) erfolgte oder bei mindestens sechsmonatiger Betriebszugehörigkeit des Gekündigten sozial ungerechtfertigt war, es sei denn, dass die Kündigung durch Umstände in der Person des Dienstnehmers notwendig war, welche die betrieblichen Interessen nachteilig berühren oder dass betriebliche Erfordernisse einer Weiterbeschäftigung des Gekündigten entgegenstehen.

Ist kein Betriebsrat eingerichtet, so entfällt zwar die Fünftagefrist für die Äußerung des Betriebsrates, eine Kündigungsanfechtung durch den Dienstnehmer innerhalb einer Woche ist aber immer möglich.

6. Entlassung

Die Entlassung ist die vorzeitige Auflösung eines Dienstverhältnisses durch den Dienstgeber. Sie ist an keine Fristen gebunden und beendet das Dienstverhältnis mit **sofortiger Wirkung.**

Die Entlassung ist

- **gerechtfertigt,** wenn ein anerkannter Entlassungsgrund vorliegt und sie unverzüglich erfolgt;
- **ungerechtfertigt,** wenn kein anerkannter Entlassungsgrund vorliegt oder die Entlassung verspätet ausgesprochen wurde

In beiden Fällen ist die Entlassung **sofort wirksam.**

Im Fall einer ungerechtfertigten Entlassung ist der Dienstnehmer finanziell so zu stellen, als wäre er vom Dienstgeber ordnungsgemäß gekündigt worden (Kündigungsentschädigung in der Höhe des Entgeltanspruches bis zum nächstmöglichen Kündigungstermin, Ersatzleistung für Urlaubsentgelt, allenfalls Abfertigung).

Im Fall einer gerechtfertigten Entlassung wird der Dienstnehmer zum Ende des Dienstverhältnisses abgerechnet und hat allenfalls zu viel konsumierten (aliquoten) Urlaub zurückzuzahlen.

◆ **Entlassungsgründe und Rechtzeitigkeit**

Als die Entlassung **rechtfertigende** Entlassungsgründe kommen einerseits alle möglichen Arten von gröblichen Dienstpflichtverletzungen in Frage, wie z. B. Verletzung von Geschäfts- und Betriebsgeheimnissen, Arbeitsverweigerung, Trunkenheit im Dienst, Tätlichkeiten und erhebliche Ehrverletzungen gegenüber dem Dienstgeber oder Mitbeschäftigten, andererseits aber auch objektive Umstände, wie die Unfähigkeit des Dienstnehmers, in Hinkunft die vereinbarten Dienste zu leisten.

Rechtzeitig ist die Entlassung dann, wenn der Dienstgeber sie unmittelbar nach Kenntnis des Entlassungsgrundes ausspricht. Allerdings muss dem Dienstgeber die Möglichkeit eingeräumt werden, zu überprüfen, ob wirklich ein Entlassungsgrund vorliegt, etwa durch Befragen des Betroffenen oder seiner Arbeitskollegen. Diese Prüfung muss sofort erfolgen.

♦ Entlassungsanfechtung, Umdeutung einer Entlassung in eine Kündigung
Wurde das Dienstverhältnis durch Entlassung beendet, so kann diese so wie eine Kündigung **innerhalb einer Woche** beim **Arbeits- und Sozialgericht angefochten** werden.

Die Entlassung ist für **rechtsunwirksam** zu erklären, wenn sie einerseits **unbegründet** war und andererseits entweder aus **verpönten Motiven** (z. B. wegen der Zugehörigkeit zur Gewerkschaft oder wegen einer Betriebsratstätigkeit in der Vergangenheit) erfolgte oder bei **mindestens sechsmonatiger Betriebszugehörigkeit** des Gekündigten **sozial ungerechtfertigt** war, es sei denn, dass die Entlassung durch Umstände in der Person des Dienstnehmers notwendig war, welche die betrieblichen Interessen nachteilig berühren oder dass betriebliche Erfordernisse einer Weiterbeschäftigung des Gekündigten entgegenstehen.

War die Entlassung gerechtfertigt oder lag weder ein verpöntes Motiv noch Sozialwidrigkeit vor, so bleibt die Entlassung aufrecht.

War die Entlassung zwar ungerechtfertigt, lag aber weder ein verpöntes Motiv noch Sozialwidrigkeit vor, so bleibt die Entlassung als ungerechtfertigt aufrecht und wird wie eine Dienstgeberkündigung mit allen Rechtsfolgen wie Kündigungsentschädigung, Ersatzleistung für Urlaubsentgelt und Abfertigung abgerechnet.

7. Austritt

!

Der Austritt ist die vorzeitige Auflösung eines Dienstverhältnisses durch den Dienstnehmer. Er ist an keine Frist gebunden und beendet das Dienstverhältnis mit **sofortiger Wirkung.**
Der Austritt ist
- **berechtigt**, wenn ein anerkannter Austrittsgrund vorliegt und er unverzüglich erfolgt;
- **unberechtigt**, wenn kein anerkannter Austrittsgrund vorliegt oder der Austritt verspätet erklärt wurde.

In beiden Fällen ist der Austritt **sofort wirksam.**

Als den Austritt **rechtfertigende** Gründe kommen einerseits alle möglichen gröblichen Pflichtverletzungen des Dienstgebers in Frage, wie z. B. Nichtbezahlung des Lohnes trotz Mahnung, Tätlichkeiten und erhebliche Ehrverletzungen seitens des Dienstgebers oder Mitbeschäftigter, andererseits aber auch objektive Umstände, wie die Unmöglichkeit, in Hinkunft die vereinbarten Dienste ohne gesundheitlichen Schaden für den Dienstnehmer zu leisten.

Rechtzeitig ist der Austritt dann, wenn der Dienstnehmer ihn unmittelbar nach Vorliegen des Austrittsgrundes erklärt. Allerdings muss beim Austritt aus gesundheitlichen Gründen dem Dienstgeber die Möglichkeit gegeben werden, den Dienstnehmer zu denselben Lohnbedingungen an einem anderen Arbeitsplatz einzusetzen. Lehnt der Dienstnehmer die Weiterbeschäftigung an einem zumutbaren Arbeitsplatz ab, so ist der Austritt unberechtigt.

Im Fall eines berechtigten Austritts ist der Dienstnehmer finanziell so zu stellen, als wäre er vom Dienstgeber ordnungsgemäß gekündigt worden (Kündigungsentschädigung in der Höhe des Entgeltanspruches bis zum nächstmöglichen Kündigungstermin, Ersatzleistung für Urlaubsentgelt, allenfalls Abfertigung *alt*).

Im Fall eines unberechtigten Austritts wird der Dienstnehmer zum Ende des Dienstverhältnisses abgerechnet, verliert seine Urlaubsansprüche für das laufende Urlaubsjahr und hat allenfalls bereits konsumierten (aliquoten) Urlaub zurückzuzahlen. Überdies kann der Dienstgeber, falls ihm durch den Austritt ein Mehraufwand – etwa durch den sofortigen und oftmals teureren Einsatz von Ersatzarbeitskräften – entstand, Schadenersatz fordern.

I. Ansprüche bei Beendigung des Dienstverhältnisses

1. Ansprüche des Dienstnehmers

Bei Beendigung des Dienstverhältnisses hat jeder Dienstnehmer den Anspruch auf eine ordnungsgemäße Abrechnung bis zum Ende des Dienstverhältnisses und auf die Ausstellung eines Dienstzeugnisses. Darüber hinausgehende Ansprüche hängen von der Dauer und der Art der Lösung des Dienstverhältnisses ab.

♦ Dienstzeugnis

Bei Beendigung des Dienstverhältnisses hat der Dienstgeber dem Dienstnehmer ein Dienstzeugnis auszustellen; dieses muss die Dauer und die Art der Beschäftigung enthalten. Auf Wunsch kann auch ein (qualifiziertes) Arbeitszeugnis durch den Dienstgeber erstellt werden, bei der eine Beurteilung von Persönlichkeit und Arbeitserfolg vorgenommen wird. Das Dienstzeugnis darf nichts enthalten, was das Fortkommen des Dienstnehmers in Zukunft beeinträchtigen könnte.

♦ Abfertigung *alt*

Hat das Dienstverhältnis vor dem 1.1.2003 begonnen und mindestens **3 Jahre** gedauert, so steht dem Dienstnehmer ein Abfertigungsanspruch zu. Dieser ist nach der Dienstzeit gestaffelt und beträgt nach 3 Jahren 2 Monatsentgelte (Monatsbezüge) und steigert sich auf bis zu 12 Monatsentgelte (Monatsbezüge) nach 25 Jahren.

Das **Monatsentgelt** besteht aus dem Gehalt, allfälligen Zulagen, den regelmäßig geleisteten Überstunden und den aliquoten Sonderzahlungen.

Kündigt der Angestellte selbst (außer aus Anlass der Pensionierung), trifft ihn ein Verschulden an seiner gerechtfertigten Entlassung oder tritt er unberechtigt aus, so verliert er den Abfertigungsanspruch.

Tritt eine Dienstnehmerin innerhalb eines halben Jahres ab Geburt eines Kindes aus, so erhält sie ab einer 5-jährigen Dienstzeit die halbe Abfertigung.

Bei Tod des Dienstnehmers gebührt den gesetzlichen Erben die halbe Abfertigung.

Ansprüche auf Abfertigung *alt*	
Tatbestand	
Selbstkündigung	keine Abfertigung
berechtigte Entlassung	keine Abfertigung
unbegründeter vorzeitiger Austritt	keine Abfertigung
Selbstkündigung nach mindestens 10 Dienstjahren wegen Pensionierung	volle Abfertigung
einvernehmliche Auflösung	volle Abfertigung
Verschulden an der AG-Kündigung	volle Abfertigung
Zeitablauf	volle Abfertigung
Selbstkündigung nach mindestens 5 Dienstjahren wegen Geburt eines Kindes	halbe Abfertigung
Tod	halbe Abfertigung

♦ Abfertigung *neu*

Hat das Dienstverhältnis nach dem 1.1.2003 begonnen, so unterliegt es den Regelungen des Betrieblichen Mitarbeitervorsorgegesetzes (BMVG). Danach zahlt der Arbeitgeber ab dem ersten Arbeitstag 1,53 % der Lohnsumme über die Gebietskrankenkasse in eine **Abfertigungskasse** und es gibt immer eine Abfertigung, wenn ein Arbeitnehmer insgesamt zumindest 3 Jahre gearbeitet hat. Der Arbeitnehmer kann sich die Abfertigung nur dann sofort auszahlen lassen (sofern er das will), wenn er gekündigt wurde, ihn kein Verschulden an seiner Entlassung trifft oder er berechtigt ausgetreten ist.

In allen anderen Fällen verbleibt der Abfertigungsbetrag in der Abfertigungskasse und wird entweder bei der nächsten Auszahlungsmöglichkeit, 5 Jahre nach Beendigung der letzten unselbstständigen Erwerbstätigkeit oder bei Pensionierung ausbezahlt.

Die Abfertigung neu ist im Durchschnitt niedriger als die Abfertigung *alt*, kann aber im Gegensatz zur alten Regelung nie verloren gehen.

Die alte Abfertigungsregelung für vor dem 1.1.2003 bestehende Dienstverhältnisse bleibt weiter aufrecht, sodass jahrelang beide Abfertigungsregelungen nebeneinander gelten. Ein Übertritt vom alten in das neue System kann zwischen Arbeitgeber und Arbeitnehmer vereinbart werden.

♦ **Postensuchtage**
Wurde der Dienstnehmer vom Dienstgeber gekündigt, so ist ihm auf sein Verlangen während der Kündigungsfrist wöchentlich mindestens ein Fünftel der regelmäßigen wöchentlichen Arbeitszeit zum Aufsuchen eines neuen Dienstpostens ohne Schmälerung des Entgelts freizugeben.

♦ **Ersatzleistung für Urlaubsentgelt**
Dem Dienstnehmer gebührt für das Urlaubsjahr, in dem das Dienstverhältnis endet, eine **Ersatzleistung** für den noch **offenen Urlaub**. Dabei ist der Urlaubsanspruch zu aliquotieren, vom aliquoten Urlaubsanspruch sind die bereits konsumierten Tage abzuziehen, der Rest ist auszuzahlen. Hat der Dienstnehmer bereits mehr konsumiert, so erhält er nichts mehr, muss aber auch nichts zurückzahlen.

Endete das Dienstverhältnis durch gerechtfertigte Entlassung oder unberechtigten Austritt, so ist zu viel konsumierter Urlaub **zurückzuzahlen.** Darüber hinaus verliert der Dienstnehmer bei unberechtigtem Austritt sämtliche Urlaubsansprüche, auch den Anspruch auf Ersatzleistung für Urlaubsentgelt.

2. Ansprüche des Dienstgebers
Bei Beendigung des Dienstverhältnisses hat der Dienstgeber – unabhängig von der Dauer und der Art der Lösung des Dienstverhältnisses – den Anspruch auf

♦ **Rückgabe**
zurückzugeben sind alle dem Dienstnehmer übergebenen Arbeitsgeräte, Dienstkleidung, Dienstabzeichen und Dienstausweise sowie alle Schlüssel und Legitimationen, die den Zutritt zum Betrieb ermöglichen.

Darüber hinaus bleiben einige Ansprüche des Dienstgebers auch **nach Beendigung** des Dienstverhältnisses **aufrecht,** wobei diese zum Teil von der Dauer abhängen.

♦ **Verschwiegenheitspflicht**
Der Dienstnehmer ist auch nach Beendigung seines Dienstverhältnisses zur Verschwiegenheit sowie zur **Wahrung von Geschäfts- und Betriebsgeheimnissen** verpflichtet. Diese Verpflichtung besteht unabhängig von Dauer und der Art der Lösung des Dienstverhältnisses.

Eine Verletzung der Verschwiegenheitspflicht kann zu **Schadenersatzforderungen** des Dienstgebers führen.

♦ **Konkurrenzklausel**
Ausschließlich bei privatwirtschaftlichen Dienstverhältnissen im Angestelltenbereich kann der Dienstnehmer im Dienstvertrag verpflichtet werden, nach Beendigung des Dienstverhältnisses **maximal ein Jahr lang** im Geschäftszweig des Dienstgebers nicht tätig zu werden. Eine derartige Konkurrenzklausel ist an sich nur dann gültig, wenn der Dienstgeber ein berechtigtes Interesse an ihrer Einhaltung hat und das Fortkommen des Angestellten nicht unbillig erschwert wird.

Hat das Dienstverhältnis durch ungerechtfertigte Entlassung oder gerechtfertigten Austritt geendet, so ist der Angestellte an das Konkurrenzverbot nicht gebunden. Endete das Dienstverhältnis ohne Verschulden des Angestellten durch Dienstgeberkündigung, so ist der Angestellte nur dann an das Konkurrenzverbot gebunden, wenn der Dienstgeber für die Dauer des aufrechten Konkurrenzverbotes das bisherige Entgelt weiter zahlt.

♦ **Ersatz von Ausbildungskosten**
Sind die Ausbildungskosten erheblich, also nicht bloß geringfügige Beträge, und ist die Ausbildung oder Fortbildung nicht ausschließlich im Interesse des Dienstgebers gelegen, so kann eine Vereinbarung darüber getroffen werden, dass sich der Dienstnehmer nach Ende der Ausbildung zu einer zeitlich befristeten Mindesttätigkeit für den Dienstgeber verpflichtet, widrigenfalls er die gesamten Kosten oder einen Teil der Ausbildungskosten an den Dienstgeber zurückzuzahlen hat.

III. Urlaubsrecht

Wieviel Urlaub habe ich? Wann kann ich auf Urlaub gehen? Bekomme ich im Urlaub Geld? Kann ich einfach meinen Urlaub planen, kann der Chef meinen Urlaub widerrufen?

Diese und ähnliche Fragen werden in diesem Abschnitt behandelt.

Unter Urlaub versteht man die Zeit, in der ein Dienstnehmer von der Verpflichtung zur Arbeitsleistung befreit ist. Die Gesetze unterscheiden dabei eine Reihe von bezahlten Urlauben und unbezahlten Urlauben (Karenzurlaub).

A. Die bezahlten Urlaube

Unter bezahltem Urlaub versteht man die Zeit, in welcher der arbeitsfähige Dienstnehmer bei Aufrechterhaltung des vollen Anspruches auf sein Entgelt von der Verpflichtung zur Arbeitsleistung befreit ist. Der Urlaub dient in erster Linie der Erholung und der Erhaltung der Arbeitskraft des Dienstnehmers. Es ist dabei zwischen mehreren Arten des Urlaubs zu unterscheiden.

1. Erholungsurlaub

♦ Entstehen und Verfall des Urlaubsanspruchs

Der Anspruch auf Urlaub entsteht in den ersten sechs Monaten des ersten Arbeitsjahrs **aliquot** zur Dauer des Dienstverhältnisses, d. h. er wächst pro Arbeitsmonat um 2,5 Werktage an. Sofern nichts Günstigeres vereinbart ist, besteht in dieser Anfangszeit eine **Wartezeit,** d. h. der erste Urlaub kann erstmals sechs Monate nach dem Arbeitsantritt konsumiert werden. Danach wird der gesamte Urlaubsanspruch am Beginn des jeweils folgenden Urlaubsjahres/Kalenderjahres fällig.

Das **Urlaubsjahr** ist – sofern nichts anderes vereinbart wurde – in der Privatwirtschaft das **Arbeitsjahr.**

BEISPIEL: Eine Angestellte hat am 2.5.2007 in ihrem derzeitigen Dienstverhältnis zu arbeiten begonnen. Das Urlaubsjahr (= Arbeitsjahr) läuft vom 2.5.2007 bis zum 1.5.2008, das nächste Urlaubsjahr beginnt am 2.5.2008. Der erste volle Urlaub wird am 2.11.2007 fällig, jeder weitere Urlaub am 2.5.2008, 2.5.2009 usw.

Hätte sie jedoch bereits Mitte August 2007 auf Urlaub gehen wollen, so wäre dies zwar möglich, es stünden ihr aber nur als aliquotierter Urlaubsanspruch 9 Werktage zur Verfügung.

♦ Urlaubsausmaß

Das Urlaubsausmaß beträgt bei einer Gesamtdienstzeit bis zu 25 Jahren 30 Werktage, ab dem 26. Dienstjahr 36 Werktage.

Werktage sind alle Tage, die weder Sonntage noch Feiertage sind.

Bei der Berechnung des Urlaubsausmaßes ist der Samstag immer ein Werktag, unabhängig davon, ob im Betrieb oder der Dienststelle am Samstag gearbeitet wird oder nicht. **Vordienstzeiten** bei anderen Arbeitgebern sind bis zum Ausmaß von 5 Jahren anzurechnen, wobei Dienstzeiten unter 3 Monaten nicht zu berücksichtigen sind. Ebenso ist eine gesetzliche Anrechnung von Teilen der Schul- und Studienzeiten vorgesehen. Vertraglich können dabei auch weitere Zeiten zur Erreichung eines höheren Urlaubsausmaßes angerechnet werden.

♦ Urlaubsverbrauch und Urlaubsverfall

Der Urlaub ist nach Möglichkeit im laufenden Urlaubsjahr zu verbrauchen. Ein Ansparen des Urlaubs über längere Zeit ist nicht möglich und widerspricht dem Erholungszweck. Deshalb verfällt der Urlaub mit Ablauf des zweiten auf das laufende Urlaubsjahr folgenden Urlaubsjahres.

BEISPIEL: Das Urlaubsjahr beginnt am 2.5.2007. Der Urlaub ist nach Möglichkeit bis 1.5.2008 zu konsumieren und verfällt am 1.5.2010.

Vertraglich kann die Frist für den Verbrauch des Urlaubes einvernehmlich verlängert werden.

Der Urlaub kann nicht in Geld abgelöst werden. Diesbezügliche Vereinbarungen sind rechtsunwirksam. Wurde entgegen dem gesetzlichen Verbot eine Urlaubsablöse vereinbart, kann der Urlaub dennoch konsumiert werden, das dafür erhaltene Geld muss der Dienstnehmer aber zurückzahlen.

♦ Urlaubsantritt

Jeder Urlaubsantritt muss zwischen Dienstgeber und Dienstnehmer **vereinbart** werden. Dabei sind die Wünsche des Dienstnehmers und die betrieblichen Erfordernisse gegeneinander abzuwägen. Es ist weder die einseitige Anordnung von Urlaub möglich noch der eigenmächtige Urlaubsantritt durch den Dienstnehmer. Die einseitige Anordnung von Urlaub ist dem arbeitsbereiten Dienstnehmer gegenüber unwirksam, d. h. der Urlaubsanspruch bleibt ungeschmälert aufrecht, der eigenmächtige Urlaubsantritt ist ein Entlassungsgrund.

Durch Betriebsvereinbarung können nähere Vorgangsweisen über den Verbrauch von Urlaub festgelegt oder Betriebsurlaube eingeführt werden. Bei Betriebsurlauben darf die maximale Dauer drei Wochen nicht übersteigen, über den Rest muss der Dienstnehmer immer frei disponieren können.

Die Hälfte des jährlichen Urlaubsanspruches muss ungeteilt gewährt werden. Haben mehrere Dienstnehmer denselben Zeitraum als Urlaubswunsch, so sind jene zu bevorzugen, die nicht auf einen anderen Zeitraum ausweichen können (z. B. Ferienzeiten schulpflichtiger Kinder oder Betriebsurlaub des Ehepartners oder Lebensgefährten). Das Alter und die Dauer der Betriebszugehörigkeit spielen dabei keine Rolle.

♦ Erkrankung während des Urlaubs

Erkrankt (verunglückt) der Dienstnehmer während des Erholungsurlaubes, ohne dies vorsätzlich oder grob fahrlässig herbeigeführt zu haben oder dass dies aus einer Erwerbstätigkeit während des Urlaubs herrührte, so werden auf Werktage fallende Tage der Erkrankung auf das Urlaubsausmaß nicht angerechnet, wenn die Erkrankung länger als drei Kalendertage gedauert hat.

BEISPIEL: Die Erkrankung dauert von Freitag bis Montag: 3 Werktage werden auf den Urlaub nicht angerechnet.

Voraussetzung dafür, dass die Krankheit den Urlaub unterbricht, ist, dass der Dienstgeber nach dreitägiger Krankheitsdauer **unverzüglich** von der Erkrankung **in Kenntnis gesetzt** wird. Bei Wiederantritt des Dienstes ist eine **ärztliche Bestätigung** vorzulegen. Der Dienst ist zur vereinbarten Zeit wieder anzutreten. Dauert die Krankheit länger, so ist der Dienst unmittelbar nach Ende des Krankenstandes anzutreten.

♦ Aufzeichnungen (Urlaubskartei)

Alle wesentlichen urlaubsrechtlichen Belange (Urlaubsanspruch, angemeldeter Urlaub, verbrauchter Urlaub) des Dienstnehmers sind vom Dienstgeber in Form einer Urlaubskartei (auch mittels EDV) aufzuzeichnen. Dem Dienstnehmer ist über seine offenen Urlaubsansprüche Auskunft zu erteilen.

2. Zusatzurlaub

Mit einem Zusatzurlaub können entweder erschwerende Arbeitsumstände oder eine geminderte Erwerbsfähigkeit infolge Behinderung ausgeglichen werden. Der Zusatzurlaub ist also ein zum Erholungsurlaub hinzutretender Urlaub.

Als Rechtsgrundlagen kommen dafür bei Arbeitern und Angestellten der Kollektivertrag, bei Vertragsbediensteten und Beamten die einschlägigen Gesetze (VBG, BDG) in Betracht.

Auch eine einzeldienstvertragliche Vereinbarung zwischen Dienstgeber und Dienstnehmer ist denkbar.

3. Pflegefreistellung

Dienstnehmer, die wegen der notwendigen Pflege eines im **gemeinsamen Haushalt** lebenden **erkrankten** oder **verunglückten nahen Angehörigen** nachweislich **an der Dienstleistung verhindert** sind, haben **Anspruch auf Pflegefreistellung.**

Nahe Angehörige sind die Eltern, Großeltern, Kinder, Enkelkinder, Stief- und Schwiegereltern, der Ehegatte und der Lebensgefährte. Der Anspruch auf Pflegefreistellung ist nur gegeben, wenn der gemeinsame Haushalt vor Beginn der Erkrankung bestanden hat. Die Zeit der Pflegefreistellung wird auf den Urlaub nicht angerechnet, der volle Entgeltanspruch bleibt aufrecht.

Das Ausmaß der Pflegefreistellung beträgt 6 Werktage pro Arbeitsjahr. Erkrankt ein Kind unter 12 Jahren im selben Arbeitsjahr neuerlich, so besteht ein Anspruch auf weitere 6 Werktage Pflegefreistellung. Die Inanspruchnahme von Pflegefreistellung ist dem Dienstgeber bloß mitzuteilen und bedarf keiner gesonderten Vereinbarung. Der Grund für die Pflegefreistellung ist auf Verlangen des Dienstgebers zu bescheinigen.

Anmerkung:
Wenn die Zeit der Pflegefreistellung vollständig aufgebraucht ist, so ist der Dienstnehmer berechtigt, sofort (ohne vorherige Vereinbarung) Urlaub anzutreten. Ist kein Urlaub mehr vorhanden, bleibt immer noch die Möglichkeit einer Dienstfreistellung oder eines Karenzurlaubes. Die Gewährung derartiger Vergünstigungen steht im alleinigen Ermessen des Dienstgebers.

B. Die unbezahlten (Karenz-)Urlaube

Karenz heißt die **Aussetzung** der gegenseitigen Rechte und Pflichten aus dem Dienstverhältnis. Während der Karenzzeit **ruhen** für die Dauer des Karenzurlaubes die gegenseitigen Hauptpflichten, d. h. es ruht für den Dienstnehmer die Arbeitspflicht und für den Dienstgeber die Entgeltzahlungspflicht. Das Dienstverhältnis an sich und seine **Nebenpflichten** – soweit sie zum Tragen kommen – **bleiben aufrecht** (Treuepflicht, Verschwiegenheitspflicht, Fürsorgepflicht, diverse Meldepflichten etc.).

Wir unterscheiden Karenzurlaube **mit Rechtsanspruch,** d. h. der Dienstnehmer hat einen gesetzlichen Anspruch darauf, dass ihm ein Karenzurlaub gewährt wird, und solche **ohne Rechtsanspruch,** d. h. der Dienstnehmer kann um Gewährung des Karenzurlaubes ersuchen, es steht aber im Ermessen des Dienstgebers, ob er mit einem Karenzurlaub einverstanden ist oder nicht.

1. Karenzurlaube mit Rechtsanspruch

Der Dienstnehmer hat einen Rechtsanspruch, dass ihm ein Karenzurlaub gewährt wird, im Fall von:

- Karenzurlaub wegen Geburt oder Adoption eines Kindes nach Mutterschutzgesetz (MSchG) bzw. Väterkarenzgesetz
- Karenzurlaub wegen Präsenzdienst oder Zivildienst nach Arbeitsplatz-Sicherungsgesetz
- Karenzurlaub nach dem Familienhospizkarenzgesetz

♦ **Karenzurlaub aus Anlass der Geburt oder Adoption eines Kindes**

– **Karenzurlaub nach dem Mutterschutzgesetz**

Einen Anspruch darauf hat die in einem **Dienstverhältnis** stehende **Mutter** im Zusammenhang mit der **Geburt** eines eigenen Kindes oder der **Adoption** eines Kindes unter 2 Jahren. **Voraussetzung** ist, dass die **Mutter** mit dem **Kind im gemeinsamen Haushalt** lebt und das **Kind pflegt.** Der Karenzurlaub beginnt bei Geburt des Kindes nach Ablauf der Schutzfrist, bei Adoption mit Übernahme des Kindes und endet spätestens am 2., 3. oder 4. Geburtstag des Kindes. Die Dauer des Karenzurlaubes **bestimmt die Mutter** selbst, indem sie vor Antritt des Karenzurlaubes dem Dienstgeber mitteilt, wie lange der Karenzurlaub dauern wird. Der Karenzurlaub ist spätestens 8 Wochen nach der Geburt des Kindes bekannt zu geben, eine Verlängerung des Karenzurlaubes über den ursprünglich festgesetzten Termin hinaus spätestens 3 Monate vor Ablauf des ursprünglich festgesetzten Karenzurlaubes.

An die Mitteilung der Mutter über die Dauer des Karenzurlaubes sind sowohl der Dienstgeber als auch die Mutter gebunden, d. h., eine einseitige Abänderung der Dauer des Karenzurlaubes (mit Ausnahme der einmaligen Verlängerung des Karenzurlaubes über den ursprünglich festgesetzten Termin hinaus) ist nicht mehr möglich. Weder kann der Dienstgeber die Mutter zu einem früheren Dienstantritt auffordern, noch kann die Mutter vorzeitig den Dienst antreten. Eine einvernehmliche Abänderung des ursprünglich von der Mutter einseitig festgesetzten Karenzurlaubes ist jederzeit möglich.

Bei Festsetzung des Karenzurlaubes kann die **Mutter** wählen, ob sie bis zum **2. Geburtstag** alleine den **vollen Karenzurlaub** in Anspruch nimmt oder ab Ende der Schutzfrist oder ab einem beliebigen Zeitpunkt vor dem 2. Geburtstag des Kindes **Teilzeitbeschäftigung** und **Teilzeitkarenzurlaub** in Anspruch nimmt. Überdies können bis zu 3 Monate Karenzurlaub bis zum 7. Geburtstag des Kindes aufgehoben und in der Zeit des Schuleintrittes konsumiert werden.

Während die Mutter die maximal 2-jährige Vollkarenz einseitig festsetzt, bedarf eine **Teilzeitkarenz** – verbunden mit Teilzeitbeschäftigung – in Betrieben mit bis zu 20 Dienstnehmern einer **Vereinbarung mit dem Dienstgeber**; in größeren Betrieben hat die Mutter einen Rechtsanspruch auf Teilzeitbeschäftigung.

– **Karenzurlaub nach dem Väterkarenzgesetz**

Der Karenzurlaub kann **wahlweise** von **Vater oder Mutter** konsumiert werden. Er kann auch **aufgeteilt** werden, wobei die **Mindestdauer** für einen Elternteil **3 Monate** beträgt. Voraussetzung für den Karenzurlaub des Vaters ist – ebenso wie bei der Mutter –, dass der Vater mit dem Kind **im gemeinsamen Haushalt lebt** und es **überwiegend betreut.**

Der Vater hat denselben Anspruch auf Karenzurlaub wie die Mutter. Wenn die Ansprüche von Vater und Mutter zusammentreffen, kann zur selben Zeit nur ein Elternteil Karenzurlaub in Anspruch nehmen, wobei die **Mutter Vorrang** gegenüber dem Vater hat und zu seinen Gunsten verzichten müsste. Ein **Tausch** ist **zweimal** möglich, aus Anlass des Tausches können beide Elternteile bis zu einem Monat gemeinsam Karenzurlaub in Anspruch nehmen.

Der Karenzurlaub für Väter beginnt mit Ende der Schutzfrist bzw., wenn der Karenzurlaub zwischen Vater und Mutter aufgeteilt wird, mit Ende des Karenzurlaubes der Mutter, und er endet spätestens am 2., 3. oder 4. Geburtstag des Kindes, je nachdem, in welcher Form der Karenzurlaub konsumiert wird. Überdies können auch hier bis zu 3 Monate Karenzurlaub bis zum 7. Geburtstag des Kindes aufgehoben und in der Zeit des Schuleintrittes konsumiert werden.

♦ **Karenzurlaub aus Anlass von Präsenzdienst oder Zivildienst**

Während der Ableistung des Präsenzdienstes oder Zivildienstes ist jedes Dienstverhältnis nach dem Arbeitsplatzsicherungsgesetz karenziert. Zeiten des Präsenzdienstes oder des Zivildienstes sind bezüglich Ansprüchen des Dienstnehmers anzurechnen, die sich nach der Dauer der Gesamtdienstzeit richten. Bezüglich des laufenden Urlaubsanspruches erfolgt eine Aliquotierung, sofern der Präsenzdienst oder Zivildienst länger als 30 Tage gedauert hat.

♦ **Karenzurlaub nach dem Familienhospizkarenzgesetz** („Sterbekarenz")

Jeder Arbeitnehmer hat zur Betreuung eines schwersterkrankten nahen Angehörigen einen Rechtsanspruch auf Karenzurlaub nach dem Familienhospizkarenzgesetz in der Dauer von 3 Monaten. Liegt diese Voraussetzung nach 3 Monaten immer noch vor, so kann der Arbeitnehmer den Karenzurlaub einseitig um weitere 3 Monate verlängern.

2. Karenzurlaube ohne Rechtsanspruch

♦ **Bildungskarenz**
Sofern das **Dienstverhältnis ununterbrochen drei Jahre** gedauert hat, kann zwischen Dienstnehmer und Dienstgeber eine Bildungskarenz gegen Entfall des Arbeitsentgeltes unter Rücksichtnahme auf die Interessen des Dienstnehmers und auf die Erfordernisse des Betriebes für die Dauer von **mindestens sechs Monaten bis zu einem Jahr** vereinbart werden. In Betrieben, in denen ein für den Dienstnehmer zuständiger Betriebsrat errichtet ist, ist dieser auf Verlangen des Dienstnehmers den Verhandlungen beizuziehen. Eine neuerliche Bildungskarenz kann erst drei Jahre nach Rückkehr aus einer Bildungskarenz vereinbart werden.

♦ **Frei vereinbarte Karenzurlaube**
Über seinen Antrag kann dem Dienstnehmer **aus wichtigen Gründen** Karenzurlaub bewilligt werden. Auf diesen Karenzurlaub hat der Dienstnehmer **keinen Rechtsanspruch.**

Als wichtiger Grund käme eine länger dauernde, mit Pflegebedürftigkeit verbundene Erkrankung eines nahen Angehörigen, Verlängerung des Mutterschafts- oder Elternkarenzurlaubes, eine länger dauernde außerdienstliche Fortbildung oder ein zeitlich begrenzter längerer dienstlicher Auslandsaufenthalt des Lebenspartners in Frage.

IV. Die Arbeitszeitregelung

Wie lange muss ich arbeiten, wie lange darf ich durchgehend arbeiten? Kann der Chef einfach Überstunden anordnen? Habe ich zusätzlich Freizeit, wenn ich einmal länger arbeite?

Diese und ähnliche Fragen werden in diesem Abschnitt behandelt.

Die Arbeitszeit ist die Zeit, die der Arbeitnehmer im Betrieb verbringt und in der er seine Arbeitskraft ausschließlich dem Arbeitgeber zur Verfügung stellt. Während dieser Zeit hat der Arbeitnehmer ausschließlich die mit ihm vereinbarten Arbeiten zu leisten und ausschließlich für den Arbeitgeber zu arbeiten. Tätigkeiten, die nur im Interesse des Arbeitnehmers gelegen sind, wie z. B. Privattelefonate, Privateinkäufe, sonstige Besorgungen, Bankwege etc., sind nicht während der Arbeitszeit, sondern ausschließlich während der Freizeit zu erledigen, außer der Arbeitgeber genehmigt derartige Tätigkeiten in dringenden Fällen.

Aus wichtigem Grund (Behördenwege, Begräbnisse etc.) kann um Dienstfreistellung angesucht werden.

A. Begriffsbestimmungen

Zu unterscheiden sind folgende Begriffe:

1. Arbeitszeit

ist die Zeit vom **Arbeitsbeginn** bis zum **Arbeitsende.** Nach dem Arbeitszeitgesetz **(AZG)** fallen die **Ruhepausen** (z. B. Mittagspause) **nicht** in die **Arbeitszeit.**

Die Zeiten der persönlichen Vorbereitung für die Arbeit oder für den Heimweg fallen niemals in die Arbeitszeit. Wird der Dienst nicht in Straßenkleidung, sondern in Dienstkleidung versehen, so ist der Dienst zu Beginn der Arbeitszeit in Dienstkleidung anzutreten und am Ende der Arbeitszeit in Dienstkleidung zu beenden. Die Zeiten des Umkleidens fallen nicht in die Arbeitszeit **(persönliche Arbeitsvorbereitung).**

Hingegen fallen die Zeiten des Herrichtens und Versorgen der Geräte, Werkzeuge etc. bei Arbeitsbeginn und Arbeitsschluss immer in die Arbeitszeit **(sachliche Arbeitsvorbereitung).**

2. Tagesarbeitszeit
Tagesarbeitszeit ist die Arbeitszeit innerhalb eines ununterbrochenen Zeitraumes von 24 Stunden ab Arbeitsantritt (unabhängig vom Kalendertag).

BEISPIEL: Der Dienst wurde am Montag um 18 Uhr angetreten und am Dienstag um 6 Uhr beendet. Die Tagesarbeitszeit beträgt 12 Stunden.

3. Wochenarbeitszeit
Wochenarbeitszeit ist die Arbeitszeit innerhalb des Zeitraumes von Montag 0.00 Uhr bis einschließlich Sonntag, 24.00 Uhr.

4. Gleitende Arbeitszeit
Gleitende Arbeitszeit liegt vor, **wenn der Arbeitnehmer innerhalb eines vereinbarten zeitlichen Rahmens Beginn** und **Ende** seiner **täglichen Normalarbeitszeit selbst bestimmen** kann.

Die gleitende Arbeitszeit muss durch **Betriebsvereinbarung,** in Betrieben, in denen kein Betriebsrat errichtet ist, durch **schriftliche Vereinbarung** geregelt werden (**Gleitzeitvereinbarung**).

Die Gleitzeitvereinbarung hat zu enthalten:
- die Dauer der **Gleitzeitperiode,**
- den **Gleitzeitrahmen** (enthält meist eine Rahmenzeit, ab der mit der Arbeit begonnen werden darf und bis zu der die Arbeit beendet werden muss, sowie eine Kernzeit, in der alle Arbeitnehmer anwesend zu sein haben),
- das **Höchstausmaß** allfälliger **Übertragungsmöglichkeiten** von **Zeitguthaben** und **Zeitschulden** in die **nächste Gleitzeitperiode** und
- Dauer und Lage der **fiktiven Normalarbeitszeit.**

Die **tägliche Normalarbeitszeit** darf **neun Stunden nicht überschreiten.** Der **Kollektivvertrag** kann eine Verlängerung der täglichen Normalarbeitszeit **bis auf zehn Stunden** zulassen oder die **Betriebsvereinbarung** zur Verlängerung ermächtigen.

Die **wöchentliche Normalarbeitszeit** darf innerhalb der Gleitzeitperiode **vierzig Stunden** im Durchschnitt nur insoweit **überschreiten,** als **Übertragungsmöglichkeiten von Zeitguthaben** vorgesehen sind.

5. Durchrechnungszeitraum
Zwischen Arbeitgeber und Arbeitnehmervertretung kann vereinbart werden, dass die gesetzliche tägliche und wöchentliche Normalarbeitszeit (grundsätzlich 8-Stunden-Tag und 40-Stunden-Woche) an einzelnen Tagen und in einzelnen Wochen regelmäßig überschritten wird und dafür an anderen Tagen und in anderen Wochen wieder unterschritten wird. Dabei wird ein Zeitraum (**Durchrechnungszeitraum**) von mehreren Wochen oder Monaten vereinbart, in dem die Summe der tatsächlich gearbeiteten unterschiedlichen Tages- und Wochenarbeitszeiten die Summe der gesetzlichen Arbeitszeit aller Wochen ergibt.

BEISPIEL: Arbeitgeber und Arbeitnehmervertretung vereinbaren einen Durchrechnungszeitraum von 20 Wochen. Die Summe der gesetzlichen Arbeitszeiten ergibt 800 Stunden. Tatsächlich wurde von einem Arbeitnehmer in diesem Zeitraum in einigen Wochen 60 Stunden und in anderen Wochen weniger oder gar nicht, zusammengerechnet aber auch 800 Stunden gearbeitet.

Der Durchrechnungszeitraum kann sowohl bei fix festgelegten Arbeitszeiten als auch bei Gleitzeit vereinbart werden.

B. Die Regelung der Arbeitszeit

Für die meisten Dienstverhältnisse gelten das **Arbeitszeitgesetz (AZG)** und das **Arbeitsruhegesetz.** Der öffentliche Dienst, alle Permanenzdienste wie z. B. Rettung Feuerwehr, Polizei sowie die Krankenanstalten haben wegen ihrer Besonderheiten eigene Arbeitszeitregelungen, auf die hier nicht gesondert eingegangen wird.

Die tägliche Normalarbeitszeit darf **8 Stunden,** die wöchentliche Normalarbeitszeit darf **40 Stunden** nicht überschreiten.

Bei einer täglichen Normalarbeitszeit von mehr als sechs Stunden hat der Arbeitnehmer einen Anspruch auf eine **Ruhepause** von mindestens einer halben Stunde.

Zur Erreichung einer längeren **Freizeit,** die mit der Ruhezeit zusammenhängen muss, kann die Normalarbeitszeit an einzelnen Tagen regelmäßig gekürzt und die ausfallende Normalarbeitszeit auf die übrigen Tage der Woche verteilt werden. Die tägliche Normalarbeitszeit darf neun Stunden nicht überschreiten.

Fällt in Verbindung mit **Feiertagen** die Arbeitszeit an Werktagen aus, so kann, um den Arbeitnehmern eine längere zusammenhängende Freizeit zu ermöglichen, die ausfallende Normalarbeitszeit auf die Werktage von höchstens sieben zusammenhängenden, die Ausfallstage einschließenden Wochen verteilt werden. Die tägliche Normalarbeitszeit darf **zehn Stunden** nicht überschreiten. Der Einarbeitungszeitraum kann durch **Betriebsvereinbarung** auf bis zu 13 Wochen verlängert werden. Der Kollektivvertrag kann die Betriebsvereinbarung zur weiteren Verlängerung des Einarbeitungszeitraumes ermächtigen oder den Einarbeitungszeitraum selbst verlängern.

BEISPIEL: Montag bis Donnerstag je 9 Stunden, Freitag 4 Stunden; ein Arbeitstag zwischen Feiertag und Wochenende kann eingearbeitet werden.

Durch Kollektivvertrag kann vereinbart werden, dass in einzelnen Wochen eines Durchrechnungszeitraumes von bis zu 52 Wochen die Normalarbeitszeit auf höchstens 50 Stunden ausgedehnt wird, wenn die Normalarbeitszeit innerhalb dieses Zeitraumes im Durchschnitt 40 Stunden nicht überschreitet. Der Kollektivvertrag kann einen längeren Durchrechnungszeitraum unter der Bedingung zulassen, dass der zur Erreichung der durchschnittlichen Normalarbeitszeit erforderliche **Zeitausgleich** jedenfalls in mehrwöchigen zusammenhängenden Zeiträumen verbraucht wird. Die tägliche Normalarbeitszeit darf **neun Stunden** nicht überschreiten.

Durch Kollektivvertrag kann vereinbart werden, dass bei

- regelmäßiger Verteilung der gesamten Wochenarbeitszeit auf **vier zusammenhängende Tage,**
- Durchrechnung der Normalarbeitszeit mit einem **Durchrechnungszeitraum von bis zu 52 Wochen,** wenn der **Zeitausgleich** in **mehrtägigen zusammenhängenden Zeiträumen** verbraucht wird,
- Durchrechnung der Normalarbeitszeit **mit einem Durchrechnungszeitraum von mehr als 52 Wochen,** wenn der **Zeitausgleich** in **mehrwöchigen zusammenhängenden Zeiträumen** verbraucht wird,
- die tägliche Normalarbeitszeit auf **zehn Stunden** ausgedehnt wird.

Bei **Schichtarbeit** kann die **tägliche Normalarbeitszeit** bis auf **zwölf Stunden** und die **wöchentliche Normalarbeitszeit** durch **Kollektivvertrag** in einzelnen Wochen bis auf **56 Stunden** ausgedehnt werden,

Wird die wöchentliche Normalarbeitszeit oder die tägliche Normalarbeitszeit überschritten, so liegen **Überstunden** vor, die je nach zeitlicher Lagerung mit dem Stundenlohn und einem Zuschlag von 50 bis 200 % abzugelten sind. Überstunden sind zu leisten, wenn sie von Haus aus vereinbart waren oder wegen unaufschiebbarer betrieblicher Notwendigkeit vom Arbeitgeber angeordnet wurde. Die näheren Regelungen trifft der Kollektivvertrag.

Am Ende einer Gleitzeitperiode bestehende Zeitguthaben, die nach der Gleitzeitvereinbarung in die nächste Gleitzeitperiode übertragen werden können, gelten nicht als Überstunden.

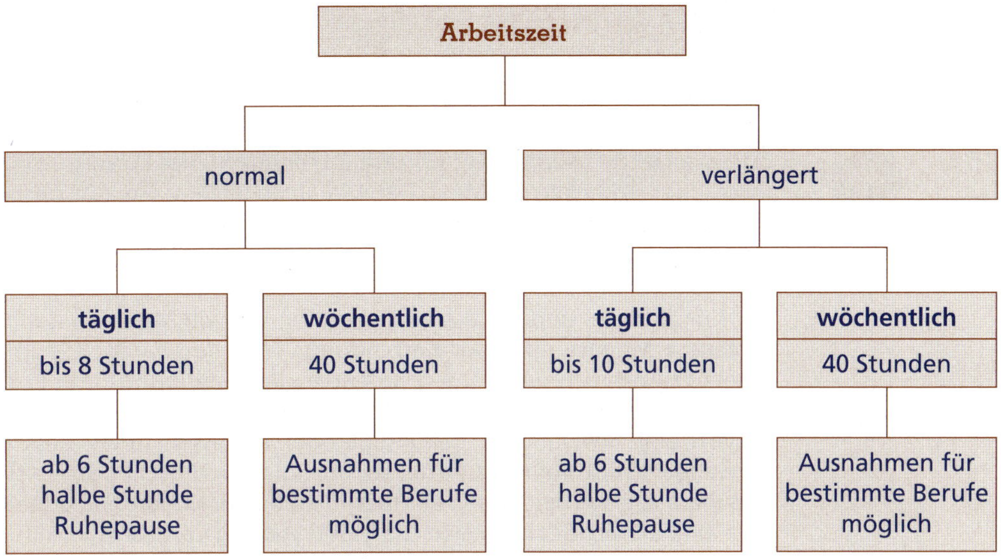

V. Geschützte Dienstverhältnisse

Eine Frau bekommt ein Kind; ein Mann erhält einen Einberufungsbefehl. Was geschieht jetzt mit dem Dienstverhältnis?

Diese und ähnliche Fragen werden in diesem Abschnitt behandelt.

Der Schutz der Dienstnehmer besteht entweder im Verbot bestimmter Arbeiten oder bestimmter Arbeitszeiten, wie z. B. im Bundesgesetz über die Beschäftigung von Kindern und Jugendlichen, in einem besonderen Kündigungs- und Entlassungsschutz, wie z. B. im Arbeitsplatzsicherungsgesetz oder im Väterkarenzgesetz oder sowohl im Verbot bestimmter Arbeiten oder bestimmter Arbeitszeiten als auch in einem besonderen Kündigungs- und Entlassungsschutz, wie z. B. im Mutterschutzgesetz.

A. Mutterschutz

Für Dienstnehmerinnen gilt das Mutterschutzgesetz.

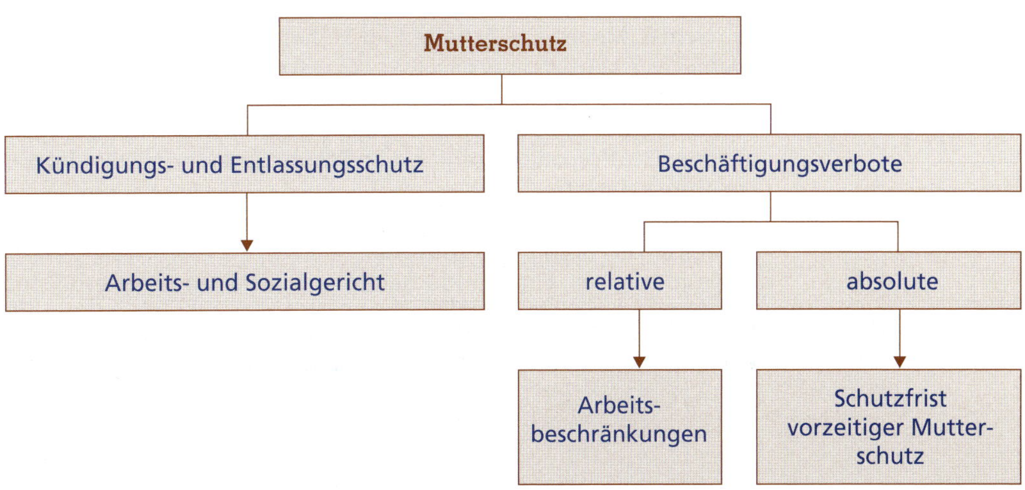

Werdende Mütter haben, um in die Vergünstigungen des Mutterschutzes zu gelangen, dem Dienstgeber ein ärztliches Zeugnis über ihre Schwangerschaft und den voraussichtlichen Entbindungstermin vorzulegen. Ab der Vorlage des Zeugnisses genießt die Frau folgenden Mutterschutz:

1. Kündigungsschutz und Entlassungsschutz

Die werdende Mutter darf nur mit **Zustimmung des Arbeits- und Sozialgerichtes** gekündigt oder entlassen werden. Der Entlassungsschutz wurde deshalb gewährt, damit der Dienstgeber nicht durch eine ungerechtfertigte Entlassung den Kündigungsschutz unterlaufen kann.

Der Kündigungs- und Entlassungsschutz besteht **ab Meldung der Schwangerschaft bis mindestens 4 Monate nach der Entbindung.** Wird der Karenzurlaub nach dem Mutterschutzgesetz in Anspruch genommen, so endet der Kündigungs und Entlassungsschutz 4 Wochen nach Ende des Karenzurlaubes.

Wird eine Schwangere gekündigt oder entlassen, ohne dass der Dienstgeber von der Schwangerschaft Kenntnis hatte, so wird die Kündigung oder Entlassung unwirksam, wenn innerhalb von 5 Arbeitstagen ab Übermittlung der Kündigung oder Entlassung an die Schwangere eine ärztliche Schwangerschaftsbestätigung vorgelegt wird.

Der Entlassungsschutz betrifft insbesondere auch befristete Dienstverhältnisse. Läuft ein befristetes Dienstverhältnis vor Beginn der Schutzfrist ab, so verlängert es sich bis zu Beginn der Schutzfrist (außer in Saisonbetrieben oder es ist dem Dienstgeber die Weiterbeschäftigung bis zum Beginn der Schutzfrist nicht zumutbar).

Auf Probedienstverhältnisse hat der Kündigungs- und Entlassungsschutz nur theoretischen Einfluss, da die sofortige Auflösung während der Probezeit vom Mutterschutzgesetz nicht betroffen ist.

2. Relative Beschäftigungsverbote

Zum Schutz der Gesundheit der Schwangeren und zum Schutz des werdenden Lebens gibt es während der Schwangerschaft eine Reihe von **Arbeitsbeschränkungen**. Fällt eine bis zur Schwangerschaft ausgeübte Tätigkeit unter die Arbeitsbeschränkungen, so ist der Schwangeren eine **andere Arbeit** zuzuweisen. Dies darf aber zu keinem Einkommensverlust der Schwangeren führen.

Verboten sind **schwere körperliche Arbeiten** sowie Arbeiten, die nach der Art des Arbeitsvorganges oder der verwendeten Arbeitsstoffe oder Arbeitsgeräte für den Organismus der Mutter während der Schwangerschaft oder für das werdende Kind schädlich sind, insbesondere

- regelmäßiges Heben und Tragen von Lasten über 5 kg;
- gelegentliches Heben und Tragen von Lasten über 10 kg;
- Arbeiten überwiegend im Stehen, es sei denn, dass Sitzgelegenheiten zum kurzen Ausruhen benützt werden können;
- ab dem 6. Monat alle Arbeiten im Stehen, die länger als 4 Stunden am Tag verrichtet werden;
- Arbeiten, die mit der Gefahr einer Berufserkrankung verbunden sind;
- Arbeiten, bei denen die Schwangere schädlichen Einwirkungen von gesundheitsgefährdenden Stoffen oder Strahlen, von Staub, Gasen oder Dämpfen, von Hitze, Kälte oder Nässe ausgesetzt ist;
- Bedienung von Geräten und Maschinen unter hoher Fußbeanspruchung;
- Arbeiten auf Beförderungsmitteln;
- Akkordarbeiten, Fließbandarbeiten und Arbeiten unter erhöhtem Leistungsdruck;
- Nachtarbeit (zwischen 20 Uhr und 6 Uhr);
- Sonn- und Feiertagsarbeit;
- Überstunden.

In einigen Branchen ist die Arbeit bis 22 Uhr gestattet, ebenso die Sonn- und Feiertagsarbeit. Lediglich Überstunden sind unzulässig; auch regelmäßig vor der Schwangerschaft geleistete Überstunden werden daher weder erbracht noch bezahlt.

Stillenden Müttern ist über ihr Verlangen die zum Stillen erforderliche Zeit freizugeben.

Ob Arbeiten unter die Beschäftigungsverbote fallen, entscheidet im Streitfall das Arbeitsinspektorat, ebenso ob Stillräume einzurichten sind und wie die Stillzeit zu verteilen ist.

Während der ersten 7 Monate der Schwangerschaft erhält die werdende Mutter ihren Lohn weiter vom Dienstgeber ausbezahlt.

3. Absolute Beschäftigungsverbote

♦ **Schutzfrist**
Acht Wochen vor und nach der Geburt besteht ein absolutes Beschäftigungsverbot. Diese Zeit wird Schutzfrist genannt.

Die Schutzfrist beginnt 8 Wochen vor dem vom Arzt **errechneten** und in der ärztlichen Bestätigung aufscheinenden voraussichtlichen Geburtstermin und endet 8 Wochen nach der **tatsächlichen** Geburt.

Erfolgt die Geburt **früher als 8 Wochen** nach Beginn der Schutzfrist, so verlängert sich die Schutzfrist nach der Geburt um die Zeit, die das Kind früher zur Welt gekommen ist, höchstens jedoch auf 16 Wochen.

Erfolgt die Geburt **später als 8 Woche**n nach Beginn der Schutzfrist, so beträgt die Schutzfrist nach der Geburt jedenfalls 8 Wochen.

Bei **Frühgeburten, Mehrlingsgeburten und Kaiserschnittentbindungen** beträgt die Schutzfrist nach der Geburt immer 12 Wochen, gerechnet ab der tatsächlichen Geburt, frühestens jedoch ab dem ursprünglich errechneten Geburtstermin.

Während der Schutzfrist hat die Dienstnehmerin keinen Entgeltanspruch gegen den Dienstgeber, sondern sie erhält das Wochengeld von der Krankenversicherung. Das **Wochengeld** beträgt das Durchschnittseinkommen der letzten 13 Wochen vor Beginn der Schutzfrist.

♦ **Vorzeitiger Mutterschutz**
Wenn das Leben oder die Gesundheit von Mutter oder Kind bei Fortdauer der Beschäftigung gefährdet wäre, darf die Mutter aufgrund eines amtsärztlichen oder arbeitsinspektionsärztlichen Zeugnisses nicht weiterbeschäftigt werden. Auch in diesem Fall erhält die Mutter Wochengeld anstelle ihrer Entlohnung.

B. Kinder- und Jugendlichenschutz

Nach dem Bundesgesetz über die Beschäftigung von Kindern und Jugendlichen – **KJBG** dürfen Kinder grundsätzlich überhaupt nicht, Jugendliche nur eingeschränkt beschäftigt werden.

- **Kinder** sind Minderjährige, die die allgemeine Schulpflicht noch nicht beendet haben.
- **Jugendliche** sind Personen bis zur Vollendung des 18. Lebensjahres.

Die Tagesarbeitszeit darf 8 Stunden, die Wochenarbeitszeit darf 40 Stunden nicht überschreiten. Zur Erreichung einer längeren Wochenfreizeit darf die Tagesarbeitszeit auf 9 Stunden verlängert werden.

Jugendliche dürfen im Allgemeinen zu Nachtdiensten sowie Sonn- und Feiertagsdiensten nicht herangezogen werden.

C. Andere geschützte Dienstverhältnisse

1. Väter

Väter, die Karenzurlaub in Anspruch nehmen, dürfen nur mit Zustimmung des Arbeits- und Sozialgerichtes gekündigt oder entlassen werden.

Der Kündigungsschutz beginnt mit der Bekanntgabe eines Karenzurlaubes, nicht jedoch vor der Geburt des Kindes. Der Karenzurlaub ist spätestens 8 Wochen nach der Geburt des Kindes bekannt zu geben, eine Verlängerung des Karenzurlaubes über den ursprünglich festgesetzten Termin hinaus spätestens 3 Monate vor Ablauf des ursprünglich festgesetzten Karenzurlaubes.

Der Kündigungs- und Entlassungsschutz endet vier Wochen nach Beendigung des Karenzurlaubes. Nimmt auch die Mutter Karenzurlaub in Anspruch, d. h. wird der Karenzurlaub zwischen Vater und Mutter geteilt, so endet der Kündigungs und Entlassungsschutz 4 Wochen nach Ende des **letzten** Karenzurlaubes, spätestens 4 Wochen nach dem 2., 3. oder 4. Geburtstag des Kindes.

2. Behinderte

Als begünstigte **Behinderte** gelten alle Personen mit einer **Minderung der Erwerbsfähigkeit (MdE)** von mindestens 50 %. Ab einer Dienstnehmerzahl von mindestens 25 ist pro 25 Dienstnehmern mindestens je eine behinderte Person einzustellen oder die Behindertenausgleichstaxe zu zahlen. Die Kündigung eines Behinderten kann nur mit Zustimmung des Behindertenausschusses beim **Bundessozialamt** erfolgen.

3. Präsenzdiener und Zivildiener

Unter Präsenzdienst versteht man die Zeit des Grundwehrdienstes (6 Monate); der Zivildienst dauert 9 Monate.

Der Kündigungs- und Entlassungsschutz besteht ab dem Tag der Zustellung des Einberufungsbefehles und endet einen Monat nach Ende des Grundwehrdienstes oder Zivildienstes.

Der Präsenzdiener oder Zivildiener verliert den Kündigungs- und Entlassungsschutz, wenn er nicht innerhalb von 5 Arbeitstagen den Dienstgeber vom Einberufungsbefehl verständigt.

Wie bei Müttern und Vätern darf eine Kündigung oder Entlassung von Präsenzdienern oder Zivildienern nur mit Zustimmung des Arbeits- und Sozialgerichtes erfolgen.

Bezüglich des Kündigungs- und Entlassungsschutzes sind sowohl bei Präsenzdienst als auch bei Zivildienst Staatsangehörige anderer EWR-Staaten den österreichischen Staatsbürgern gleichgestellt.

4. Betriebsräte (Privatunternehmen) und Personalvertreter (öffentlicher Dienst)

genießen während ihrer Funktionsperiode Kündigungs- und Entlassungsschutz.

Die Auflösung des Dienstverhältnisses durch Kündigung oder Entlassung kann – soweit es sich nicht um Beamte handelt – nur mit Zustimmung des Arbeits- und Sozialgerichtes erfolgen.

VI. Arbeitnehmerschutz

Der Arbeitnehmerschutz ist ein Ausfluss der Fürsorgepflicht des Arbeitgebers, der sowohl innerbetrieblich zum Tragen kommt als auch überbetrieblich von staatlichen Organen überwacht wird.

A. Innerbetrieblicher Schutz nach dem ArbeitnehmerInnenschutzgesetz

Innerbetrieblicher Arbeitnehmerschutz

- Sicherheitsvertrauensperson
- Eignungs- und Folgeuntersuchungen
- Sicherheitsfachkräfte
- Arbeitsmediziner

Zum innerbetrieblichen Schutz der Dienstnehmer sind nach dem ArbeitnehmerInnenschutzgesetz Eignungs- und Folgeuntersuchungen sowie ab einer bestimmten Betriebsgröße eine Anzahl von weisungsfreien Sicherheitsvertrauenspersonen, Sicherheitsfachkräften und Arbeitsmedizinern vorgesehen.

B. Überbetrieblicher Schutz nach dem Arbeitsinspektionsgesetz

Zum überbetrieblichen Schutz der Dienstnehmer sind als Behörden des Bundes die **Arbeitsinspektorate** eingerichtet. Ihre Aufgabe ist es, in den Betrieben die Einhaltung von Arbeitsschutzvorschriften zu überwachen und die Einhaltung notfalls zu erzwingen.

Die Arbeitsinspektorate haben die dem Schutz der Dienstnehmer dienenden **Rechtsvorschriften** und **behördlichen Verfügungen** zu **überwachen,** insbesondere soweit diese betreffen:

- den Schutz des Lebens, der Gesundheit und der Sittlichkeit;
- die Beschäftigung von Kindern und Jugendlichen;
- die Beschäftigung von Dienstnehmerinnen, vor allem auch während der Schwangerschaft und nach der Entbindung;
- die Beschäftigung besonders schutzbedürftiger Dienstnehmer (Behinderter);
- die Arbeitszeit, die Ruhepausen und die Ruhezeit, die Arbeitsruhe, die Urlaubsaufzeichnungen und
- die Heimarbeit.

Die Arbeitsinspektoren dürfen den Betrieb, Betriebsstätten, Betriebsräume, Aufenthaltsräume, Personalunterkünfte und Wohlfahrtseinrichtungen **jederzeit** ohne Voranmeldung **betreten** und besichtigen, müssen sich aber vor Beginn ihrer Kontrolltätigkeit beim Betriebsinhaber oder Dienststellenleiter melden.

Im Zuge seiner Kontrolltätigkeit ist der Arbeitsinspektor berechtigt, mit jedem einzelnen Dienstnehmer alleine zu sprechen und ihn auf das Vorliegen allfälliger Missstände zu befragen.

Der Arbeitsinspektor kann den Dienstgeber zur unverzüglichen Herstellung des gesetzmäßigen Zustandes auffordern oder Anzeige bei der Bezirksverwaltungsbehörde erstatten.

VII. Arbeitsverfassung

Die Arbeitsverfassung regelt die Beziehungen des einzelnen Dienstnehmers zu seiner **betrieblichen Vertretung** (Betriebsrat, Personalvertretung), die rechtlichen Beziehungen zwischen den einzelnen Dienstgebern und der betrieblichen Vertretung, den Zusammenschluss von Dienstgebern und Dienstnehmern zu eigenen Vereinigungen und die Vereinbarungen zwischen den Dienstgeber- und Dienstnehmervereinigungen.

A. Die Arbeitnehmervertretung

1. Freiwillige Vereinigungen

Die Dienstnehmer können sich auf freiwilliger Basis zur Wahrung ihrer Interessen zusammenschließen.

Der wichtigste derartige Zusammenschluss sind die Gewerkschaften. In Österreich sind derzeit über 1.300.000 Dienstnehmer im **Österreichischen Gewerkschaftsbund (ÖGB)** auf freiwilliger Basis organisiert. Der ÖGB ist ein überparteilicher **Verein** und gliedert sich in 10 Einzelgewerkschaften. Er vertritt die Interessen seiner Mitglieder inner- und außerbetrieblich.

2. Gesetzliche Vertretung

♦ **Die Arbeiterkammern**

Die Arbeiterkammern sind die gesetzliche Interessenvertretung der Arbeitnehmerschaft. Alle Dienstnehmer mit Ausnahme der Bediensteten von Bund, Land und Gemeinde in der Hoheitsverwaltung sind **Pflichtmitglieder** der Arbeiterkammern.

♦ **Betriebliche Vertretung**

Diese ist für Gebietskörperschaften und sonstige Betriebe verschieden geregelt. Alle Unternehmen, die nicht zu Bund, Land oder Gemeinde gehören, unterliegen dem **Arbeitsverfassungsgesetz**.

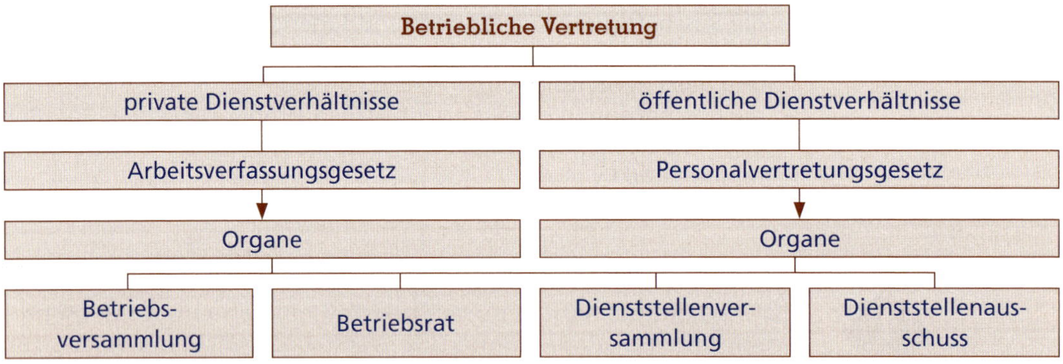

Das Arbeitsverfassungsgesetz sieht als Vertretung der Dienstnehmer zwei Organe vor:

♦ **Die Betriebsversammlung**

ist die Versammlung sämtlicher Dienstnehmer eines Betriebes, die das 18. Lebensjahr vollendet haben.

Wichtigste Aufgabe der Betriebsversammlung ist die Wahl des Wahlvorstandes für die Betriebsratswahl und die Enthebung des Betriebsrates oder einzelner Mitglieder. **Stimmberechtigt sind alle Dienstnehmer ohne Unterschied der Staatsbürgerschaft.**

♦ **Der Betriebsrat**

wird von der gesamten Belegschaft für **4 Jahre** gewählt und **vertritt die Interessen** der Belegschaft dem Dienstgeber gegenüber. Seine wichtigsten Aufgaben sind unter anderem die Zustimmung zu betrieblichen Maßnahmen, Anhörung bei Kündigung und Entlassung und der Abschluss von Betriebsvereinbarungen. Zur Wahrung der Rechte der Belegschaft hat der Betriebsrat für die Dauer seiner Funktionsperiode einen besonderen Kündigungs- und Entlassungsschutz.

Für Bund, Land und Gemeinde gilt das jeweilige **Personalvertretungsgesetz.**

Die Personalvertretung vertritt ebenso wie der Betriebsrat alle Mitglieder eines Betriebes bzw. einer Dienststelle unabhängig von der Zugehörigkeit zur Gewerkschaft oder zu einer politischen Partei. Die Personalvertreter werden für 4 Jahre gewählt und genießen für die Dauer ihrer Funktionsperiode besonderen Kündigungs- und Entlassungsschutz.

B. Die Dienstgebervertretung

Ebenso wie die Dienstnehmer können sich die Dienstgeber **freiwillig** zusammenschließen (Gewerbeverein, Industriellenvereinigung etc.).

Neben den freiwilligen Zusammenschlüssen bestehen eine Reihe von gesetzlichen Interessenvertretungen mit **Pflichtmitgliedschaft** wie z. B. Wirtschaftskammer, Landwirtschaftskammer, Ärztekammer, Apothekerkammer, Rechtsanwaltskammer, Ingenieurkammer u. a.

C. Vereinbarungen zwischen Dienstgeber(vertretung) und Dienstnehmer(vertretung)

1. Der Kollektivvertrag

Der Kollektivvertrag ist eine Vereinbarung zwischen einem Dienstgeberverband (z. B. Bauinnung) und einem Dienstnehmerverband (z. B. Gewerkschaft der Bau- und Holzarbeiter) über die Rechte und Pflichten aller von diesem Vertrag betroffenen Dienstgeber und Dienstnehmer. Kollektivverträge regeln zumeist Löhne, Arbeitszeit und weitere Arbeitsbedingungen.

Der Kollektivvertrag darf **zugunsten des Dienstnehmers** vom Gesetz **abweichen** (z. B. 39-Stunden-Woche), eine Abweichung vom Gesetz zum Nachteil des Dienstnehmers ist unwirksam.

Längere als die gesetzlichen Arbeitszeiten können vereinbart werden (ohne Genehmigung des Arbeitsinspektorates bis zu 5 Überstunden pro Woche), wenn die Überstunden dabei abgegolten werden.

Ebenso können im Kollektivvertrag Durchrechnungszeiten und Zeitausgleiche vereinbart werden.

2. Die Betriebsvereinbarung

Die Betriebsvereinbarung ist eine Vereinbarung zwischen dem Betriebsrat eines Betriebes und dem Dienstgeber dieses Betriebes. Oft werden darin betriebliche Überstundenregelungen, besondere Arbeitszeitregelungen (z. B. Gleitzeit, Kernzeiten, Einarbeitung, Zeitausgleich), innerbetriebliche Fortbildungen, Urlaubseinteilungen, Betriebsurlaub und Ähnliches geregelt.

Vom Gesetz und vom Kollektivvertrag darf nur zugunsten des Dienstnehmers abgewichen werden.

3. Der Dienstvertrag

ist die Vereinbarung zwischen dem einzelnen Dienstnehmer und seinem Dienstgeber. Von Gesetz, Kollektivvertrag und Betriebsvereinbarung darf nur zugunsten des Dienstnehmers abgewichen werden **(Günstigkeitsprinzip).**

VIII. Streitigkeiten aus dem Dienstverhältnis

Normalerweise werden Löhne ausbezahlt, Urlaube gewährt, enden Dienstverhältnisse friedlich und werden Dienstwohnungen, Dienstautos oder Diensthandys zurückgegeben, ohne dass es eines staatlichen Eingriffes bedarf. Was soll aber geschehen, wenn Menschen die Regeln verletzen?

Diese und ähnliche Fragen werden im folgenden Kapitel behandelt.

A. Privatwirtschaftliche Dienstverhältnisse und Vertragsbedienstete

Diese Streitigkeiten gehören ausnahmslos vor das **Arbeits- und Sozialgericht,** das beim jeweiligen Landesgericht eingerichtet ist. Für Wien besteht ein eigenes Arbeits- und Sozialgericht Wien. Die Gerichte entscheiden durch Senate, bestehend aus einem Berufsrichter als Vorsitzendem und je einem Laienrichter aus dem Kreis der Dienstgeber und der Dienstnehmer.

Die Urteile der Arbeits- und Sozialgerichte können mit Berufung an das **Oberlandesgericht,** dessen Urteile mit Revision an den **Obersten Gerichtshof** angefochten werden.

Das Arbeits- und Sozialgericht ist in Arbeitsrechtssachen unter anderem für folgende Streitigkeiten zuständig:

- **Streitigkeiten zwischen Dienstnehmern und Dienstgebern** (bzw. umgekehrt), die dem Dienstverhältnis entspringen
- **Streitigkeiten zwischen Dienstnehmern untereinander,** wenn diese aus der gemeinsamen Arbeit entstammen
- **Betriebsverfassungsrechtliche Streitigkeiten**

B. Beamte

Alle Streitigkeiten aus dem Beamtendienstverhältnis – mit Ausnahme insbesondere der Schadenersatzprozesse, in einigen Ländern auch Streitigkeiten über den Ersatz von Ausbildungskosten – werden im **Verwaltungsweg** ausgetragen. Zuständig sind Dienststelle, Dienstbehörde und Organe der Gebietskörperschaft gemäß der jeweilig gültigen Geschäftsordnung und Geschäftseinteilung.

Nach Ausschöpfen des Instanzenzuges ist in den meisten Fällen eine Beschwerde an den **Verwaltungsgerichtshof** möglich.

Regressprozesse nach dem **Amtshaftungsgesetz** und **Schadenersatzprozesse** nach dem **Organhaftpflichtgesetz** sowie Streitigkeiten aus vertraglich vereinbarten Rückzahlungsverpflichtungen für Ausbildungskosten werden nicht im Verwaltungsweg ausgetragen, sondern gehören vor die **Arbeits- und Sozialgerichte.**

Wiederholungsfragen – Arbeitsaufgaben – Diskussionsanregungen

1. *Erklären Sie das arbeitsrechtliche Günstigkeitsprinzip.*
2. *Welche Arten der Dienstverhältnisse kennen Sie?*
3. *Wodurch wird der Grundsatz der Vertragsfreiheit im Arbeitsrecht eingeschränkt?*
4. *Was ist ein Dienstvertrag?*
5. *Zählen Sie die Hauptpflichten der Arbeitgeber und Arbeitnehmer auf.*
6. *Erklären Sie die Fürsorgepflicht.*
7. *Wie kann ein Dienstvertrag enden?*
8. *Erklären Sie den Unterschied zwischen Kündigung, Entlassung und Austritt.*
9. *Nennen Sie Fälle der Entgeltfortzahlung.*
10. *Wie muss ein Dienstzeugnis abgefasst sein?*
11. *Welche Urlaubsregelung besteht für die Arbeitnehmer?*

12. *Wie lange dauert der Karenzurlaub, wer kann ihn in Anspruch nehmen?*
13. *Welche Karenzurlaube kennen Sie? Nennen Sie die dafür jeweiligen Voraussetzungen.*
14. *Unter welchen Umständen kann ein Vater Karenzurlaub beanspruchen, wie wirkt sich der Karenzurlaub auf sein Dienstverhältnis aus?*
15. *Wie wird Krankheit während des Urlaubes gewertet?*
16. *Nach welcher Zeit ab Beginn des Arbeitsverhältnisses entsteht der Urlaubsanspruch?*
17. *Wie ist die Entlohnung geregelt?*
18. *Erklären Sie die Pflegefreistellung.*
19. *Wann kann das Gericht die Schadenersatzpflicht für den Arbeitnehmer mäßigen?*
20. *Welche Rechtsfolge tritt ein, wenn der Betriebsrat von der beabsichtigten Kündigung eines Arbeiters vom Arbeitgeber nicht verständigt wurde?*
21. *Nennen Sie wesentliche Bestimmungen des Mutterschutzgesetzes.*
22. *Wie ist die Arbeitszeit geregelt?*
23. *Nennen Sie Gründe, aus denen eine Kündigung beim Arbeits- und Sozialgericht angefochten werden kann.*
24. *Welche geschützten Dienstverhältnisse kennen Sie?*
25. *Wie lange muss man beim selben Arbeitgeber beschäftigt sein, damit man einen Abfertigungsanspruch erworben hat?*
26. *Nennen Sie die Arbeitsbeschränkungen für die werdende Mutter.*
27. *Was verstehen Sie unter Schutzfrist? Wie lange dauert die Schutzfrist nach dem Mutterschutzgesetz vor und nach der Geburt?*
28. *Was ist ein Kollektivvertrag?*
29. *Was ist das Arbeitsinspektorat, welche Aufgaben hat es?*
30. *Wann hat der Arbeitnehmer keinen Anspruch auf Abfertigung?*
31. *Welchen Schutz genießt die werdende Mutter?*
32. *Was versteht man unter dem Recht auf Beschäftigung? Bringen Sie Beispiele.*

Beurteilen Sie folgende Vorgänge rechtlich:

33. *In einem Unternehmen wird zwischen Arbeitgeber und Betriebsrat vereinbart, dass die Arbeitnehmer bis auf weiteres nur mehr auf drei Wochen Urlaub Anspruch haben. Bei einer Betriebsversammlung in Anwesenheit des Personaldirektors stimmt die Belegschaft stillschweigend zu.*
34. *Für eine bestimmte Arbeitnehmergruppe wurde durch Kollektivvertrag eine Erhöhung der Kollektivvertragslöhne um 9% vereinbart. Frau Lechner, die dieser Gruppe angehört, freut sich, merkt aber bei ihrem nächsten Lohn, dass sie nur eine Erhöhung um 2% bekommen hat.*
35. *Das Urlaubsgesetz sieht bekanntlich einen fünfwöchigen Mindesturlaub für alle Arbeitnehmer vor. Einer rührigen Fachgewerkschaft gelingt es, für ihren Bereich durch Kollektivvertrag mit der zuständigen gesetzlichen Arbeitgebervertretung drei Werktage mehr zu vereinbaren. In einem Unternehmen dieser Branche überzeugt aber der Personaldirektor den Betriebsrat, dass man sich in erster Linie an das Gesetz halten müsse (also 30 Werktage) und dass die schlechte Auftragslage nur eine Erhöhung um einen Werktag zulasse. Darüber wird eine Betriebsvereinbarung abgeschlossen.*

36. *Herr Höllwieser verschläft am Montagmorgen. Er ist Mitglied einer „Discoband". Nach Ende der Darbietung wird meist noch gezecht, und daher ist es schon öfter vorgekommen, dass er deswegen am nächsten Morgen nicht am Arbeitsplatz erschienen ist. Weil ihn der Chef schon einige Male verwarnt hat, schickt er diesmal seinen Bruder, der denselben Beruf hat und sich im Urlaub befindet, als Vertretung. Der Chef schickt diesen wieder fort und teilt Herrn Höllwieser telefonisch seine Entlassung mit.*

37. *Frau Graser ist als Kassierin in einem großen Lebensmittelmarkt aufgenommen worden. Als der Geschäftsgang nachlässt, ersucht sie der Geschäftsführer, sein Büro aufzuräumen. Sie weigert sich, und er entlässt sie wegen Arbeitsverweigerung.*

38. *Herr Schreder ist zur Bedienung einer Datenverarbeitungsanlage angestellt worden. Vor seiner Umschulung war er als Elektriker tätig. Seine Chefin beauftragt ihn, während der Dienstzeit in ihrem Büro einige Steckdosen zu versetzen und ihre Kaffeemaschine zu reparieren. Er weigert sich trotz ihres Hinweises, dass er mit seinem Computer ohnedies nicht ausgelastet sei. Daraufhin wird ihm zum nächstmöglichen Termin seine Kündigung mitgeteilt.*

39. *Herr Strobl ist in einem großen Industriebetrieb beschäftigt. Eines Tages bekommt er eine schriftliche Kündigung und erfährt, dass auch der Betriebsrat zugestimmt habe. Er vermutet, dass die Kündigung deswegen erfolgt ist, weil er einer mehrmaligen Aufforderung seines direkten Vorgesetzten, einer bestimmten Partei beizutreten, der übrigens auch der gesamte Betriebsrat angehört, nicht entsprochen hat.*

40. *Herr Weiß schließt einen Arbeitsvertrag ab, in dem vereinbart wird, dass er erst im zweiten Arbeitsjahr einen Urlaub bekommt.*

41. *Frau Gruber, für die die gesetzlichen Kündigungsfristen und Kündigungstermine des Angestelltengesetzes gelten, wird am 1. September mitgeteilt, dass sie mit 30. September gekündigt ist.*

42. *Frau Bauer ist im dritten Monat schwanger. Sie bewirbt sich in der X-Bank um einen Posten als Buchhalterin. Die Frage des Personalchefs nach einer Schwangerschaft verneint sie. Als sie im 6. Monat die Schwangerschaft meldet, wird sie vom Personalchef wegen falscher Angaben in der Bewerbung entlassen.*

43. *Herr Hofer ist nach Abschluss der Schule in einem Schneiderbetrieb beschäftigt. Eine Kundin hat dem Meister den Auftrag erteilt, aus einem von ihr mitgebrachten teuren Leder ein Kostüm zu nähen. Beim Zuschneiden beschädigt er das Leder. Welche Ansprüche kann die Kundin gegenüber dem Meister und gegenüber Hofer geltend machen? Kann der Meister von Hofer Ersatz begehren, wenn er zur Zahlung herangezogen wird?*

Sozialrecht

I. Begriff und Wesen des Sozialrechts

Der erwachsene Mensch ist normalerweise in der Lage, für sich selbst und auch für seine Familie zu sorgen. Was passiert, wenn man krank wird, einen Unfall hat oder arbeitsunfähig wird? Was soll geschehen, wenn Menschen alt oder pflegebedürftig werden? Wovon leben Menschen, die ihre Arbeit verloren haben?

Diese und ähnliche Fragen werden im folgenden Kapitel behandelt.

A. Allgemeines

Gegenstand und Sinn des **Sozialrechts** ist es, die Risiken und Schicksalsschläge, die jeden Einzelnen irgendwann in seinem Leben treffen können, so zu regeln, dass der Einzelne bei Eintritt eben dieses Risikos weiter existieren kann. Der Grundgedanke ist die Überwälzung der Risiken des täglichen Lebens vom Einzelnen auf die Allgemeinheit, die durch Übernahme dieser Risiken dem Einzelnen bzw. dessen Angehörigen ein Weiterexistieren nach Eintritt des Risikos ermöglicht.

Aus: Schöler/Pongratz: Lehrverhaltenstraining für Unterricht in Schule und Betrieb, Schöningh

Die den Einzelnen und seine Familie am meisten bedrohenden Risiken sind und waren zu aller Zeit **Tod**, **Krankheit**, **Unfall**, **Erwerbslosigkeit** und dauernde **Pflegebedürftigkeit**, verbunden mit unmittelbarer Not. Zur Beseitigung wenigstens der schwerwiegendsten Folgen dieser Schicksalsschläge hat sich im Laufe der Jahre ein System der sozialen Sicherheit entwickelt. Da sich dieses mit Ausnahme der Arbeitslosenvorsorge und Teilen der Pflegegeldvorsorge aus privaten Ansätzen entwickelt hat, gibt es viele verschiedene Sozialversicherungsanstalten und Auszahlungsstellen für Pflegegeld sowie mit Ausnahme der einheitlichen Arbeitslosenregelung und Pflegegeldregelung verschiedenste Sozialversicherungssysteme. Mit der Pensionsharmonisierung wurde ab 01.01.2005 für die meisten Berufsgruppen ein einheitliches Pensionssystem geschaffen. Grundlage dafür ist das **Allgemeine Pensionsgesetz (APG)**.

Vom Vorsorgebereich des heutigen Sozialrechts werden fünf Risiken erfasst:
- Krankheit
- Unfall
- Pension
- Pflegebedürftigkeit
- Arbeitslosigkeit

Für Krankheit, Unfall und Pension bestehen eigene Sozialversicherungen. Die Sozialversicherungsgesetze werden nicht von staatlichen Behörden, sondern von eigenen Anstalten vollzogen, den so genannten **Sozialversicherungsträgern**. Die Sozialversicherungsträger waren ursprünglich Zusammenschlüsse bestimmter Berufe oder Berufszweige oder Einrichtungen bestimmter Betriebe, was man heute noch aus den Namen ersehen kann: Pensionsversicherung der Angestellten, Sozialversicherungsanstalt der gewerblichen Wirtschaft, Betriebskrankenkasse der Wiener Verkehrsbetriebe usw. Die Sozialversicherungen unterstehen der Aufsicht durch den/die zuständige Minister/in bzw. den Landeshauptmann und entscheiden über an sie gerichtete Ansprüche in erster Instanz.

Die Pflegegeldansprüche werden für Pensionisten von der Unfall- oder Pensionsversicherung, für alle anderen von verschiedensten staatlichen Behörden vollzogen.

Für Beschäftigungsprobleme im Allgemeinen sind als private Unternehmen die Geschäftsstellen des **Arbeitsmarktservice** eingerichtet.

B. Sozialversicherungen

Sozialversicherungen werden von eigenen Sozialversicherungsträgern durchgeführt. Wir unterscheiden:

- Krankenversicherung
- Unfallversicherung
- Pensionsversicherung

Nach dem **Allgemeinen Sozialversicherungsgesetz (ASVG)** ebenso wie nach den einschlägigen öffentlich-rechtlichen Dienstrechtsvorschriften sind alle Arbeitnehmer sozialversichert. Ebenso sind die meisten Selbstständigen sozialversichert (GSVG, BSVG, FSVG). Liegt eine Versicherung in allen drei Sparten vor, so spricht man von einer **Vollversicherung**. Diese ist für die meisten Arbeitnehmer Pflicht. Daneben gibt es für manche Bereiche eine **Teilversicherung.**

Nach dem ASVG sind Dienstnehmer **vor Antritt einer Beschäftigung** bei der Krankenkasse zur Sozialversicherung anzumelden. Der Versicherte erhält eine Durchschrift der Anmeldung. Aus der Anmeldung ist der Beginn der Beschäftigung und die Höhe der Bezüge des Versicherten ersichtlich. Die Höhe der Bezüge in der Krankenkassenanmeldung bildet die **Beitragsgrundlage,** die für alle Leistungen der Sozialversicherung maßgeblich ist.

Nach Beendigung eines Dienstverhältnisses endet die Versicherungspflicht, es besteht jedoch die Möglichkeit zur **freiwilligen Weiterversicherung**.

Alle **Leistungen** der Sozialversicherungen werden nur über **Antrag des Versicherten** erbracht, ebenso erfolgt die freiwillige Weiterversicherung nur über Antrag. Im Bereich der Sozialversicherung herrscht – ausgenommen einige Fälle der Unfallversicherung – das **Antragsprinzip**.

<table>
<tr><th colspan="3">Die österreichische Sozialversicherung</th></tr>
<tr><td colspan="3">Hauptverband der österreichischen Sozialversicherungsträger</td></tr>
<tr><td>Unfallversicherung</td><td>Krankenversicherung</td><td>Pensionsversicherung</td></tr>
<tr><td rowspan="2">Allgemeine Unfallversicherungsanstalt</td><td>9 Gebietskrankenkassen
6 Betriebskrankenkassen</td><td>Pensionsversicherungsanstalt</td></tr>
<tr><td colspan="2">Sozialversicherungsanstalt der gewerblichen Wirtschaft[1])</td></tr>
<tr><td>(Bergbau)
(Eisenbahner)</td><td colspan="2">Versicherungsanstalt für Eisenbahnen und Bergbau</td></tr>
<tr><td colspan="3">Sozialversicherungsanstalt der Bauern[1])</td></tr>
<tr><td colspan="2">Versicherungsanstalt öffentlich Bediensteter</td><td></td></tr>
<tr><td colspan="2"></td><td>Versicherungsanstalt des österreichischen Notariates</td></tr>
</table>

[1]) sollen demnächst zur Sozialversicherung der Selbstständigen (SVS) zusammengelegt werden

II. Leistungen der Sozialversicherungen

A. Krankenversicherung

1. Arten der Leistungen

Im Bereich der Krankenversicherung ist zwischen Leistungen, auf die der Versicherte einen Rechtsanspruch hat, den **Pflichtleistungen**, und Leistungen, deren Gewährung im pflichtgemäßen Ermessen der Versicherung steht, den **freiwilligen Leistungen**, zu unterscheiden. Darüber hinaus sind die Krankenkassen die **Auszahlungsstellen** für das **Kinderbetreuungsgeld**.

2. Anspruchsberechtigung

Anspruchsberechtigt im Bereich der Krankenversicherung sind
- der Versicherte und
- seine im Inland befindlichen Angehörigen.

Angehörige sind der Ehegatte, in Ausnahmefällen der frühere Ehegatte und der Lebensgefährte und die Kinder.

Eheliche, uneheliche, adoptierte Kinder und Pflegekinder sind immer anspruchsberechtigt, Stiefkinder und Enkelkinder dann, wenn sie mit dem Versicherten im gemeinsamen Haushalt leben.

Die Anspruchsberechtigung der Angehörigen ist gegeben, solange diese nicht als Erwerbstätige eine eigene Krankenversicherung haben. Geben die Angehörigen diese Erwerbstätigkeit wieder auf (Ehegatte bleibt zu Hause, Kind beendet seine Ferialarbeit und setzt die Schule oder das Studium fort), so lebt die Mitversicherung wieder auf.

Bei **Kindern** in Ausbildung ist die Anspruchsberechtigung nur gegeben, solange die **Kindeseigenschaft** (siehe bei der Pensionsversicherung, Waisenpension) besteht, grundsätzlich jedoch längstens bis zur Vollendung des 27. Lebensjahres.

3. Die Pflichtleistungen

Die Krankenversicherung trifft Vorsorge:
- für die **Verhütung** und **Früherkennung von Krankheiten**;
- für die **Versicherungsfälle** der **Krankheit**, der **Arbeitsunfähigkeit infolge Krankheit** und der **Mutterschaft**;
- für **Zahnbehandlung** und **Zahnersatz**;
- für die **Hilfe bei körperlichen Gebrechen**;
- für die Früherfassung der für Maßnahmen der **Rehabilitation** in Betracht kommenden Personen.

Die wichtigsten Leistungen sind:

♦ Versicherungsfall **Krankheit**
  - **Krankenbehandlung**, diese umfasst:

    ärztliche Hilfe:
    Diese wird durch **Vertragsärzte** (haben einen Vertrag und rechnen direkt mit der Krankenkasse ab) und **Wahlärzte** (Patient zahlt und erhält von der Krankenkasse die tarifmäßigen Kosten ersetzt) sowie durch Ärzte in **Ambulatorien** und **Krankenhausambulanzen** erbracht.

    Heilmittel:
    Die Heilmittel umfassen die notwendigen Arzneien und die sonstigen Mittel, die zur Beseitigung oder Linderung der Krankheit und zur Sicherung des Heilerfolges dienen. Der Versicherte trägt einen Teil der Kosten in Form der Rezeptgebühr.

    Heilbehelfe:
    Brillen, orthopädische Schuheinlagen, Bruchbänder und sonstige Heilbehelfe werden in einfacher und zweckentsprechender Ausführung gewährt. Der Versicherte trägt grundsätzlich einen Selbstbehalt.
  - **Hauskrankenpflege**
    anstelle von Anstaltspflege für maximal vier Wochen
  - **Anstaltspflege**
    in der allgemeinen Gebührenklasse einer öffentlichen Krankenanstalt in unbegrenzter Dauer

- Versicherungsfall **Arbeitsunfähigkeit infolge Krankheit**
  Hier erhält **der Versicherte** zusätzlich zu den Leistungen bei Krankheit anstelle seines Arbeitseinkommens maximal 52 Wochen lang **Krankengeld**. Berechnungsgrundlage ist die Beitragsgrundlage.

- Versicherungsfall **Mutterschaft**
  - **Beistand** durch **Arzt, Hebamme** und **diplomierte Kinderkrankenschwestern, Heilmittel** und **Heilbehelfe** sowie **Anstaltspflege** werden **allen Müttern** wie bei Krankenbehandlung gewährt.
  - **Wochengeld**
    Das Wochengeld gebührt – anstelle des Arbeitseinkommens – der weiblichen **Versicherten** (nicht mitversicherten Müttern) während der gesamten **Schutzfrist** sowie während eines allenfalls gegebenen **vorzeitigen Mutterschutzes** nach dem Mutterschutzgesetz.
    Das Wochengeld beträgt den **Nettodurchschnittsverdienst** (Entlohnung inklusive aliquoter Sonderzahlungen) der **letzten dreizehn Wochen** bzw. **drei Monate** vor Beginn des absoluten Beschäftigungsverbotes (Schutzfrist, vorzeitiger Mutterschutz).

4. Die freiwilligen Leistungen

Auf diese haben der Versicherte bzw. dessen anspruchsberechtigte Angehörige keinen Rechtsanspruch, die Gewährung steht im Ermessen der Krankenkasse. Näheres wird in der Satzung geregelt. Die wichtigsten sind:r

- **Bestattungskostenbeitrag** bei Bedürftigkeit und bis zu höchstens € 436,04,–
- **Kur- und Erholungsaufenthalte** zur Festigung der Gesundheit sowie zur Verhütung des Eintritts und der Verbreitung von Krankheiten

B. Unfallversicherung

Die Unfallversicherung trifft Vorsorge zur Verhütung von Arbeitsunfällen und Berufskrankheiten und sorgt für Erste-Hilfe-Leistungen nach Arbeitsunfällen, für Unfallheilbehandlung sowie die Rehabilitation von Versehrten und die Entschädigung nach Arbeitsunfällen und Berufskrankheiten.

Arbeitsunfall ist ein Unfall in der Arbeit, am Weg zur Arbeit und am Weg von der Arbeit. Geschützt ist nur der direkte Arbeitsweg ohne Unterbrechung. Dem Arbeitsunfall gleichgestellt sind einige andere Unfälle wie z. B. bei Errettung eines Menschen aus Lebensgefahr, bei Herbeiholung eines Arztes oder Seelsorgers bei Unfall, Unfall bei Teilnahme in freiwilliger Feuerwehr, Bergrettung etc. Auch Schüler und Studenten sind in die Unfallversicherung einbezogen. Als Arbeit gilt dabei der Schulbesuch.

Berufskrankheit ist eine Krankheit, die mit hoher Wahrscheinlichkeit mit der Ausübung eines bestimmten Berufes erworben wurde. Die Berufskrankheiten sind je nach Beruf einzeln aufgezählt.

BEISPIELE: Infektionskrankheiten für Arbeitnehmer in Heil- und Pflegeanstalten, Laboratorien für wissenschaftliche und medizinische Untersuchungen; Staublungenerkrankungen in allen Berufen; Hornhautschädigungen in der chemischen Industrie

Die Unfallversicherung erbringt Leistungen bei Körperschaden und Tod.
Die Leistungen werden zum Teil von Amts wegen, zum Teil aber nur auf Antrag erbracht.

1. Leistungen bei Körperschaden

- **Unfallheilbehandlung**
- **Familien- und Taggeld**
- **berufliche und soziale Rehabilitationsmaßnahmen**
  Der Versehrte soll in die Lage versetzt werden, seinen früheren Beruf wieder auszuüben; ist dies nicht möglich, soll er einen neuen Beruf ausüben können.
- **Körperersatzstücke, orthopädische Behelfe und andere Hilfsmittel**
  Diese müssen den persönlichen und beruflichen Verhältnissen des Versehrten angepasst sein. Ein Selbstbehalt ist nicht vorgesehen.
- **Versehrtenrente**
  Die **Versehrtenrente** steht Versehrten bei einer **M**inderung **d**er **E**rwerbsfähigkeit **(MdE)** von mindestens 20% zu, wobei diese Minderung der Erwerbsfähigkeit mindestens 3 Monate über den Versicherungsfall hinaus bestehen muss.
- **Übergangsrente**
  Besteht durch die weitere Beschäftigung im bisherigen Beruf die Gefahr des Entstehens oder der Verschlechterung einer Berufskrankheit, so kann zur Erleichterung des Überganges in eine andere Berufstätigkeit eine Übergangsrente gewährt werden.

Unfallversicherung
Versicherungsfälle
- Körperschaden
- Tod

2. Leistungen bei Tod des Versicherten

- **Bestattungskostenbeitrag**
- **Hinterbliebenenrente**

Diese beziehen die Witwe, der Witwer und die Kinder sowie allenfalls die Eltern und Geschwister des Versicherten, wenn dieser den Unterhalt der Eltern oder Geschwister überwiegend bestritten hat.

C. Pensionsversicherung

Die Pensionsversicherung trifft Vorsorge für die Versicherungsfälle des Alters, der geminderten Arbeitsfähigkeit und des Todes. Darüber hinaus kommt die Pensionsversicherung für Rehabilitationsmaßnahmen und Gesundheitsvorsorgemaßnahmen auf.

Mit der Pensionsharmonisierung wurde für alle ab dem 01.01.1955 Geborenen ab 01.01.2005 für die meisten Berufsgruppen ein einheitliches Pensionssystem geschaffen. Grundlage dafür ist das **Allgemeine Pensionsgesetz (APG)**.

1. Anspruchsvoraussetzungen

Allgemeine Voraussetzung für den Erhalt von Leistungen in den Versicherungsfällen Alter, geminderte Arbeitsfähigkeit und Tod ist die Erfüllung der **Wartezeit**. Während Krankenversicherung und Unfallversicherung ab dem ersten Tag der Versicherungspflicht Leistungen zu erbringen haben, müssen in der Pensionsversicherung **Mindestversicherungszeiten** vorliegen. Überdies müssen diese Versicherungszeiten **in einem bestimmten Zeitraum vor Eintritt des Versicherungsfalles** gelegen sein. Wir unterscheiden dabei zwischen Beitragszeiten und Ersatzzeiten. Ist die Wartezeit nicht erfüllt, so besteht überhaupt kein Anspruch auf eine Pension.

Beitragszeiten sind Zeiten, in denen Pensionsversicherungsbeiträge geleistet wurden.
Ersatzzeiten sind Zeiten, in denen keine Pensionsversicherungsbeiträge geleistet wurden, die jedoch als Versicherungszeiten angerechnet werden, z. B. Zeiten des Bezuges von Krankengeld, Arbeitslosengeld, Wochengeld, Karenzgeld; Präsenzdienst, Zivildienst; Kindererziehungszeiten.

Ewige Anwartschaft: Wenn **180 Beitragsmonate** oder **300 Versicherungsmonate** (Beitrags- und/oder Ersatzmonate) vorhanden sind, so ist die Wartezeit erfüllt, unabhängig davon, wann die Versicherungsmonate erworben wurden und ein Pensionsanspruch bei Eintritt des Versicherungsfalles gegeben.
Stichtag: Sämtliche Leistungen der Pensionsversicherung werden nur über Antrag gewährt. Mit seinem Antrag löst der Anspruchswerber den Stichtag aus, von dem aus alle maßgeblichen Daten berechnet werden (Wartezeit, Bemessungsgrundlage). Stichtag ist der auf den Antrag folgende Monatserste.

2. Die einzelnen Versicherungsfälle

♦ Versicherungsfall Alter
Das derzeit **unterschiedliche Pensionsalter** für Männer und Frauen wurde vom Verfassungsgerichtshof als dem **Gleichheitsgrundsatz widersprechend** aufgehoben. Mit Bundesverfassungsgesetz vom 29.12.1992 wurde das unterschiedliche Pensionsalter zwar **vorübergehend für zulässig erklärt**, beginnend mit 1.1.2024 wird jedoch die Altersgrenze für die Alterspension bei Frauen um 6 Monate pro Jahr erhöht, sodass die Altersgrenzen für die Alterspension ab 2033 für Männer und Frauen gleich sind. Von der Neuregelung des Pensionsalters sind daher Frauen ab dem Geburtsjahrgang 1964 betroffen.

♦ Alterspension (Regelpension)
Die Alterspension (Regelpension) fällt mit Vollendung des 65. Lebensjahres an (bei Frauen für eine Übergangszeit bis 2023 mit Vollendung des 60. Lebensjahres). Die Wartezeit beträgt 180 Versicherungsmonate in den letzten 360 Monaten.

Die zum Zeitpunkt des Erscheinen dieses Buches bestehenden Möglichkeiten zur Inanspruchnahme von vorzeitigen Alterspensionen werden bis 2009 schrittweise abgeschafft.

♦ Versicherungsfall geminderte Arbeitsfähigkeit
In der Pensionsversicherung der Arbeiter wird die **Invaliditätspension**, in der Pensionsversicherung der Angestellten die **Berufsunfähigkeitspension** gewährt. Voraussetzung ist, dass die Arbeitsfähigkeit des Versicherten aufgrund seines geistigen oder körperlichen Zustandes auf weniger als die Hälfte derjenigen eines körperlich und geistig gesunden Versicherten von ähnlicher Ausbildung und gleichwertigen Kenntnissen und Fähigkeiten herabgesunken ist.

♦ Versicherungsfall Tod
– **Witwenpension** (Witwerpension)
Die Witwe/der Witwer erhält je nach Eigeneinkommen bis zu **60 %** der Pension des/der Verstorbenen.
– **Waisenpension**
Die Pension für **Halbwaise** beträgt **24 %** der Pension des verstorbenen Elternteils. **Vollwaisen** bekommen **36 %** der Pension der Eltern – wobei sie diesen Anteil sowohl vom Vater als auch von der Mutter bekommen, wenn beide Anspruch auf Pension hatten.

Die Waisenpension wird gewährt, solange die **Kindeseigenschaft** besteht. Die Kindeseigenschaft besteht bis zum vollendeten 18. Lebensjahr. Darüber hinaus besteht sie bis zum vollendeten 26. Lebensjahr, wenn sich das Kind in einer Schul- oder Berufsausbildung befindet, die seine Arbeitskraft überwiegend in Anspruch nimmt. Eine weitere Voraussetzung ist allerdings das regelmäßige Ablegen von Prüfungen.

– **Abfindung**

Hinterbliebene, die keinen Anspruch auf eine Hinterbliebenenpension haben, erhalten eine Abfindung. Das ist der Fall, wenn der Verstorbene noch keinen Pensionsanspruch hatte (Wartezeit nicht erfüllt) oder die Ehe zu kurz dauerte.

3. Gemeinsame Bestimmungen für alle Pensionen

– **Pensionsberechnung**

Maßgeblich für die Pensionsberechnung sind das **Pensionsantrittsalter**, die **Anzahl der Versicherungsmonate** und die **Höhe der Beitragsgrundlagen**.

- **Bemessungsgrundlage** für die Pension sind die (aufgewerteten) höchsten **480 Beitragmonate**. Seit dem Jahr **2003** bis zum Jahr **2028** wird der Bemessungszeitraum jährlich stufenweise von ursprünglich **180 Beitragsmonaten** ausgedehnt.
- **Pro Jahr** Versicherungszeit erhält man **1,78 % der Bemessungsgrundlage**.
- Die **Höchstpension** beträgt **80 % der Bemessungsgrundlage**.
- Wird die Pension **vor** Vollendung des **Regelpensionsalters** angetreten, so sind **Abschläge** von jährlich **4,2 % bis zu maximal 15 % der Pension** vorgesehen.
- Versicherte, die die Geltendmachung des Pensionsanspruches über das Regelpensionsalter hinaus aufschieben, erhalten dem gegenüber einen Bonus von jährlich **4,2 % der Gesamtbemessungsgrundlage**. Die maximale Pension beträgt 91,76 %.

– **Pensionsauszahlung**

Alle Renten und Pensionen werden monatlich am **Ersten des Folgemonats im Nachhinein** ausbezahlt.

– **Kinderzuschuss**

Der Kinderzuschuss wird allen Pensionsbeziehern gewährt, die noch für Kinder zu sorgen haben. Voraussetzung für die Gewährung des Kinderzuschusses ist das Bestehen der Kindeseigenschaft.

– **Ausgleichszulage**

Pensionisten, deren Einkommen nicht einmal den Richtsatz für Mindestpensionen erreicht, erhalten eine Ausgleichszulage in der Höhe der Differenz zwischen tatsächlicher Pension und Richtsatz.

Der Richtsatz für **Mindestpensionen** beträgt für das Jahr **2007** monatlich

für Alleinstehende	€	726,00
für Ehepaare	€	1.091,14
Erhöhung für jedes Kind	€	76,09
für Halbwaisen bis zur Vollendung des 24. Lebensjahres	€	253,80
für Halbwaisen nach der Vollendung des 24. Lebensjahres	€	474,51
für Vollwaisen bis zur Vollendung des 24. Lebensjahres	€	400,94
für Vollwaisen nach der Vollendung des 24. Lebensjahres	€	726,00

D. Pflegegeld

Ziel der Bundes- und Landespflegegeldgesetze ist es, allen in Österreich lebenden Pflegebedürftigen eine ihren Bedürfnissen angemessene Hilfe als Rechtsanspruch zukommen zu lassen.

Als Entscheidungs- und Auszahlungsstellen kommen in erster Instanz in Frage:
- **Für alle Pensionisten:** die pensionsauszahlende Stelle (Sozialversicherung, Bundesrechenamt, Besoldungsamt etc.).
- **Für Renten- und Beihilfenbezieher:** das Bundessozialamt.
- **Für alle anderen:** der Magistrat der Stadt Wien, die Magistrate und Bezirkshauptmannschaften.

1. Anspruchsvoraussetzungen

Pflegegeld gebührt **ab der Vollendung des 3. Lebensjahres**, wenn
- aufgrund einer körperlichen, geistigen oder psychischen Behinderung oder
- einer Sinnesbehinderung

ein ständiger Betreuungs- und Hilfsbedarf (Pflegebedarf) besteht und mindestens 6 Monate andauern wird.

Anspruch auf Pflegegeld **vor Vollendung des dritten Lebensjahres** besteht jedoch dann, wenn damit für den Pflegebedürftigen eine besondere Härte vermieden wird; insbesondere sind hierbei die persönlichen, wirtschaftlichen und familiären Umstände zu berücksichtigen.

2. Ausmaß des Pflegegeldes

Je nach Ausmaß der Pflegebedürftigkeit ist das Pflegegeld in 7 Stufen eingeteilt.

Stufe	Pflegebedarf mehr als	Pflegegeld in € (2007)
1	50 Stunden pro Monat	148,30
2	75 Stunden pro Monat	273,40
3	120 Stunden pro Monat	421,80
4	160 Stunden pro Monat	632,70
5	180 Stunden pro Monat und außergewöhnlicher Pflegeaufwand	859,30
6	180 Stunden pro Monat und dauernde Beaufsichtigung	1.171,70
7	180 Stunden pro Monat und praktische Bewegungsunfähigkeit	1.562,10

Das Pflegegeld wird **zwölfmal** jährlich **im Nachhinein** ausbezahlt.
Sachleistungen und Geldleistungen:
Das Pflegegeld ist in erster Linie ein Geldanspruch. Wird der durch das Pflegegeld angestrebte Zweck nicht erreicht, so können anstelle des gesamten oder eines Teiles des Pflegegeldes Sachleistungen erbracht werden.

3. Verfahren

Das Pflegegeld ist bei einem der oben genannten Entscheidungsträger zu beantragen. Dieser entscheidet – allenfalls nach Einholung von ärztlichen Gutachten – über den Antrag mit Bescheid.

Ein Bescheid mit dem der Antrag auf Pflegegeld entweder zur Gänze abgewiesen wurde oder der Antragsteller niedriger eingestuft wurde, kann mit Klage beim Arbeits- und Sozialgericht angefochten werden.

E. Kinderbetreuungsgeld und Karenzgeld

Das Kinderbetreuungsgeld wurde mit 1.1.2002 eingeführt und ersetzte das bis dahin gewährte Karenzgeld. Personen, die keinen Anspruch auf Kinderbetreuungsgeld haben, jedoch die Anwartschaft auf das Karenzgeld erfüllen, können Karenzgeld in Höhe des Kinderbetreuungsgeldes beziehen.

1. Kinderbetreuungsgeld

♦ Leistungen
Als Leistungen werden das **Kinderbetreuungsgeld** und der **Zuschuss zum Kinderbetreuungsgeld** gewährt.

♦ Zuständigkeit
In allen Angelegenheiten des Kinderbetreuungsgeldes ist der **Krankenversicherungsträger** zuständig, bei dem der **Antragsteller versichert** ist oder zuletzt versichert war. Als **versichert** gelten **auch Angehörige,** für die Anspruch auf Leistungen der Krankenversicherung besteht oder bestanden hat.

♦ Anspruchsberechtigung
Anspruch auf Kinderbetreuungsgeld hat ein **Elternteil** (Adoptivelternteil, Pflegeelternteil) für sein Kind (Adoptivkind, Pflegekind), sofern
- für dieses Kind Anspruch auf Familienbeihilfe oder auf eine gleichartige ausländische Leistung besteht,
- der Elternteil mit diesem Kind im gemeinsamen Haushalt lebt und
- der Gesamtbetrag der Einkünfte des Elternteiles im Kalenderjahr den Grenzbetrag von 14.600,– Euro nicht übersteigt.

♦ Höhe
Das **Kinderbetreuungsgeld** beträgt **14,53 Euro** täglich, der **Zuschuss** beträgt **6,06 Euro** täglich. Bei Mehrlingsgeburten gebührt darüber hinaus ein **Zuschlag** von **7,27 Euro** täglich pro Mehrlingskind.

Werden die vorgesehenen **Mutter-Kind-Pass-Untersuchungen nicht nachgewiesen,** so beträgt das Kinderbetreuungsgeld **ab dem 21. Lebensmonat** des Kindes **7,27 Euro täglich.**

♦ Anspruchsdauer
Das Kinderbetreuungsgeld gebührt längstens bis zur Vollendung des **36. Lebensmonates** des Kindes, nimmt nur **ein Elternteil** das Kinderbetreuungsgeld in Anspruch, längstens bis zur Vollendung des **30. Lebensmonates** des Kindes.

Der Bezug von Kinderbetreuungsgeld kann **abwechselnd** durch **beide Elternteile** erfolgen, wobei ein **zweimaliger Wechsel** pro Kind zulässig ist. Das Kinderbetreuungsgeld kann jeweils nur in **Blöcken** von **mindestens drei Monate**n beansprucht werden.

Der Anspruch auf Kinderbetreuungsgeld **endet** spätestens mit einem **neuen Anspruch** für ein **weiteres Kind.**

Der Anspruch auf Kinderbetreuungsgeld **endet vorübergehend** bzw. **vorzeitig** mit einem für einen bestimmten Zeitraum ausgesprochenen **Verzicht.** Zeitpunkt und Dauer müssen **im Vorhinein** zu **Beginn** eines Kalendermonats **bekanntgegeben** werden.

2. Karenzgeld

Karenzgeld wird **nur** der weiblichen (oder an deren Stelle dem männlichen) **Versicherten** (nicht mitversicherten Müttern) von den Gebietskrankenkassen im Anschluss an den Wochengeldbezug ausbezahlt. Nimmt der **Vater** den **Elternkarenzurlaub** in Anspruch, so wird das **Karenzgeld** an ihn ausbezahlt.

III. Arbeitsmarktrecht

Die Menschen im erwerbsfähigen Alter leben von ihrer Erwerbsarbeit. Was hat zu geschehen, wenn ein Mensch seine Arbeit verliert? Was passiert, wenn der Arbeitsmarkt sich so verändert, dass die bisherige Tätigkeit gar nicht mehr gefragt ist? Was machen diese Menschen und wovon leben sie in Zukunft?

Diese und ähnliche Fragen werden im folgenden Kapitel behandelt.

1. Arbeitsmarktservice

Das **Arbeitsmarktservice** (früher Arbeitsamt) wird unter anderem auch **als mit dem Vollzug** des Arbeitslosenversicherungsgesetzes **betrautes Privatunternehmen** im Rahmen der **Arbeitslosenversicherung** tätig.

Arbeitslosenversichert sind – von geringfügig Beschäftigten abgesehen – **alle Arbeitnehmer** mit **Ausnahme** der **Beamten.** Beamte zahlen weder Beiträge zur Arbeitslosenversicherung, noch erhalten sie Leistungen für den Fall der Arbeitslosigkeit.

2. Leistungen der Arbeitslosenversicherung

♦ **Arbeitslosengeld**
Das **Arbeitslosengeld** wird bei Arbeitslosigkeit grundsätzlich für maximal 20 Wochen gewährt; bei längerer Beschäftigungsdauer vor Eintritt der Arbeitslosigkeit, in Krisengegenden und bei bestimmten älteren Arbeitnehmern wird das Arbeitslosengeld auch länger gewährt.

Bezugsberechtigt sind Personen, die **arbeitsfähig, arbeitswillig** und **arbeitslos** sind.

♦ **Arbeitsfähigkeit**
Der Arbeitnehmer darf weder krank noch berufsunfähig bzw. invalid sein. In diesen Fällen erhielte er eine Leistung aus der Krankenversicherung (Krankengeld) oder aus der Pensionsversicherung (Berufsunfähigkeitspension oder Invaliditätspension).

♦ **Arbeitswilligkeit**
Der Arbeitnehmer muss bereit sein, eine ihm zumutbare, d. h. seiner Ausbildung und seiner bisherigen Tätigkeit entsprechende Arbeit anzunehmen.

♦ **Arbeitslosigkeit**
Das letzte Dienstverhältnis muss endgültig beendet sein, ein neues darf noch nicht begonnen haben.

Nicht als arbeitslos gelten Selbstständige (auch bei Verlust ihres unselbstständigen Nebenerwerbs), unentgeltlich im Familienbetrieb mittätige Ehegatten und Kinder sowie Schüler und Studenten, die vor Eintritt der Arbeitslosigkeit berufstätig waren.

♦ **Anspruchsvoraussetzungen**
Arbeitslose über 25 Jahren benötigen für den **Erst**bezug von Arbeitslosengeld 52 Wochen arbeitslosenversichungspflichtige Tätigkeit in den letzten 24 Monaten, für **jeden Weiter**bezug 28 Wochen in den letzten 12 Monaten.
Arbeitslose unter 25 Jahren benötigen für **jeden** Bezug von Arbeitslosengeld entweder 52 Wochen arbeitslosenversichungspflichtige Tätigkeit in den letzten 24 Monaten oder 28 Wochen in den letzten 12 Monaten.

♦ **Notstandshilfe**
Die Notstandshilfe wird im Anschluss an das Arbeitslosengeld gewährt, solange die sonstigen Voraussetzungen für den Bezug von Arbeitslosengeld andauern. Weitere Voraussetzungen sind das Vorliegen von **Notstand,** wobei das Familieneinkommen zusammengerechnet wird, sowie die österreichische Staatsbürgerschaft oder die Staatsbürgerschaft eines anderen EWR-Staates. Sonstige Ausländer erhalten Notstandshilfe nur bei Vorliegen eines Befreiungsscheines oder längerer Versicherungsdauer.

♦ **Kurzarbeiterunterstützung**
Die Kurzarbeiterunterstützung wird zur Erhaltung der Arbeitsplätze bei **Kurzarbeit** erbracht.

♦ **Produktive Arbeitslosenfürsorge**
Im Rahmen der produktiven Arbeitslosenfürsorge werden **Zuschüsse** und **Kredite** an Betriebe zur **Vermeidung** von **Arbeitslosigkeit** gegeben. Überdies werden zeitlich befristete Arbeitsplätze durch das Arbeitsmarktservice teilweise oder zur Gänze bezahlt.

Im Rahmen der produktiven Arbeitslosenfürsorge werden auch Weiterbildungen und Qualifikationskurse für Arbeitslose bezahlt.

IV. Weitere Einrichtungen der sozialen Sicherheit

A. Beihilfen

Der **Familienlastenausgleich** soll den Familien einen teilweisen Ausgleich für den finanziellen Mehraufwand bieten, der mit der Ernährung, Pflege und Erziehung von Kindern entsteht. In diesem Zusammenhang werden Familienbeihilfen, Schulfahrtbeihilfen, Schülerfreifahrten, ein Zuschuss zu den Schulbüchern und Studienbeihilfen gewährt.

B. Fürsorgeeinrichtungen

Aus allgemeinen Steuermitteln wird Personen, die einkommens- und vermögenslos sind, zur Sicherung ihrer Existenz **Sozialhilfe** gewährt. Daneben gibt es noch Fürsorgeleistungen zur Versorgung von Kriegsopfern und Verbrechensopfern sowie nach dem Heeresversorgungsgesetz.

Wiederholungsfragen – Arbeitsaufgaben – Diskussionsanregungen

1. *Welche Risiken sind vom Vorsorgebereich des Sozialrechts erfasst?*
2. *Was umfasst die Vollversicherung nach dem ASVG?*
3. *Welche Personen sind gegenüber der Krankenversicherung anspruchsberechtigt?*
4. *Welche Pflichtleistungen erbringt die Krankenkasse?*
5. *Welche Leistungen übernimmt die Krankenkasse bei Krankheit?*
6. *Welche Leistungen erbringt die Krankenkasse anlässlich der Mutterschaft einer Versicherten?*
7. *Was ist das Wochengeld?*
8. *Unter welchen Voraussetzungen erbringt die Unfallversicherung Leistungen?*
9. *Was ist eine Versehrtenrente?*
10. *Was verstehen Sie unter Wartezeit in der Pensionsversicherung?*
11. *Was ist die Ausgleichszulage?*

12. *Welche Leistungen erbringt die Arbeitslosenversicherung?*
13. *Nenne Sie die Voraussetzungen für den Bezug des Arbeitslosengeldes.*
14. *Wem und wie lange gebührt das Kinderbetreuungsgeld?*
15. *Was ist das Pflegegeld?*
16. *Andrea Berger beginnt nach der Abschlussprüfung bei der Firma Modefix als Schneiderin zu arbeiten. Vereinbart wird, dass der Dienst am Montag um 8.00 Uhr anzutreten ist. Andrea verlässt um 7.20 Uhr ihre Wohnung. Am Weg zur Straßenbahn wird sie von einem Auto niedergestoßen und bricht sich die Hand. Welche Ansprüche kann Andrea gegen wen geltend machen?*
17. *Theresia Zimmermann ist als Büroangestellte bei der Firma Weginger beschäftigt. Als sie von einem Regal die Buchhaltungsunterlagen herunterholen will, stürzt sie so unglücklich von der Leiter, dass sie einen Wirbelsäulenbruch erleidet. Nach Heilbehandlung und Rehabilitation bleibt in weiterer Folge eine teilweise Lähmung zurück, die Minderung der Erwerbsfähigkeit wird mit 50% festgestellt. Theresia tritt zwar die Arbeit wieder an, ihr Arbeitseifer ist aber so gering, dass sie zu jeder sich bietenden Gelegenheit einen Krankenstand in Anspruch nimmt. Der Arbeitgeber beabsichtigt daher, sich von Theresia zu trennen.*

    Welche beiden Institutionen haben die Minderung der Erwerbsfähigkeit eingeschätzt?

    Welche Leistungen erhält Theresia von welcher Sozialversicherung? Wie könnte sich der Arbeitgeber von Theresia trennen?

    Bestehen Aussichten auf Leistungen der Pensionsversicherung?

Anhang 1: Übersicht über juristische Berufe

Art	Voraussetzungen	Tätigkeit
Richter	Studium derRechtswissenschaften, körperliche und psychische Eignung, Gerichtspraxis, 4-jährige Praxis als Richteramtsanwärter; Richteramtsprüfung, Ernennung in den öffentlichen Dienst	Rechtsprechung in Zivil- und Strafgerichtsbarkeit, auch in der Verfassungs- und Verwaltungsgerichtsbarkeit; weisungsungebunden, unabsetzbar, unversetzbar Von diesen Berufsrichtern zu unterscheiden sind die Laienrichter, die – aus anderen Berufen kommend – eine ehrenamtliche Tätigkeit ohne juristische Ausbildung ausüben. (z. B. Beisitzer beim Arbeitsgericht; Schöffen und Geschworene beim Strafgericht)
Staatsanwalt	Richter oder ehemaliger Richter (siehe oben)	Vertritt die Interessen des Staates im Bereich der Rechtspflege, insbesondere bei Strafverfahren; als weisungsgebundener Beamter an die Weisungen der vorgesetzten Behörde gebunden; Weisungsrecht des Bundesministers für Justiz 1. Instanz: Staatsanwaltschaft 2. Instanz: Oberstaatsanwaltschaft OGH: Generalprokuratur
Rechtspfleger	Reifeprüfung; insgesamt 3-jährige Praxis bei Gericht, diese umfasst: Ausbildungslehrgänge; Gerichtskanzleiprüfung; Fachdienstprüfung – Diplom Ernennung in den öffentlichen Dienst	Gerichtsbeamter zur Unterstützung der Richter; selbstständige Erledigung einfacherer Zivilrechtssachen der 1. Instanz (z. B. Mahnverfahren, Führung des Grundbuches, des Firmenbuches etc.); weisungsgebunden an Weisungen des Richters
Rechtsanwalt, Verteidiger in Strafsachen	Studium der Rechtswissenschaften Gerichtspraxis; 5-jährige Praxis als Rechtsanwaltsanwärter Rechtsanwaltsprüfung Eintragung in Rechtsanwaltsliste Mitglied der Rechtsanwaltskammer	Freiberufliche Tätigkeit der berufsmäßigen Parteienvertretung in allen gerichtlichen und außergerichtlichen Angelegenheiten; Vertretung in öffentlichen und privaten Angelegenheiten vor allen Gerichten und Behörden; Beratungsfunktion; Tarifregelung für Tätigkeiten vor Gericht; Standesregeln (z. B. Anwaltsgeheimnis)
Notar	Studium der Rechtswissenschaften, Gerichtspraxis; mindestens 7-jährige Praxis als Notariatskandidat; Notariatsprüfung; Ernennung durch den Bundesminister für Justiz Mitglied der Notariatskammer	Öffentliches Amt mit freiberuflicher Tätigkeit: Errichtung öffentlicher Urkunden, Beglaubigungen, Beurkundungen, Treuhandverwahrung von Geldbeträgen Verwahrung von Testamenten, Durchführung von Verlassenschaftsverfahren; Parteienvertretung in diversen gerichtlichen und außergerichtlichen Verfahren
Verwaltungsjurist	Studium der Rechtswissenschaften; häufig Gerichtspraxis sowie mehrjährige Praxis bei einer Verwaltungsbehörde; Verwaltungsdienstprüfung; Aufnahme in den öffentlichen Dienst	Vertragsbediensteter oder Beamter in verschiedenen Verwaltungsbereichen an Zentralstellen (z. B. Bundesministerium) oder nachgeordneten Dienststellen (z. B. als Polizeijurist oder bei Finanzämtern); weisungsgebunden
„Wirtschaftsjurist"	Studium der Rechtswissenschaften zumeist Gerichtspraxis; mehrjährige Praxis bei einem Rechtsanwalt oder in einem Unternehmen (Rechtsabteilung)	Angestellter, zumeist in der Rechts- oder Personalabteilung eines größeren Unternehmens
Professor für Politische Bildung und Recht an berufsbildender mittlerer oder höherer Schule	Studium der Rechtswissenschaften; 4-jährige Praxis als Jurist; Aufnahme in den öffentlichen Dienst	Lehrer für Politische Bildung, Recht und Volkswirtschaft mit Vertrag oder als Beamter

Anhang 2: Die Zustellung von Schriftstücken

Rechtsquelle: Zustellgesetz

Die Zustellung von behördlichen oder gerichtlichen Schriftstücken, mit der oft wichtige Fristen, Rechte oder Pflichten wirksam werden, ist an Formen gebunden, die genau eingehalten werden müssen. In jedem Fall sollte man daher auch das Kuvert des entsprechenden Schriftstückes aufbewahren, um nachträglich den Zeitablauf des Zustellvorganges genau rekonstruieren zu können.

Zustellungsart	Verwendung	Zustellort und -vorgang
Rsa – Brief („blauer Brief")	Zahlungsbefehle, gerichtliche Klagen, Kündigungen etc.	Zugestellt wird an den **tatsächlich** Betroffenen persönlich. Keine Übernahme möglich, z. B. durch Mitbewohner, Angestellte. Dabei gilt für den Betroffenen der **Empfangszwang**, d. h. verweigert er die Annahme, wird er so behandelt, als ob er das Schriftstück in Empfang genommen hätte. (Annahmeverweigerung nur möglich, wenn die Zustellung nicht gesetzeskonform erfolgt ist, z. B. nicht am richtigen Zustellort.) **Abgabestelle (Zustellort):** Wohnung, sonstige Unterkunft, Betriebsstätte, Sitz der Gesellschaft, Geschäftsräume, Arbeitsplatz **Ersatzzustellung bzw. Hinterlegung:** Ist eine Zustellung nicht möglich, verbleibt im Briefkasten eine **Benachrichtigung** vom erfolglosen Zustellversuch mit der Bekanntgabe des **nächsten Zustellversuches**. Ist auch dieser erfolglos, kommt es zur Hinterlegung des Schriftstückes beim Postamt, im Briefkasten verbleibt die Hinterlegungsanzeige. Wenn dabei alle Vorschriften eingehalten werden, die es dem Empfänger ermöglichen, von der Zustellung und der Hinterlegung rechtzeitig Kenntnis zu erlangen, werden damit die Folgen einer rechtmäßigen Zustellung ausgelöst. Ist der **Empfänger nicht anwesend** (z. B. Urlaub, Geschäftsreise), ist zu unterscheiden: – Kehrt der Empfänger **während der Abholfrist** des hinterlegten Schriftstückes an die Abgabestelle zurück, wird die Zustellung wirksam an dem **Tag**, der der Rückkehr des Empfängers an die Abgabestelle **folgt**. – Kehrt er erst **nach Ablauf der Abholfrist** zurück, ist die Hinterlegung unwirksam. In jedem Fall ist es daher bei **längerer Abwesenheit günstig**, das zuständige Postamt darüber zu informieren (Ausfüllen eines Formblattes), dass man während dieses Zeitraumes keine behördlichen oder gerichtlichen Schriftstücke abholen kann.
Rsb – Brief („weißer Brief")	Urteile, Versäumungsurteile; sonstige behördliche und gerichtliche Mitteilungen	Gleiche Regelung wie bei Rsa-Briefen, jedoch mit dem Unterschied, dass auch eine **Ersatzzustellung** an andere Personen **(Ersatzempfänger)** erfolgen kann: Dazu gehört jede erwachsene Person, die an derselben Abgabestelle wohnt wie der Empfänger, außerdem dessen Arbeitnehmer, Arbeitgeber. Leben die Ersatzpersonen mit dem Empfänger im **gemeinsamen Haushalt**, gilt auch für sie der **Empfangszwang** mit den rechtlichen Wirkungen der Annahmeverweigerung, andere Personen müssen zur Empfangnahme ausdrücklich bereit sein.
eingeschriebene Briefsendung	private und geschäftliche Schreiben, einfache behördliche und gerichtliche Mitteilungen im In- und Ausland	Diese Form der Übersendung kann auch von Privatpersonen oder Firmen gewählt werden, wenn es entweder um **heikle Inhalte** geht oder um solche, bei denen es – nachträglich im Falle eines etwaigen Rechtsstreites – darum geht, die Absendung des Schriftstückes **beweisen** zu können. Auch hier gibt es die Möglichkeit, das Schriftstück dem Betroffenen **persönlich** zukommen zu lassen (Übernahmekarte – nähere Regelungen enthalten die Postvorschriften). Davon abgesehen kann eine eingeschriebene Briefsendung auch von **Ersatzpersonen** übernommen werden. Ist der Betroffene oder seine Ersatzpersonen an der Abgabestelle nicht anwesend, verbleibt im Briefkasten eine Benachrichtigung über die Hinterlegung am Postamt. Im Unterschied zu behördlichen und gerichtlichen Schriftstücken gibt es hier aber **keinen Empfangszwang**.

Sachregister